古代ギリシアの壺絵に描かれた少年愛

男は少年の喉をみつめ、少年は優しく男の愛撫を受けている。

熊楠は性愛に関する古代ギリシアの哲学文献に深い関心を抱いていた。同性の性行為が、同時に真理と道徳の発生場所であったという事実に、彼は感動をおぼえた。セクシャリティの人類学を構想していた熊楠は、同性愛における「浄の男道」を中心にして、性のあらゆる領域を踏破しようとした。

河出文庫

南方熊楠コレクション

浄のセクソロジー

南方熊楠

中沢新一 編

河出書房新社

目次

第二部　友愛としての同性愛──岩田準一宛書簡より　313

浄のセクソロジー

解題

浄のセクソロジー

中沢新一

浄の男道

折口信夫は、学問的な論文や詩や短歌の創作とならんで、何編かの小説を書いている。その中でも、大正三年に、当時宮武外骨がやっていた『不二新聞』に発表した小説『ロぶえ』は、彼の秘められたセクシャリティをあらわに表現していて、とても興味深い作品になっている。注①宮武外骨のこの新聞には、風俗紊乱への挑発性がみなぎっていた。そのために、何度か発行停止の処分にあったりしている。彼の雑誌には南方熊楠も、ちょくちょく投稿して、ときどき問題をおこしたりしていたが、そういう少しあぶないところのある人の主宰している新聞に、折口信夫は、自分自身のまぎれもない同性愛的傾向をあらわにしめすような小説を、発表したのである。

この小説の中で、折口信夫は、思春期の少年の性の心理と生理を、じつにデリケートな筆つかいで、表現しようとしている。少しなよなよした、女の子のような体つきを残している美しい少年は、中学校の先輩の男の子たちから、好奇と欲望のこもったまなざしで、みつめられている。その欲望は、しばしば荒々しくて露骨な性衝動となって、少年の肉体にむけられていく。少年はそれをいとわしいと感じることもあるし、また自分にむけられている欲望のまぶしさに、驚きを感じてもいる。男の子だけの学校の世界で、ナイーブに屈折していくセクシャリティを、折口信夫は、まるでつい昨日の体験のように、こまかにふるえるような筆で、描いてみせる。そこからは、同じ時代のイギリスのパブリック・スクールやドイツのギムナジウムの世界にも通じているような、明治の少年たちをつつむ同性愛的な雰囲気が、濃密に伝わってくる。同時代の小説などを読んでみてもわかるように、この当時には、男の子同士の同性愛的な感情は、いまよりもずっとふつうの感覚で、とらえられていたのである。

明治のスクール・ボーイたちは、男の子だけの世界の中で、おおかれすくなかれこのような同性愛的な雰囲気を体験していたのだ。もちろん、折口信夫のように、そののちも一生涯そうした傾向を持続したという人はむしろ少ない。たいていは、学校の世界を離れてからは、異性愛的な世界にめざめていくというのが、ふつうのコースだった。性的な心理の発達の一時期、多くの少年たちが、同性愛的な恋の世界をくぐりぬける体験をした、というのにすぎないようにも見える。ところが、私たちの南方熊楠は、この点にかんしても、やはり異例な男だったのである。

南方熊楠は若い日に、美しい青年との「恋」を体験した。ところが、その同性同士の「恋」は、相手の青年の死によって、現実の世界の中でのよりどころを、失ってしまった。

しかし、彼は（ベアトリーチェを失ったダンテのように、とでも言おうか）そのときの「恋」の体験の意味について、一生考えつづけようとした。彼はけっして同性愛者になることはなかったが（彼は折口信夫とはおよそ異質な心の構造をもった、性的人間だったのである）、自分の心に深い体験を残した、この同性同士の愛というものに、強烈な関心をいだきつづけたのだ。そこを中心にして、人間の性の現象のすべての領域について思考し、性愛と知の関係を、広く、深く探究しようとした。そして、それをとおして、熊楠は人間のセクシャリティの現象を、ひとつの大きな学問的な問題として、構成しようとしたのである。セクシャリティにたいして彼がしめした関心のあり方と、それにとりくむさいに彼がとった思索の方法とには、現代の私たちから見ても、きわめて興味深い、たくさんの思いがけなく新鮮な視点をみいだすことができる。南方熊楠は、また偉大な性の思想家でもあった。セクソロジー（性愛学）研究の先駆者としての彼が、この巻の主題である。

＊＊

南方熊楠が雑誌『犯罪科学』の中に、岩田準一の連載していた『本朝男色考』を発見したのは、昭和六年のことであった。注②彼はそれをとても興味深く読んだ。江戸時代には、この種の文献はたくさん書かれていた。江戸時代の学者や文人は、人間の性的行動のすべての領域について、こだわりのない深い関心をいだいていたから、彼らが書いた研究書や指南書の中では、同性愛も異性愛とほとんど同じあつかいを受けていたのである。だが、明治になってからは、そういう研究は、めったにあらわれなくなってしまった。国家による管理が、結婚制度や家族システムばかりではなく、人々の性行動の領域にまでおよびはじめ、性愛の領域と知の領域が、しだいに分離されはじめてきたからだ。知の国家管理と無関係ではいられなくなった近代の学者は、江戸の学者のように、こだわりのない自由な態度で、性の問題をとりあつかうということが、なくなった。健全な家族生活の維持に必要な性衝動や性行動だけが、認められ、その以外の性愛の領域は、しだいに疑惑とスキャンダルの対象となりつつあった。これに対応するように、学問の言葉は、性の領域にたいする自己規制を、徹底させるようになった。性にたいする抑圧と偽善が、日本の近代的な学問の言葉を、構造化しようとしていたのだ（性にあけっぴろげな、常民の世界をあつかうはずの、あの柳田民俗学にしてからが、そうなのであり、熊楠がそれに激しい反発を表明していたことは、よく知られている）。注③

熊楠は、そういう偽善にがまんのならないものを感じていた。彼の考えでは、あくことのない好奇心にささえられた知性の働きのみが、豊かな学問を生み出すことができるはずであり、当然そこでは知の言葉は性愛の領域とも、深いつながりをつくりだすことができなければならない。じっさい古代ギリシアの哲学では、そういうことが実現されていたではないか。彼には、性愛の領域に触れえない知性などは、ただの臆病者か、気持ちの悪い偽善者のものでしかない、と思われた。だが、彼をとりまく時代は、そういうまっとうな考え方のほうを、むしろあやしい目で見ようとしていたのである。

そこに『本朝男色考』があらわれたのだ。こんな時代に、ことに男色の研究に打ち込もうなどという、奇特な若者があらわれようとは、と熊楠はこの若い研究者の出現に、すなおな喜びを感じた。熊楠はこの青年とただちに文通をはじめた。たくさんの書簡が、ふたりの間をゆきかった。そして、熊楠は岩田に宛てた書簡の中で、まことにすなおに心を開いて、みずからの同性愛的体験を、みずみずしい思い出をこめながら、語り出したのである。

それによると、南方熊楠が羽山繁太郎、蕃次郎というその兄弟にあったのは、明治十八年のことであったという。そのころ、熊楠は精神状態が、ちょっとおかしくなっていた。大学へ入学するために、上京して大学予備門に通っていたが、そこにも、その先の大学生活にも、彼はまったく希望を見いだすことができなかったために、とうとう「ふらふら病気」になって、郷里の和歌山にもどってきてしまっていたのである。その間、彼は親戚のたくさんいる日高郡にしょっちゅうでかけていた。そのとき、土地で有名な医師羽山家の美貌の兄弟と、知り合ったのだ。

熊楠はもともと美青年というものが好きだったが、とりわけこの羽山兄弟は、上品で頭もよく、反俗的な熊楠とも、じつに話のうまが合ったようだ。彼らは、たがいに心の底に深く通じ合うものを、感じとっていた。それはたしかに友情にはちがいないのだけれど、おたがいの純粋なたましいが、おたがいを呼び合い、話をしたり、散歩をしたりしているだけで、たましいとたましいの間に、深い通路が開かれてくるような、そんな充たされた感情を味わうのだ。熊楠と羽山兄弟は、おたがいの人間としてのディグニティ（威厳）を尊重しあった。彼らはみな対等だったから、その当時の世間一般によくあったような、年長の青年と年下の少年との間の、肉体的な同性愛関係に発展していくことは、ありえなかった。しかし、おたがいの間に芽生えていた感情は、ほとんど「恋」と呼んでも、おかしくないものだった、と私には思われる。

しかし、病気が熊楠から、この羽山兄弟を奪ってしまった。和歌山の実家にもいたたまれなくなった若い熊楠は、アメリカに渡ることに決心した。そのとき、朝霧の中に去っていく熊楠を、いつまでも見送っていた兄繁太郎の姿を、彼は年老いてからも、けっして忘れることがなかった。それが最後の別れとなってしまったからである。

朝霧四塞してまだ日光も見ぬうちに急ぎ辞別して出立して、かの長男日高河畔（清姫が衣をぬぎ柳の枝にかけて蛇となり、川を游《およ》ぎにかかりしという天田《あまだ》という地）まで送り来る。いわゆる君を送る千里なるもついに一別すで、この上送るに及ばずと制して幾度も相顧みて、おのおの影の見えぬまで幾度も立ち止まりて終《つい》に別れ了りし。

それから東上して六十余日奔走し、十二月の初めに横浜解纜の北京市《シチー・オウ・ペキン》という当時

羽山兄弟の弟、羽山蕃次郎（左）と熊楠（明治 19 年、東京）

の大船で三十日めにサンフランシスコに着し、いろいろの有為転変をへて、在外十四年と何ヵ月ののち英国より帰朝して見れば、双親すでに下世し、幼かりしものは人の父となり、親しかりしものは行衛知れぬも多く、件の羽山家の長男は一度は快気して大阪医学校（今の大阪帝大医学部の前身）に優等で入学せしが、一年ほどしてまた肺を病み、帰村して一、二年して死亡。次男は小生と別れしとき十六歳なりしが、二十六歳まで存生、東大の医科大学第二年まで最優等でおし通し、もとより無類の美男の気前よしゆえ、女どもの方も最優等で、はなはだ人の気受け宜しかりしが、これまた病み付いて日清戦争終りてまもなく死亡。

（本書329頁）

長く海外にあった間に、こうして熊楠は父や母ばかりではなく、深く心の通じあった二人の美青年をも、失ってしまったことになる。しかし、彼は死んだ二人のことを、片時も忘れることがなかった。外国にあったときも、また日本にもどってきて、那智の山中深くに籠もって、植物の研究に没頭しているときにも、彼の意識には、つねにこの二人の影が、つきまとっていたのである。それればかりではない。プラトニックな同性の「恋人」の思念は、熊楠の無意識深く働きかけ、植物学上の大発見に、彼を導いていったのである。

外国にあった日も熊野におった夜も、かの死に失せたる二人のことを片時忘れず、自分の亡父母とこの二人の姿が昼も夜も身を離れず見える。言語を発せざれど、いわゆる以心伝心でいろいろのことを暗示す。その通りの処へ往って見ると、大抵その通りの珍物を発見す。それを頼みに五、六年幽邃極まる山谷の間に僑居せり。これはいわゆる潜在識が四境のさびしきままに自在に活動して、あるいは逆行せる文字となり、あるいは物象を現じなどして、思いもうけぬ発見をなす。（本書331頁）

那智のさびしい山中にあるとき、熊楠は自分の「脳力」が異常に高まったと語っているが、じっさいには、そのとき活発に働きだしていたのは、彼の「潜在識」だったのだ。「潜在識」は、言語のシンタックス構造にしばられることなく、自在にスピーディに思考する能力をもっている。それが活発に働きだすとき、長いこと心にひっかかっていた問題や課題に、思いもかけなかったような解決の糸口が見つかることがある。ただし、その解答や発見は、ふつうの形では表現されない。熊楠がここで語っているように、それはしばしばアナグラム（逆行せる文字）や、不思議なイメージとなってあらわれ、それを頼りにして現実の世界の中に、それらの多層言語やイメージに対応する意味をみいだしていこうとするとき、現実の世界の中には、いままで表面にあらわれてきたことのない、新しい現実や事実が、発見としてあらわれてくる。熊楠の場合、そういう発見がおこなわれるきっかけをつくってくれたのが、つねに亡くなった父母と、あの二人の美青年だったのである。つまり、熊楠の彼らにたいする、深く激しい感情が、彼の「潜在識」を導いていたわけなのだ。生きてあるうちには、たがいのたましいを深く結びつけ、死してのちまでも、たましいの導者となってくれる、同性同士の友愛の結びつき。熊楠は岩田準一に宛てた手紙の中で、自分自身の赤裸な体験を語りながら、男色研究のもっとも重要な中心点には、肉体行為としての男色ではなく、むしろこのような男性同士のたましいの結合の問題を、すえなければならない、と心をこめて語ろうとした。

それを、彼は「浄の男道」と呼んでいる。聞きなれない言葉だ。まずは、彼の説明によろう。

八文字屋本の一つに、ある少年姿容心立て鶏群に超逸し、いろいろと言い騒がるるを迷惑して、行い正しき若い侍を尋ね、何とぞ兄分となり、この難儀より拯いたまえといいしに、一旦は謝絶せしが、よくよく迷惑の体を見るに忍びず承諾した上は、その少年に指一つささせず、ある時何かの場で言い出づるものありしに、われに毛頭邪念なしとて茶碗を嚙み砕きし、それを見てこの人の言うところ至誠なりとて一同恐れ入ったというようなことありし。(……)ハラムが、中世騎士道盛んなりしとき、貴婦専念に口を借りて実は姦行多かりしといいしは然ることながら、終始みなまで姦行の口実のみだったら、そんな騎士道は世間を乱すもので一年もつづくものにあらず。（……）その通り年長の者が少年を頼まれて身命をかけて世話をやくぐらいのことは、武道（古ギリシアでは文道においても）の盛んなりし世には、夫婦同臥同様尋常普偏のことと思う。これを浄の男道と申すなり。それを凡俗の人は別と致し、いやしくも読書して理義を解せるの人が一概にことごとく悪事穢行と罵り、不潔とか穢行とか非倫とかいうは、一半を解して他半を解せざるものというべし。

（本書346～347頁）

ここで熊楠は、男性の同性的な愛には、二重構造があるのだという、とても重要な指摘をおこなっているのである。いっぽうでは、容姿や心だてに優れた少年に、年上の青年たちが恋情をいだき、少年を肉体的にも自分のものにしたいという、欲望がある。しかし、その一方では、昔から男の同性愛の世界では、兄弟分の「契り」という要素が、きわめて大きな位置をしめていて、いったん兄分と「契り」を結んだ少年にたいしては、邪恋を仕掛けることは恥ずべきことである、という考えがゆきわたっていたのである。つまり、同性愛の世界は、肉体的な欲望と道徳的コードの、ふたつの極からできあがっており、肉体的な性行為だけをとりあげて、この世界を論じたりすると、ことの本質を見誤ってしまうと、熊楠は考えているのである。

「浄の男道」は、このうちの道徳的コードにとくに深くかかわっている。熊楠の言う「浄の男道」の「浄」という言葉にひきずられすぎると、ここで熊楠はたんに精神的なものと肉体的なものを対立させて、精神的なプラトニック・ラブに優越をあたえているのに、すぎないのだというふうに見えるかもしれない。しかし、それでは、熊楠が彼のセクソロジーをとおして考えぬこうとしている、男性の同性愛的世界のはらむ文明的可能性や、道徳の起源としてのその本質や（あとでくわしく説明するように、人間の道徳の発生と、男子だけでつくられた結社の存在は、切っても切れない結びつきをもっているのである）、価値創造の力などが、見えなくなってしまいかねない。その世界は、もっと複雑な構造をもっている。精神的なものと肉体的なものを対立させて考える、西欧のキリスト教的な考え方では、性愛の人類史を描ききることはできない。熊楠はそういうものとは、別の視点にたって、人間の性の世界をのぞきこもうとしていたのである。

熊楠の構想していた性愛学においては、性的な衝動や肉体的な性行動だけが、重要な位置をしめているのではなかった。性愛の領域は、もっと広大で、豊かだ、というのが、彼の考え方だった。そこは、友愛の本質や（これはべつに同性同士の友愛にかぎられるものではなく、異性同士の友愛関係も、ふくまれる）、道徳意識の発生の問題や、憧憬の感情や、自己鍛練や、真理を語るための条件などのテーマにかかわりをもつ、じつに複雑で豊かな領域なのだ。

熊楠は、性愛の問題を、つねにそういう広いパースペクティブでとらえようとしていた。そのために、若い同性愛研究者である岩田準一にむかっては、男色の世界はたんなるアナルエロティックな性行為の様式を中心にしてできあがっているのではなく、彼が「浄の男道」と呼ぶ、高い精神的道徳的な価値を生み出すことのできる、男同士の友愛の道こそが、その世界全体をささえる、根本的な原理になっているのだ、と熊楠はこんこんと説明しようとした。性愛にたいする熊楠のこの考え方は、私たちの現代が必要としている、新しいセクシャリティ思想と、基本的に同じ視点をもっている。

騎士道・資本主義・同性愛

しかし、今日の私たちが驚かされるのは、早くからこれほどセクソロジーやポルノグラフィーに関心の深かった南方熊楠が、四十一歳で結婚するそのときまで、男性はもちろんのこと、女性との間にも、一度も性的な交渉を体験したことがなかった、という事実である。当時の日本人の健康な男性としては、これはなかなか異例なことで、そのことを熊楠自身も、出家僧である土宜法竜にむかって、どうだこんなピュアな男は世の中にまずいまい、坊主の世界にだってめずらしいだろう、と言って、自慢しているくらいなのである。彼はこうも語っている。

小生は婦人とろくに話したことは、母姉といえども無い。四十になる迄婦女と交会した事なく、以後も妻一人の外に交ったことがない。随分大遊宴を催したこともあるが、常に十人も伴い行き、騒ぎ飲み、一度に引上げるので、酒の上の過失はあるが、酒を飲んで女性にどうこうという事は更になかった。注④

女性を嫌悪していたのだろうか。たぶん、そうではないと思う。むしろ、彼が嫌悪していたのは、女性とのお定まりの関係に落ち込んでいく男たちの、意志の弱さや女性観の陳腐さのほうだった。彼は、たとえ相手が女性であれ男性であれ、その関係がたんなる性的ペア関係をこえて、つねに多様であることを求めていたのだ。そのために、彼は自分の性的衝動にたいしては、驚異的な自己管理をおこなっていた。酒や喧嘩にかんしては、まったく自己管理能力のないところをさらけだしてみせる熊楠ではあったが、性愛の領域にかんしては、衝動を徹底的に制御できる、まぎれもない「ジェントルマン」だったのだ。

性愛の領域のジェントルマンとしての熊楠という言い方は、けっして比喩ではない。もともと英国のジェントルマンというものが、性愛にたいして熊楠と同じような考え方や生き方をしていた人々だからである。ジェントルマンの概念は、十九世紀のヴィクトリア朝英国で発達した。それは、観念の中に形成された、男子だけの社会が守るべき「コード」にしたがって生きる男のことを言う。英国ジェントルマンは、その原型を西欧の騎士道にあおいでいた。騎士道は中世ヨーロッパの、典型的な男子結社である騎士階級の間で発達した、特別な社会コードの体系である。もちろん、それは中世期の遺物にほかならないが、それがこの十九世紀の大英帝国に、新しいかたちでよみがえり、社会道徳や、マナーや、軍隊や学校教育の分野などに、きわめて巨大な影響力を発揮していたのだ。熊楠がロンドンを訪れたころ、そこの男性エリート社会は、まさにこの近代的騎士道（チバルリー）の理想の、はなばなしい開花の時期にさしかかっていた。そして、そこではきわめて特殊な、性愛の概念が発達しかかっていたのである。注⑤

中世騎士道のコードが、英国でリバイバルしはじめたのは十八世紀の終わり頃からで、十九世紀を通じてそれは発達をつづけ、一九一四年の第一次世界大戦をもって、終わりをむかえる、大きな運動をかたちづくっている。この時代に、近代的なジェントルマンというものが、形成されたのである。騎士道のコードは、男性戦士集団でつくられて、維持されてきたものだ。それはまず、男同士の友愛の関係をコード化する。仲間をどのように愛し、敬うべきか。信義はどのようにして、守らなければならないか。自分自身のディグニティは、どのようにして形成され、守られていかなければならないか。そのディグニティが傷つけられたときには、それにどのようにして立ち向かっていかなければならないか。騎士は貴婦人にたいして、どのようにふるまうべきか。女性とはどのように交わり、また避けなければならないか。騎士はどのような恋愛をすべきか。こういうことのすべてについて、中世ヨーロッパの騎士道は、複雑で美しいコードの体系を、発達させていた。近代の、帝国主義的発展をとげつつあった英国では、この騎士道の倫理が、めざましいリバイバルをとげていたのである。

騎士道では、性愛にかんしては、三つのパターンが重要性をもっていた。騎士の世界は男だけの世界である。当然のことながら、そこは同性愛の温床となった。たとえば有名なテンプル騎士団の弾圧のときに、彼らにむけられた最大の疑惑のひとつが、騎士団内部が、同性愛関係によって強固な結合を保っているのではないか、というものだったように、生死をともにする騎士の間では、男同士の高度な友愛の関係が発達していたのである。この騎士の同性愛は、また二重の構造をもっている。ひとつは、若い騎士と先輩との間に成立する、肉体関係をまじえた男色関係である。そこでは、騎士たちは、先輩の強い騎士から、「男性らしさ」を肉体に直接的に受け取るために、すすんで男色の関係をもったケースが、たくさん見られる。しかしもうひとつの側面には、熊楠の言う「浄の男道」が、発達していた。ここでは肉体をとおして、直接的に「男らしさ」を受け取るということよりも、男同士の友愛の関係をいかにコード化するか、ということに関心が注がれていた。「恋人」であった騎士が死にひんしたとき、若い騎士はいままでの友愛に、どのように報いればいいのか。きわめて精神化された同性同士の友愛の理想が、そこではさまざまなかたちで表現されていたのである。

騎士道のコードの、性愛についての三つ目のパターンというのは、女性との関係にかかわるものである。騎士は自分の「思い人」である貴婦人を選び、その女性のためならば、たとえ死んでも、彼女の名誉と尊厳を守るために、戦うことを誓うのである。騎士が彼女のために命をかける「思い人」である貴婦人は、ほとんどが既婚の女性の中から選ばれている。騎士は彼女に、熱烈な恋愛の感情をいだいた。だが、理想としては、その騎士は、彼女との性的なまじわりをもつことを、はじめから自分に禁じていなければならなかったのである。自分を愛し、慕ってくれる騎士の勇気ある行動をたたえて、貴婦人は彼に微笑みかけ、手にキッスを許し、彼の恭順の会釈を、快く受け取った。騎士にとっては、それでじゅうぶんでなければならなかったのである。こうして、騎士はそれをとおして、貴婦人の夫と、はげしい心の戦いを演じ、しばしばその戦いに勝利をおさめていた。女性を性的に所有することよりも、それを所有しないと決意することによって、性愛を高度な恋愛に昇華させることに成功した騎士は、あきらかに貴婦人の夫よりも、高い道徳的な価値を、身につけることができた。フランスの歴史家ドゥビーの説では、[注⑥]独身の騎士たちが、たいていは相続権をもたない若者（juvenes）であったのにたいして、貴婦人の夫たちは家族の長であり領主であるケースが多く、騎士たちはこの恋愛の戦いをとおして、社会的な認知の構造にたいして、激しい戦いを挑み、道徳的価値というものを、社会よりも高い場所に設定しようとしていたのである。

肉体の行為による欲望の成就を、はじめから自分に禁じることで、騎士道は異性との恋愛に、ひとつのきわめて道徳性の高いコードをつくりあげようとしていた。そのために、西欧の恋愛は、騎士道にはじまるとさえ言われてきた。それは、性的衝動をコードにしたがわせることで、精神的な恋愛に純化させ、恋愛に結婚をも社会制度をもしのぐ、高い価値をあたえようとしていたのだ。こうして、騎士道は同性愛の世界を、友愛の理想にしたがわせ、異性への性的衝動を、道徳性をそなえた恋愛につくりかえる冒険をこころみた。騎士は戦争における勇者である以上に、性愛の領域における勇者であろうとしていた。

こういう騎士道の理想やコードが、十九世紀の英国によみがえったのだ。まず、そこにはさまざまなかたちの「男子結社」がつくりだされた。たくさんのクラブがそれにあたる。ラグビー校やイートン校をはじめとするパブリック・スクールでは、少年たちにさかんに騎士道の理想が説かれた。大英帝国の軍隊は、まさに中世の騎士たちのように、至上の「貴婦人」である女王にたいする、変わることのない忠誠を誇っていた。大英帝国の発展にとって、このような男子社会の形成と、そこにおける騎士道精神のリバイバルは、きわめて重要な働きをしていたのである。

そのために、ヴィクトリア朝の英国では、性愛の領域において、とても興味深い現象がたくさんあらわれることになったのだ。まず、そこでは、同性愛が発達した。ことに、パブリック・スクールがその温床になった。未来のジェントルマンを養成するためのその場所では、少年たちはおたがいの友愛を育てた。そして、当然のことながら、その友愛はセックスにまで発展していくケースが多かった。このことに、パブリック・スクールの教師たちは、しじゅう頭を痛めていなければならなかった。ある歴史家は、それについてこう書いている。

パブリック・スクールの教育では、ギリシャ文化への強烈な関心が、大きな位置をしめていたが、そこにはどうしてもひっかかるものがあった。それはギリシャ文化のもつ異教性ということだけではなく、性愛にたいする彼らのおおらかな態度に、原因があった。しかし、ヴィクトリア朝をとおして、男同士の友愛関係についてのギリシャ的な思想は、友愛がゆきすぎてセックスにいたらないかぎりは、認められ、賞賛されてさえいたのである。男同士の、少年同士の、また大人の男と少年との恋愛は、美しく、また、賞賛に値するものと考えられ、そこではセックスの行為は、むしろうとましいものとされた。多くの学校教師は、恋愛感情がセックスの関係に発展する可能性については、信じられないくらいナイーブだったが、現実は彼らの幻想をみごとに裏切るものだった。理想と現実の間の葛藤は、学校生活にそうとうな緊張をもたらしていた。このことは、意識しているとしていないとにかかわらず、同性愛の傾向をもつ少年や青年すべてのかかえる悩みでもあった。現在の英国のパブリック・スクールでも、このことはたえず学

校生活に葛藤をつくりだしているが、ヴィクトリア朝の教師にとっては、緊張の休まるひまもないほどだった。注⑦

この緊張をほぐすために、パブリック・スクールでは、激しいスポーツや自己鍛練が採用された。少年たちは、ラグビーやサッカーや陸上競技を、へとへとになるまでやった。夜明けには、冷たい水で水浴びをした。休日には山登りやトレッキングに汗を流し、遠くまで自転車を走らせ、またマラソンが少年たちの体から、精力を抜き取ってくれた。しかし、そういう努力によっても、パブリック・スクールとそれを取り囲む世界から、同性愛への傾斜が消えたわけではなかった。ジェントルマンたちは、社会的信用を失わないためには、自分が同性愛者であるなどとはめったにあきらかにしなかったが、その心の中にはたえず、同性の友愛世界への強烈なあこがれが、疼いていた。しかし、これは騎士道の精神をリバイバルさせた世界では、当然にしておこるべきことだったのであり、英国のジェントルマンの世界のベースには、男同士の友愛がすえられていたのだ。

中世の騎士道は、「宮廷愛」の文化を発達させた。それと同じように、十九世紀英国にも、「近代的宮廷愛」が発達したのである。ヴィクトリア朝の多くのジェントルマンは、結婚するまではピュアーな体を保ち、結婚ののちは妻となった女性にたいして貞節であることを、自分の理想としていた。彼らは恋愛のために結婚することを理想とした。いったん愛すべき女性をみつけだしたときには、彼らは結婚への障害がすっかりとりのぞかれるまで、いつまでも彼女に忠実であるべく、辛抱強く待ちつづけようとした。すべての女性にたいして、とりわけ自分の妻にたいして、ジェントルマンは礼儀正しく、優しく、彼女たちを保護しようとした。女性たちが、不浄なことを聞いたり、見たり、読んだりしないように、男たちは気を配り、女性を信じられないような純粋な状態に、とどめておこうとした。こういう世界では、異常なほどの純粋さが、性の領域で追求されることになった。じっさいに肉体的に結ばれることは、むしろアンチ・クライマックスと考えられ、そこへいたるまでのプロセスこそが、情熱を注ぐべきものと考えられたのだ。

ヴィクトリア朝の英国は、性愛の領域についても、じつに異例の社会を形成していたのだということが、これからもわかる。そこでは、資本主義のシステムが、地球上のほかのどの地域よりも高度に発達をとげようとしていたが、その運動は、騎士道のリバイバルや男子社会の形成などという現象と、密接な関係をもっていたのである。最近のフェミニズム理論が強調しているように、近代社会というのは、資本主義と家父長制度との、奇妙なアマルガムとして、できあがっている。騎士道のリバイバルとジェントルマンの形成は、まさにこの運動とリンクしている。性愛と道徳の領域における騎士道のコードは、社会の中に男子社会の形成をうながすが、同時にそれは新しい騎士たちの保護のもとにおかれる女性たちを、家庭の中にとじこめるという働きをする。騎士道的フェミニズムは、ここでは、社会化された労働をする男と、非社会的な家庭内労働をする女との分離を生み出すのに、たいへんに都合のいい働きをもしているのだ。

また、性についての、極端のピュアネスが強調された結果、そこでは近代の性科学と精神分析学が、誕生することになった。ジェントルマンたちは、同性愛への欲望や極端な禁欲からくる、心の歪みをかかえていた。アジアの国々では想像もできないような、猟奇的な性犯罪が、この時代の英国では多発した。また、極端な純粋さの中に隔離され、男たちの禁欲の儀式につきあわされるはめになった彼女たちは、ヒステリーの発作をしばしばおこすことになった。こういう社会で、フロイトの精神分析学がよろこんで迎え入れられ、ハブロック・エリスの性科学が、性衝動に新しい光をあてようとしていたのだ。注⑧ 奇妙なことではないか。資本主義の発達が中世の騎士道の精神を呼び寄せ、それは英国の社会に同性愛の温床を形成することになり、そこから生まれたジェントルマンは、女性との間に極端な純粋さを追求する「近代的宮廷愛」をもとめ、それが性衝動のおさえられない膨張を生み出し、その中から、近代のセクソロジーは誕生することになったのである。十九世紀末の英国で、性現象（セクシャリティ）は、まさにひとつの「問題」として、構成されようとしていたが、そこには騎士道のコードと同性愛の主題が、つねに通底音としてあった。

こんなわけで、南方熊楠が、この時代の英国を体験しているということには、大きな意味がある、と私は思うのである。彼がのちにおこなったセクソロジーの研究、とりわけ同性愛についての研究がもっている、日本人離れした特徴を理解するためにも、このことは重要である。熊楠は、つねに同性愛の問題を騎士道や武士道のテーマと結びつけて考えようとしていた。そして、男色をたんなる性行為の問題としてとらえるのではなく、道徳の発生とのかかわりで、その本質をとらえようとしていた。またそのさいに、古代ギリシアで発達した同性愛をめぐる哲学的な思索から、大きな影響を受けていた。そのために、彼のセクソロジー研究は、いまも色あせない新鮮さを、保ちつづけることになったのだ。

熊楠は、セクシャリティ（ならびにホモセクシャリティ）が、ひとつの哲学的科学的な「問題」として構成されつつある世界を体験した。そのために、日本や東洋の素材をあつかいながらも、それをつねに、ユニバーサルな問題に結びつける視点を、探しつづけることができたのだ。そこに、彼の男色研究や性愛論のユニークさがある。テーマの扱い方が、奇妙にモダンなのだ。熊楠は、古い日本の資料の中からも、現代に通用するような「問題」を探り出そうとしている。そこには、禁断の趣味をもてあそぶような、ありきたりの男色談義とは、あきらかに一線を画するものがある。

ゲイの人類学

熊楠は同性愛のもつアナルエロティックの側面よりも、きわめて純化された友愛の側面に、とくに関心をもっていたのである。もちろん、博学な彼のことであるから、室町時代や江戸時代の男色文化についても、広い知識をもっていて、何かについて質問されれば、それについてすぐに、とてつもない量の答えを送り返すぐらいのことは、すぐにできた。しかし、いまの私たちから見ると、彼の男色論には、「野郎」や「陰間」の間でつくられた、なんともユーモラスで、下品と品のよさの微妙なあわいを行くような雰囲気が欠けていることもたしかである。熊楠の男色論は、むしろ同性同士の間に形成された、武骨なくらいに強烈な友愛のほうに、おもな関心を集めている。そのことは、ずいぶん前から、気がつかれていた。たとえば、稲垣足穂はそれについて、つぎのように書いている。

南方翁の男道論には、弓矢の匂いのするものが多く引用されている。翁自ら「それはエパノミンダスの頃の希臘と酷似している」と云う戦国から慶長にかけての少年愛については、翁はなかなか詳しい。又、御国柄、高野山についても面白い資料を持っている。その代りに、室町文学の児物に見られるような縹渺のおもむきがあるものには欠けている。続門葉和歌集的の都雅なものが、そこには見られない。彼の男道論は、云わば明治好みのバンカラ少年趣味の理想化だといわれぬこともない。その研究が、幅の広さにくらべて奥行を持っていないなどといわれている所以であろう。それにしても、この稀有な考証が翁のA感覚的先駆者であることを妨げる理由はどこにもないのである。[注⑨]

しかし、南方熊楠の同性愛論に「弓矢の匂いがする」ことには、「明治好みのバンカラ少年趣味」とも、ちょっとちがう理由があることは、いままで語ってきたことからも、あきらかである。彼はプラトンやアイスキュロスのような、古代ギリシアの哲学的な作家たちによる同性愛論を、よく読んでいた。それを読めば、古代ギリシアの男色文化が、じつに幅の広い実践を含んでいたことがわかる。ギリシアの作家たちは、じっさいの性行為の描写になると、非常な慎み深さを発揮して、露骨な表現を嫌っていたが、よく読んでみれば、美少年と彼を愛する念者との間では、多くの場合に「縹渺のおもむきのある」アナル性交の行為がおこなわれていたことも、容易に理解することができる。しかし、それはいつも、男子結社の存在と、深く結びついていた。この男子結社は政治や戦争をつかさどっていた。つまり、政治や戦争を担うにたる「威厳」や「男らしさ」の価値と、彼らの間で盛んだった男色とは、もともと密接なつながりをもち、そこでは男の同性愛は、道徳や真理がどこから発生してくるのかという問題に、潜在的なかかわりをもっていた。そのために、プラトンが『饗宴』で、男色と真理の問題を、じつにたくみに戦略的なやり方で結びつけてみせたときも、ギリシアの市民たちは、それを非常識な問題の立て方だといって、非難することがなかったのである。

同性愛について考える熊楠も、つねに男色の問題を、男子だけでつくられた社会の存在と結びつけて、「社会学的に」思考しようとしていたところがある。男子結社の存在と結びつけて考えられるとき、男色は道徳や真理の問題と結合されるようになる。これは、人類学的な事実なのである。熊楠が、同性愛における「浄の男道」の価値を強調したとき、彼の男色論は、意識してかそうでないかは別として、あきらかにこの側面に触れようとしていた。

彼は西欧の伝統をつくりだした「騎士道（チバルリー、ガラントリー）」を、高く評価していた。それが、男同士の友愛の結びつきをコード化する試みの中から、恋愛の思想や高い道徳性を生み出すことに、みごとな成果をおさめてきたからである（しかも、それは熊楠が訪れていた当時の英国やドイツにおいて、ときならぬリバイバルをとげて、近代社会形成の、ひとつの原理を提供していたのである）。また彼は、古代ギリシアの都市テーバイでつくられた戦士集団である「神聖隊」をも、絶賛していた。この戦士集団は、おたがいの同性愛的友愛で結ばれていて、愛するもののためには自分の死をもいとわずに、戦った。そこでは、肉親の愛とか、社会的な地位がさだめる愛の感情などが、のりこえられようとしていた。戦士たちは、おたがいがまる裸の個人として向き合い、愛しあい、個人の威厳や威信をまっとうするためには、その個人はいかに行動しなければならないか、ということをまっさきに考えて行動していた。

戦士集団は、もっとも純粋な男子結社の典型だ。古代の世界では、男と女の二元論が、社会の構造化の原理となっていた。そこでは、いろいろなタイプの男子結社がつくられていたが、それはただちに戦士の集団につくりかえられる可能性をもっていた（そういう世界では、戦争は男の分担するべき仕事と考えられていたからである）。戦士同士のあいだでは、当然のことながら、同性愛的な友愛の感情が芽生えた。それといっしょに、アナルエロティックな男色の関係も、そこで育った。しかし、それよりも重要なことは、こういう生死をともにした男子だけの集団のコードをとおして、道徳や人間的威厳（ディグニティ）の問題が、まず美学の問題としてとりあげられ、洗練されていった、という人類学的な事実のほうである。熊楠は同性愛のもつ人類学的な構造に関心をもっていた。そのために、男子結社とそこで実践されていた性愛のコードに、深い関心をもった。彼の男道論が「弓矢の匂いのする」ものであるのは、このことからすれば、当然なのである。

＊＊

もちろん熊楠は、同性愛における「技術的な」側面を軽視して、もっぱらその精神面だけを強調した、というのではない。彼は、男色における「床入れ」をめぐる技術面にたいしても、旺盛な好奇心をしめして、『弘児聖教秘伝』や『稚児之草紙』や『弘法大師一巻之書』のような、いわゆる男色指南書のたぐいを、たんねんに読み込んだりしている。しかし、彼の関心はもっぱら、艶っぽい男同士の関係の中から（それが技術をなかだちにしたものであれ、なんであれ）、どうして、みずからの命を捨ててまでも、自分の思う人のために誠実（まこと）を尽くそうとしたり、男女の性愛の中にはめったに見かけることのできないほどの、強烈な個体同士の結びつきの感情が発生したりするのか、ということのほうに、もっぱら注がれていた。「浄の男道」という言葉をとおして、彼は同性愛をベースにした男子社会の文化と、そこでの道徳感情の発生の問題のほうに、より深い関心があった。同性愛のテーマを、熊楠は性愛技術の問題にしぼって考えるのではなく、それを広く真理や道徳や自己鍛錬のテーマに結びつけようとしていたのだ。技術（テクネー）と価値とが接触する場所である。

おもしろいことに、これは現代の人類学や新しいセクシャリティ研究が、再発見しつつあるテーマなのである。南方熊楠が生きていた頃には、人類学がこのテーマを、おおっぴらにとりあげることはなかった。しかし、南太平洋の島々やニューギニアなどにでかけていった人類学者たちは、そのことをよく知っていた。そこでは男子だけがつくる戦士的な秘密結社のイニシエーション儀礼において、入念につくりあげられた同性愛のシステムが発達しており、そこでは少年たちがすすんで「床入れ」を受け入れる文化が、存在していたからである。人類学者たちは、その事実をよく知っていたが、スキャンダルになるのを恐れて、あまりおおっぴらにこれをとりあげようとはしなかった。それが、大きな意味をもつ人類学的テーマとして、脚光をあびはじめたのは、むしろ最近のことなのである。注⑩

メラネシアを訪れた人類学者たちを驚かせたのは、そこに「儀礼的同性愛」と呼ばれるとんでもない文化の体系が発達していたことだ。そこでは、男性と女性をはっきりと分離するタイプの文化がおこなわれていた。そのために、小さい頃は母親とぴったり一緒にくっついて育った少年たちを、その母親たちとの一体状態から引き離して、大人の男性の社会に組み入れるための、大がかりなイニシエーションの儀礼が、つくりあげられていたのである。少年たちが大人の男になるのにふさわしい時期が来ると、少年たちは女性の近づくことのできない所に、隔離され、先輩の大人の男たちから、さまざまな試練や教育を受けた。これは、その儀礼で何がおこなわれるのか、噂でしか知らされていない少年たちには、たいへん怖い体験だった。そこで、儀礼的な同性愛の行為がおこなわれたのである。

小屋に閉じ込められている少年たちを、深夜、男たちが襲って、レイプするというやり方をとる社会もあった。あるいはまた、もっとそれを美的に洗練して、大人の男と少年が、日本の男色文化の「兄分」と「弟分」の関係によく似た、密接な「ちぎり」を交わしあい、「兄分」は少年に、自然と社会の秘密についてのさまざまな教育をほどこし、またそのプロセスの中で、男色的な性行為をおこなうという方法をとっている社会もあったが、この「儀礼的同性愛」の根本のテーマは、ひとつであった。それは、女性的な世界にあまりに深くなじみすぎた少年たちの肉体に、文字通り直接的に「男らしさ」を注入することによって、その少年に男の世界の価値を「受肉」させようとする考えだ。

そこで考えられている「男の世界」は、人工的につくられた文化的なコードにしたがってつくられた世界のことをさしている。それは、自然のプロセスをゆるやかに変形させせたところにできあがっている女性文化（まるで、土をこねて土器をつくるようなやり方で、自然をたおやかに変成させるのだ）と、はっきりした対立をしめしている。男の世界はコードでできあがっている。自然のプロセスをそのままの形で利用することを拒否して、それをいったん否定した上で、人工的につくられた体系の中に組み込む、というやり方で自然を利用する。

そのために、男の世界では、自己鍛練や禁欲ということが、とても大きな意味をもつようになる。母親の領域との幸福な一体感や快感原則を、少年たちは自己否定して、さまざまな肉体の欲望と戦わなければならない。自己を鍛練することによって、はじめて男は「つくりあげられる」ものなのだ。そして、同性愛がそれをプッシュする。年上の男と少年の間には、尊敬と友愛にみちた関係がとりむすばれ、少年の体内には、液体の形をした「真の男らしさ」が、注入され、少年の肉体はしだいに男のそれに近づいていく。

ここでは、アナルエロティックが、道徳や（その社会にとっての）真理の問題と、はっきりと一体化されていることがわかる。艶っぽい恥じらいにみちた衆道の世界とは大違いな、プリミティブな少年愛の世界が、くりひろげられている。しかし、人類の文化が、長いこと男と女のジェンダーの二元論を基礎にして形成されてきた歴史を考えてみると、メラネシアに発見されたこの野性的な同性愛の原理は、けっしてとんでもない脱線なのではなく、むしろ人間の文化や道徳の意味にとっては、本質的で普遍的なものをあらわしているのではないか、と思われてくる。つまり、人間の歴史の中で、さまざまに花開いてきた同性愛の文化にとって、この未開の「儀礼的同性愛」こそは、まさにその基本構造をしめすものと、考えることができるのである。

同性愛的な感情と実践をもとにしてつくられた、このメラネシアの男子結社は、また戦士の集団でもあった。これは、戦争というものが、もっとも「男らしさ」を要求される、文化の場面であることを考えれば、当然のことだ。逆に言うと、男だけでつくりあげられた戦士の集団には、つねに潜在的に同性愛の原理がつらぬかれているのだ、とも言える。じっさい、歴史上にあらわれた戦士集団の多くは、アナルエロティックと「浄の男道」である友愛の原理のふたつを、大切な柱としてつくりあげられてきた。それは、未開社会の戦士集団であろうと、ギリシアやローマの古代帝国の軍隊であろうと、中世の封建社会にできあがった騎士道や武士道の世界であろうと、ことの本質は変わらない。戦士たちは、たがいに同性愛的な友愛の精神に導かれ、自分の生命をいとも簡単に投げ出して、自分の恋の相手に殉ずることをも、いとわなかった。南方熊楠が注目した、男色文化のもつこの側面は、「艶笑花装」のたおやかで水気の多い衆道的男色の世界よりも、はるかに「同性愛の基本構造」に近いところで展開された、性愛の文化だったのである。

そのことを、もう少し詳しく、具体的な対象について、調べてみよう。

南方熊楠の男色論は、もっぱら鎌倉時代から戦国期にかけて、日本の各地に形成された武士の文化と結びついた同性愛に、その関心を集中している。彼は、そこで発見された日本の事例を、しばしば古代ギリシアの例と、ひきくらべて見ているが、その中でも、同性愛的戦士集団である「テーバイ神聖隊」と、南日本薩摩に発達した「兵児二才（へこにせ）」の制度との対比には、とても深い関心をもっていたらしく、そのことには何度も言及している。兵児二才の制度の中に、彼は戦士的集団におこなわれる同性愛的な実践の、もっとも純粋のあらわれのひとつを、見いだそうとしていたのである。南日本から南西諸島にかけては、古くから「男子結社」の文化が、発達していた。これはメラネシアや東南アジアの文化にも、通じている特徴であるし、またあとで見るように朝鮮半島の文化とも、深いつながりをしめしている。薩摩の兵児二才は、この男子結社の文化をもとにして、それを近世的な戦士集団につくりなおすことに成功した、とても興味深い事例なのである。[注11]

薩摩でこの制度が生まれたのが、いつ頃のことなのかは、はっきりしたことはわからない。しかし、西南戦争の頃まで健在であった兵児二才の形態が、だいたい藩制時代の確立期につくられたもので、しかもそれは突然できあがったものではなく、古くからこの地方にある年齢階梯的な青年組織をもとにして、それを時代の要請に見合った戦士的な集団に洗練してきたものであるらしいことは、わかっている。兵児二才の組織は、薩摩の中でも地方ごとのちがいがあるが、基本的にはつぎのような三つのグループから、編成されていた。

（1）兵児山（へこやま）。これは六、七歳から十四歳の八月までの、幼い少年のグループで、二才入り前の、いわば予備軍的な幼年団だ。

（2）兵児二才。「兵児」の制度の、これが中核である。十四歳の八月から二十歳の八月までの、人生でもっとも華麗な時期の青少年が、ここに含まれる。

（3）中老（ちゅうろう）。これは「兵児」の組織の監視役で、二十歳の八月から三十歳までの大人の男性である。兵児二才のいわばOBであり、兵児山や兵児二才よりも、自由な活動が許されていて、妻帯することもできたが、それでも兵児二才時代からの自己鍛練の生活を続けておこなおうとする大人たちが、これをつとめていた。

兵児組織の中心は、年頃の青少年でつくられた兵児二才である。彼らは、共同の宿舎で寝泊まりした。そこでは、厳しい規律にしたがって、日常生活の中での自己鍛練が、おこなわれた。いったんこの集団の内部に入ってしまえば、年齢による序列がもっとも重要な組織原理となるので、家の財産とか階級などのような、外の世界で大きな意味をもつ社会的価値による人間の位置づけは、徹底して否定された。兵児組織の中では、年齢原理だけを残して、あとは徹底した平等主義がとられていた（これは、メラネシアや台湾や八重山群島の男子結社のケースと、まったく同じだ）。それぞれが、まったく対等の立場の個人として、集団の中で、自分の責任で自己鍛練をおこなった。その鍛練は文武にわたった。おたがいの間に、友愛の感情がめばえた。それが、同性愛的なたかまりに達してしまう場合も、めずらしくはなかった。兵児は、いわば南日本の同性愛文化の温床だったのだ。

兵児二才は、女性的なものから、自分たちを遠ざけておこうとした。そのことは、つぎのような兵児組織の訓育項目に、はっきりとしめされている（これは薩摩の北辺を守る出水兵児の場合である）。

（1）婦女子に接することはもとより、口上にのぼらすことすら絶対に許されない。

（2）金銭利欲にかんする観念をもっとも卑しむこと。

（3）寒暑や恐怖や飢餓にかんしても、けっして口外しないこと。

（4）困難なことや無理なことを愉快な顔でことさらにやること（たとえば、道の角はかならず大回りするなど）。

稲垣足穂の言う「明治好みのバンカラ少年趣味」の典型が、ここにある。しかし、この「バンカラ」はたんに趣味の問題ではなく、ひとつの人類学的構造にかかわっているのである。それは、なぜ男子結社が女性的なものを遠ざけたのか、その根本的な理由にかかわっている。兵児二才たちは、同じように女性を避けた仏教僧たちとはちがう理由で、女性的なものから、徹底的に遠ざかっていようとしたのである。仏教僧は、性愛の魔力をおそれて、女性から遠ざかった。ところが、兵児のような戦士結社では、女性たちが生きている「自然の時間」に自分が所属しないために、女性的な世界から遠ざかっていようとしたのだ。そのために、比叡山や高野山の仏教寺院で発達した男色の文化と、兵児のような戦士的な男子結社を温床として発達した男色文化のあいだには、大きなちがいが生まれることになった。仏教僧たちの間の男色には、稚児に形をかえた女性的なものが組み込まれているのにたいして（男色行為における稚児の少年は、そこではかぎりなく少女の位置に近づいていくことになる）、南日本の男子結社的な男色文化では、少年とその念者である大人の男とは、あくまでも男同士として、たがいにむきあうことになったのだ。

しかし、このために、男子結社の同性愛は、つねにひとつのパラドックスをかかえこむことになった。その行為が、男性のディグニティにたいして、深刻な問題をつきつけるからである。つまり、同性愛的な性行為において、いわば「受け」の立場にたつことになる少年は、多くの場合、それだけで、相手の男に屈伏したことを意味することになるから、自分のプライドが傷つけられはしないか、という恐れを、いだかなくてはならなかったのだ[注12]。これは、古代ギリシアでも、大きな問題となった。少年時代に、同性愛における稚児役を務めたことのある男は、それだけで社会的な地位を危うくしかねなかったのだ。その緊張感が、男子結社を温床とする男色に、仏教寺院のそれにはないような、ある種の「張り」をあたえていた。そこでは、尊敬や威厳や屈伏などのような感情が、複雑にいりまじりながら、強烈なほどの友愛の世界をつくりだそうとしていたのだ。

兵児二才の組織は、女性的なものから、徹底して遠ざかっていようとした。ところが、ここには、ひとつの逆説がふくまれている。それは、兵児にとってきわめて重要な意味をもつ、「稚児様」の存在にしめされているのである。

稚児様または執持稚児（とりもちちご）は、兵児二才すべての「思い人」となるべき、美貌の少年だ。この少年は、郷中の名門の嫡男で、年齢十歳から十二歳までの、とくに美しい少年が選ばれた。兵児たちは、この稚児様につかえ、稚児様を守護し、稚児様のために武術の鍛錬にはげんだ。彼らの生活のすべては、この稚児様にたいする「ガラントリー」を中心にして、組織されていた、と言ってもおおげさではない。兵児は夕刻になるとこの稚児様の家の門前に集まって、その警護をはじめるのだった。それは毎日二時間ほども続いた。雨の日も風の日も、たとえ病気といえども、欠かすことなく、それは続けられなくてはならなかった。兵児たちの最大の栄誉とは、稚児様を据えた射撃大会でみごと一位を取り、稚児様の近くに呼ばれて、最初の杯を受けることにあった。

稚児様を中心にしたこの「ガラントリー」の構造は、貴婦人を中心にして組織されていた、西欧の騎士道の場合と、そっくりである。騎士道では、それをとおして、異性への恋愛感情が構造化されていた。兵児の場合には、組織自体に内在している同性愛にむかう感情のたかまりが、美貌の稚児様にむけられることによって、昇華されていたのである。しかもこの薩摩の稚児様は、しばしば少女のような華美な装いで飾られていた。稚児様は、美しい少女でもあり、精神化された「野郎」でもあった。

こうして、私たちには、年齢制の秩序と同性愛的な友愛に基礎づけられた、男子結社における性愛現象が、二重構造をもっているということがわかってくる。それはまず、アナルエロティックな行為につながる可能性をもつ同性愛の感情によって、おたがいを結びつける状態をつくりだす。その感情のもとになっているのは、自分たちは男性として、女性のものである「自然の時間」には所属しない生物である、という共通の自覚である。そのために、男子結社のエトスは、文化そのものをつくりだす原理と一致することになる。文化と自然を対立させて考えるところでは、こうして、いろいろな形をとった男子結社がつくられ、そこでは文化の原理と男性的原理は、アナロジーによってひとつに結ばれた。この意味では、同性愛は人類学的に見れば、文化的創造力そのものと密接な関係をもって、発達してきたということがわかる。

だが、同時に、男子結社は友愛や恋愛を、憧憬の感情をもとにしてコード化しようとする側面をもあわせもっている。騎士道や兵児二才や兄弟分の「契り」の場合に、はっきりとみられるように、憧憬的恋愛を、ひとつのシステムにまで、磨きあげようとする傾向が、男子結社には内在しているのである。ここでのおもなる関心は、性行為にはない。性行為そのものは、そこではむしろ憧憬的恋愛にとってのアンチ・クライマックスであり、性行為に先行しているものを道徳的、文化的、美的に洗練する仕事のほうが、より大切だった。美しさや正しさにたいする憧憬こそが重要であり、それは男と女の恋愛関係の場合よりも、男同士の恋愛関係の場合のほうが、より純粋な形で実現することができる、とこの同性愛的文化は、考えてきた。

男子結社の存在をもとにするこういう人類学的な同性愛の文化では、このようなふたつの構造が、たがいに密接に結び合いながら、ひとつの男色的世界をつくりだしていたのである。南方熊楠は、同性愛のもつ、そのような人類学的な深さと現象の広さに関心をもっていた。そのために彼は、岩田準一にむかって、男色の研究には、社会学や心理学の勉強が大切だ、とくりかえし説いていた。彼がめざしていたのは、「少年愛の美学」ではなく、たぶん「ゲイの人類学」とでも言うべきものだったのだ。

＊＊

もちろんそうはいうものの、「浄の男道」が、熊楠にとっては、たんに学問的な問題であるばかりではなく、彼の選択した「生の様式」にかかわる、実存的な問題であったという点も、ここで強調しておく必要がある。自分のセクシャリティを、「浄の男道」にたいする憧憬によって、方向づけようとしたとき、熊楠はふつうの男がふつうにたどるべきだとされた生の様式を、意志の力によって変換してしまう可能性を開こうとしていたのであるからだ。彼は、ふつうの男のように、女性たちと異性愛ないしは性欲的関係に入ることを、強烈な自己規制の力によって、拒否することができた。そればかりか、同性愛にかんしてもそれを性行為の関係に狭めてしまう「ふつうの考え」に抵抗して、そこに「浄の男道」による新しい道を開こうとしていた。彼は性の領域で、つねに多様で、多形的な関係の広がりを発見しようとしていたのだ。それは、ちょうど生命の領域に、彼が粘菌のような、多様で、多形的な生命形態を探究しようとしていたのと、同じ思想にもとづいている。セクシャリティを、近代の社会がやっているような、ごく少数な様式の性愛関係の鋳型にはめてしまう押しつけを、熊楠は徹底して拒否しようとしたのである。こういう言い方が許されるとしたら、彼は、みずからすすんで「懸命にゲイになろうとした人」のひとりなのだった。

同性愛にたいする熊楠のこういう態度や考え方は、ミッシェル・フーコーによる、つぎのような感動的な言葉を思いおこさせる。

私は「懸命にゲイにならなければならない」と言いたかったのです。おのれの性の選択が現存しているような次元、それが生全般に効果を持つような次元に身を置くべきだと。私はまた、これらの性の選択は、同時に生の様式を創造すべきだとも言いたかったのです。ゲイであることは、これらの選択が生全体に拡散することを意味します。それは、差し与えられた生の様式を拒否する或る種の流儀であり、性的選択を生存の変革の操作子にすることなのです。ゲイでないこと、それは「いかなる形においても私の生が変えられないように、いかに私の性の選択の諸効果を制限できるだろうか?」と言うことです。

新たな関係を発見し、発明するためにおのれの性を用いるべきだと私は言いたい。ゲイであること、それは生成過程にあるということであり、さらに、ご質問にお答えするため、同性愛者になるべきだではなく、しかし懸命にゲイになるべきなのだと付け加えましょう。注⑬

フーコーは、同性愛がたんなる欲望の一形態であってはならない、と語りたいのだ（彼は続けてこうも語っている。「同性愛にたいするわれわれの関係を問うこと、それは同性の人間と性的関係を持つ欲望を抱くことが重要としても、単にそうした欲望を抱くのではなく、そうした関係が可能な世界を欲することなのです」）。じつは、熊楠が岩田準一に語りたかったのも、このことなのである。同性愛が私たちにとって重要なのは、それが洗練された欲望の処理の作法をつくりだしてきたという理由だけに限定されない。それよりも重要なのは、純粋な友愛や憧憬にささえられた、この地上にはまだ実現されていない、人間同士の、あるいは人間と自然との、未知の関係をもとにした世界を求めることなのであり、そのためには、同性愛者になることよりも、むしろ「懸命にゲイになる」ことをめざして、生成過程にある生の様式をつくりあげようとすることが、必要なのではないか。性の領域は、熊楠にとって、自分の生のあり方を変革する可能性をもったオペレーターにほかならなかった。だから、熊楠は性愛の現象に異常なほどの関心をそそいだのだ。彼は、来るべき性愛学《セクソロジー》を、人間の生き方のスタイルにかかわるものとしてつくりだすことを、夢見ていたのである。

多形としてのセクシャリティ

生物学者としての熊楠、民俗学者としての熊楠、森の神秘の探究者としての熊楠、性の思想家としての熊楠、浄の同性愛者をめざした熊楠、夫であり父である家庭の人としての熊楠……熊楠にとっては、学問も、植物の採集も、想像力も、日常の生活も、すべてが独特の様式をもって、営まれていた。生のすべての領域で、彼は独自の様式をつらぬきとおそうとした。時代や社会が、自分に差し向けてきた生の様式のすべてを、いったんは否定して、そのうえで、自分の流儀や様式をみつけだそうとしていたのだ。どんなものでも、型にはめこまないこと、多様で、多形としての生の様式を発見するための、自己鍛練を続けること。ミッシェル・フーコーは、セクシャリティを生のひとつだけの様式にはめこまないための実践のすべてを、「ゲイ」と呼ぶことにしようと、提案している。この考えにならえば、熊楠はあきらかに、生のあらゆる領域におけるゲイをめざしていた、まれに見る人間だったと言えるのではないか。

彼が粘菌のような生物に、異常な関心を注ぎつづけたのも、このことに関係している。粘菌の中に、彼は「生命体のゲイ」を発見していたのだ。粘菌という生き物は生／死の二元論を前にして、地球上の生命進化の過程が生命に差し向けてきた、ひとつの生命の様式の受入れを拒否して、思うままに自由な「粘菌的生存」とでも言うべき独自の様式をあみだしてきた、ユニークきわまりない生物なのだ。粘菌の生態を観察していると、それがふつうの生命たちがとっている生／死の様式を、まったく否定してしまうような生き方をしているのではない、ということがわかる。粘菌も繁殖をおこなわなければならない。そのためには、地球生命が、長い進化のプロセスの中でねりあげてきた、生命の様式にしたがって、生きている。しかし、それでも、粘菌は「懸命にゲイになろう」として、進化してきた生物なのだ。生命の様式の、もっとも基本的なレベルにおいて、粘菌はほかのすべての仲間たちによって採用され、当然自分にたいしても差し向けられているひとつの要求を、拒否して、生命は別の様式によっても、自分を実現できることを、はっきりとしめしてみせた。粘菌は、その意味で生命体のゲイなのだ。生物学者としての熊楠は、生命の領域に、このようなゲイ的な生存の様式を、探究していた。そして、セクソロジーの領域においても、彼はたんなる同性愛ではなく、セクシャリティにおけるゲイ的生存様式の探究をおこなった。その意味でも、彼はふつうの性科学者ではない。性を探究しながら、彼にはふつうの科学者がもったことのないようなひとつのヴィジョンをいだいていたからだ。懸命にゲイになることをめざす。熊楠のセクソロジーは、彼の学問、彼の生の全体性と、まさに一体となっていたのである。

そのことが、いちばんはっきりあらわれているのが、ヘルマフロディーテ（ふたなり、半男女）にたいする彼の深い関心である。言うまでもなく、ヘルマフロディーテは、ひとつの体に男の器官と女の器官を同時に備えている、変わった人間だ。熊楠は英国にいた当時から、それに関心をもっていた。日本にもどってからも、その関心は持続しつづけ、この関係の研究書がヨーロッパで出ると、さっそく取り寄せては読んでいた。

熊楠がそこでいちばん関心を持ったのは、ヘルマフロディーテの肉体においては、ふたつの性が変換可能で、場合に応じて、どちらの性を利用することもできた、という事実であった。「鳥を食うて王になった話」の「半男女《ふたなり》について」（本書258頁）で彼がとりあげている、中国の興味深い話を見てみよう。ある金持ちが娘を嫁がせようとしていた。父親は、まだ若くて何にも知らない娘に、世話をしてくれる一人の女性をつけることにした。伴喜という女性だ。十六歳の娘は、伴喜のことを、とても気にいっていた。ある日伴喜が娘にたずねた。結婚って、何をすることか知っているの。娘が答える、ううん、私はお裁縫とか台所とかの女の子のやる仕事以外のことは、なんにも知らないの。それを聞いた伴喜からは、驚くべき答えが返ってきた。いいですか、お嬢さん、驚かないでね。私は女のなりをしているけれど、この体には男と女と、ふたつの道具をもっているの。だから、私は女と仲良くするときには、男の部分を使うことができるし、男と交わりたいときには、女の体になって、楽しむことができるのよ。便利でしょう。あなたにも、これを使って、たっぷりいろんなことを、教えてあげるわ。娘は伴喜から手ほどきを受けることになった。こうして、ふたなりの体の魔力に、娘はすっかりメロメロになってしまったのだそうだ。

こういう本物のヘルマフロディーテのまわりには、たくさんの出来損ないや中途半端や偽物のふたなりが集まってきた。そういう場合には「男分女分より多く、あるいは男分女分より少なきに随って、男性半男女、女性半男女と」分類したりすることもできるのである。熊楠は、そういう例をたくさんあげている。熊楠はここで、本物のヘルマフロディーテから、正常の男／女までの間には、ゆるやかに変換していくさまざまな中間形態が存在している、ということを、強調したいのだ。ジェンダーとしてあらわれる生の様式は、別に男／女の二元論に決定づけられてしまっているわけではなく、人間の世界には、ごく少数ながら、それからはずれた様式も存在している。しかも、それはたんなる逸脱として処理できるものではなく、むしろ多様で、多形的なセクシャリティの本性を、まぎれもない形で表現しているものとして、かえってより原型的なセクシャリティのすがたを、かいまみせている。ヘルマフロディーテは不幸な逸脱ではない。その実在をとおして、人間はみずからのセクシャリティの多形的で、変換可能な本性を知ることになるのだ。この意味では、むしろ自由なのは、ふたなりのほうではないか。私たちのほとんどが、男や女の肉体に閉じ込められている間に、ふたなりは自由にふたつのジェンダーの間を行き来しながら、ひとつの性のからだでは一種類しか体験できない快楽を、ひとつの体でふたつながら味わいつくすこともできるのだから。

このジェンダーの変換は、彼が「男が女に変わった話」（本書296頁）で紹介しているケースでは、さらに不思議なやり方でおこる。ある夜、突然にして、男だった体が女のからだになってしまうというのだ。夜寝たときは、たしかに男だったのに、朝起きてみると女の体に変わっていて、しようがなく宿の主と夫婦になった話だとか、凍傷にかかって、直ったと思っていたのに、行水中に男根がすっぽりはずれて、女の器官になってしまった話だとか、ヴィーナス女神の神殿を荒らした罰で、ふたなりにされてしまったシリアの話だとか、熊楠はおもしろそうに、これについてのたくさんの例をあげている。

古代では、これは「女人病」と呼ばれていた。不思議なことに、逆のケース、つまり女だった体が、突然にして男になってしまうという「病気」には、古代人や未開社会は、あまり関心をもっていなかったらしく見える。ここには、女のジェンダーに比較して、男のジェンダーのほうが、不安定な性格をもっているという生物学的な事実を、男中心の文明をつくってきた当の古代人自身が、よく知っていたらしい、ということがしめされている。「女人病」は「宦官」のケースと、よく似ている。宦官は自分の意志で、あるいは権力のために刑罰を受けて、男性の器官を失ってしまった男たちだ。彼らは、それによって女でもなく、男でもない、奇妙な存在となって生きる。男の器官を失っても、宦官の多くは男の心理構造を持続した。これは男の器官をつけたままなのに、女性以上に女性的な心理構造を身につけることができた、かつての日本の女形（おやま）とは、対照的な関係にある。女形は言ってみれば「懸命にゲイになろうとした」人々であるのにたいして、女人病にかかった患者や、宦官のケースの場合には、そういう意志が薄弱だから、女形に比較すれば、多形的セクシャリティの原型である本物のヘルマフロディーテからは、遠い存在となる。

しかし、いずれにしても、性は可塑性をもった現象なのである。私たちの社会は、男／女のジェンダーの二元論を基礎にした、文明を築いてきた。またそこでは、男の女の異性愛だけを正常な性関係として認め、ほかの形態に走る人々を、つねに抑圧しつづけてきた。そこでは、セクシャリティをとおしてあらわれる性の様式が、極端に窮屈なものになってしまっているのではないか。セクシャリティは多様で、多形的な形態に変化を実現できる、ひとつの生成的な現象なのだ。そうなれば、ヘルマフロディーテをひとつの核として、男が女に変化したり、女が男に変わっていったり、男と男、女と女の同性愛が、洗練された恋愛関係を生み出していったりする、可塑的な性の世界を、私たちは考えてみる必要があるはずだ。そういう多形的なセクシャリティの世界を素材にして、私たちは新しい生の美学をもった主体をつくりあげていくことができるかどうか。生成的であることの中から、ひとつの道徳と価値をそなえた、ユニークな個人を生み出していくことができるかどうか。私たちの現代においては、そういう問いかけがリアルなものとなりつつある。熊楠のセクソロジー研究の視点が、いまだに新しいのは、そのためだ。

熊楠は、同性愛にも異性愛にも、あまりこだわったことがない。一人の女性の夫であり、二人の子供の父親であることと、憧憬にみちた同性愛的恋愛に引かれつづけることとは、熊楠という一人の人間の中で、少しも矛盾をおこさないまま、ひとつに統一されていた。セクシャリティのどのような様式であれ、それが自由をめざす（つまりゲイをめざす）ものであるかぎり、一方をとって他方を否定するような、いかなる理由をも、彼はみいだすことができなかった。彼のセクシャリティ自体が、多形性をめざしており、そのために彼はあらゆる生存のジャンルでつねに「懸命にゲイであること」をめざしたのだ。ほかのすべての生の領域におけるのと同じように、南方熊楠の思考は、ここ性の領域でも、マンダラ状のあの多様体を生きようとしていた。注⑭

注①　折口信夫『口ぶえ』、中央公論社版全集第二十四巻に所収。この小説ははじめ大正三年三月から四月にかけての『不二新聞』に発表されている。
注②　岩田準一『本朝男色考』、限定版、岩田貞雄、一九七四年。
注③　この確執は、ふたりが交わした書簡にも、激しく表明されている。『南方民俗学』551～564頁などを参照。
注④　稲垣足穂「南方熊楠児談義」、大全第二巻、現代思潮社、一九六九年、405頁。
注⑤　大英帝国の発展と男子社会の形成、またそれを背景にした中世騎士道のリバイバルや、パブリック・スクール制度の確立とそこでの同性愛の問題、またロマンティック・ラヴの概念をはじめとする、ヴィクトリア朝に特有のくせのある性愛文化の形成については、最近の歴史家の関心が集まりはじめている。たとえば、Girouard, Mark, *The Return to Camelot : Chivalry and English Gentleman*, Yale University Press, New Heven, 1981.

注⑥ Duby, Georges, *Le chevalier, la femme et le prêtre : marriage dans la France féodale*, Hachette, 1981.

注⑦ Girouard, ibid., p. 170.

注⑧ フロイトを温かく迎えたのは、大陸ではなく、はじめはむしろヴィクトリア朝英国であった。二十世紀の初頭に出版され、大きな反響をよび、南方熊楠も愛読していたハブロック・エリス『性の心理学』の第二巻は、ほぼ全巻をあげて同性愛の問題についやされている。今世紀は、まさに性的欲動の発見と同性愛問題とフェミニズム運動とともに、開始された時代だったのだ。

注⑨ 稲垣足穂、前掲書、402～403頁。

注⑩ Herdt, Gilbert H. (ed.) *Ritualized Homosexuality in Melanesia*, University of California Press, Berkeley, 1984. には、メラネシアにおける儀礼的同性愛研究の歴史や問題点が、くわしく説明されている。

注⑪ 三品彰英『新羅花郎の研究』、全集第四巻、平凡社、一九七四年。三品彰英は、新羅に発達した男子による戦士的秘密結社である「花郎」の研究をおこないながら、この制度が日本の薩摩の兵児二才と、きわめて類似した構造をもっていることに、注目した。彼は、出水や国分でこの問題についてのフィールドワークもおこなった。兵児についての文献は、太平洋戦争の末期に、大量にあらわれる。それらの文献はどれも過度に精神主義的で、兵児と同性愛の問題については、隠蔽をおこなっている。この点、三品彰英の研究は、傑出している。

注⑫ ドーヴァー『古代ギリシアの同性愛』（中務哲郎、下田立行訳、リブロポート、一九八四年）、フーコー『性の歴史II快楽の活用』（田村俶訳、新潮社、一九八六年）などを参照。また兵児の世界における同様の問題については、三島章道「よかちごの死」（『人間』第四巻一月号、大正十一年）に、興味深い物語が語られている。

注⑬　ミッシェル・フーコー『同性愛と生存の美学』増田一夫訳、哲学書房、一九八七年、41―42頁。

注⑭　マンダラは、とりわけ南方熊楠がモデル化したあの南方マンダラは、あきらかにゲイ的な構造をもったモデルである。そこには、つねに新しい未知が、偶然と必然の対立をこえて出現してくるさまが、はっきりとモデル化されているからであり、男性的な金剛界と女性的な胎蔵界が、メビウスの帯状に結びあった生成のヘルマフロディーテ構造をつくりだしているからである。南方マンダラは、この意味において、ゲイであり、ふたなりであり、生命体における粘菌モデルと、密接な関係をもつことになる。（本コレクション第五巻『森の思想』参照）

第一部

淫書の効用——論文集成

月下氷人――系図紛乱の話――

一　天人は対笑相視を至楽とし、遺精や手淫で子を生むという説

百四十六年前ロンドン発行『紳士雑誌《ゼントルマンス・マガジン》』に、その年のうち英国で挙行された著しき婚礼の目録を列ねた中に、デヴォン州のウィリヤム・ローランドがマリ・マッチウス女と婚し、一男児を産んだが、その児の母がその児の祖母にもなり、その児の父がその児の義兄で、その児の姉がまたその児の母に中《あた》る、とあり。何とも解りかねるということで、四年前、考古学者ロバート・ピエルポアンが公けに問いを発した。予これに対し答文を贈ったのが彼国《あちら》へ著かぬうちに、スノーデン・ワード氏の答えが出た。いわく、これはローランドが自分の娘を妻として男子を生んだ。すなわちその男子はローランドの子でも孫でもある。その男子の姉が母で祖父の妻ゆえ祖母にも当たる。またその子の母がその子の姉で、

姉の夫たるその子の父が姉婿すなわち義兄だ。一層進んでこむつかしく論ずると、次のような大珍件を見出だす。たとえば、この子は自分の母の弟だから、自分が自分の叔父だ。またこの子の父はこの子すなわち父の妻の弟の父にも当たるゆえ、英国民法によると自分の亜父《おやぶん》でもある、と答えた。

熊楠いわく、この父は自分の妻たる娘の父ゆえ、自分が自分の舅だ。またこの娘は自分の父の妻ゆえ自分の継母だ。英国など文明の中心と言われながら、こんな変わったことが折々ある。これは、いわゆる文明国では家賃が高くて一家父母子娘が狭い一室に押し重なって棲む例が多い。したがって内実貧民間に至親の間の猥事が多い。これと事情は異なるも、キリスト教が起こったユダヤ人は、家族制を重んじ、今のインド人同様同祖先より出た子孫兄弟がどんなに殖えるも一棟に住んだ。したがって至親の間の密事がしばしば行なわれた。その弊に懲りて、キリスト教はもっとも同族間の結婚を厳制し、三、四年前まで英国で死んだ妻の姉妹を娶るをさえ禁じおったのは、角《つの》を枉《た》めて牛を殺すで、世間狭い貧民などは多く犯罪者となる、その弊さらにおびただしいのに気がついて、亡き兄弟の妻を娶るは違法だが、死んだ妻の姉妹は構わぬことになった。

明治二十四、五年のあいだ、予植物学研究のため、西半球の半熱地を広く旅したが、貧乏極まってやむをえず種々の曲馬軽業師の団体に雑《まじ》わり、面白くもまた痛《つら》くも諸方を旅し廻った。その芸人などいう者は一所不住で遭際《しあわせ》が定まらぬ。よって、妻と分かれて年ごろの娘と伴《つ》れ行《ある》いたり、兄妹二人で一芸を演《や》ったり、叔父と姪が一組になったりするのが多いについては、彼輩《かれら》同士に異様な醜聞が立ち、ピストル騒ぎもなきにあらず。至親同血の人に取ってははなはだ奇怪なことと思うたが、キリスト教国のいかがわしき部落で説教する坊主必携ともいうべき書に、貧民等に行儀を教える箇条中に、「子供の見知るべき場所で夫妻たりとも私事《ひそかごと》すべからず」と歴然と載せたが少なからぬ。例せば、一七八二年初板一八八〇年ルアン新板、フェリン和尚の『既婚人教訓問答《カテシスム・デ・ジャン・マリエー》』が只今座右にある。それに四、五歳已上《いじょう》の小児を両親と同牀《いっしょ》に寝させぬよう、また幼《いとけな》くとも男児と女児を同臥せしむるな、と繰り返し訓えある。すべて倹約の由掲示する村は浪費者多く、ちょっと貸し仕らずと貼り出した店は借倒しが多い。それと同じく、かかる知れきったことを執念《ひちくど》く訓えるので、欧州には住室臥牀の構造に左右されて夫妻の秘事を子供が見知る場合が多く、したがって至親間の隠謀も大流行だ、と知られる。わが邦にもずいぶん多人数押し合うて棲む家も多いが、割合にかかることが少ないのは、欧米ほど戸障子の締りが密ならぬ等、いろいろの理由があるだろうが、ここには措いて論ぜずとしょう。

　さて前述ピエルポアン氏の問いに答えた予の一篇は、ワード氏に先を制せられたが、予の答文中英人に耳新しい所々は抄して一昨年の『随筆問答雑誌《ノーツ・エンド・キーリス》』◆1に連載された。ずいぶん骨折って調べた物をこのままにしてしまうのも惜しいから、大略を月刊『不二』雑誌へ出すこととした。

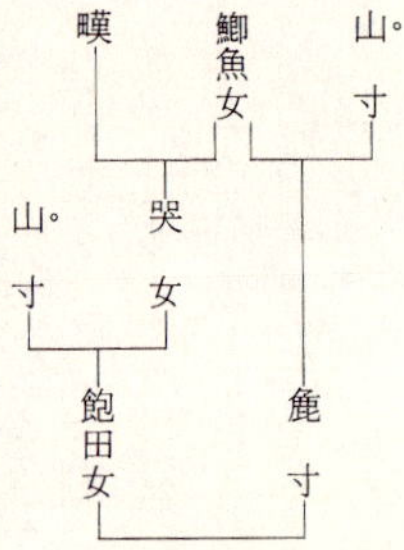

ピエルポアン氏が質問したような、系図が紛雑した家族は罕《まれ》にわが国にもあったらしい。ただし西洋の諺に「例外は通則を助成す」とある通り、かかる例を最珍《いと》しげに国史に明記したのを見て、いよいよわが邦にこんなことがはなはだ少なかったと知れる。『日本紀』巻一五に、仁賢天皇六年、日鷹《ひたか》の吉士《きし》を高麗《こま》に使わし巧手者《てひと》を召す。出立の後、女人《おみな》難波の御津《みつ》におりて哭《ね》きていわく、於母亦兄《おもにもせ》、於吾亦兄《あれにもせ》、弱草吾夫何怜矣《わかくさのあがつまはや》。哭く声ははなはだ哀しく、人をして断腸せしむ。菱城邑人鹿父《ひしきのむらびとかかそ》その故を問いしに、女人答えていわく、秋葱之転双納《あききのいやふたこもり》、可思惟矣《おもうべし》。鹿父すなわちその意を了《さと》りしが、同伴者悟りえずその訳を問う。鹿父答えていわく、難波玉作部鯽魚女《なにわのたますりべのふなめ》、韓《から》白水郎暵《まのはたけ》に嫁して哭女《なくめ》を生む。哭女、住道《すむち》の人山寸《やまき》に嫁して飽田女《あくため》を生む。韓白水郎暵も、その女《むすめ》哭女も死す。哭女の夫住道の人山寸、その妻哭女の母玉作鯽魚女を上《さき》に奸《おか》し、麁寸《あらき》を生み、麁寸が飽田女を娶る。ここに麁寸、日鷹の吉士に従いて高麗に発《た》ち向《ゆ》く。その妻飽田女、別れを惜しんで哭いたんだ、とある。

必竟、鯽魚女という老婆、まことに好淫《すけべい》で夫の死後自分の女婿《むこ》山寸と通じ麁寸を生み、麁寸が鯽魚女の娘と山寸のあいだにできた飽田女を妻とした。熊楠かかる乱倫なことは読むも胸悪く迷惑千万ながら、行き懸り拠《よんどころ》なく系図を作ると、ざっとこんなものだ。『紀』

の本註に見えた通り、古えは兄弟長幼を言わず、女は男を兄《せ》と称し、男は女を妹《いも》と称した。兄《せ》とは兄弟を言う。麁寸も飽田女も山寸の子で、飽田女の母哭女も麁寸も鯽魚女の子だから、母にも自分にも兄弟たる弱草《わかくさ》の吾夫《あがつま》はやと慕うて哭いたのだ。もし麁寸と飽田女のあいだに子が産まれたら飽田女に取って自分の子兼従弟《いとこ》となり、鯽魚女にはまた孫兼曾孫《ひまご》に当たる。その他右の系図中人々相互の関係をいろいろ攷《かんが》えたら面白いから、毎々薬取りや貸金催促で待たさるる人、客待ちする車夫、それから例の女郎に振られ明かす野暮郎などは、必ず月刊『不二』本号を購《あがな》い繙《ひろ》げ見て、哭女は母と姉妹分になり、山寸は舅と兄弟分に当たるなど、いろいろ組み合わせて暇を潰すがよい。

伴信友の[2]『蕃神考』に述べたごとく、飽田女一家に似た乱倫の例が、永禄二年藤何某著『塵塚物語』巻六に出づ。いわく、「源義経、兄頼朝と仲悪しくなって、天地も狭く覚え、弁慶一人随えて吉野を忍び通らるる時、十歳あまりの童《わらわ》三、四歳なる子を負うて遊びしが、互いに叔父《おじ》叔父《おじ》と言うを聞いて、義経すなわち了《さと》り、ああ不義の奴原《やつばら》かなと言うて行き過ぎしに、弁慶は終夜考えてようやく解《わか》りしと言うなり。たとえば夫婦の中に二人の子あって、その男子は母親に通じて男一人を生み、また女子はその父に通じて男一人を生む。その父と娘と嫁して生める子とその母と男子と嫁して生める子と二人寄って言う時は、すなわち両方とも叔父叔父なり」と。この物語より七十六年後に落語の上手策伝が作った『醒睡笑』[3]巻六に、これを作り替えていわく、義経東国落ちの途上、弁慶が旅宿《やどや》の主婦《かみさん》に幾人《いくたり》子を持つかと尋ぬると、妾《わたし》の子が六人、亭主の子が六人、合わせて九人の子が厶《ござ》る、と答えた。義経即座にこれを解したが、弁慶とんと合点往かず、終夜考えても解らず、翌日も一生懸命に案じて足が遅れ、ついに考えついた時は主人義経に七里歩み後れおった。かの主婦の意《こころ》はこうだった。まず亭主と前妻のあいだに子三人、亭主と今の妻のあいだに子三人ある。また今の妻と前の夫のあいだに子三人、今の亭主とのあいだに子三人ある。みんなで十二人のはずだが、その内三人は今の亭主と今の妻の両持ゆえ、十二から三を減《ひ》いて実数九人となる訳だ、とある。

『醒睡笑』から六十一年後れて西鶴が出した『本朝桜陰比事』◆4は五巻物で、それと名指しておらぬが、実は板倉重宗が京都の所司代だったあいだいろいろむつかしい事件を見事に裁決した諸例を、虚実混淆に吹き立てた物らしい。その巻一第三章に、「御耳に立つは同じ言葉、血で血を洗う在所川《ありところがわ》、牛より劣りの系書《つりがき》のこと」と題し、面白く書いておる。西鶴の妙文に猥褻な句が多いのは誰も知るところで、予は天性蚯蚓《みみず》と美女《べつぴん》の放屁《おなら》とことに猥褻は大嫌いだが、この文にはその気《け》もないから大安心で全文を写そう。

「むかし都の町に西の岡屋と言える葉茶商売の者あり。故郷《ふるさと》出でて十三ヵ年あまり町屋住《まちやずま》居《い》をせしが、先祖より手馴れたる鋤鍬牛《すきくわうし》を使いし野道と商《あきな》いの道とは格別に違いて、年々資金《もとで》を減らし、身代つづきかねて今一たび振りを替える相談極めしに、金銀の才覚京にて成りがたく親の譲られし田畠《でんばく》一門に預け置いて作らせしが、これを代《しろ》なす胸算用して、里の親類に子細を語れば、欲のことに目の無い者ども一つになって、田地は買い取れり、預らぬ、と言う。しからばその証文があるかと言えば、そなたは預け置いたる証文があるかと横《よこ》（無理）を申し懸けられ、さりとは盗人という者なり、みな遁《のが》れぬ中《なか》（親類のこと）なれば手形も取らずして、今後悔なれど効《かい》なし、これは内証にては堪忍なりがたく、段々書付をもって御訴訟申し上ぐる。相手の百姓召し出だされ、すでに裁許に及べり。里人声喧《かしま》しく我儘《わがまま》言ううちに、伯父《おじ》者人《じゃびと》手形もないこと申されな、と言う。京の者腹立《ふくりゅう》して、伯父ないことが御前へ申し上げらるるものか、と両方より伯父と言える詞《ことば》御前の御耳に留まりて、まず公事《くじ》は外《よそ》になって、汝等《おのれら》畜生同前なり、先祖の祖父《じじ》今世にあらば屹度《きっと》申し付くべき（処刑《しおき》すべき）曲者《くせもの》なり、この出入り重ねて聞くことにあらず、内証にて和談すべし、世間の法を背けば汝等が系書《つりがき》してその町の者どもにこれを見すべしと仰せ付けられしを、いずれも合点《がてん》参らず、いろいろ思案致しても落著せざりしを、御前には即座に聞こし召し分けさせらるること諸人感じける」とあって、大要上のごとき系図を一層念入れて掲げある。

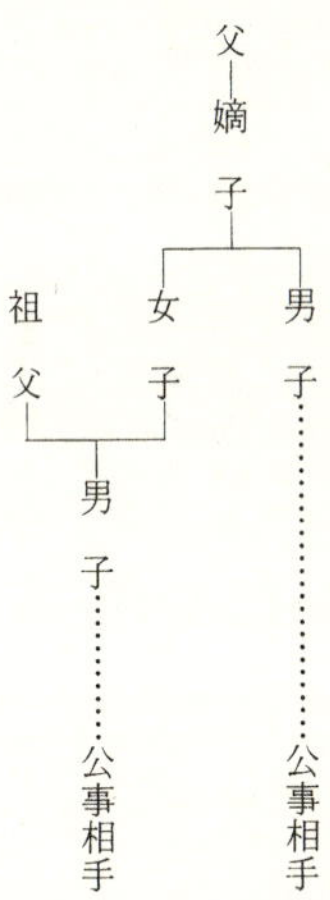

『塵塚物語』の乱倫譚は、父が女子《むすめ》に男子を生ませ、母が男息《せがれ》に男子を生ませ、その男子同士が互いに叔父呼ばわりをしたのだが、西鶴が筆したのは男女二

人の孫を持った祖父がその孫女に男子を生ませ、その男子すなわち曾孫《ひまご》と孫男とが叔父と相呼んだのだ。

祖父が孫女に子を生ませた話はよそにもある。十九世紀の初めごろ太平洋諸島にキリスト教を弘めた熱心な伝道師ウィリアム・エリスの『多島洋の研究《ポリネシアン・レサーチス》』巻一に、今も南洋第一の美女を多く出すタヒチ島民が、キリスト教に化し終わらぬ時祀った諸神を序したうちにいわく、最初世に現われたタアロア神、その娘ヒナに通じてアパウヴワル女神を生んだ。アパウヴワルもまた祖父タアロアの妻となり、相視詰《みつ》めて男神マタマタアルを生み、つぎに男神チチーポを生み、最後に女神ヒナエレーレモノイを生んだ、と。これは『桜陰比事』の例に比して、タアロア神が自分の孫女に子を生ませた上に、自分の娘すなわち孫女の母にも子を生ませただけ、一層系図が込み入っておる。アパウヴワル女神は、タアロア神の子でも孫でもあり、その三子はタアロア神の孫兼曾孫である。アパウヴワル女神は、ヒナ女神の子で妹にもなり、その三子は祖母ヒナの弟妹ゆえ母アパウヴワルの叔父母《おじおば》となり、タアロアはヒナの父にも夫にも女婿《むこ》にもなり、三子神の父兼祖父兼曾祖父にも中《あた》り、また三子神は母の弟妹でも祖母の弟妹でもあるゆえ、自分で自分の叔父母にも大叔父母にもなる。

タアロア神――ヒナ女神
　　　　　　　　　＝タアロア神
　　　　　　　　├アパウヴワル女神
　　　　　　　　　　＝タアロア神
　　　　　　　　　　├マタマタアル神
　　　　　　　　　　├チチーポ神
　　　　　　　　　　└ヒナエレーレモノイ女神

ここにちょっと言っておくは、タアロア神が娘ヒナ女神また孫女アパウヴワル女神と眼を視詰めて子を生んだとあるのが、『日本紀』巻一に、天照大神その弟素盞嗚尊と天安《あまのやす》河《のかわ》を隔てて相対《むか》い見て誓約《うけい》し、六男神、三女神を産みたまいし、とあるにやや似ておる。これと一つ話にならぬが、『天台四教儀集註』等に見えた通り、仏教に天人の交接を五品を分かち、地居天《じごてん》は体交わること人に異《かわ》らず、夜摩天《やまてん》は勾《かか》え抱くのみ。兜率天《とそってん》は手を執《と》るを交われりとす。現に章魚《たこ》などは、雄の足に男精充ちたる時、雄の体を離れ、泳いで雌の足に女精熟せる所へ行き当たりて孕ます。雄章魚の足が一本長くなったり切れて去《い》ったりするを見て、蛇が章魚になったとか腹空《へ》って自分の足を吃《く》ったなど言うのだろう。さて化《け》楽天《らくてん》は対《むか》い笑うを歓極まるとし、他化自在天《たけじざいてん》は相視るを至快とす、とある。予三十年ばかり前、高野山の青巌寺の襖子《ふすま》に優美極まる天人が笑うところや横視《よこみ》するところを画けるを見たが、みな相視るを究竟《くきょう》とする態《さま》を描いたものと、そのころ高名の老学匠に聞いた。『聖書《バイブル》』にも、婦女《おんな》を眺むるをすでに身を犯せしに等しき罪としたところがある。今は高野山に婦女も夥《おお》く住むそうだから、末法の坊主どもいかでか対笑や相視で満足せん。執手《しっしゅ》勾抱《こうほう》より進んで大喜楽仏定《じょう》に入り、金剛杵《こんごうしょ》もて紅《く》蓮華《れんげ》を撃開し、金剛蓮華の二種清浄乳相を成就し、二相中に一大菩薩善妙の相を出生し、快哉妙楽無有上《かいさいみょうらくむゆうじょう》、諸有正士応当修《しょゆうしょうしおうとうしゅう》、今此《きんし》秘密妙法門《ひみつみょうほうもん》、有罪染者不応受《ゆうざいせんじゃふおうじゅ》、秘密蓮華此無上《ひみつれんげしむじょう》、金剛嬉戯即彼法《こんごうきぎそくひほう》、金剛蓮華教亦然《こんごうれんげきょうえきぜん》、総摂《そうせつ》毘盧遮那智《ひろしゃなち》と如来の説偈《せつげ》を実地に演《や》ってみるため、件《くだん》の襖子の絵などは遠《とお》の昔に引っ剝いで売り飛ばされたことと想う。

さて右のタヒチ島のタアロア神の系図は実に乱雑極まるもので、非道千万なことと笑う人も多からんが、古え貴族や王家すなわち神の子孫と呼ばるる家は極めて血筋を重んじ、みだりに他族卑下の輩《やから》と婚を結ばなんだ。民俗学のダーウィンと推さるるフレザー氏の大著述『金椏篇《ゴルズン・バウ》』◆5にその実証を多く列ねおるから、ここにはほんの手近い一、二例を挙ぐると、釈迦の先祖なども兄妹が婚して生《な》り立ちしもので、『日本紀』などにも同父異母の兄妹婚が高貴のあいだにしばしば行なわれたと見える。小野篁《おののたかむら》など、同姓は娶らずという支那の学問に精通しながら、妹に贈れる恋歌あり。元良親王が叔母と親しかった由、撰集に見えおる。エジプトのクレオパトラは沙翁《シェキスピア》の戯曲で誰も知悉した美人だったが、国法に順《したが》い二度まで弟王の后となり、ローマの諸帝に至親の女と通じたのが多きも、古俗の遺伝という訳もあろう。

とにかく今日のみを定規として事情全く異なりし古代をむやみに笑うべきにあらず。その時の風俗人情が今と異なるので、むかしの人がみな無法でも淫乱でもなかったのだ。かの曾我兄弟の復讐など千歳の後までも人を感動せしむるものだが、事の起りは今から見ればしごく詰まらぬ。しばらく『曾我物語』を実説近いものとして読み下すと、最初楠見入道寂心、男子余多《あまた》早世して跡絶えんとするを哀しみ、内々継女《ままむすめ》に通じて工藤武者祐継を生み、嫡子に立てて跡を譲り、早世せし実の嫡子の子伊東二郎祐親を祐継の弟としたので、祐親これを恨み箱根別当して祐継を詛《のろ》い殺し、その領地を横取りす。祐継の遺子祐経、鬱憤のあまり祐親の子祐泰を暗殺し、後年、祐泰の子曾我兄弟が祐経を討って復讐したのだ。寂心が嫡孫祐親を措《お》いて継女に生ませた祐継に跡を譲ったから見ると、真に跡の絶えなんことを哀しんだよりは継女の色香に愛《め》でてのことらしく見える。

ハクストハウセンの説に、近世までもアルメニアで父が幼子の妻とて幼子よりずっと年上で美壮な女を迎え遣《や》り、実はおのれ幼子のお先へ失礼してその女に子を孕ます風行なわるる由。十七世紀にモゴル国に帝たりしシャア・ジェハン、その子オーランゼッブにアグラ城に幽閉されて終わったが、その間つねに実の娘ベグム・サハブと暱《した》しく、回教の金言、「自分が蒔き生やした樹の果を食うて差し支えなし」というを引いて気息《きやす》めとしたが、ベグムが情夫を蓄うるを嫉妬し、数人を殺したという。これらはいずれも真に系統を重んじて至親婚を行なう風すでに廃れたのち、なおこれに托して肉慾を逞しくしたもので、ここに論ずるに足らぬ。

フレザーの『金枝篇』に立証したごとく、蒙昧の世に貴族の血統を重んずるところから至親間の婚姻が盛んだったとは、疑いを容るる余地なしとして、熊楠謂《おも》うに、諸国の神誌に上述タヒチ島神のごとく祖父が孫と婚したり父が娘に子を生ませたりする譚が多いのは、その民間にそんな実例が多少あったほかに、今一つは人間の原始を究め推して考え出して、どうも偶然一対の男女が揃うて忽然と生ずるはずがないから、まず男神独り生じて独りで に娘を生み、それと婚しておいおい子孫を殖やしたと信じたによるのだろう。ユダヤ教、キリスト教にも、上帝まず男を作り、男の体の一部より女を作った、と説く。仏教には、最初の衆生《しゅじょう》に男女の別なかりしが、地肥を食うて顔色を相看るに欲心多き者どもが変じて女人《おんな》となり、共に相愛著して、ついに婬欲を行なうて夫妻となる、とある。これは男女同時に生じたとする説だ。しかし、インドには女が男より先だって出たと立てた説もある。のち例せば、玄奘の『西域記』一〇に、劫初人物これ始まり野居穴処して宮室を知らず。のち天女あり、降って恒河《ごうが》に遊び、流れに濯《そそ》いでみずから媚ぶ。霊を感じて娠《はら》み、四子を生み、贍部洲《せんぶしゅう》を分かち、おのおの都を建て邑を築く、とあり。天女が水中で独り娯しんで四男を生んだのだ。これに似た例が、一九〇四年板、バッジの『埃及諸神譜《ゼ・ゴッズ・オブ・ゼ・エジプシアンス》』一の二九七頁に出づ。すなわち創世の神ケペラ、相対の女神なき世に出で、みずから創世を序していわく、われはわが手を合し、わが影に著してこれを抱き、わが口に種子《たね》を注ぎ入れ嘖《は》いてシュとテフネットの両神を生めり、と。これらは女神また男神まず独り生じ、みずから淫して子を生むとしたんだ。

東晋訳『観仏三昧海経』◆6巻一には、地劫成る時、光音諸天、世間に飛行し、水にあって澡浴す。澡浴のゆえをもって四大精気すなわち身中に入り、身触れ楽しむゆえに精水中に流れ、八風吹き去って泥中に堕とし、自然、卵を成す。八千歳を経てその卵すなわち開き一女人を生む。青黒色で泥のごとく、九百九十九頭あり。頭ごとに千眼と九百九十九口あり、口ごとに四牙あり、牙の上に火を出す。状《かたち》霹靂《いかずち》のごとく二十四手あり、手中みな一切の武器を執《と》る。その身高大で須弥山のごとし。大海中に入って水を拍《う》ってみずから楽しむ。旋嵐風《せんらんぷう》あり、大海水を吹く。水精その体に入って妊み、八千歳にして体長《みのたけ》その母に四倍せる毘摩質多阿修羅王《びましったあしゅらおう》を生んだ。これが天上無双の美女で帝釈の正后たる舎脂《しゃし》夫人の父で、帝釈他の婇女と池中に戯るるを見て嫉妬し、帝釈われを愛せずと父に告げたので、有名な天と阿修羅の大合戦が始まった、とある。本文に言える光音諸天は、人間いまだ堕落せぬ時男女の別なく、空中に飛行し身から光を放ったのを言う。『海経』の文によると、かかる無性の諸天も、身に地水火風の四大精気が入ると快を感じて遺精し、それより偉大の女怪が生まれ、その女怪がまた水中でみずから娯しんで修羅王を孕み生んだ。遺精や手淫で子を生むとは怪しいようだが、風の精や水の精を受くとか、またエジプトの神のごとく手と合すと言えるなどは旨い言い振りじゃ。

とにかく風や水の精また遺精や手淫を人や鬼神の起因《おこり》とする智慧に比しては、娘が父と交わり、孫女が祖父と婚しなど、至親同士の婚合から人間が殖えたとする説は蒙昧の世態に恰当《こうとう》した上、理屈もすこぶる聞くに堪えたり、と言わねばならぬ。西鶴の『男色大鑑』序に、「『日本紀』愚眼に眈《のぞ》けば、天地はじめてなれる時一つの物なれり、形葦牙《あしかび》のごとし、これすなわち神となる、国常立尊《くにのとこたちのみこと》と申す。それより三代は陽の道ひとりなして衆《しゅう》道《どう》の根元を顕わせり。天神四代よりして陰陽みだりに交わりて男女の神出で来給い、何ぞ下げ髪のむかし当流の投げ島田、梅花の油臭き浮世風に撓《しな》える柳の腰紅《くれない》の内具《ゆぐ》あたら眼《まなこ》を汚しぬ」云々と見ゆ。戯語《たわむれごと》ながら諾・冊二尊以前は、三神純陽にして女神なく、次に六神偶生したれど交会の術を知らざりし由『日本紀』に見えるから、同性愛もしくは異性摩触して究竟《くきょう》とせしと判ずるのほかなく、西鶴の所見も理《ことわり》ありと謂うべしだ。さて諾・冊二尊已後《いご》同族内の婚すこぶる多かりしは、『古事記』『日本紀』を見れば分かるからここに述べぬ。

言い掛けて言い尽さぬと病になると言うから、本題に縁遠いながら、前に叙べたタヒチ島のタアロア神の子にも曾孫にもなる三子神の結局《しまい》をつけて置こう。そのうちの女神ヒナエレーレモノイ至って美貌だった。よって男に犯されぬよう、その母で姉に当たるアパウヴワルがこれを密閉して不断番しおった。二兄神マタマタアルとチチーポが何とかこの妹を犯さんとて一計を案じ、初めて箚青《ほりもの》を体に施し妹に見せると、妹大いにこれを愛し、自分も同様の箚青をしてもらうため密室を破って出で来たり、二兄に箚青しもらい、またその意《こころ》に随うた。これがタヒチで箚青の嚆矢《はじめ》で、今も女を誘惑するために箚青し、島民件《くだん》の二国神を箚青の神とし、箚青の成就と心懸けた婦女《おんな》を靡かす願をその像に懸け祈るそうだ。

フレザーその他が彙《あつ》めた伝説を見ると、外国には知りながら親が子に愛著《あいじゃく》する話が多い。◆7わが国には至親同士の恋とては異母の兄妹に行なわれた。これはヒュームも石原正明も論じたごとく、ギリシアでも本邦でも、むかしは夫が妻をそここに拵《こき》え置いて往って会し、一棟に妻妾ともに棲むことはなかった。したがって、異母の兄弟姉妹は成長するまで全く相知らず他人同前だから、兄妹相恋《した》うも罪とか猥《みだり》とか感ぜず、反って同父より出た血統を厚くし保存する意に心得たのだ。後世戯曲《じょうるり》などに兄妹の恋を叙べたのがあるが、いずれも兄妹と知らずにしたこととしおり、知ってこれを犯さんとした唯一の例は（〔著者書きこみ〕「知ってこれを犯さんと」以下「予は知らぬ」までの文句により、罰金百円に処せられしなり）、今も熊野等の碇泊地で船頭や船饅頭が唱う、「所は京都の堺の町で、哀れ悲しや兄妹《おととい》心中、兄は二十一、その名は軍平、妹《いもと》は十八、その名はお清、兄の軍平が妹に×て、それが病の基《もとい》となりて、ある日お清が軍平眼元にもしもし兄上御病気は如何《いかが》、医者を迎うか薬を取ろうか、医者も薬も介抱も入らぬ、一夜頼みよ、これお清さん、これこれ兄様何言わさんす、人が聞いたら畜生と謂わん、親が聞いたら殺すと言わん、私《わたし》に一人の夫がごんす、歳は二十一、虚無僧でござる、虚無僧殺して下されますりゃ、一夜二夜でも三八夜《さんぱちや》でも、妻となります、これ兄上よ、そこでお清はある日のことに、瀬多の唐橋笛吹き通る」。これより先は近処に知った者がないが、虚無僧に化けた妹を殺し気がついて大きに慙《は》じ、兄も自殺するので仕舞いじゃ。十二年ほど前、勝浦港の平見《ひらみ》という閑処《かんじょ》で夜深く海藻を鏡検しておると、森浦のお米《よね》という売色の大将軍が港内に冴《さ》え渡る美声でこの唄を唱うを聴いて青衫《せいさん》ために湿《うるお》うた。その場の光景今に忘られぬから長々と書いておく。いずれそのうち学資を募り習いに出かけるつもりだが、読者の中に心得た人があらば終局《しまい》のところを葉書で知らせてくれ。何に致せ、知りつつ兄が妹に懸想した本邦の例はこのほかに予は知らぬ。

　知らずに至親同士が恋した譚は知ってしたのより一層外国に多く、仏典を見ると、知る知らぬにかかわらず、こんな話がわが邦よりはるかに多い。わが邦のかかる譚の多くは仏典を通じてインド譚に倣《なら》い設けた物と思う。例せば『宝物集』◆8四を『類聚名物考』一七一に引いて、京極の御息所《みやすどころ》は志賀寺の上人に恋われし女なり、左大臣の女《むすめ》延喜の女御《にょうご》に参り給う夜、寛平法皇の出で立ち見んとて御幸《みゆき》ありて見給いけるに、心に美《め》で給いけれ、老法師に賜わりぬとて推し取り給う人の御事なり、とあって宇多法皇ほどの聖主を唐の玄宗同様子婦《よめ》を奪うたとしておる。また、明連律師は下野《しもつけ》の人なり、幼少にして天台山に登りようやく学問して人となりけるままに、生国へ下りて母を見んと思うて下るほどに、母もまた天台山へ登りし子の恋しかりければ見んとて登りけるほどに、旅宿に行き逢うて母とも知らで犯したるなり。順源法師は知りながら娘を嫁《とつ》ぐ、この道において忍びがたきこととぞ見え侍るめりと言うは、流転生死の往因を観じていずれの人かわが父子ならぬはあるとて娘を妻とするなり、ついに往生の素懐を遂げたる人なり、など載せたるは、いずれも仏典より案出して本邦に実在せるごとくかかる咄《はなし》を作り出したるか、不品行の僧が経文に資《よ》って過失を蓋うたらしく、その出処所拠《よりどころ》は一々控えあるが今これを略する。『雑宝蔵経』巻七に、子が母の美貌に著し病となり、母に推し問われてその由を告ぐると、母その子の死なんことを怕《おそ》れ、「すなわち児を喚び、その意に従わんとす。児まさに床に上がらんとするや、地すなわち擘裂《さけ》て、わが子即時に生身陥入す。われ、すなわち驚怖し、手をもって児を挽き、児の髪を捉え得たり。しかしてわが児の髪は、今日なおわが懐中にあり。このことを感切し、この故に出家せり」とて、その母尼となって美貌無類なりしも至って行い正しかった、と出づ。

　唐玄奘奉詔訳『阿毘達磨大毘婆沙論』◆[9]巻九九に、「むかし末土羅《まとら》国に一商主あり。少《わか》くして妻室を娉《つまよ》び、一男児顔容端正《かんばせきれい》なるを生み大天《だいてん》と字《あざな》す。久しからざるに商主貿易のため遠国へ往き久しく還らず。その子成長して母に染穢《せんえ》しけるが、のち父還ると聞き淫行露わるるを怖れ、母と計ってその父を殺し、彼すでに一無間業《むげんごう》を造る。事ようやく彰露《あらわれ》に及び、その母を将《つ》れて波吒梨《はたり》城に隠るるうち本国で供養した阿羅漢比丘《あらかんびく》に逢い、旧悪を言わるるを恐れ、計って彼を殺し、すでに二無間業を造る。のちその母他人と交通するを見、恚《いか》っていわく、われは母と親しくなったために二重罪を造り、他国に移流《さすら》え始終安からず、しかるに母好淫《すけべい》で今われを捨てさらに他人を好く、かかる倡穢《きたなさ》誰か容れ忍ぶべきとて方便《てだて》してまた母を殺し、三無間業を造る。かかる悪人ながら善根力断えざるによって出家し高名となりしが、王の内宮《おおおく》に召されて説法し、出でて寺にあるうち不正思惟《よからぬかんがえ》して夢に失精《もうぞう》し、弟子をして汚れた衣《きもの》を浣《あら》わしむ。弟子白《もう》さく、阿羅漢は諸漏すでに尽くと承る、しかるに今阿羅漢たるわが師が失精とは心得ぬ、と。大天強弁すらく、これ天魔の嬈《みだ》すところ汝怪しむなかれ、漏失に煩悩と不浄の二種あり、煩悩漏失は阿羅漢に全くなきも、不浄漏失を免《のが》るることあたわず、大小便涕唾《はなつばき》等のことは阿羅漢なお免れず、魔、仏法を嫉み修善者を嬈《みだ》して失精せしめたんじゃ、と。これを初めとして大天五つの悪見を出だし、鶏園寺の学僧、上座大衆の二部に分かれて大難論し、上座部の諸聖ついに虚《そら》を凌《しの》いで迦湿弥羅《かしゅみら》国に去り、仏教大天の遺精より事起こって氷炭相容れざる二派に分立することとなった」とある。

また『付法蔵因縁経』◆10 六に、釈尊から二十一代目の祖師闍夜多《じゃやた》尊者は大功徳あり、漏失あることなし。世尊が予言せる最後の律師たり。かつて一比丘あり、その嫂《あによめ》寺に至り食を餉《おく》る。婬火熾盛《さかん》なりければ、すなわち共に交通し重禁を犯す。事おわってみずから悔責しきわめて慚ず。ことごとく衣鉢を三奇杖《みつまたのつえ》の上に置き、処々遊行し高声に唱えていわく、われこれ罪人また仏法の染衣を著すべからず、罪すでに重ければ必ず地獄に入らん、いずこにて救護《すくい》を得べきか、と。闍夜多その比丘を諭《さと》し、みずから猛火坑に投ぜしめしに、慚悔の力で猛焔清流に転じ、わずかにその膝に斉《ひと》しくすべて傷害せず、すなわちために説法し羅漢道を得せしむ、とある。

二　種々の親族姦を仏が戒めたこと
因縁は切っても切れず自分が殺した女と副《そ》い遂げたこと

仏教に親族姦を厳に戒めたことは律蔵に見え、これに対する地獄の刑罰もなかなか怖ろしく書き備えおる。例せば、『大毘婆沙論』巻一一九に、畜生がその父母を殺さば人と同じく無間《むげん》地獄に落つべきやという難問に答えて、聡慧な畜生は落つるが聡慧ならぬ者は落ちぬと言って、畜生に聡慧な奴がある証《しるし》として、かつて聞く人あり、竜馬《よきうま》の種を取り置こうとて母馬と合《つる》ましめたのち、その馬覚りてみずから勢《せい》を断《かみき》って死んだ、と引きおる。西洋でも仏国のアンリ・エチアンが一五六六年公けにした『アポロジー・プール・エロドト』第一〇章に、当時欧州貴族が親族姦おびただしく行なうのを責めた終りに、犬が自分の子と交わらざりし例と、知らずに自分の子と交わった母馬がそれと知ったのち数日絶食して自滅したことを引いて、人をもって畜生に及《し》かざるべけんや、と嘆じた。

元魏訳『正法念処経』[◆11]一三には、あるいは酒に酔い、あるいは欲盛んにて、姉や妹に淫した者は大焦熱地獄の髪愧烏処《はつしゅううしょ》に生じ、熱炎銅炉《あつくもゆるどうろ》で消洋《とろけ》ては、また生き還ること幾度となく、それから鉄砧《かなとこ》に置いて鉄槌《かなづち》で打たれ、打てば死に槌を挙ぐれば生きる。それから鼓中に置いて獄卒が鼓を打って畏ろしき声を出すと、罪人の心臓破《わ》れ散り幾度となく生死《いきしに》する。

ようやく地獄を脱して人に生まれても、常に物に驚きやすく、むやみに官人に横杻繫縛《むりにくくらるる》を畏れ、寿命きわめて短く心驚いて安からず、とあるから、今日どこかの国の人民がむやみと官人を畏るるのは前生に姉妹姦を行《や》った者が多いのかもしれぬ。次に人あり、斎会《さいえ》中悪邪法を見て姉妹と行欲する者は大焦熱獄の悲苦吼処《ひくくしょ》に落ち、獄卒に熱炎鉄杵《あつくもゆるてつのきね》で擣《つ》き爛《ただ》らされ、次に鉄地に入り熱炎鉄《あつくもゆるてつ》を踏み大苦悩を受くるうち、向うに寂静樹林《しずかなもり》に衆鳥鳴き遊ぶを望み、彼処《かしこ》で休もうと林中に入る。その時、衆鳥たちまち千頭の大毒竜となり、罪人を食い殺してはまた活かすこと幾度ということを知らず、ようやく逃れて清水の池に入ると、たちまち大火坑となってきわめて苦しむ。のち人に生まれても貧究《ひんきゅう》多病、人に使われ、また巷《まち》に乞食し身体矮短《みじか》い、とある。

日本には古来ないが、外国には〔以下未発表、篇末の注参照〕祭りに骨肉姉妹を問わず乱婬する例がある。また至親姦を咎めず吉事《よいこと》と主張する宗派もあった。『大毘婆沙論』一一六に、インドの西に目迦《もっか》なる宗徒あり、母、女《むすめ》、姉妹、児妻《よめ》等と行欲するもことごとく罪なし、一切女色は熟果や道路、橋、船、階梯《はしご》、臼等のごとし、用いさえすれば役に立つ、遠慮に及ばぬと主張す、とある。近代もかかる者なきにあらず。一八六八年板、リナン・ド・ベルフォン氏の『レトバエ誌』に、アマラー族の人は兄弟や従兄弟《いとこ》の妻と通ずるを常とす、と見え、ピエル・ソンネラの『一七七四より六年のあいだ東印度《インド》および支那航行記』には、南インドのファログイス族は人死して魂全滅すと信じ、したがって父女《むすめ》、母子、兄弟姉妹、相通ずるも少しも罪なしと信ず、とある。一六一六年、イタリア人ピエトロ・デラ・ヴァレがバグダッドから出した状に、彼処《かしこ》の拝日宗の徒、至親姦を一向構わぬ由出で、十二世紀のベンジャミンの『東遊記』に、ドルース人の父が娘と婚するが常にて、年に一度男女祭りに寄り集まり、宴《さかもり》した跡で骨肉も何も構わず乱婬す、と載せ、十八世紀にバウムガルテンは、トリポリ辺で耶蘇教徒と自称する輩が時を定めて暗洞中に集まり、父女《むすめ》、兄妹雑婚し、生まれた子が女ならば養育し、男なら針で突き殺し血を取って神を祭る、とある。上に引いた仏経に斎会中姉妹と行欲とはこんなことを指したんじゃろ。

さて『正法念処経』一三に、自分の子の妻に婬した人は大焦熱地獄の無悲闇処に落つ、獄卒に熱鉄地上に百千遍上下翻覆《うらがえし》和集《かきまぜに》同煮合《まぜ》て一塊とし、杵《きね》で擣《つ》き固めらるること百千歳苦しみ止まず、とあるから、ざっと人間がセメントになるんだ。その後九百世餓鬼《がき》に生まれ、さてやっと人に生まれても、貧究常に疾《や》み常に怨家《かたき》に破られ、悪国に生まれ、人間中最も鄙劣で短命だ、という。『経律異相』◆12 四九にいわく、婬佚無道《ぶどう》で浄戒を守る尼や自分の姉妹や親戚の女に逼《せま》って悪事を造《な》した者は、死に臨んで風刀《かぜのかたな》で身を解かれ偃臥《ねふし》定まらず、楚撻《むちう》たるるごとく、その心荒越《あらく》、発狂痴想《きちがいもうそう》して、おのれの室宅《へやいえ》男女大小一切みな不浄の物で屎尿《くそしようべん》盈《み》ちて外に流るる、と見る。ところへ獄卒来たり、大鉄叉《おおさすまた》をもって擎《ささ》げて阿鼻獄に入れる。もろもろの刀林化して宝樹および清涼池と作《な》り、火燄《ほのお》化して金葉の蓮花《れんげ》となり、諸鉄觜虫《てつしちゆう》化して雁や鳧《かも》となり、罪人苦痛の声は詠歌のごとし。これを聞いて面白く思い、蓮花に坐るとたちまち火燄となり、雁梟は鉄觜虫となってその身を分かち、狗《いぬ》来たってその心《しん》を食らい、にわかにその身鉄火となり苦しむこと八万四千大劫《だいごう》だ、とある。『正法念処経』一四には、人あり、境界《きょうがい》に乱され、あるいは欲心により、あるいは悪友に近づき、あるいは酒に酔いて、その母と行欲し、行已《やりおわ》って心惶《おそ》れながら悪友に勧められ、また幾度も同じ罪を行ない楽しみ、また他人を勧めてかく行なわしむる者は阿鼻地獄の無《む》彼岸長受苦処《ひがんちょうじゅくしょ》に堕つ。獄卒、熱鉄の鉤《かぎ》もてその男根《いちもつ》を鉤《ひっか》け臍《へそ》より出し棘針《いばらばり》もて男根を刺し、臍にも鼻にも耳にも針を入れ、また口を断つなど、一方ならず苦しんだのち、四千世餓鬼に生まれて糞を食らい、四千世畜生に生まれていつも焼け死に、それから人に生まれても貧究常に病み身分賤しく、妻が不貞、おのれも他人《ひと》の女を犯して捉《とら》わり、罰として男根を抜かれ、乞食して道路《みち》に倒れ死ぬ、とある。『観仏三昧海経』に、七種の重罪あり、その一を犯す者、八万四千大劫のあいだ阿鼻地獄に堕つ。七種重罪とは、一に因果を信ぜず、二に十方仏《じっぽうぶつ》を毀無《そしりなみ》す、三に般若を学ぶを断つ、四に四重虚食信施《きよしよくしんせ》を犯す、五に僧祇物《そうのもの》を用ゆ、六に浄行比丘尼《じょうぎょうのあま》を逼掠《ごうかん》す、七に六親《ろくしん》に不浄行す、だ。唐訳『大乗造像功徳経』下に、また四縁あり、諸男子をして心常に女人《おんな》の愛欲《のぞみ》を生じ、他の男子《おとこ》がおのれに丈夫《おとこ》のことを行なうを楽しましむ。一にはあるいは嫌《きら》い、あるいは戯れて人を謗《そ》毀《し》る、二には女人の衣服《きもの》荘飾《よそおい》を用ゆるを楽しむ、三には親族の女に婬穢事《きたなきこと》を行なう、四には実無勝徳《なんのとくなしに》妄《みだ》りに人の礼を受く。この四因縁をもって諸丈夫《おとこ》をしてかかる別異《へんな》煩悩を起こさしむ、と見ゆ。

男子《おとこ》が女人《おんな》の性慾をもって生まれ、女よりも他の男に合うを好む者が欧州その他に今も多く、むやみにこれを妨ぐるは不便《ふびん》だから、そんな者は望み次第然《しか》るべき方法で男同士の結婚をさせ遣るべし、と論じた人もある。ドイツのウルリッヒ、英国のシモンズなどだ。件《くだん》の経説によると、かかる女魂《おんなだましい》の男子のある者は、前世で親戚の女を犯した報いでかくのごとく生まれたんじゃ。

右に引いた経文は大抵釈尊より後においおいできた物で、載するところの実例も釈尊後のことが多い。しかし、忠孝を主張した孔子の在日《ざいじつ》、君父《くんぷ》を弑《しい》せる者が非常に多かった。鎌田栄吉氏かつてロンドンで予とこのことを論じて、『春秋』に見えた簒弑《さんし》の例は当時の貴族を限って書き留めたのだ、それさえ数百もあるんだから、無位無教育の下民間に何ほど大逆徒が播《はびこ》りおったか分からぬ、と言われた。それと同様に、釈尊や釈尊前の諸仏の在世にも、実は親族姦や不浄事はすこぶる多かった。多かったればこそ仏が出て制戒もし説法もされたんで、恰好《ちょうど》罪人絶無《まるなし》となったら巡査や看守の口が乾上《ひあ》がる理屈じゃ。

律蔵は釈尊の裁判筆記のような物で、比較的確かな事実譚だが、まず『十誦律』◆13四二に、跋陀《ばつだ》比丘尼の姉死す、尼往きて問い帰路《かえり》に賊に遇うを恐れ、その家に宿す。姉の夫これに著《じゃく》し所有財宝《あらゆるしんだい》多きを説き、また他人を娶ると姉の児に苛《ひど》く当たるからと、慾と義理の二途《ふたみち》で口説《くど》いたが尼聴かず。中夜後夜《よなかよなかすぎ》にも強いられしを、ようやく言い延ばし早朝遁げ帰る。仏これを聴いて、比丘尼の一身独宿を禁ず。一身独宿とは灸の「やいと」と同様、念の入った重言《じゅうごん》だが、熊楠の言い損《そこな》いじゃない、お経の文句通り写したのだ。すべてこの「月下氷人《むすぶのかみ》の話」は、主として律蔵諸典から原文のまま引いた物で、仏教は律を根本とする。西洋でも大博士号に俗法博士とある。両法博士とは俗法のみか僧法すなわち教律にも精通したという意味だ。一社会に住んでその社会の法律すなわち俗法を知らねば他にどんなことを知っておっても大学者と言えぬ。故に初果《しょか》の大博士を俗法に精通した者と推尊して俗法博士と言い、さて俗法の外に霊魂界を支配する教律僧法をも兼ね明らめた奴に擬して上果《じょうか》の大博士を両法博士と言うんだ。日本でも聖徳太子の憲法十七条など首《はじ》めに仏法のことを言っておる。その他法律に仏教を基としたことがすこぶる多い。浅薄な輩が西洋から入ったように心得おる、二罪倶発とか情状酌量とか罪の重きに随うとかいうことは、みなちゃんと仏教の律蔵に出ておる。その律蔵に詳しい奴を律師と言う。雲照《うんしょう》◆14律師など近ごろ名高かった。

予なども二十年も律蔵を捻《ひね》りおるから、大抵のことは暗誦《そらよみ》だ。まことに惜しいもんだが、末世の衆生を化度《けど》し、歓笑《にこにこ》のあいだに善に導き遣らんとて種々考慮の末、兜率天《とそつてん》から降《くだ》り見ると、どうも『月刊不二』が一番弘法に適しおるから、眼病と疥瘡《たむし》、それからこの夏『日刊不二』で公けにした通り、菌《きのこ》の研究中蟻にして遣られた男根《いちもつ》の創今に癒えぬをも拘《かま》わず、孤燈下に本文を綴るんじゃから、竜華《りゅうげ》の三会《さんね》に逢うたつもりで随喜渇仰して一日に五度も十度もこの月下氷人の一篇を読め。前年、平田譲衛氏予に語ったは、日本の法律は俗間の前例を勝手に引き廻すのほか何たる基礎のない物だ、と言ったように臆える。有賀〔長雄〕博士の『日本古代法典』とかいうを見たが、それにも支那律までは調べ探りおるが、肝腎の律蔵と少しも比較しおらぬは遺憾だ。法曹界の大立物たる人々さえ気のつかぬ律蔵を、思いきって大通俗的に月下氷人の話などと誰でも好く名題で講じやるんだから、司法の大臣高官はもちろん、地方の裁判所長より検事、判事、書記、廷丁、茶酌み、それから彼輩と相引《あいび》きする芸妓仲居までも、必ずこの篇の出た『月刊不二』を購読することじゃ。常在霊鷲《りょうじゅ》の金口《きんこう》は一言一句を改《か》えても口が咼《ゆが》むと言うゆえ、この篇引くところの諸文ことごとく経律の本によって少しも変ぜず、故にそれが気に入らずば仏教を厳禁するのほかない。それは仏教の御影《おかげ》で現に極楽にある無数の日本人の祖先をして永々お世話になりましたと捨台詞《すてぜりふ》で地獄へ宿転《やどがえ》せしむる訳だ。これあに忠孝を口癖に説く人々の所行ならんやだ。

且把話頭《それはさておき》一転《ここにまた》、劉宋訳『弥沙塞部五分律』◆15一一に、仏、舎衛城《しゃえじょう》に在《おわ》せし時、諸釈種ともに作要《やくそく》し、麁姓《かとうにん》と婚姻せば重罪に処すべし、と言う。時に釈種黒離車《こくりしゃ》の女、夫を喪う。夫の弟、その寡婦《ごけ》を娶らんと三度まで望むも聴き入れず。弟、こは他に情夫《いろおとこ》あるゆえだろう、何とか殺して遣らんと謀り、兄の法会を営むとてかの婦《おんな》を招き酒を飲ませて不浄を行なう。さてその肉を抓《つか》み傷つけ、官司《やくにん》に告げて、こはわが婦《つま》たるに今外人《よそのひと》と私通した、と言う。かの女醒めて自身処々傷破《つ》けられたるを見、姦通罪として殺さるるを恐れ、舎衛城に奔り出家した。釈種の国から舎衛に照会して送還を求めたが、舎衛の波斯匿王《はしのくおう》すでに比丘尼となった者は有罪でも引き渡すことならぬと言い、両国のあいだ不快となった。仏これを聞いて有罪者を度《と》して尼となすを僧伽婆尸沙罪《そうぎゃばししゃざい》とした。この話をちょっと聞いたばかりでは、弟が兄の後家に執著して酒で酔《え》わせて強辱し、加之《おまけ》にその身に傷つけ情夫と戯れた時の傷だと詐《いつわ》り訴え姦婦として求刑したんで非常に弟が悪いようだが、前文にこの一族が属する釈種すなわち釈尊が生まれた種族が当時血統《ちすじ》を重んじ下等の族姓と婚するを重罪とした、とある。もとこの釈種は継母の讒《ざん》に遇いて雪山下に遁れた甘蔗王《かんしゃおう》の四王子がおのおの親妹を捨てて異母妹を取って妻とし、男女子を生み一種族を立てた。父甘蔗王このことを大臣より聞き、わが子能《よ》くかかることを作《な》すかと問うと、大臣答えて彼ら能くすと言うを聞き、呆れて右手《めて》を舒《の》ばしわが子能くかかることをなせり、と歎じた。よって、かの種族を釈迦（能くす、すなわちえらいことを行《や》ったという義）と名づけた（唐義浄訳『根本説一切有部毘奈耶雑事』巻三四）。そんなに兄妹相婚してさえ他種族と血統が混ぜぬを重んじた釈種が、おいおい風儀乱れて劣等民と雑婚するようになったのを防がんとて、仏舎衛にありし日に一日会議して、なるべく同族婚のみして外族と混ぜぬようと約束したので、従って黒離車の後家を亡夫の弟が娶ろうとするを一同しごく賛成し、それを嫌うて他国へ出奔して尼となったのを挙《こぞ》って悪《にく》み、引き渡し貰うて死刑に処し、もって以後同族婚を忌む女を懲らさんとしたに相違ない。

『史記』の列伝第五〇に、中行説《ちゅうこうえつ》、漢を恨み「必ずわれ行かば、漢の患《うれ》いをなさんものなり」と言い放って匈奴に入り、その主単于《ぜんう》の参謀となり、漢の大患をなす。漢の使い匈奴に語るらく、匈奴の父子《おやここ》穹廬内《やのうち》に同臥し、父死すれば子がその後母《ままはは》を妻《めと》り、兄弟死せばことごとくその妻を娶る、かつ婚姻に冠帯の飾り闕庭《けってい》の礼なし、と言うと、中行説いわく、匈奴は急な時は騎射を習い、寛なれば無事を楽しむ、約束軽くて行なわれやすい、君臣簡易にして一国の政《まつりごと》一身のごとし、父子兄弟死してその後家を妻《めと》るは種姓《いえすじ》の失せるを悪《きら》うゆえだ、故に匈奴国乱れても必ず宗種《おもや》を立つ、支那は豪《えら》そうに中国と自称するものの、親属疎《うと》くなるとたちまち相殺して姓を易《か》えるが常じゃ、その失は父兄の妻を娶るに劣る、かつ礼義の弊上下こもごも怨望してむやみに大建築を立つるから、きっと生産力が窮する、農桑を力《つと》めて衣食に汲々し、城郭を築いてみずから備うるから、その民急な時戦功に習わず緩なれば作業に罷《つか》る、汝漢人ら多辞《しゃべく》るなかれ、一昨日《おととい》来いと遣り込めた、とある。中行説、何《いか》なる怨みあるにもせよ、自国を背いて他国を弁護し、自国の使いを説破《やりつ》けたはろくな奴でないが、その言い分は一理ある。礼義の弊を言ったところなど、わが国の心ある人の一考を要する。ことに政府に糊口する官吏《やくにん》輩は、熟《とく》と読んで置きなはれ、熊楠菩薩の引《ひき》言《こと》はみな良薬じゃほどに。

　先年『風俗画報』に、泉州にそのころまで「差当り」と呼んで似合わしき妻がない時、自分の姪を娶る風行なわるる、とあった。これも決して猥《みだ》らなことでなく、全く血統を重んずる古風が残ったのだろ。こんなことを述べると、直《じき》に例の半可通のハイカラ輩や新米の耶蘇牧師など、大旱《ひでり》に雲霓《うんげい》を得たごとく、それだからどうも東洋は野蛮だなどと言うが受合いだが、物を知らぬにも程がある。故リチャード・バートンが言った通り、『旧約全書』ほど猥褻乱倫の多い書が天下になく、ヴォルテールが論じたごとく、キリストの先祖ほど、買娼《じょろかい》、親族姦、内揩外泄《ないかいがいせつ》、蓄妾、その他あらゆる淫事に富んだやからはない。降《くだ》って欧州や米国に古来こんなことは東洋人がとても企て及ぶべからざるほど多いが、あまり胸に痞《つか》ゆるから今は措《お》いて論ぜぬ。こんなに言うと、また腥坊主《なまくさぼうず》ら大悦びで南方さんはまことに十地《じゅうじ》の菩薩だ、耶蘇徒の猥褻乱倫を指摘して大いに正教を張って下さるなど言うに極まっておるから、公平を保つために諸仏在世にもかかる詰まらぬ例が多かったということを、今少し示しておこう。

姚秦訳『四分律蔵』◆16五五に、時に舎衛国に比丘尼と比丘母子《おやこ》、夏安居《げあんご》し、母子しばし相見る。すでにしばしば相見て、ともに欲心を生ず。母、児に語るらく、「汝ここより出でしが、今またここに入る。犯すことなきを得べし、と。児、すなわち母の言のごとくす」。仏このことを聞きて波羅夷罪《はらいざい》に処した、とある。蜀山人が何かの図に関を出でて故郷を望むと題したのは、この句に拠ったのかもしれぬ。仏弟子鄔陀夷《うだい》は釈尊の父浄飯王《じょうぼんのう》の大臣だったが、仏得道《とくどう》して父王に見《まみ》える前に出家せねば仏の使いとなる訳に往かず、やむをえず出家した。本心からでないゆえ出家後いろいろの婬行あったが、ついに得道して十八億衆を化度《けど》したが、ある家の婦《つま》が賊と密通するところへ行き合わせ、その賊に殺された（『一切有部毘奈耶』巻一七と一八と三九)。

東晋訳『摩訶僧祇律』◆17六に、優鉢羅《うはつら》比丘尼、沙弥尼《しゃみに》、字《な》は支梨《しり》をして、衣を持って優陀《うだ》夷《い》に与えしむ。優陀夷好《よ》く持って房中《へやのうち》に置けと命じ、尋後《あとを》逐うて房内に入り、すなわち「手に把って持抱《いだ》き、適意し已《おわ》って須臾《しゅゆ》に放ち去る」。支梨尼泣いて優鉢羅尼に、「長老優《う》陀夷《だい》、われを随《お》うて房に入り、把持《かか》え抱き弄《たわむ》れて悩触を極む」と告げ、優鉢羅尼これを仏に白《もう》す。仏すなわち因縁を説く、むかし嵩渠《すうきょ》氏の婆羅門《ばらもん》あり、田を作り生活す、美妻を娶り一女また美麗なるを生み、姓によって嵩渠と名づく、年長じ諸婆羅門族が婚を求むれど、われを愛せば嫁すなかれ、と言う。四隣そのよく志を守り梵行《ぼんぎょう》を修するを愛念す。父は毎日田を耕し、妻常に食物を送る。一日《あるひ》、妻事あり、女《むすめ》嵩渠して父に食を送らしむ。「父、不正思惟《よからぬかんがえ》をなし、すなわち欲想を生じ、婦至らばまさに行欲せんと憶念《おも》う。食を持って来たるを見、すなわち犂《すき》を捨てて往き迎う。欲心迷酔してみずから覚《さと》るあたわず。触るるべからざる処、父すなわちこれに触る。時に女《むすめ》の嵩渠すなわち涕泣して住《とど》まる。時に婆羅門すなわち念じていわく、この女嵩渠の常に欲を楽しまざるは、衆人の歎ずるところなれど、今われここに触れしに、しかも大いに喚《さけ》ばざるは、欲の意《こころ》あるに似たり、と。すなわち偈《げ》を説く、われ今汝の身《からだ》に触るるに、低頭して長く歎息す、まさにわれと共に婬欲の法を行なわんと欲するにあらずや、汝先に梵行を修し、衆人の敬するところなり、しかるに今輭《やき》しく相見《まみ》ゆるは、世間《ひとのよ》の意《こころ》あるに似たり、と」。

女、頌もて答う、「われ先に恐怖の時、仰いで慈父に憑《たよ》る。もと依怙《えこ》するのところにして、さらにこの悩乱に遭う。今深き榛《しげみ》の中にあって、また何の告ぐるところを知らん。たとえば深き水の中にあって、さらに火を生ずるがごとし。根本《もと》蔭《かば》い護るの処なるに、今や恐怖を生ず。畏《おそ》れなき処に畏れを生じ、帰《たよ》る所にて反《かえ》って難に遭う。林樹のもろもろの天神、この非法なるを証知す。生養の恩を終《かえ》さずして、一朝困《くる》しめ辱しめらる。地わがために開かず、いずくにか身命を逃れん」。

父この女の頌を説くを聞き、大いにみずから慙《は》じて去る。この父は優陀夷、妻は優鉢羅比丘尼、女嵩渠は支梨沙弥尼の前身だ、前生かつてこの女に慾想を生じ、今生まで続いてまた起こったのだ、と因縁を説き、優陀夷を僧伽婆《そうぎゃば》尸《し》沙《しゃ》罪としたまう、とある。

仏の従弟提婆《だいば》達多《たった》は、後に仏を殺さんとして生きながら阿鼻地獄に落ちた男だが、常に仏の妻に懸想し、仏出家して学道中、その妻羅喉羅《らごら》を生みし時、これ実はわが子だなど悪名を振れ廻り（隋訳『仏本行集経』五一）、さすが悟りきった仏もこれを聞いて恚《いか》った（北涼訳『阿毘曇毘婆沙論』三四）。また仏の従弟で、仏より第三代の祖師となった阿難《あなん》の母は、仏の母の妹で仏の父の弟の妻だが、仏在俗の日、功徳巍々《ぎぎ》威力顕赫《けんかく》たるを見て染心《ぜんしん》を生じ、種々邪異の言《こと》を吐きしも、仏、叔母のゆえをもって黙過した。そのゆえ仏出家後も阿難を出家せしめなんだ、とある。こは姪心なお止まなんだゆえ、自分の子を仏弟子とすると、いよいよ子の師とおのれの間が遠ざかり、もはや近づくこともならぬを憂いたのだ（『仏本行集経』巻五と五八)。一体そのころインド貴族の風習に、今の日本の平人すら不埒千万と思うことを平気でしたらしい例が多い。上述沙弥尼を抱いて罪を得た優陀夷が、ある尼にその衣を作り遣ろうとて作り与え、人に示すなかれ、と言った。仏の叔母で尼の総管たる大愛道尼が道上でこれに遇い、その衣を披《ひら》き見ると、これはしたり、優陀夷が種々の色綖《いろいと》もて衣の中に男女交会の像を縫いつけおった。路人見て掌《て》を撫《う》って大笑いせざるなく、かの尼大いに羞じたが、大愛道尼その淫像を持って自分の甥たる仏に示した(『五分律』巻七)。

また仏弟子迦留陀夷《かるだい》、波斯匿王《はしのくおう》の宮中に入りし時、王、末利《まり》夫人と昼日共に眠れり。夫人、迦留陀夷入り来たるを見、惶《あわ》てて衣を失し露形し、慙じて蹲《うずくま》りおるを見て、迦留陀夷去る。王、夫人に問う、かの比丘汝の形を見たりや。夫人答う、見るといえども兄弟姉妹と異なるなければこのこと苦しからず、と。迦留陀夷、寺に還り諸比丘に、波斯匿王第一の宝われ今ことごとく見る、と語る。諸比丘それは何宝ぞと問うに、われ末利夫人の形露《はだか》ことごとく見得たり、と答う。仏聞いて僧が内宮に入る十過失を説き、種々こむつかしく結戒した(『十誦律』一八および『四分律』一八)。仏まことに良いところへ気がついたものだが、末利夫人の語を按ずると、そのころ王族の兄弟姉妹が露形して相見るは一向構わなんだらしい。

もっとも『大英類典《エンサイクロペジア・ブリタニカ》』一一板、服装《コスチューム》の条にも見える通り、欧州人が居常《いつも》ちょっと足を出しても嫌うに、宴会に肩から胸を露わして他人と抱き合うて跳《は》ね舞わるを盛事とする。また田辺辺で、吾輩《われら》十二時を五分でも過ぎて芸妓と同席しようものならたちまちちょっと来いと拘引だが、一県風教の元締めたる県庁のお役人や神職取締りがござると、芸妓を下女の風《なり》に仕立てさせて終夜《よもすがら》高尚極まる感化を授けたまう。前年、吾輩草莽《そうもう》の微臣さえ昼夜戦慄して成行きを気遣うた、ある大事件を調べに来た東京より派出のお役人も、宋の陸秀夫が崖山《がいざん》の戦殲《せんせん》前に『大学』を船中で講じた度胸で、かかる大事件前にも綽々余裕あるところを示さんとてか、例の芸妓を下女に仕立てさせて雲雨正に酣《さかん》な隣室に酔うて臥しあった人が、あまりの騒動に起きて逃げ来たり話された。文明をもって誇る欧米、忠孝無双自慢のわが邦さえこの通りだから、古インドのことなどは、捨置《すてお》け放置《ほっと》け、チャッチャンチャンリンかもしれぬ。しかし、お役人など、いつ蚰蜒《げじげじ》が降り来るとも分からぬに、あまり下女を行《や》り散らすと穏婆《とりあげばあさん》様呼んで来《こ》かの難に遭うから、老婆心で注意し奉りおく。

それから怪しからぬは、仏在世に波羅奈城《はらなじょう》の長者子阿逸多《あいった》、その母に婬匿《いんとく》し、これを覆《かく》さんとて父を殺し、その後母が外人《よそのひと》と通ずるを怒って母をも殺し、相識れる阿羅漢がこれを知れるを愧《は》じてこれをも殺し、祇園精舎《ぎおんしょうじゃ》に詣《いた》って出家を求めたが、三逆罪を犯した者ゆえ出家を拒まれた。ますます瞋《いか》って僧坊を焚《や》き人死《ひとじに》多し。のち王舎城で仏に会い説法を聴くにつけて、重罪漸々《ようやく》軽《うすら》微ぎ得道した(『大般涅槃経』一九)。仏の眼前にさえ、こんな無法者があった。して見ると、仏に劣ること万々たる今日当職《とうしょく》のお役人などは、よほど注意して品行を慎み、悪い手本を示さぬように願いたい、とある官吏に語ると、汝《きさま》は時世を知らぬ迂人《ばかもの》だ、仏が説法し尽してすらそんな者が出るを免れない、仏ほどの誠意なき政府や地方庁の小働きする吾輩《われら》が何程《どんなに》拮据《ほねおった》って何がなるものか、特種部落へ料理屋から取り寄せた御馳走食いに往って感化して食物まで改良させたとか、古社を潰して跡へ女郎屋を立てさせて有税地が殖えたとか、旧《ふる》い神林を伐らせたり立派な畑を潰して柴を植えさせたり、猫の眼玉同様毎日異《かわ》ったことを遣り通させて地方を改良したと啌《うそ》さえ書き上ぐれば、それが統計表に出て実際のことにお構いなくお上《かみ》の受けが善いと、当代の維摩居士《ゆいまこじ》と土宜法竜が舌を捲いた南方先生を何の苦もなく凹《へこ》ませたは、日本一の模範お役人と呆れながら讃めておく。こんな奴が十年も立つと大臣になるのじゃろ。さて、かくのごとく仏在日すでに乱倫極まる大逆人があったのみならず、『陀羅尼雑集』九によると、仏前生迦倫羅《かりんら》国の商客《あきゅうど》たり、母を愛して父を殺し、のち悔いて出家し、三十七年のあいだ泣き続けたが、集法悦《しゅうほうえつ》捨苦陀羅尼《しゃくだらに》を感得して罪を除いた、とあって永々しくその陀羅尼を載せおるが、母を姪し父を殺した人でなければ要用《ようじ》ない物ゆえ、ここに略する。

　上に述べた通り、インドにはずいぶん親族姦の例が多いが、最も名高く最も興味あるこの種の因果物語は青蓮女《せいれんにょ》の伝を白眉とする。その物語を述ぶる前に、ちょっとそのうちの一段に似た話を序《の》べおこう。

『今昔物語』巻三一、「湛慶阿闍梨《たんけいあじゃり》、還俗《げんぞく》して高向公輔《たかむこのきんすけ》となりし語《こと》、第三」にいわく、今はむかし某帝の御代に湛慶阿闍梨とて慈覚大師の弟子で真言の法を極め、内外《ないげ》の文道に通じ、芸道を究めた僧あった。忠仁公不例《ふれい》のおり召されて祈禱がよく利き病愈《い》えたが、今しばらくここに候えとて留め置かるるうち、若き美女が給侍《きゅうじ》に出た。これを見て湛えがたかったので互いに契り始《そ》めて女色に堕落した。その後隠すとすれど、誰も彼も知ることになった。この前、湛慶懃《ねんご》ろに不動明王に仕えた時、不動尊夢の中に告げて宣《のたま》わく、汝もっぱらわれを憑《たの》むから、われも汝を譲り遣ろう、ただし汝前生の縁によって某の国某の郡の某なる者の娘に落とされ、夫妻《みょうと》となるに定まりおる、と告げ給うと見て覚めた。われ何の故にか女に落とさるべき、われその女を捜《さぐ》り出し、殺して後日の患《うれ》いを除くべしと思い定めて修行の似《ふり》してそこへ尋ね行くと、まことにその家あり。その家へ行って伺《のぞ》くと、十歳ばかりな美しい女児が庭に走り出て遊び行《あり》く。湛慶その家より下女が出るを俟《ま》って問うと、かの小女《こむすめ》はこの殿の独り娘です、と答えた。次の日行って南面の庭におると、昨日通り女児出で来たり遊ぶところを走《は》せ寄って女児を捕え、頸を掻き斬ったが知る人がない。はるかに逃げ去って京に帰る。安心して修行しおりたるに、ふと忠仁公の内で思い掛けぬ女に堕落した。不動尊が先年夢に告げたまうた女は殺してしまう、今別にこの女に落とされたは奇的烈《きてれつ》、と自分の不謹慎を外《よそ》にしてひたすら女の素性を訝《いよか》りおったが、ある夜この女と倶臥《ともね》してその頸を捜ると大疵あって炙《や》き綴った跡だった。

湛慶その所由《いわれ》を問うと、女いわく、妾《あたし》は某国某という者の娘だが、幼《ちいさ》い時家の庭に遊びおると知らぬ者が出て来て頸を掻き斬った。のちに家人が見つけて喧《さわ》いだが、行方知れずで止めた。その時切口を炙き綴って切られの与三《よさ》じゃないが、不思議に命が助かった。それから事の縁《ゆかり》あってこの殿へ奉公に出ました、と聞いて吃驚《びっくり》湛慶阿闍梨、さては不動尊の示顕《じげん》が違《たが》わなんだ、よくよく深い縁あればこそ切るに切られぬ切口の綴《つな》ぎ合わせとは故事《こじ》つけだが、必ず見捨てまいぞえ、見捨てるなと、これらは原文にはないが、原文ことのほか下手に書いておるゆえ、熊楠が入言《いれこと》しおく、女も哀れに思うて永き夫妻となった。忠仁公聞こし召して、湛慶ほどの名僧が濫行に落ちたのは南方先生ほどの聖人が時々大飲みすると双《なら》んで遺憾じゃ、しかし内外道を極めた者をいたずらに棄つべきでない、速やかに還俗して公けに仕えるべしと定《じょう》あって、還俗して公輔と名づく。本姓は高向《たかむこ》という妙な姓だ。すなわち五品に叙して奉公し、高太夫《こうたゆう》と通称す。ついに讃岐守《さぬきのかみ》に任じて家いよいよ豊かに繁昌した。この人還俗後も真言の密法を精《くわ》しく知りおったので、極楽寺という寺に木像の両界の曼陀羅の像があった、金剛界が千四百六十一、胎蔵界が四百十一尊ある、久しく諸尊の座位違《たが》うてもろもろの真言僧が直しかねた。高太夫これを聞いて尻軽く走り向かい、楚《むち》を執って、この仏はここに御《おわ》せ、かの仏はそれに御せと指すに従って、仏たち人も手も触れぬに踊って楚の指すところに行って座ったのを、見物の群集これはロハで面白い手品を拝見しますと泣く泣く貴んだということじゃ。

　右少々啌《うそ》も雑《まじ》っておるが、大正二年十一月四日昼飯食ったきり目痛きを忍んで、只今夜九時まで書き続けた空腹愈《すきばらいや》しに入れたんで、別に大意に差し障らぬ上に読むと面白いから善根功徳になる。

三　前世の悪業によって五百賊に合うた美人の仏教譚

前号のこの篇（二）の末に引いた、湛慶阿闍梨が不動尊の夢告《ゆめつげ》により、おのれを堕とすべき女の幼時忍び入ってその女児《こむすめ》を害し、後年忠仁公の邸で美女に堕落し一夜倶臥《ともね》のおり、その頸の疵を見出でて由来を聞くと、果たしてその女が往日《さきのひ》自分に頸を掻き斬られた女児の復活《いきもと》ったのだったという譚は、『今昔物語』を大分改変して出した井沢長秀◆18が註したごとく、唐の韋固《いこ》の伝より作り出した物であろう。

すなわち『続幽怪録』にいわく、唐の韋固、婚を求めて宋城の店《はたご》に宿《とま》りしに、客あって議すらく、潘昉《はんぼう》が女《むすめ》は明旦《あす》隆興寺の門《かど》で期約すべし、と。韋固行き見れば、老人布嚢《ぬのぶくろ》に倚って階に坐して月に向かい書を見る。韋国立ち寄りて、何の書ぞと問う。老人これは天下婚姻の書だと答う。嚢中を問うに、答えて赤縄子《あかきひも》あり、男女の足に繋げば讐敵《かたき》同士でも遯《のが》れず必ず婚すべし、と言う。固、われ潘昉が女を娶らんと思うが事成るべしや、と問う。老人いう、汝の婦《つま》は今わずかに三歳《みつ》だ、十七になって君が門に入るべし、と。固その女の所在《ありか》を問うと、老人、店北の市に菜を売る媼《ばば》の女だ、と教えた。夜明けて老人固を市に誘《つ》れ行き媼が女甚醜《いとみにく》きを抱けるを指し、これだと示してたちまち消え失せる。固あんな醜《みぐるし》き女を娶るとは情ないと思案の末、一奴《あるやっこ》に万銭を与うべしと約して、かの女児《こむすめ》を刺さしむ。明日《あけのひ》奴市に行き、かの嫗が抱いた女児を刺して去ったが、一命に障《さわ》りなく眉に創《きず》ついたばかりだった。十四年経って、相州の太守王泰その女《むすめ》を韋固に嫁す。常に眉間《みけん》に花鈿《はなぼたん》を貼《ちょう》じ、容色無類だ。年ごろ相馴れてのち問うと、妾《わたし》は王泰の養女で父は宋城の宰だった、父死後乳母に養われ市に出て菜を売り活計《くらし》とした、一日《あるひ》賊来たって刺したが眉を傷つけたばかり命に別条なかった、泰妾を哀れんで養女とした、と言った。それから韋固が不思議の老人に遇うた店《はたご》を定婚店と名づけた、とある。

結縁神《えんむすびのかみ》を月老また月下老と呼ぶはこれによる。また媒人《なこうど》を氷人と言うのは、晋の令狐策という男、氷上に立って氷下の人と語ると夢み、何のことか解らぬところへ友人索紞《さくたん》来たって解いていわく、氷上は陽で男だ、氷下は陰で女だ、君氷上にありて氷下の人と語ったと夢みたは男のために女と語ったんで、君が人に媒を頼まれ相談調うて春氷が泮《と》けて目《め》出度《でた》く婚姻が済む占《うら》でござる、と。果たして太守田豹その子のために令狐策を媒として張氏の女を求め、仲春氷泮けて婚成った（『淵鑑類函』一七五）。この二つの故事を合わせて媒人を月下氷人と言うんだ。また月老《むすぶのかみ》赤縄子《あかいひも》で夫婦の縁を結ぶとあるゆえ、夫婦の縁を赤縄子と呼び、「えんのいと」など訓《よ》むのじゃ。

本邦にも『俊頼口伝集』上にいわく、「東路《あづまぢ》の道の奥なる常陸帯《ひたちおび》かくばかりにも逢はんとぞ思ふ。こは常陸国に鹿島明神と申す神の祭の日、女の懸想人《けそうびと》数人《あまた》ある時に、その名どもを布帯に書き集めて神の御前《おまえ》に置くなり。それが中に夫とすべき男の名書きたる帯のおのずから裏返るなり。それ撰《よ》り取りて禰宜《ねぎ》が得させたるを、女みて左《さ》もと思う男の名ある帯なれば、やがて御前に懸帯のように被《かず》くなり。それを聞きて男歎《かこ》ち掛けて親しくなるなり。たとえば占いなどするようなることとなり」。帝国書院刊本、天野信景の『塩尻』巻六五に、「伊行《これゆき》の歌、『解けやらぬ人の心は辛《つら》かで結《むすぶ》の神を恨みつるかな』。公朝の歌、『衣手《ころもで》の常陸《ひたち》の神の誓ひにて人の妻をも結ぶなりけり』。『草芥和言集』常陸帯の条下にいわく、常陸国には男女の中《なか》らいを占わんとては苧《お》という物を帯にして、一つには懸想する男の名を書き、一つにはわが名を書きて、鹿島の神の御前にて祝詞《のっと》を申して帯を折り返して名をば隠して末を禰宜に結ばするなり。それを悪《わろ》かるべき中らいは、離れに結ばれ、善かるべきは掛帯《かけおび》のように円《まろ》に結び維《つな》がるるを、さもと思うような男なれば、やがて掛帯のように打ちかけつと、云々。これわが国往古婚を成し侍るに、神に占うてその縁を定むる風俗なり。されど公朝の歌、人の妻をも結ぶと言うは、不貞不義のことも野俗の習わしにありしにや。濃州垂井《たるい》の駅にや、結明神《むすぶのみょうじん》あり、俗伝に小栗《おぐり》が故事なんど言うは甚《いと》卑しげなり。それむすぶの神とは、産霊《むすぶ》の字を用いておよそ生物《いきもの》の始気《はじめのき》を崇む。男女の婚合《まぐわい》も万世《よろずよ》の始めなれば、産霊の神に占うと言うはその謂《いわ》れなきにしもあらず」とむつかしく論じおる。

何に致せ、常陸帯の一件は今日その詳しきを知ることならぬが、人が帯と帯を結び合わせて善く結ばれた帯の持主同士男女を夫妻と定めたので、今時神鬮《みくじ》を伺うようなこと、したがって月下神《むすぶのかみ》が赤縄子《あかきひも》で夫婦の縁ある男女を結び維《つな》ぐという支那説とは別だ。公朝の歌の意《こころ》、特に既婚の他妻《ひとづま》をも神意《かみのこころ》で帯が善く結ばれさえすれば犯すも咎《とが》めなしといったように『塩尻』に論《あげつら》いあるは、固《こ》なるかな信景が詩を解くや、と難ぜざるをえない。これはただ鹿島の神の誓いで人々の妻を夫と結び定めたまう、さてさて有難い、粋《すい》な神様じゃと敬讃したのに違いなかろう。

外国にも似た例が多いが、支那の例一つだけ挙げんに、『山堂肆考』◆19に、唐の宰相張嘉貞、五女《ごにんむすめ》におのおの一糸を持って縵後《のれんのかげ》にあらしめ、郭元振して前《すす》んで牽きえた者を妻《めと》らしめると、五色の糸のうち紅線《べにのすじ》を引いて第三女を得た、とある。福引で嫁取りとは捌《さば》けた仕方だ。必竟元振が堂々たる人物で、張宰相の娘もいずれ劣りなく五人とも才色双全かれもこれも捨てがたい標致《きりょう》だったから、手早く福引で決定《けつじょう》したのだろ。本邦にも女郎や姣童を鬮取《くじと》りにしたことがしばしば西鶴や自笑の本に載っておる。半可通輩が文体温謹《おんきん》にして些《ちと》の淫辞なしと崇むる米国の文豪ワシントン・アーヴィングの『旅人譚《テイルス・オヴ・トラヴエラース》』の第三篇「若き強盗の自白」に、山賊輩《とも》十六歳の処女《おとめ》を鬮取りて凌辱し輪《まわ》り、さて親元から贖《あがない》を納《い》れぬと刺し殺すところを詳述しある。かかる物を傑作など賞美する西洋人の気が知れぬ。

明治四十一年六月の『早稲田文学』六四頁〔「『大日本時代史』に載する古話三則」二節〕にちょっと記しおいたご

とく、唐の韋固が月下老人より自分の妻たるべき女を知りえた譚の類話が、一八九四年板、バートン訳『アラビア夜譚拾遺』巻一にある。少々稽固《けいこ》して近所の寺で和尚代りに演《や》ったら麦酒《ビール》二十本ぐらいにきっとなる面白い談《はなし》だが、近来禁酒だから大意を無代価《ただもんめ》で述べるとこうだ。

むかしアラビアで主婦《かみさん》が月盈ちて女の児を生む時、ジンといって嬰児を悩ます鬼を防ぐため火を隣家《となり》へ求めに僕を遣った。僕が火を求め歩く途端《あり》、女占者《おんなうらない》に遇うと、お前の主人の子が今生まれたらしいが男か女かと問うから、女だと対《こた》えた。女占者即座に、気の毒かな、その子成長して百人の男に姪を売り、次に只今その子の家に奉公しおる僕の妻となって、終《しまい》に蜘蛛に殺さるることよ、と言うた。僕これを聞いて、今その家の奉公人とては自分ばかりだ、百人に売姪した古釜《ふるがま》を戴くも気が利《き》かねえと憂いて一計を案出し、直《じき》に家に帰って今生まれた女児《こむすめ》を奪い取り腹を割《さ》いて逐電《ちくでん》し、二十年経《た》って金を儲けて故郷へ帰ると、むかし見た人々の跡方もない。一人住《ずま》いも如何《いかが》ゆえ、ある老婆《ばばあ》に金多く遣って当分懸かり合うべき売女を求めると、ちょうどこの辺に名高い奴があるとて、往って懸け合いくれたが、女、もはや売姪は止めた、是非にとならば正妻にして欲しい、と答えた。様子を聞くと無双の美女なり。また売姪を罷《や》めて正妻になりたいとの望みも怜《いたいけ》なり。すなわち妻として相愛すること至れり。

久しく棲《す》んでのち、一日《あるひ》夫その妻の腹に瘢《きずあと》あるを不審し尋ぬると、妻いわく、自分生まれた時のことゆえ一向覚えぬが、亡き母に聞いたは、冬の夜妾《わたし》が生まれる時、僕に火を取りに遣ると少《しばら》くして帰り来て、何故《なぜ》とは知らず、妾を奪い取り腹を割いて行方《ゆきがた》知れずになりました。とても助からぬと見ながら母の情で創《きず》を縫い合わせ養育するうち、創合うて瘢《あと》のみこの通り残ったとやら、と答えた。なお尋ねて見ると、父母の名、自分の名を明かし、今は双親とも亡くなり、頼りにするは貴君《あなた》ばかりと流涕滂沱《ぼうだ》たり。そこで天の定めた運命は避くべからずと悟って、われこそ汝《おまえ》の腹を割いて逐電した旧時《むかし》の僕《しもべ》よと告白し、そんな酷《むご》いことをしたのもその時逢うた女占者が云々《しかじか》と語ったからだと打ち明かすと、女も睾丸《きんだま》釣り上がるばかり驚いたが、持合せがないゆえ代りに子宮でも釣り上げただろ。何がさて呆《あき》るること半晌《はんとき》ばかりで、まことに運星は争われぬ物、仇《あだ》し仇浪浅妻船《あだなみあさづまぶね》の浅猿《あさまし》や、エヘンエヘン、「わが恋は行衛《ゆくへ》も知らず果てもなし、逢ふを限りと思ふばかりぞ」。そもそも上頭《みずあげ》の始めより十や二十のことかいなあ、心柄《こころがら》とは言いながら浮きたる船に乗せ掛けて一日も波に沾《ぬ》れぬ日ぞ、内々取った嫖客《おきやく》の数がちょうど百人御座《ござ》るてや、思えば思えばその時に今些《もちっ》と大事の急所をば、いっそ奥深う突いてくれたなら、妾ゃ死にます死んだはず、いつの世いかなる報いにてかく交わしたる枕の数々憐れみたまえとばかりにて声を放って哭《なげ》きける。

倩《つくづく》聴きおった夫が心中最心元《いとこころもと》なかったは、かの女占者の言《ことば》が、百人に売淫したのと生まれた時ただ一《ひとり》の奉公人だった自分の妻となったまで、この女の成行きに𥇖《ちゃん》と合っている。

一つ残るは蜘蛛に殺さるる一件だ、なろうことなら免《のが》れさせたいと、南方君同然なかなか妻に孝行な男で、態々《わざわざ》市外へ石と煉土《ねりつち》で堅固な宅を建て、蚤一疋入らぬよう内部を漆喰《しっくい》で塗り詰めたゆえ、蜘蛛の来るべき隙《すきま》もなし。加之《おまけに》二人の婢《こしもと》を置いて不断拭き掃除して蜘蛛を防がせた。それに夫婦永く住んで無事だったが、一日《あるひ》どこからともなく天井に蜘蛛一つおるを夫が見つけると、妻これこそ妾の命取るべき敵《かたき》だ、先んずれば蜘蛛を制す、何分妾が手ずから殺し遣ろうと敦圉《いきま》くを、夫制すれど聞き入れず、木片《きぎれ》を取って蜘蛛を打つ力余って木片折れ飛び、その屑が妻の手に刺《た》ち、手から臂《ひじ》、それから体、それから心臓まで腫れ及ぼして死んだとは、何と生まれる時から人の運命は定まった証拠でないか、と書いておる。

このアラビア譚と韋固の支那話とどれが古くできたか分からぬが、前回述べた湛慶阿闍梨の日本談は韋固の話から作り替えたものとしか見えぬ。

熊楠、五年前の『早稲田文学』六月号で注意しおいた通り、『今昔物語』巻二六の一九、東《あずま》に下る者、宿《とま》った家の主婦《かみさん》その夜急に子を産む。時にこの旅人の側《そば》を通って長《たけ》八尺ばかりの鬼が外へ出様《でさま》に、年は八歳《やっつ》、死様《しにざま》は自害、と言って去った。人に語《つ》げずに暁疾《あけと》く出でて国に下って、九年目に返り上る途中、その家を憶いだしてまた宿《とま》り、前年宿った時生まれた子はどうなったかと尋ねると、主婦泣いて、糸清気《いときよげ》な男児《おのこ》だったが、去年八歳で高い木に登って枝を切るうち木から落馬して鎌を頭に立てて死んだ、と語る。よって前年鬼が予言した子細を話してますます泣いた、とある。

西鶴の『男色大鑑』七に、道頓堀の楊枝屋の悴生まれた夜、文殊菩薩、地蔵尊に、この子のち芸子《げいこ》になって盛えるが十八歳の正月二日の曙に自殺のはず、と告ぐるを立ち聞いた旅人が往って見ると、果たしてかの家に美しき男児《おのこ》生まれあり。のち戸川早之丞とて名高き若衆方役者となったが、義理に詰まって文殊の予言の通り十八歳の正月二日自殺した、と出でたるは同じ趣きだ。

また『根本説一切有部毘奈耶雑事』◆20 二五に、妙光女、長者の家に生まれた時、相師《にんそうみ》その後ついに五百男子と行欲すべきを言う。妙歳に及んで威光挺特、挙世無双、久米仙は更なり、南方の熊僊《くません》も通力を失うほどの美人だった。しかるに相師の予言を嫌うて満足な家から望まれぬ。時に室羅伐城《スラバステ》に殺婦《つまころし》という富人あり。七度まで妻を娶るに、続いてみな死す。婬女《じょろう》や寡婦《ごけ》を求めても応ずる者なし。よって妙光女を迎えて妻とし、かの予言を慮《おもんばか》って家中に鎖閉《とじこめ》て、家風だからとて仏僧を供養するほか一切他人と相面《あいあ》わざらしむ。ある日、長者用事あって出た途中、僧に逢い、拙《やつがれ》は数日不在《るす》となるが妻が内にある、情願《どうぞ》平日通り昼食に来て下され、と頼んで旅立った。僧輩《ぼうずども》、例のごとく食《じき》を受けに来ると、そのうち好《よい》男《おとこ》の僧の前で妙光女が姿態《しな》を現《つく》って嬌媚《おかし》な相《つきな》を作す。僧輩寺に還って、さあ大変だ、あんな家へ亭主の不在《るす》に往ってはどんな椿事が起こるもしれぬ、以後往かぬことにしょうと議定して全く跡を絶った。長者帰ってこのことを聞き、覿然《てっきり》妻が色仕懸けを始めたのだと気づいて寺に往き、かように妻の落度のため御《ご》一同《いっとう》今さら足を停められては外聞宜《よろ》しからぬ、何卒《どうぞ》従前ごとく来臨をと望むので、僧輩また来て供養を受けた。長者、妻がまた無礼をなすを気遣い、自分僧に食を供うるあいだ妙光女を一室に密閉す。妙光女室内で某甲《あの》聖者《おっさん》は如是足端《あんなあしつき》、如是腰背《あんなこしせなか》、胸頭面目《むねあたまかおめつき》乃至《ないし》頭頂《あたまのてっぺんのなり》と繫念分別《いっしんにしなさだめ》して、すなわち極重愛染《ごくじゅうあいぜん》を生じ、ついに欲火に内外焼き燃やされ、遍体《へんたい》汗流れ奄《おお》い命過《しんでしまっ》た。長者、僧を供養しおわり室に入って見ると、事切れたり。やむをえず日《ひ》晩《くれ》に五色の毛氈《もうせん》で妙光女の屍《しかばね》を裹《つつ》み林中に葬るところへ、卒《にわか》に五百群賊襲い来たるゆえ、諸親葬を停《や》め屍を捨てて城に入り防ぎ守る。諸賊、葬具の荘厳《りっぱさ》を見怪しんで往って観、衣を去って妙光女の体を見ると、神亡《たましいな》しといえども儼然《れっきとい》活けるごとし、その容貌《すがた》を観るに平生に異ならず。共に相謂っていわく、この女の妍華《うつくしさ》昔《かつて》いまだ見ざるところ、縦令《たとい》遠く覓《もと》むるも此類難求《またとたぐいなし》、おのおの染心《ぜんしん》を起こし、共に非法を行ない五百金銭を斂《おさ》め、側に置いて去った。天暁《よあけ》に及び四遠聞徹《ひょうばん》すらく、妙光死すといえども余骸なお五百人に通じ金銭五百を獲《う》、と。

如来このことを聞いて、妙光の因果を説く、むかし人寿二万歳の時、迦葉《かしよう》如来、婆羅尼《ばらに》斯《し》城に出で教化畢《おわ》って入滅せしを、吉栗枳王《きりきおう》と諸人火葬し、舎利を収めて高塔を立つ。居士の女《むすめ》あり、塔を見て渇仰し明鏡《かがみ》を奉りて塔の相輪中に繫ぎ発願《ほつがん》すらく、われこの功徳をもって来世所在生処《どこにうまれても》光明照耀《かがやき》、日光のごときわが身より出づべし、と。この因縁によりかの女世々美女に生まれて身より妙光を出だす、これが妙光女と今も生まれたんだ。梵授王《ぼんじゅおう》の時、業因によって婬女と生まれ、賢善と名づく。顔容端正《かおかたちうるわしく》、人楽しみ見るところたり。王の親舅《しゅうと》と先与交通《かねてかかりあい》せり。時に五百の牧牛人《うしかい》が公園中に遊び、まことに今日は面白いが、別嬪ないが闕陥《ことかけ》だ、と言う。誰を招《よ》ぼうかと議すると、賢善女に限ると決し、往って請うと、金銭千文をくれるなら行こう、と言う。牧牛人いわく、まず五百銭を輸《わた》し、歓戯罷《おわ》ってさらに五百銭を済まさん、と。賢善承諾し、まず五百金銭を受け、厳飾《よそおい》して往くからまず往って公園で待っておれと言うゆえ、牧牛人去る。賢善女熟慮するに、五百人という多勢に身を任せては生命《いのち》が覚束《おぼつか》ない、もし往かねば破約で数倍の罰金を取られる、何とか免《のが》れ様《よう》のありそうなものと、かつて王の舅と得意《こころやす》かったのを憶いだし、婢《ひ》を王の舅に遣わし説いて、王の力により婬女ついに公園に往って五百の牧牛人と遊ばず、五百金銭を留めて還さずに事済んだ。そのころ辟支仏《びゃくしぶつ》あって城中へ来る。五百の牧牛人これを供養し、この善根をもって願わくは賢善女と楽しまん、縦令《たとい》かの女身死すとも約束の千銭のうち五百銭は既済《すんだ》ゆえ、残る五百銭さえ渡さば必ずかの女と交通せんと発願した。制《よ》せば善いのに舌切雀、さしも前世の功力《くりき》で無上の美女と尊ばれた賢善が、慾と色との両天秤で牧牛人を担《かつ》いだ悪戯《いたずら》の宿業で、死中諸流転を受け五百生内常に五百銭を与《く》れてかの牧牛輩の後身《うまれかわり》に非法を行なわるるのじゃ。何と因果の勘定は現銀至極《しごく》で、酒屋の払いが善いからと言って炭屋に借りた物を払わずに済まぬ。何に致せ、妙光女ごとき婬乱な女の宅へ食《じき》を受けに行ったので、こんな騒動も持ち上がったんじゃと、如来広長舌を振るった末、妖媚《なまめかし》く容姿《しな》を作る女ばかりの処へ出懸けて過失《あやまち》を生ずる僧を越法罪と結戒したまうた。『十誦律』には、妙光女死して婬念なお已《や》まず、婬竜となった、とある。

清姫の譚《はなし》など、これに基づいたものか。本文に引いたアラビア譚にこれらの話の趣きを数種綜合しおるは、古語学者《ストリオロジスツ》が東亜と西亜の古語の伝統を論ずるに熟考を要すること、と注意しおく。

仏教の三蔵中、業因のため知らずに乱倫に累《かか》り一家の系図紛乱の極に達した話は、青蓮華比丘尼に止まる。この尼の伝の初方《はじめつかた》に、自分が生んだ女児《むすめ》に自分が傷をつけて家を立ち退いたが、後年その疵痕に便《たよ》って親子と判ったことがある。最古《いと》く書き留められた譚が必ず最も古く行なわれた物ならんには、日本、支那、アラビアその他に行なわれたこの種の諸話は、多少この青蓮華尼伝によって作られた物と言いうるはずと考えて、混雑の起こらぬようまず如上の諸類話をのべた次第である。

これからいよいよ主として唐三蔵法師義浄訳『根本説一切有部毘奈耶』巻四九を経《たて》とし、七年前出板ラルストン英訳、シェフネルの『西蔵諸談《チベタン・ティルス》』第一〇章を参取して、少々手製の滑稽《おどけ》を雑《まじ》え、本伝に取り懸かると口上左様《さよう》。むかし釈尊、王舎城竹林園中に在《おわ》せし時、得叉尸羅《たくしゃしら》城に長者あり、妻を娶って久しからぬに一女を生めり。身に三徳を具うること青蓮華のごとし、一には身黄金色で、なお華鬘《けまん》のごとし、二には眼紺青色で華葉《はなびら》のごとし、三には香気氛馥《ふんいく》、なお華香《けこう》のごとし、とある。青蓮華、梵名ウトパラ、唐で嗢鉢羅華《うばらげ》と訳し、また音義兼訳して青嗢鉢羅華《しょううばらげ》とす。「頼光《らいこう》よりみつの穴《けつ》の穴《あな》」と言うごとき重言《じゅうごん》だが、意が善く解るように念を入れたのだ。

一体、蓮はインド固有の物でわが国や支那にあるのはインドから伝えたのかと思う。とにかく蓮はインドで上古から人の目を惹き、したがってその色香に愛《め》でて早く培養し、いろいろと変種も出で諸仏の印相として仏徒に尊ばれ、今のヒンズー教人も毘紐天《ヴィシュニュ》の印相とし、またその妻カマラ（蓮のごとしの義）の愛物としてこれを重んず。仏教にも、しばしば蓮を美女に諭《たと》え、真言宗には、女陰を紅蓮に比《たく》えたところが多い。エジプトでも、最初創生の神レガヌン大海に泛《うか》んだ蓮花から生まれたという（『大英類典』九巻五一頁）。蓮と女陰崇拝の関係は、一八七五年ニューヨーク再板、ウェストロップおよびウェークの『古代《アンシアント》・印号崇拝《シムボル・ウオーシップ》』を見て明らめよ。仏経に種々蓮を分別して、分陀利《プンダリカ》（満開白蓮）、迦摩羅《カマラ》（半開白蓮）、屈摩羅《クマラ》（未開白蓮）、鉢特摩《バドマ》（紅蓮）、摩訶鉢特摩《マハバドマ》（大紅蓮）、拘勿投《クムダン》（黄蓮華）等ある（趙宋普潤大師法雲編『翻訳名義集』八）。このうち、紅白の二種が日本にも見る通り本当の蓮で、黄蓮花は然らず、蓮と同類別属睡蓮《ひつじぐさ》の一種だ。

しかるに珍なことには、極楽の絵の通りの黄金色の花咲く真《まこと》の蓮が西半球にある。故矢田部良吉博士の遺著『日本植物篇』一の一〇七頁に、黄蓮花《おうれんげ》は西インド島にのみ生ずるよう書きあるは、弘法にも筆の謬《あやま》りで、米国東部に多い。二十三年前、予、埼玉県人飯島義太郎という大学生とヒューロン河を溯り、湖水様な広所《ひろみ》に出ると満目金黄の蓮の花で塡《うず》まりおったんで、「極楽の前を流るる阿弥陀川、蓮《はちす》の外に異草《ことくさ》もなし」と桜井基俊が手製の歌を証として宗祇を凹ませたというが、米国人には河に蓮を詠んだって怪しまれぬことと感心したが、腹は空《へ》る、極楽往生にはよほど早過ぎる、今少し娑婆《しゃば》で罪業を積むが面白いと合点して引き返したことである。高野の御廟《みびょう》前の瓶に投《さ》した金被《きんきせ》の蓮を大層なことに言うが、右のヒューロン河へ往って御覧、それはそれは真《ほん》に壮観だ。本邦の仏徒も奮発して彼所《かしこ》を買い占め、嬉鬘《けまん》歌舞《かぶ》の活菩薩《いきぼさつ》を伴れ行いて正真《ほんとう》の極楽座を開業すると、女好きの米人はみな仏に帰するだろ。

さて本伝に関係もっとも厚き嗢鉢羅《うばら》（正しく言うとウトパラ）すなわち青蓮華は、学名ニムフェア・ケルレアで、これも睡蓮属に隷《つ》き本当の蓮属の種でない。下エジプトとインドの信度《シンド》辺に自生す。むかしはエジプトでこれを神草と尊んで盛んに培《う》えたそうだ。至って優美な花ゆえ、仏や美人の眼相《めつき》をこの花に喩えた文が多い。支那にはない物らしい。山岡明阿の『類聚名物考』二六に、仏眼を青蓮花に喩えしは花弁《はなびら》にはあらず、天竺に細葉《ほそば》の蓮あり、その葉の形狭く長くして、下の方少しく丸く、上方ようやく広し、その形の仏の眼に似たれば喩えて言うなり、目頭の方は丸くて目尻の方細く長きを言うなりとて、『新訳華厳音義』を引き、「その葉狭く長くして、下に近きは小円《ややまる》く、上はようやく央《ひろ》し。仏の眼これに似たれば、経に多く喩えとなす。その葉蓮に似て、稍《すこ》しく刺《はり》あるなり」とあるが、蓮属にも睡蓮属にも狭長い葉あるを聞かぬ。すでに上に引いた本文にも、青蓮女の眼紺青色で華葉《はなびら》のごとし、とある。葉とは常の葉でなく華葉すなわち花弁に相違ない。さて、下に「その葉蓮に似て、稍《すこ》しく刺《はり》あるなり」とは花苞《はなぶさ》外に刺《はり》あるを指したんだろ。しからば『華厳音義』に青蓮華に宛てたのは、日本、支那、インドに産する芡《みずぶき》、俗に鬼蓮《おにばす》のことだろ。これは蓮科ながら蓮や睡蓮と別属のもので、紫花を開く。東国には少ない物と見えて、往年山師が不忍池中へ少々植えて花咲いた時、豊年の徴《しるし》に紫の蓮が出たと吹き廻り、賃船《ちんぶね》で渡し観せて儲けた、と聞いた。河内、和泉、紀州の和歌山より東北に多いが、それより南には一向見えぬ。浜寺公園宮武氏邸に近い小池にもある。よって『不二新聞』の景気添えに蕃殖《はびこら》せて、その実を支那で鶏頭、雁頭など呼び食らうから、餅でも作って配《くば》ったら佳かろう。ただし、鶏頭餅では毛唐持ちと聞こえ、雁頭餅《かりくびもち》では鄙猥《みだら》に近いから考え物かね。

　青蓮華の講釈によほど暇取って本伝を忘れそうゆえ、また発端から遣り直す。インドの得叉尸《たくしゃし》羅《ら》城の長者、妻を娶り、久しからずして青蓮華同然の三徳すなわち黄金《きん》色《いろ》の身《からだ》、紺青の眼、蓮華の香気を具えた女《むすめ》を生んだ、二十一日めにインドの風習《ならわし》のまま親族集まり議して青蓮華色と名づけた（梵語でウトパラヴァルナ）。一人娘で兄弟《はらから》とてもあらざれば、養子婿取りて家を嗣《つ》がそうと尋ねるうち、同じ城内長者の子が近ごろ両親を喪うて一人住む仁《じん》体《たい》尋常の者があったので、青蓮華女の婿に取り来て舎《いえ》に入るるとまもなく父は死んだ。母は操正しからぬ者でおいおい独り寝の淋しさに堪えず、と言って他人を引き入るることもならず、間《ま》がな暇がな女婿《むこ》に妙な眼つきをして見せると、隴《ろう》を得て蜀《しょく》を望むの劣情から、いつとなく妻の眼を忍んで姑《しゅうとめ》と親しくなった。そのうち青蓮華女、夫の子を孕んで臨産の際に下女して母を招かせた。下女母の室に往って見ると、母と婿とが私語の最中だから妨げてはどんなお目玉に逢うも知れぬと室外に躊躇した。しばらくして事済んで母立ち出づるを見て、主婦《かみさん》が貴女《あなた》を俟っておられます、と告げて帰って見れば主婦すでに女子《むすめ》を産んだところで、汝《おまえ》はなぜ遅かったかと詰《なじ》る。下女、当惑のあまり、「汝《そなた》の母公《ははぎみ》と尊夫《ごていしゅ》の御《おん》中《なか》が好くて結構でございます」と対《こた》えた。変な物の言い振りかな、全体何の訳ぞと押し返し問われて、事実をくわしく話したが、青蓮華女、何か下女が意趣あって母と夫を讒誣《ざんぶ》するんだろ、と疑うた。下女真《まこと》を告げて疑わるるを哀しみ、時節到らば親《みずか》ら見分《けんぶん》なされ、と言った。次回にまた母と夫が室内に籠ったのを見定め、下女が主婦に告げた。主婦往って見ると、あろうことか婿と姑が非法を行ないおる。青蓮女見て怒り心頭より発し以為《おもえら》く、この悪婆はいかに男に事欠いて婿と契るぞ、またこの凶人《わるもの》はどれほど女に事欠いて姑と暱《したし》むぞと、無明《むみょう》の業火《ごうか》直上三千丈、何とも堪《こら》え兼ねて夫に向かい、汝悪人今よりのち勝手に姑と何なりとも做《な》せと詈《ののし》りさまに、わずかに生まれて数日なる女児《むすめ》を夫に抛げつけると、見当外れて閾《しきみ》の上に落ち頭を破《わ》って血迸《ほとばし》る。

青蓮女、今は雪隠《せっちん》の火事で焼糞になり、恥を覆《かく》さんため頭巾を冒《かぶ》り跡をも顧《み》ずに家を出で、心宛てもなく進み行くと、末度城《マツラ》へ向かう商隊に逢い、旅は道伴れ世は情けと入夥《なかまいり》して出で立った。商主、青蓮女の儀貌端正なるを見、属魂《ぞっこん》恋著して汝《そなた》は誰の妻ぞと問うに、われに夫なし、誰にまれわれに衣食を給する人の妻となります、これ旦那、と答う。商主大悦びで即座に夫婦となって末度城に著し、商売事済んで自宅に青蓮女を置くこと多年の後、青蓮女に留守を預け、また金を持って商隊を組み、青蓮女の故郷得叉尸羅城に向かう。無事に到著《ゆきつき》て営業中、諸商主交代にこの商主を饗《ちそう》して、吾輩《われら》かく汝《そなた》を饗するになぜ汝は一度も吾輩を饗せぬぞ、と問う。青蓮女の夫答うるよう、卿らいずれも妻を伴れあれば饗応の準備《したく》自在だ、われは妻青蓮女を末度城の宅に留め独り旅ゆえ饗応などできぬ、と言う。諸人《もろびと》、そは不便の仕方だ、商人《あきんど》の例として到る処に妻を設け、かかる便利を謀るが常法だ、卿もこの地に然るべき新妻を迎えおいては如何《いかが》と勧む。青蓮女の夫答うらく、こう言うと諸君を見下すようだが、僕はわが妻青蓮女の外にまた女という物は絶えてなしと思い込みおる。かれの美貌《きりょう》に比べては女の片砕《かたわれ》とすら呼ぶべき女が一人も見えぬ、だからかれの外に一切女を見向く気はない。しかし、万一あれほどの美女が別にあらば特別の思召《おぼしめし》もて嬶《かか》としもしょう、と言った。いかにも自分の妻に惚《のろ》けきった怪しからぬ言い分と一同呆れ、また憤ってそも卿《そなた》の妻はどれほどの標緻《きりょう》ぞと尋ぬると、商主その妻青蓮女の様子を一切談《かた》り陳《つら》ねた。一同大きに驚き入り、何とそれはこの世界の女じゃなかろう、全く転輪王の玉女宝天下妻君の亀鑑《かがみ》というものであろう、しかし世界は浩蕩として広い、青蓮ほどの美女がまた一人とないにも限らぬ、もし見当たったら伴れ来て差し上げんと誓うて、その場は散じた。

　かくて商主あんまりその妻青蓮女を讃め揚げるを悪《にく》く思うて、諸友が懸命になって得叉尸羅城中を捜すと、青蓮女の標緻に少しも違わず、年は彼《かれ》女の娘と言うても通るほど若い黒上《こくじょう》大々吉、加之《おまけ》に一向男知らずの素女《きむすめ》を見出だしたから商主に告げると、そんな甘い詐《うそ》に欺されるものかと笑いながら共に往って見ると、果たして人言《ひとのこと》のごとくだった。商主鼠色の涎《よだれ》を垂らして打ち悦び、何分宜しくと諸友に世話を頼む。話纏まってこの素女を娶って第二の妻とした。さて貨物《たから》を売って金を儲け末度城へ還ったが、はや城近くなるとちょっと要事に行って来るとて岩山の辺に荷物と新妻を置き、一人空手《からて》で宅へ帰るその姿こそ淋しけれ。留守はことさら女気の、旅商主《たびあきんど》を亭主に持ち、江戸長崎国々へ往かしゃんしたその跡で、一年待てどもまだ見えぬ、実《げ》に商人は利を重んじて別離を軽んず、二年待てどもまだ戻らぬ、是奴《こいつ》は情《いろ》女ができたのだろと心配するは、余所《よそ》の嬶どもの不仕合せ。それと異《かわ》って鼻毛で妾《わらわ》を絡まぬばかりの此方《こち》の人に限って露《つゆ》心替りのないは知れたこと、と言うて今度の帰りの遅さ、もしや道中で不測の災難に罹ったのではあるまいかと夫を思う真実心、夜《よ》の眼《め》も合わさで愁いおる。ところへ突然夫が帰る、着の悦び喩うるに物なく、商売の景況《ようす》を聞くと、今さら権頭《ごんのかみ》を伴れて来たとも言い兼ねて、金は大分儲けたが、今の前《さき》この近くでことごとく賊に奪い取られたと詐《いつわ》り答う。それになぜ疾《と》く追っ懸けたまわぬぞ。夫報《こた》えていわく、久しく離れていたお前の顔を、一眼三井寺焦がるる胸を和女《そなた》は察して晩《くれ》の鐘だから還って来た、サアこれから追っ懸けようと足を駛《はや》めて出でて往く。

　まだ一町も往くまいと思うころ、夫の旧知《しりあい》で今度も夫と同時に戻って来た友人が訪れて、主人《あるじ》はと問う。青蓮女答えて定めて汝《そなた》も知っての通りせっかく長旅して儲けた金を少し前にことごとく奪い取られた、その賊を追うとて只今出て往ったというと、友人大きに笑い出し、和女も人が良過ぎるぜ、ここの主人が今度ほど大儲けで無事に帰ったことはかつてない、全く和女《そなた》ほど貞実な国色《きりょうよし》を妻に持ちながら、今度得叉戸羅から若い新妻を伴れて来た、その美《うるわ》しさと言ったらお前ほどの美人が切《せめ》て御側《おそば》の下女なりと、と唄うて足を洗わせ貰おうと願うても、寄り近《つか》れぬほどの尤物《わざもの》だと存分焚きつけて辞し去った。思い懸けなき注進に、青蓮女は黙ったまま茫然として坐しおりたり。しばらくして夫が帰る。青蓮女腹立たしさを涙と共に忍び、盗まれた金は復《かえ》ったかと問うと、天幸《しあわせ》と旨《うま》く取り還して来たと言う。青蓮女は眼も湿《うる》み、夫妻《みょうと》の間で何隠さんす、子細は睚《ちゃん》と知っておる、金取られたとは真赤な詐《いつわ》り、得叉戸羅から若い女を伴れて来たと確かに聞いておる、遠慮は入らぬ将《つ》れてござれ、嫉妬《りんき》なしに三人ここで住みましょう、諺に二軒の家に住み歩《あり》く男の身代は直《す》ぐ潰れると申します、と折れて出ると、夫大いに痛み入り、まことに虚言《うそ》を吐《つ》いて済まぬことじゃ、だがまた諺に室に両妻あれば水を飲む暇さえなし、と言う。

　すでにもって漢の呂后《りょこう》は戚夫人《せきふじん》を妬《ねた》み、その手足を断ち目を去り耳を熏《ふす》べ瘖薬《おしぐすり》を飲ませ簀巻《すまき》にして、さしも高帝の寵愛を一身に聚めた美人を糞壺《くそつぼ》に投じ、広川王の后《きさき》昭信は王の幸姫《きにいり》陶望卿を焼鉄《やきがね》もて灼き、苦しさのあまり井《いと》に投じて死したる屍を取り出し、陰中《かくしどころ》に椓杙《くいをう》ち込み、支解《きりはな》して毒薬と共に鑊《おおがま》で煮爛《ただ》らして見物したと『漢書』に見え、日本ではむかし止事《やんごと》なき高貴の夫人三人《みたり》まで嫉妬の勢いで巴《は》の字になって組討ちの乱戦を演じ、三目《みつめ》錐《ぎり》と異名をつけられ、また加藤重氏《しげうじ》は妻と妾が双陸《すごろく》して居眠るうち髪が蛇となって噛み合うを見て厭《いや》になって出家した、と言い伝う。欧州にも紀元六一三年、アウストラシアの美后ブルイニルドが七十三の高齢で仏王クロタール二世の命により三日続けて兵卒や劊《くび》手《きり》に強辱された上馬裂きにして尸《かばね》を焼き棄てられたは、若かった時嫉妬の争いに事起こし（一八四三年パリ新板『万国人名字書《ビオグラフィー・ウニヴェルサル》』巻六）、十世紀の末近くアキテン公ギロム四世、トワル子爵の城に宿してその夫人と通歓す、公の夫人エンマ妬んで復讐《しかえし》を謀り、子爵夫人の外出に乗じ多勢を率いて包囲し、夫人を馬より落とし、全夜衆をして交替凌辱、身半ば露《あらわ》し疲餓瀕死せしめ、観てもって娯楽とした（ジェフール『鬻靨史《イストフー・ド・ラ・プロスチチュション》』巻三、一八五二年板、二七二頁）。

これらは青蓮女よりずっと後の出来事だから、むろん本伝には出ていない。しかし女の嫉妬《ねたみ》ほど恐るべく慎むべきものはないという教訓のため書き入れたのだ。法螺《ほら》は少しもないから読むと損にならぬのみか、大いに子女の心得になる。また本文唐訳により「室に両妻あらば水を飲む暇さえなし」という諺を出しあるが、シェフネルの『西蔵諸談』には「家に両妻あらば羹汁《あつもの》しばしば冷たし」と訳しおる。律蔵の唐とチベットに伝わった本が大分相差《ちが》うところあるのだ。

この通り女の嫉妬ほど煩《うるさ》い物はまたとない、今この家へ新妻を納れたらきっと爾《そなた》とかれと競争不和悪語の断え間とてはあるまいと、こう夫が理を分けて啌《うそ》言うた弁解をしたが、青蓮女はますます柔順しくそんなことはお構い遣るな、早うその女を伴れて来なさい、侶《つれ》がなくて毎《いつ》も淋しいもの、その人妾《わたし》より少し若くば妹と見、ずっと若くば真実娘のように心得て和融《なかよく》一所に暮らしやしょうと、心底《しんてい》から親切に望まれて夫も大きに心落ち著き、走《は》せ往いて新妻を伴れて来た。これからいよいよ南方流の艶《つや》も実《み》もある教訓体の妙文で後を書くと飯も雪隠《せっちん》行きも忘れるほど面白くなるんだ。畢竟青蓮女その故郷から来た新婦に遇うていかなる椿譚《ちんだん》をか惹き起こす、そはまた次が号の発行を俟って知りぬかし。（未完）

〔本篇は、第一節が大正二年十一月一日『不二』三号に発表されたが、風俗壊乱の記事ありとして、大阪府警により告発（のち罰金に処せらる）された。そのため、第二節は、同年十一月十五日『不二』四号に、その冒頭の一部が発表されただけで、掲載中止となった。中止に際して『不二』編集部は、「本稿はこの二回分数頁のほか、三、四回に渉《わた》りてなお十数頁ある一大雄篇」と述べている。幸いにして第二、三節の肉筆原稿が早稲田大学図書館に所蔵されており、その御好意により、これを底本とした。なお、第三節の末尾に（未完）とあるが、果たして著者が第四節以下を執筆したかどうかは、今日のところ不明である。〕

（平凡社版『南方熊楠全集』第三巻268〜306頁「不二」）

《語注》

◆1　**一昨年の『随筆問答雑誌』**（いっさくねんのノーツ・エンド・キーリス）——精確には一九一〇年十二月二十四日号と一九一一年一月三日号。南方熊楠の論文 Marriage Relationships が掲載されている。

◆2　**『塵塚物語』**（ちりづかものがたり）——著者不明。六巻。室町時代を中心に諸家の逸文を叙し、珍重すべき書。永禄十二年（一五六九）の序があるが、内容にはなお年代的に考究すべき点が残されている。引用は巻六の源九郎義経頓智之事。

◆3　**『醒睡笑』**（せいすいしょう）——安楽庵策伝撰の笑話集。戦国時代末期から近世初期、お伽衆によって語られていた笑話を中心とし、四十二項に分類、集大成したもの。元和九年（一六二三）頃成立、八巻。後代の咄本や落語に多大の影響を与えた。

◆4　**「本朝桜陰比事」**（ほんちょうおういんひじ）——井原西鶴の浮世草子。五巻。元禄二年（一六八九）刊。中国宋代の書『棠《とう》陰比事』は裁判に関する話を集めたものだが、その棠を桜に変え本朝を冠し、わが国の裁判に関する話を収めている。四十四章。

◆5　**『金枝篇』**（The Golden Bough）——フレーザー（James George Frazer 一八五四—一九四一）の主著。全十二巻（一八九〇—一九一四）、補遺一巻（一九三六）。ほかに一九二二年に簡約一巻本（岩波文庫『金枝篇』全五冊のテキスト）が刊行されている。南方熊楠がロンドン時代に読破したのは、十二巻に発展する以前の一八九〇年の二巻本であろう。

◆6　**『観仏三昧海経』**（かんぶつざんまいかいきょう）——十巻。東晋の仏陀跋陀羅訳。仏を観じ、仏を念ずるには、いかにすべきかを詳述し、その殊勝な功徳を説くもの。全篇十巻十二品に分かれる。

◆7　**石原正明**（いしはらまさあきら　一七六四—一八二一）——江戸時代の国学者。尾張の人。江戸に住す。その著『年々随筆』全六巻で知られる。南方熊楠は明治二十七年ロンドンで、「皇国の上古は、同母兄弟にあうことはなくて、異母兄弟は忌まず云々」（巻四）の箇所を読んで、「これはヒュームが、古ギリシア・ローマの名士が姉妹を妻にして恥じざりしを弁護せしと同論なり。……この独考を出だせし明智は感嘆の外なし」と激賞している。

◆8　**『宝物集』**（ほうぶつしゅう）——平康頼（性照）著の仏教説話集。著者の鬼界が島からの帰洛、すなわち『平家物語』によれば治承三年（一一七九）から数年間の成立と見られる。一巻本、二巻本、三巻本、七巻本と四種あり、ここに引用されているのは七巻本である。

◆9　**『阿毘達磨大毘婆沙論』**（あびだつまだいびばしゃろん）——二百巻。五百大阿羅漢等造。唐の玄奘訳。説一切有部派の聖典たる『発智論』を、ほぼ全体にわたって逐語的に解釈したもの。

◆10　**『付法蔵因縁経』**（ふほうぞういんねんきょう）——『付法蔵因縁伝』、略して『付法伝』『付法蔵伝』などともいう。元魏の吉迦夜・曇曜共訳。六巻。仏入滅後インドにおいて付法相承した次第因縁を述べたもの。

◆11　**『正法念処経』**（しょうぼうねんじょきょう）——七十巻。元魏の般若流支訳（訳者には異説あり）。一言にして言えば三界六道の因果を説いたもので、地獄文学の最高峰というべき部分もあり、帝釈・阿修羅の戦闘の描写も雄大である。源信の『往生要集』の重要な材料とされている。

◆12 **『経律異相』**（きょうりついそう）——中国、梁の宝唱が天監十五年（五一六）に撰した仏書。経と律とに散説されている諸事項を十四項に分類して抜粋した一種の仏教事典。

◆13 **『十誦律』**（じゅうじゅりつ）——六十一巻。後秦の弗若多羅・羅什共訳。四大広律（十誦・四分・五分・僧祇）の最初のもの。小乗二十派中の説一切有部派の律典。内容を初誦より十誦まで十段に分ける。

◆14 **雲照律師**（うんしょうりっし 一八二七—一九〇九）——幕末明治の真言僧。律師は尊称。維新期の排仏毀釈に際して仏教の復興と刷新に献身した。主著『仏教大原理』『教育勅語義解』など。

◆15 **『弥沙塞部五分律』**（みしゃそくぶごぶんりつ）——『弥沙塞部和醯（わけい）五分律』あるいは単に『五分律』ともいう。四大広律（十誦・四分・五分・僧祇）のうち『十誦律』『四分律』は元来誦出されたもので、厳密な意味で訳出されたのは他の二律である。三十巻。劉宋の仏陀什・竺道生等訳。小乗二十派中の弥沙塞部派の律典。法顕将来。

◆16 **『四分律蔵』**（しぶんりつぞう）——単に『四分律』ともいう。小乗二十派中の曇無徳部派の律典。後秦の仏陀耶舎訳。内容を初分より第四分までに分ける。中国・日本の律宗が用いる。

◆17 **『摩訶僧祇律』**（まかそうぎりつ）——単に『僧祇律』ともいう。四十巻。東晋の仏陀跋陀羅・法顕共訳。大衆部（仏滅後の僧団分裂の最初に生じた一派）に伝承された律典。法顕将来。上座部系統の諸律と組織が異なり、雑然としている。

◆18 **井沢長秀**（いざわながひで 一六六八—一七三〇）——江戸時代の国学者。号蟠竜。『広益俗説弁』など多くの著書があるが、『今昔物語』も刊行した。その考訂編纂には不充分な点もあるが、江戸期に説話として『今昔』を流布させた功績は少なくない。明治期に活字本も刊行され、南方熊楠が死の直前に娘に贈ったのもこの本である。

◆19　『**山堂肆考**』（さんどうしこう）――中国、明代の類書。彭大翼撰。二百二十八巻、補遺十二巻。天文から蔬菜の類まで四十五部門に分けて、諸書の抄書を編集したもの。

◆20　『**根本説一切有部毘奈耶雑事**』（こんぽんせついっさいうぶびなやぞうじ）――小乗二十派中の説一切有部派の修道の資具に関する規定を説いた律典。四十巻。唐の義浄訳。

◆21　『**根本説一切有部毘奈耶**』（こんぽんせついっさいうぶびなや）――小乗二十派中の説一切有部派の比丘戒二百四十九条について、因縁や解釈を詳説した律典。五十巻。唐の義浄訳。

婦女《おんな》を姣童《わかしゅ》に代用せしこと

『此花』[1]第一六枝六丁表、紅絹野夫《こうけんやふ》の「西洋男色考」末文に、西洋に婦女を雞姦すること盛んなる記述を結ぶとて、「日本の男色はこのようなことはないらしい、云々」と言えり。今日は然《しか》らん、しかし往昔かかること日本にもありしは、『嬉遊笑覧』[2]巻九、若衆女郎、古くありしものと見えて、『吾嬬物語』に、まんさく、まつ右衛門、兵吉、左源太、きんさく、とらの助、熊之助などいう男名あまたあり。これもと歌舞妓をまねびて、大夫といいしころより、佐渡島正吉などいえる大夫もありし名残と見ゆ。これそれのみにもあらず、男寵の流行《はやり》しゆえに、後までもかようの名を付くるなり。されど大夫にはあらず、みな端《はし》格子《こうし》の内なり。勝山が奴風《やっこふう》の行なわれしもこのゆえなり。箕山いわく、近年傾城の端女に、若衆女郎といえるあり、先年祇園の茶屋に亀といいし女、姿かたちを若衆によく似せて酌を取りたり。されどもこれ遊女ならず、これのみにて断絶しぬ。若衆女郎の初まる処は、大坂新町富士屋という家に、千之助とてあり。この女は、初め葭原町の局にありしが、おのずから髪短く切ってあらわしいたり。寛文九己酉年より、本宅の局に帰りて月代《さかやき》をすり、髪を捲上《まきあ》げにゆい、衣服の裾短く切り、後帯《うしろおび》をかりた結にし、懐中に鼻紙たかく入れて、局に着座す。粧《よそお》いかわれる印《しるし》に、暖簾《のうれん》もかえよとて、廓主木村又次郎が許しを得て、暖簾に定紋を付けたり。紺地に鹿の角を柿にて染め入れたり。これ若衆女郎の濫觴《はじめ》なり。見る人珍しとて門前に市をなすゆえに、ここかしこに一人ずつできるほどに今はあまたになり、堺、奈良、伏見の方まで弘まれり。これ衆道に好《す》ける者をおびき入れむの謂《いわれ》ならんか。されどもよき女をば若衆女郎にはしがたし。それに取り合いたる顔を見立ててすると見ゆ。大坂の若衆女郎は、外面よりそれと知らしむるために、暖簾に必ず大きなる紋を染め入るるといえり。『洛陽集』に、青簾憐れなるものや柿暖簾（有和）。（已上『笑覧』）

『東鑑』巻一九、建暦二年十一月十四日、さる八日の絵合のこと、云々。また遊女らを召し進《まい》らす。これらみな児童《ちご》の形を写し、評文《ひょうもん》の水干に、紅葉、菊花などを付けてこれを着る。おのおのさまざまの歌曲を尽す。この上、上手の芸者年若き属《たぐい》は延年に及ぶとなり。これ少女美童に扮《いでたち》て男童舞を演ぜしなり。しかるに天野信景の『塩尻』◆3（帝国書院刊行本）巻四三に、この一節を評して、当時遊女は男児の為《まね》す、今の児童《ちご》は遊女の形を為《まね》す、時風かくのごときか、と言えるは、自分と同時代に若衆女郎行なわれしを知らざりしなり。

また必ず雞姦のためならずとも、そのころ僧が男装、男動作の女を寺に蓄《やしな》いしは、『一代女』巻二に、「脇《わき》ふさぎをまた明けて、むかしの姿に返るは、女鉄拐《てっかい》といわれしは、小作りなる生れつきの徳なり。折ふし仏法の昼も人を忍ばず、お寺小姓という者こそあれ。われ恥かしくも若衆髪に中剃《なかぞり》して、男の声遣《つか》い習い、身振りも大かたに見て覚え、下帯かくも似る物かな、上帯もつねの細きに替えて、刀脇指腰定めかね、羽織編笠も心おかしく、作り髭《ひげ》の奴《やっこ》に草履持たすなど、物に馴れたる太鼓持ちをつれ、世間寺《せけんでら》の有徳《うとく》なるを聞き出だし、庭桜見る気色《けしき》に塀重門に入りければ、太鼓方丈に行きて、隙《ひま》なる長老に何か小語《ささや》き、客殿へ呼ばれてかの男引き合わすは、こなたは御牢人衆《ごろうにんしゅう》なるが、御奉公済まざるうちは、折ふし気慰みに御入りあるべし。万事頼みあげるなどいえば、住持《じゅうじ》はや現《うつつ》になって、夜前《やぜん》、あなた方入《がたいら》いで叶《かな》わぬ子下薬《こおろし》を、さる人に習うて参ったというて、跡にて口ふさぐもおかし。後は酒に乱れ、勝手より腥《なまぐさ》き風も通い、一夜ずつの情代《なさけだい》金子二歩に定めおき、諸山の八宗《しゅう》、この一宗を勧め廻りしに、いずれの出家も珠数切らざるはなし」とあるにて知るべく、天野氏みずからも、『塩尻』巻七〇に、享保五年、江《え》城《との》西《にし》曹子谷《ぞうしがや》の日蓮僧、婦人を少男《わかしゅう》に粧い、房中の慾をほしいままにせしを、寺男その女なるを知り、挑みて聴かれざりしより事起こり、かの僧その男を殺し、十二月二十七日、女と共に梟首《ごくもん》せらる、と記せり。

支那にも女を男装せし例、斉の景公、婦人にして丈夫の飾をなす者を好み、国人ことごとくこれを服せしを、晏嬰諫めたることあり（『説苑』巻七）。梁の慧皎《えこう》の『高僧伝』巻一〇に、宋の劉孟明、二妾を男装し、異僧碩公に薦め、その操を試みし話出づ。

本邦にも、上杉景勝、女色を好まず、直江兼続《かねつぐ》、京都にて十六歳の美妓を購い、小姓に作り立てて景勝に薦め、一会して妊む。しかるに、景勝その女なりしを知り、まことの男ならねば詮なしとてこれを卻《しりぞ》く。女これを悲しみ、定勝を生んで、すなわち自殺せりという(『奥羽永慶軍記』巻三九)。その前後武功を励むのあまり、女を断ちし人多く、松永方、中村新九郎は武名を立てんため一代男と称し、妻女を具せず、童子《わらわ》をわれと均《ひと》しく仕立て、陣中に連れ行きともに討死にし(『南海通記』巻九)、景勝の養父謙信も、武功に熱して、一生婦女を遠ざけしが、小姓を愛せる由、『松隣夜話』等に見ゆ。されば、熊沢了介の『集義外書』巻三、大名などの美女に自由なるが、男色を好きて子孫なき者あり、と言えり。内藤恥叟の『徳川十五代史』によれば、浅野幸長はこの一例なり。塩谷宕陰の『昭代記』に、元和六年、三条の城主市橋長勝、愛童三四郎を女婿としたるを、おのれ臨終に世嗣ぎとせしを遺臣ら従わず、長勝の甥長正を立てんと請う。よって長正に二万石、三四郎に三千石を分かち賜うとあるもこの類で、三四郎に妻《めあわ》せしは養女らしい。したがって忠臣が主君に嗣《よつぎ》あらんことを冀《こいねが》い、男装の女子を薦《すす》めし者、兼続の外にも多かるべし。

インドには、仏在世の時、女人僧に勧め、非道中行婬せしあり(『摩訶僧祇律』巻二)。仏また男装をなして女と不浄を行なう罰を制せり(『四分律蔵』巻五五)。法律の繁きは罪人を殖やす理窟で、閑多き坊主ら、かかる物を読み、好奇上より異様の行婬に及び、俗人またこれを学びて、ついに若衆女郎などを設けしやらん。

欧州には、ギリシア、ローマの昔、男子婦女の非処を犯せし記多く、シーザルを殺せし愛国士ブルタスも、カトーの娘で寡居したるポルチヤを娶り、つねにかく行ないしとぞ。諸国キリスト教に化せし後も、このこと止まざりし証《しるし》は、十一世紀ごろのアンジェールの懺法に、妻を後方行犯すれば四十日、非道行犯すれば三年の懺悔を課す、とあり。また九世紀に、ロレーン王ロタール、その妃テウトバーガが、早くその兄ウクベールにつねに姣童同様に非路行犯され、子を妊みしを堕胎せしことありとて、離縁を主張し、ローマ法王の干渉を惹起し大騒動せり。兄が妹を非処行犯とは未聞の珍事なり、いわんやそれで子を妊みしにおいてをや。ただし、妊娠予防の素志より出でしが、誤って孕ませしならん。老人が、妾の情夫の種をかずけられ大分の金をとられしに懲《こ》りて、新来の妾の非道のみ弄ぶうち、妾が老人の子と私してみずから入れ合わせたという話、『小柴垣』巻二にあるを参照すべし。また十七世紀に高名なりしジャク・ジュヴァルの『半男女論《デーサーマフロジト》』に、そのころパリの若き僧、娠《はら》みたるを禁監して、その出産を俟つ由見ゆ。俗伝に、九世紀のジョアン法王は女が男装せるなり、難産で死せりという。ただし、非道受犯のことなし。

支那に男が子を産みし記多し。『五雑俎』◆4巻五、「晋の時、曁陽の人任谷、野に耕して羽衣の人を見、ともに淫してついに孕み、期至ってまた至る。刀をもってその陰の下を穿つに、一蛇子を出だす。ついに宦者《かんじゃ》となる、云々。国朝の周文襄、姑蘇にありし日、男子の子を生《う》めりと報ずる者あり。公答えず、ただもろもろの門子を目していわく、汝輩《なんじら》これを慎しめ、近来、男色は女よりもはなはだし、それ必至の勢いなり、と」。また『池北偶談』二四、「男子、子を生む。福建総兵管楊審に嬖童《へいどう》あり、二子を生む、云々。近ごろ楽陵の男子范文仁また子を生む。内兄の張賓公、親しくこれを見たり」。

むかし高野山で姣童たりし人の話に、背孕みということありしとか。いわゆる「小姓の脹満《ちょうまん》もしやそれかと和尚思ひ」で、これはまれに双生胎児の一が他の一児の体内にまき込まれ、潜在してようやく長ずる者あれば、ちょうど男が子を孕んだと見受けらるるものと専門家から聞いたり。しかし、いわゆる「男子子を生む」は、多くは婦女男装せる者が出産せしものなるべし。

（明治四十五年五月『此花』二一枝）

【付言】

第二一枝に、拙文「婦女を姣童に代用せしこと」出でて後、『源平盛衰記』巻三五、榛《はん》沢成清《ざわなりきよ》、巴女《ともえ》のことをその主人重忠に話すうち、義仲の「乳母子《めのとこ》ながら妾《おもいもの》にぞ、内には童仕《わらわ》うようにもてなし、軍には一方の大将軍して、さらに不覚の名を取らず」とあるを見出だしつ。しからば、巴も姣童風態して木曾に随身せるにて、まずは若衆女郎体のものたりしならん。また『覚後禅』第一七回によれば、支那に『奴《と》要《よう》嫁《か》伝《でん》』なる書あり、一个《ひとり》の書生が隣りの室女《きむすめ》を非路行犯することを述べたるものの由なり。

（明治四十五年七月『此花』凋落号）

（平凡社版『南方熊楠全集』第二巻440～444頁「続南方随筆」）

《語注》

◆1　『此花』（このはな）――宮武外骨編集の浮世絵研究紹介雑誌。此花は梅花の雅称で、この雑誌では巻や号のかわりに多くは枝を用いた。明治四十三年一月創刊、同四十五年七月をもって廃刊した。

◆2　『嬉遊笑覧』（きゆうしょうらん）――喜多村信節（のぶよ）の随筆。十二巻、付録一巻。文政十三年（一八三〇）成立。江戸時代の風俗習慣、歌舞音曲などに関するものを中心に、諸書から抄録して私見を加えたもの。

◆3　『塩尻』（しおじり）――江戸中期の国学者天野信景（さだかげ）の随筆。元禄・宝永・正徳・享保の約四十年にわたって、歴史、地理、言語、文学、制度、宗教、芸術などに関する見聞や感想を記したもの。

◆4　『五雑俎』（ござっそ）――明の謝肇淛撰の随筆。十六巻。万暦年間（一五七三―一六一九）末期に成立。正しい書名は『五雑組』。天・地・人・物・事の五部門に分けて自然現象、人事現象を記述するが、独創的な見解、鋭利な批判が少なくない。南方熊楠は「ほらを吹くとき座右に欠くべからざるもの」と述べているが、『酉陽雑俎』とならんでよく利用した書物である。

千人切りの話

『此花』第四枝最終頁に、寛政十二年板『浪花《なにわ》の梅』を引いて、「天王寺境内に、供養塔とて長き塚あり、慶安三年庚辰、十二月十四日、九州肥後国益城《ますき》郡中島住人、田代孫右衛門造立。世俗に千人切りの罪を謝する供養の石碑なり、と言えり。一説に、田代氏は国元に住居の時、何某の娘と契りて、のち他国へ稼ぎに行き、月日を経て帰国せしところ、契りし娘他家へ縁組せしと聞きて心外に思い、深き契約も今は仇となりしとて、それより魚鳥獣虫に至るまで、千の数《かず》命を取り、娘の一命を失わしめんと一心を究め、狂気のごとく毎日生物の命を取るを、老母は憂《うた》てく思い、たびたび意見をすれども聞き入れず。さて九百九十九の命を取り、今一命に亀を捕えければ手足首を出さず。母これを見てさまざま止めければ、もはやこの一命にて満願成就なればとて止まらず。母は詮方《せんかた》なく、亀を助けて代りにこの母を殺せと言えば、孫右衛門心得、母に取り懸かると思いしが、そのまま正気を失う。老母も歎き入りしが、たちまち本性となりて母に向かい、始終を物語る。かりにも母に手向かいし罪を免《ゆる》し給えかしとて、髪を剃り母に暇を乞い、廻国に出て、津の国天王寺西門《さいもん》の辺にて病死せりとぞ。亀の上に碑石を立つ、これこの因縁なるべし」と出づ。

「帝国文庫」四九編に収めたる俗書『絵本合邦辻』にも、田代の伝あり。その名を弥左衛門とす。その略にいわく、この処士《ろうにん》若くして父を失い、仏教の信念厚き母とともに棲み、温順の聞えありしが、同じ中島村の貧医藤田養拙の娘、見代《みよ》女に通ぜり。たまたま親戚の用事を受けて長崎へ行くに臨み、秘蔵の小柄《こづか》を、女の護身刀《まもりがたな》と取り替わして、信《まこと》を表わし発足しぬ。長崎に二年ばかり留まり、還って藤田家を訪うに、彼女は国主の老臣へ奉公に出でしと聞き、その邸に出入る者を憑《たの》み書を贈る。見代女の主人の侍臣《ようにん》富田幸次郎、かねて彼女を慕い口説《くど》けども聴き入れず。たまたま出入りの者、富田に件《くだん》の田代の書を見代女に伝えんことを頼む。富田怪しみ披見して、これ乗ずべきなりとなし、女の返簡を偽造して使者に付く。田代、得てこれを読むに、すでに主人の寵幸に預り、安楽なれば、卿《おんみ》と永く絶たん、かつて取り替わしたる紀念《かたみ》を相戻さん、となり。田代、大いに怒り、みずから城下に赴き、見代女が主人の妻と花見に往きし帰路、これを襲いて就《な》らず、衛士に縛られんとす。時にかたわらの庵より老隠士出で来たり、これ酔狂人なりと弁じ救助し、庵に伴れ帰り、仔細を聴き、諫《いさ》め喩《さと》せども田代聞き入れず。よってこれに、彼女不慮にみずから禍いを受くべき一法を授く。田代これを行なわんとて、彼女の護身刀もて一昼夜に百の生命を絶たんと、すでに九十九の動物《いきもの》を害し、最後に自家に飼える亀を殺さんとして母に遮られ、瞋恚《しんい》のあまり母を斬らんとして気絶しければ、母僧俗を請じ、百万遍を催す。念仏終わるに臨み、田代蘇《いきかえ》り、みずから地獄に往って閻王に誡《いまし》められし次第を語り、出家廻国して天王寺辺に歿しぬ。これより前、富田、姦計顕われて追放され、見代女は情人《いろおとこ》田代の成行きを悲しみ、誓うて他に嫁がず、一生主家の扶持にて終わる、と。

『嬉遊笑覧』巻四にいわく、「千人切りということ、云々、これも往昔《そのかみ》もっぱら言いしことと見えて、『謡曲外百番』に千人伐りありて、詞にいう、阿武隈川の源左衛門殿と申す人、行衛も知らぬ人に父を伐たれて、その無念さに千人切りをさせられ候、云々。また『秋の夜長物語』山門三井寺合戦の処、千人切りの荒讃岐《あらさぬき》云々などもいえり。『続五元集』中、心をつむとて消し提燈、出会えと千人切りを呼ばうらん（晋子《しんし》）。天野信景いう、鵜丸《うのまる》の太刀は、濃州久々利《くくり》の人土岐悪五郎が太刀なり、悪五郎は天文ごろの人なり、土俗にいう、悪五郎、京五条橋にて千人切りしたりし時、この太刀川へ落としけるを、鵜二羽くわえて上がりし、鵜の嘴《はし》の跡残りしゆえ鵜丸と名づくるといえる、云々」（以上『笑覧』）。『兼山記』には、これを南北朝時代の人とし、いわく、「和田五郎に討たれし土岐悪五郎、打物取って早業太刀の剛の者なり。生得《うまれつき》悪逆無道なり。ある時五条の橋にて、武蔵坊弁慶が跡を追い、千人切りを思い立ち、往来の人を切ること二、三百人（下略）」。『続群書類従』の「織田系図」に、信長の従弟津田信任《のぶとう》、従五位下左近将監たり。「秀吉公に仕う。

伏見、醍醐、山科の間において、千人伐《ぎり》の棟梁となりし旨、上聴に達し、死・流刑に処せらるべきところ、亡父（隼人正の信勝）は多年の昵近《じっこん》にて優《あつ》く奉公せしところなれば、他に異《かわ》り、所領（三万五千石なり）を没収するところとなる。よって落飾して長意と号し、中納言利光卿の芳情によって、加州金沢に幽居す」。また『宇野主水記《うのもんどき》』にいわく、「天正十四年二月二十一日ごろ、千人切と号して、大坂の町人にて、人夫風情の者数多打ち殺す由、種々風聞あり。大谷紀之助という小姓衆、悪瘡気《かさけ》に付きて、千人殺してその血を与うれば、かの病平癒の由、その義申し付くと、云々、世上風説なり。今二十一日、関白殿御耳へ入りて、かくのごときの儀今まで申し上げぬ曲事のあいだ、町奉行衆を生害させらるべきことなれども、命を御免なさるるとて、町奉行三人追い籠めらるるなり、云々。右の千人切の族《やから》あらわれ、数多相籠められ、云々。三月三日、四日ごろ、五人生害、宇喜多次郎九郎生害の内《うち》なり。大谷紀之助所行の由、風聞一円雑談なり」。

これらは武士跋扈《ばっこ》の世に、武勇を誇るのあまり、なるべく多人を殺せるなれば、千人切りとも言うべけれ。田代某が行ないしというところは、人ならで虫、畜《けもの》を多く殺せしなれば、千疋切り百疋切りと言わんこそ適当ならめ。しかしながら田代氏が碑を建てたる当時、千人切りの名高かりしは、貞享四年板『男色大鑑』◆1巻八に、「田代如風は、千人切して、津の国の大寺に石塔を立てて、供養をなしぬ。われまた衆道に基づき、二十七年その色を替え品を好《す》き、心覚えに書き留めしに、すでに千人に及べり。これを思うに、義理をつめ意気づくなるはわずかなり。みな勤子《つとめこ》のいやながら身を任せし、一人一人の所存のほども惨《むご》し。せめては若道《にゃくどう》供養のためと思い立ち、延紙《のべかみ》にて若衆千体張貫《はりぬき》にこしらえ、嵯峨の遊び寺に納め置きぬ。これ男好開山《なんこうかいさん》の御作なり。末世にはこの道弘まりて開帳あるべき物ぞかし」。貞享元年板『好色二代男』巻八、女郎どもに作らせし「血書《ちがき》は、千枚重ね土中に突っ込み、誓紙塚と名づけ、田代源右衛門と同じ供養をする」など見えたるにて知るべし。

これらは小説なれど、古えより諸邦に淫蕩の人、情事《いろごと》の数多きに誇りし例少なからず。『三楚新録』巻一、「馬希範は、婬にして礼なし。先王（馬殷）の妾媵《しょうよう》、烝通《じょうつう》せざるはなし。また尼をして士庶の家の女《むすめ》の容色あるものを捜さしめ、みな強いてこれを取る。前後およそ数百に及び、しかもなお不足の色あり。すなわちいわく、われ聞く、軒轅《けんえん》は五百の女を御してもって天に昇ると、われそれ庶幾《ちか》きか、と。いまだいくばくならずして死す。大いに識者の笑うところとなる」。支那の黄帝、アラビアのマホメット、ギリシアのヘラクレス、いずれも御女《ぎょじょ》の数莫大なりしを盛徳として喧称され、三世紀の末、ガウルの勇将プロクルスの自賛に、サルマチヤを征して素女《きむすめ》百人を獲、一夜に十人を御し、半月ならぬに百人を挙げて既婚婦に化し遣わせり、とある。その剛強無双、恐縮の至りとギボン先生も『羅馬《ローマ》衰亡史』一二章に感嘆せり。古今実際かかる俊傑多ければ、故ハーバート・スペンセルが、一夫多妻《ポリガミー》の起りは、継嗣《あとつぎ》を望むとか経済のためとかよりも、主として婦女を自意《わがこころ》に任せうること多きに誇れるにあり、と論ぜしはもっともな言《こと》なり。本邦には『長禄記』

に業平の契りたまいし女、三千三百三十三人とあり。後世、業平大明神とて漁色家がもっぱら仰ぎしこと、浮世冊子類にしばしば見えたり。六月一日〔明治四十五年〕の『日本及日本人』九四頁に、「文化九年、云々。『甲子夜話』に、ある公卿もと院伝勤めし人の、家も富有なるが、何等の好色にや、一千人の女と交わるべき発願して、年若き時より、壮若貴賤を撰ばず、力の及ぶだけ漁色したり。この両三年前、願の数に盈《み》ちたりとて、その祝いせられけると言えるは、高倉太宰大弐永孚《えいふ》（三十九）のことなるべし」と見ゆ。これらより推して、情事の千人供養も絶無のことならざるを知るべし。

上に引いたる『絵本合邦辻』に、田代の母百万遍を催すに先だち、檀寺の僧仔細を聞いて、むかし班足王《はんぞくおう》千人の命を絶つべしと大願を発し、九百九十九人を殺し、今一人になって、老母をもって員《かず》に充てんとす。すでに害せんとせし時、忽然と大地裂けて班足を陥る。老母驚き悲しみ、その髪を摑んで引き上げんとすれど、体すでに地中に落ち入り、髪のみ老母の手に遺《のこ》りし、と経文に説けり。弥左衛門も同様の罪によって、目前阿毘焦熱の苦を受くると覚ゆと言えり、とあり。これその僧また著者が記臆の失にて、諸経説を混淆せり。すなわち班足王が百王の肉を食らわんとて、九十九王を囚《とら》え、最後に善宿王を擒《とら》えしに、梵志に食を施さんと約して、与えぬうちに死するを悲しむを見、時を期して放還せしに、蔵を開き施しおわりて、約の通り還り来たりしに感心して、九十九王と共に縦《ゆる》し帰せし譚《ものがたり》は、『出曜経』巻一六に出で、地に陥つる子の、髪のみ母の手に留まりし話は、『雑宝蔵経』巻七に、子が母の美貌に着《じゃく》し、病となり、母に推し問われてその由を告げしに、母、子の死せんことを怕《おそ》れ、「すなわち児を喚び、その意に従わんとす。児まさに床に上がらんとするや、地すなわち擘《さ》け裂《け》て、わが子即時に生身陥入す。われ、すなわち驚怖し、手をもって児を挽き、児の髪を捉え得たり。しかしてわが児の髪は、今日なおわが懐中にあり。このことを感切し、この故に出家せり」。これより転じて、古く『日本霊異記』中巻と『今昔物語』巻二〇、すでに武蔵人吉志火麿《きしのほまろ》、母を殺さんとして地に陥没し、髪のみ母の手に残りし 誕《ものがたり》を載せ、今も中山寺の鰐口《わに》の綱に、罪重かりし巡礼女の長髪《かみ》纏い着けりと伝う。その老母をもって百人の数に充てんとせしというは、指鬘比丘《しまん》の伝に基づけるなり。

指鬘、梵語で鴦窶利摩羅《アングリマーリヤ》、略して央掘摩《おうくつま》と書く。劉宋の世支那へ来たりしインド僧徳賢《グニヤバードラ》所訳『央掘摩羅経』◆2によれば、仏在世に舎衛城の北薩那《さつな》村に梵種の貧女賢女《バードラ》と名づくるあり。男児を産み、一切世間現《いっさいせけんげん》と名づく。少にして父死す。十二歳にして人相色力具足し、聡明弁才あり、無垢賢《マニバードラ》といえる梵師に学ぶ。ある日師王の請いを受け、世間現に留守頼み出で往く。師の妻、年若く美人なりしが、世間現を見て染着《せんじゃく》し、たちまち儀軌を忘れ、前《すす》んでその衣を執る。世間現、師の妻はわれの母に斉《ひと》し、如何《いかん》ぞ非法を行なわんとて、衣を捨ててこれを避く。かの婦欲心熾盛《さかん》にて、泣いて念ずらく、彼わが意に随わず、要《かなら》ず彼を殺し、さらに他の女を娶らざらしめん、と。すなわち「みずからその体を攫《つか》み、婬乱いよいよ熾《さか》んにして、みずから焼いて病となる」。女人得意の 謟《いつわり》を行ない、その身を荘厳《かざり》たて、縄もてみずから縊り、足地を離れず。夫帰り来たり、刀もて縄を截《た》ち大いに叫んで誰が所為《しわざ》ぞと問う。婦答うらく、これ世間現、非法を行なわんとて、われに強逼《きょうふく》し、かく行なえり、と。夫無垢賢かねて、世間現生まれし日、一切王種所有の刀剣おのずから抜け出で捲き屈んで地に落ちたる瑞相より推して、この人大徳力あるを知り、とても自分の手に及ばぬ奴と思いければ、何とかして自滅させやらんとて、世間現を招き、汝は悪人なり、所尊《めうえ》を毀辱《きじょく》せり、千人を殺して罪を除け、と命ず。世間現、天性恭順、師の命を重んず。すなわち師に白《もう》す、千人を殺すことわが志にあらず、と。師これを強いしかばやむをえず承諾す。師また告ぐ、一人を殺すごとに、その指を取って鬘《まん》と作《な》し、千人の指を首に冠りて還らば婆羅門となるべし、と。これより世間現を指鬘と名づく。すでに九百九十九人まで殺し、今一人で事済むべしと、血眼になって暴れ廻るところへ、その母、彼の饑《う》えたるを察し、みずから四種の美食を持ち送り往く。子、母を見て、わが母を千人の員《かず》に入れ、天上に生まれしむべしとて、剣を執ってこれを殺さんとす。その時世尊一切智もてこのことを知り、忽然指鬘の前に現ぜしかば、われ母の代りにこの者を殺すべしと、斬り懸かりしも、仏神足もて斬られず、反って偈《げ》を説いて、母恩の大なるを暁《さと》し、指鬘を降伏して得道し、羅漢とならしむ。しかれども、多く人を殺せし報いによって、日夜血の汗、衣を徹せりという。玄奘の『西域記』◆3に、指鬘が母を殺さんとして、仏に降伏されし故蹟を観《み》たり、と記せり。『増一阿含経』巻三に、釈尊みずから諸弟子を品評せるうち、「わが声聞中の第一の比丘は、体性利根《りこん》にして、智慧深遠なり。いわゆる央掘摩比丘これなり」と見え、巻三一に、央掘摩千人切りを説くほぼ上文に同じく、その得道の後、われ賢聖に従って生じ、以来殺生せずと、至誠の言を持して、難産婦人を安産せしめたり、と見ゆ。罪深かりしだけ、なかなかの俊傑と思わる。

戦国より織豊二氏のころ、首供養ということあり。例せば『氏郷記』に、村瀬又兵衛、首取村瀬という、首供養三度までせり。無智の者ゆえ、氏郷五百石与えしを不足にて、千石賜えと愁訴す。とかくしてあるうち毒蕈《きのこ》を食らい死せり、と言い、『常山紀談』に「別所家にて首供養したる人ありと、孝隆（黒田）聞きて、秦桐若《はだきりわか》首三十一取りたるに、惜しむべきは死したりき、吉田六之助正利供養すべしと言われしに、正利首数二十七取りて候とて辞したりけり、孝隆小気《しょうき》なる男かな、今三十一歳なり、この後首取るまじとや、まず供養して、後にその数を合わせよとて、米百石与え供養して、播州青山の南に塚を築きたり、のち所々の合戦、朝鮮の軍《いくさ》までに、取りたる首五十に及べり」と載す。惟うに田代孫右衛門（西鶴は源右衛門また如風とし、『絵本合邦辻』には弥左衛門とせり）、若かりし時、戦場で首多く取り、また辻切りなど試みける人の、老後天王寺内に首供養の塚を築き、碑を立てたるを、千人切りの石塔と喧伝せしならん。さて後年、上出仏経諸説を付会して、千足切りの譚出で来しものか。

多くの動物を殺して人を呪詛すること、真言の諸方にしばしば見え、支那にも巫蠱《ふこ》の蠱の字は、皿に蟲を盛れるに象る。『康熙字典』に『通志』六書略を引いて、「蠱を造るの法は、百虫をもって皿の中に置き、たがいに啖《くら》食わしめ、その存するものを蠱となす」とあり、『焦氏筆乗』続集五に、「江南の地に蠱多し。五月五日をもって百種の虫を聚《あつ》む。大なるものは蛇に至り、小なるものは虱《しらみ》に至る。合わせて器中に置き、みずから相啖《くら》わしむ。食に因って人の腹内に入るれば、その五臓を食らい、死すればすなわちその産は蠱主の家に移る（下略）」。今も後インドにかかる法を行なう者あり。田代が亀を殺さんとせし時、亀、手足首を出ださずと言えるは、『雑阿含経』巻四三に、「亀虫は野干を畏れ、六を殻の中に蔵《かく》す。比丘はよく心を摂《おさ》め、密《ひそ》かにもろもろの覚想を蔵す。依らず、怖畏《おそ》れず、心を覆《おお》いて、言説するなかれ」、比丘がよく口を慎むを、亀が首尾手足を蔵して野干に喫《くら》われざるに比せるに出づ。さて『本草』に、贔屓《ひき》は大亀の属、好んで重きを負えば、今石碑の下の亀趺《かめいし》その形に象る、という。この風を伝えて、田代氏が建てたる碑にも、亀状の座石《すえいし》を設けたるを、蔵六の譬喩と合わせて、彼人《かれ》亀を殺さんとして母に妨げられし、と作りしなるべし。『類聚名物考』千人斬りの条の次《もと》に、短く指鬘のことを列せるも、田代氏のことを序《の》べず。ついでに言う。紀州日高郡寒川《さむかわ》の大迫某、銃猟の名人で、百年ばかり前、千疋供養を営めり、とその後胤西面欽一郎氏より聞く。

上述阿武隈川の源左衛門、知れぬ人に父を討たれ無念晴しに千人切りをなせり、と謡曲にあるより、真相似たれば、西鶴混じて、田代孫右衛門を源右衛門と作《な》せるか、件の謡曲の源左衛門がことと、田代氏のこと、すこぶるマレー人、またブギ人に発生するアモク症に似たり。すなわち彼輩、負債、離別、責罰等で、不平きわまる時、たちまち発狂して前後を覚えず、短剣を手にし、出逢う男女老幼を刺し尽さんとして息《や》まず、ついに群集に殺さるるを、衆これを賞讃の気味あり。五十六年前、ワリス氏、マカッサー島で見聞せしは、かかること月に平均一両回あり、毎回五人、十人、また二十人もこれに遇って殺傷されし、となり（氏の『巫来群島記《ゼ・マレー・アーキペラゴ》』一一章）。インドにも、一六三四年、ジョドプル王《ラジャ》の長男、ジャハン皇《シャア》の廷内にアモクし、皇を討ち洩らせしが、その臣五人を殺し、十八世紀にジョドプル王の二使、主人とハイデラバッド王の争論につき協議すとて、ハイデラバッドに往き、突然起って王を刺し、ならびにその二十六臣を殺傷して殺されたり（『大英類典』一一板、巻一）。『武徳編年集成』二五に出でたる、平原宮内が、家康の陣営に突然闖入して二十七人を殺傷し、自分も殺されたはずいぶん似ておる。

『増一阿含経』巻三一に、仏、央掘摩の因縁を説く。迦葉《かしよう》仏在世ののち大果《たいか》王あり。その第一妃男子を生む。希有の美男たり、大力《だいりき》と名づく。八歳の時娶婦《よめとり》せよと勧むるに、幼なりとて辞す。また二十年経って勧めしも辞す。よって名づけて清浄太子という。父王国中に令して、よく太子をして五欲を習わしむる者あらば、千金と諸宝を与えんと宣ぶ。その時婬種と名づくる女あり、六十四変を明らめ尽せり。われこれをよくせんとて、王に請うて、内宮中に勅して随意《ままに》出入を遮るなからしむ。その夜二時、女、太子の門側にあって哭《な》く。太子ただ一男児と寝室《ねま》にありしが、これを聞いて侍臣をして往って所由《わけ》を問わしむ。婬女報《こた》えて、夫に棄てられこの次第、また盗賊を畏れて哭く、と言う。よって侍臣をしてこの女を象厩《ぞうや》中に置かしむるに、また哭きしかば堂後に置く。ここでも哭く故、太子みずから尋ねけるに、女は単弱《かよわき》故、きわめて恐怖《おそろし》くて哭く、と答う。「太子告げていわく、わが床の上に上がれば畏るることなきを得べし、と。この時、女人は黙然として語らず、またふたたび哭《な》かず。この時、女人すなわち衣裳を脱《ぬ》ぎ、前《すす》みて太子の手を捉《と》って挙げ、おのれが胸の上に著《お》く。即時に驚覚し、漸々として欲想を起こす。すでに欲心を起こせば、すなわち身これに就《つ》く」。さて明旦、太子、父王のところへ詣《いた》る。顔色常に殊《かわ》れるを見、問うてその故を知り、父王大いに悦び、何の願いあるぞ、と問う。太子いわく、わが所願を述べて、大王中《なか》ごろ悔いずんば啓《もう》すべし。王いわく、決して中ごろ悔いじ、と。「太子、王に白《もう》す、大王は今日、閻浮提《えんぶだい》内を統領し、みなことごとく自由なり、閻浮提の里内にて、もろもろのいまだ嫁《とつ》がざる女《むすめ》は、まずわが家に適《ゆ》き、しかる後に嫁がしめよ、と」。これより国内の処女《おとめ》、すべてまず太子に詣《いた》り、しかるのち嫁する定制《おきて》となる。須蛮《すまん》と名づくる長者女《もちまるむすめ》年ごろになり、太子に詣るべきはずのところ裸跣《はだかすあし》で衆中を行《ある》きて恥じず。衆人《みなみな》、これは名高き長者《もちまる》の娘、云何《いかん》ぞ裸で人中を行く、驢《うさぎうま》と何ぞ異ならんと嘲る。女いわく、われ驢たらず、汝らことごとく驢なり、女が女を見て相恥ずることやはある、城中の生類ことごとく女人《おんな》なり、清浄太子一人が男なり、われ太子の門に至らば衣裳を着るべし。諸民相謂《かた》らく、この女の説通り、われらみな女にて清浄太子のみ男なり、われら今日男子の法を行なうべしとて、兵装して父王を見、太子、国の常法を辱しめたれば、王か太子か、いずれか一人を殺さんと願う。この時父王偈《げ》を説けるは、「家のために一人を忘れ、村のために一家を忘れ、国のために一村を忘れ、身のために世間を忘る」、太子を汝ら随意《かって》にせよ、と告ぐ。諸人、太子を縛りて城外に将《つ》れ出し、殺さんとせる時、太子誓願して、われ来世必ずこの怨を報ずべし、また真人《しんじん》に値《あ》い、速やかに解説を得ん、と。人民みなともに瓦石もて太子を打ち殺す。その時の王は今の央掘摩の師、婬女は師の妻、その時の人民は今央掘摩に殺されたる八万人、その太子は今の央掘摩なり、と。

　これに類せる話『根本説一切有部毘奈耶《うぶびなや》』四七巻にあり。ただし、央掘摩に関係なし。いわく、仏、王舎城にありし時、千人力の壮士、曠野の賊を平らげ新城を築き、人多く住み、繁盛せる謝意を表せんとて、住民娶る者、必ずこの大将を饗し、次に自分ら宴すべしと定む。一人、妻を娶るに貧しくて飲食を弁ずるあたわず、すなわち新婦をして将軍の室に入らしめ、おわって始めてこれと婚す。将軍大いに歓び、爾来諸民これを恒式とす。後日新たに嫁せんとする女《むすめ》あり、念《おも》うにこの城民久しく非法を行ない、自妻《わがつま》をまず他人に与う、何とぞこの俗を断たんとて、裸で衆中に立小便す。衆これを咎めしに、別嬪平気で答うらく、これ何の恥かあらん、国民すべて女人で、将軍独り男子たり、将軍の前でこそ、裸と立小便を恥ずべけれ、汝ら女同然の輩の前で、何の恥かあるべき、と。衆これを然りとし、会飲の後、将軍を焼き殺せしに、その霊鬼神となり、毎日一人ずつ食い大災をなせしを、仏往って降伏せり、となり。『雑宝蔵経』巻七の載すところもほぼこれに同じ。まことにあるまじき不稽の譚のようなれど、予が「神社合祀論」にも述べしごとく、世には全くの啌話《うそばなし》なく、古伝説《ふるきつたえ》は必ず多少の事実に基づく。

　インドの婆羅門、原来、師の妻の外、他人ことに劣族の妻に通ずるを重罪とせず。後世まで新婦《はなよめ》を迎うる者、重く婆羅門に贈りて破素しもらいしこと、予ら幼時まで、紀州の一向宗の有難屋《ありがたや》連《れん》、厚く資《たから》を献じて、門跡の寝室《ねま》近く妙齢の生娘《きむすめ》を臥させもらいしに近し。されば王政の世には、諸王が配下の妻女における権力無限にて、西暦紀元ごろ、ヴァチヤ梵士の作『愛天経《カマデヴァ・ストラ》』◆4 七篇二章は、全く王者、臣民の妻娘を手に入れる方法を説きたり。その末段にいわく、アンドラ民の王は、まず臣民の新婦を試むる権力あり。ヴァッァグルマ民の俗、大臣の妻、夜間、王に奉仕す。ヴァイダルブハ民は、王に忠誠を表せんとてその子婦《よめ》を一月間、王の閨に納《い》る。スラシュトラ民の妻は、王の好みのまま、単独《ひとり》また群《むれ》でその閨房に詣《いた》るを例とす、と。欧州には、古ローマのオーグスッス帝、わが国の師直、秀吉と同じく、毎度臣下の妻を招きてこれを姦し、その後の諸帝かかる行いありし人多し。降って中世紀に及び、諸国の王侯に処女権あり。人新婦を迎うれば、初夜また初め数夜、その領主の側に臥させた後ならでは、夫の手に入らぬなり。スコットランドでは、十一世紀にマルコム三世この制を廃せしが、仏国などには、股権とて十七世紀まで多少存せり。

この名は、君主長靴穿《は》きし一脚を新婦《はなよめ》の牀に入れ、手槍を持って疲るるまで座り込み、君主去るまで、夫が新婦の寝室《ねま》に入るを得ざりしに出づ。夫この恥辱を免《のが》れんとて、税を払い、あるいは傭役し、はなはだしきは暴動を起こし、また「義経は母をされたと娘をし」という川柳的の復讐をやったもあり、仏国ブリヴ邑《むら》の若き侍、領主がおのれの新婦を試むると同時に、領主の艶妻を訪い、通宵してこれに領主の体格不相応の大男児を産ませたる椿事あり。かかることよりこの弊風ついに亡びつ。この風俗の起りは、キリスト教の古え、初婚の夜、素女点《ヴァージニチー》を上帝に捧ぐるとて夫婦同臥を厳禁し、北アフリカでは、上帝の名代に辱《かたじけな》くも僧正《ビショップス》が、民の新婦と同褥したまえるより転じて、それはよい思いつきと、諸邦君長がこの制を競うて実行せるに及べりとのことなれど、欧州のみならず、インド、クルジスタン、アンダマン島、真臘（カンボジア）、占城《チャンパ》、マラッカ、マリヤナ島、アフリカおよび南・北米のある部にも、古来かかる風俗ありしを参考すれば、欧州またおのずからこの旧慣あり。必ずしも耶蘇教より訛伝せしにあらじと思わる（『大英類典』一一板、巻一五。ジスレリ『文界奇観《キュリオシチース・オヴ・リテラチュル》』九板、巻一。カール・シュミット『初婚夜論《ジュス・プリマエ・ノクチス》』。コラン・ド・プランチー『封建字彙《ジクショネール・フェオダル》』巻一、参取）。『後漢書』南蛮伝にいわく、「交趾《こうし》の西に、人を噉《くら》う国あり、云々。妻を娶って美なれば、すなわちその兄に譲る。いま烏滸《おこ》の人はこれなり」。本邦で痴漢《あほう》を烏滸《おこ》の者と言うはこれに基づくという。数十年前まで、紀州勝浦港で、女子妙齢に及べば巧者の老爺《おやじ》に破素を托し、事おわって桃《もも》紅色の褌と、米と酒をもって酬礼する習俗なりし。また『中陵漫録』巻一一にいわく、羽州米沢の荻村にては、媒する者女の方に行きて、その女を受け取って、まず媒者《なこうど》の傍《そば》に臥せしむること三夜《みよさ》にして、餅を円く作って百八、媒者付き負うて女を連れ往き、その礼を調う、云々。要は、央掘摩千人切りと、清浄太子、処女権を過用《やりすご》して民に殺されし話と、最初別物なりしを、仏徒が古く釈尊の金口に托し、連接して一の因縁談となせるなり。

（明治四十五年七月『此花』凋落号）

（平凡社版『南方熊楠全集』第二巻445～455頁「続南方随筆」）

《語注》

◆1 『**男色大鑑**』（なんしょくおおかがみ）——井原西鶴の浮世草子。八巻。貞享四年（一六八七）刊。武家社会の男色咄と、歌舞伎役者の評判記的な咄と、計四十話を収める。

◆2 『**央掘摩羅経**』（おうぐつまらきょう）——四巻。宋の求那跋陀羅訳。仏弟子の一人、央掘魔羅の経歴を大乗的に脚色して述べた経典。

◆3 『**増一阿含経**』（ぞういちあごんきょう）——四『阿含経』（長・中・雑・増一）の一つ。五十一巻。東晋の瞿曇僧伽提婆訳。『阿含経』は原始仏教の経典で、実際にブッダが説いたと思われる言葉が含まれている。なおパーリ語の経典は五部に分かれる。

◆4　**『愛天経』**（カマ・デヴァ・ストラ）――デヴァ（deva）は神の意味で、ヴァーツヤーヤナ（Vātsyāyana　四世紀頃）の作『カーマ・スートラ』（Kāmasūtra　愛経）のこと。サンスクリットの韻文で七編から成る古典的性愛文献。性愛の技巧、結婚、妻女、娼婦、呪術、媚薬などだけでなく、古代インド都市住民の生活、各種の技芸、男女の種々相なども詳説している。

淫書の効用

『此花』第一八枝に、「大阪の夜発《よたか》」と題せる図を載せて、異態の百人一首よりとれり、とあり。この百人一首は、只今小生の座右にあり。しかるに、これと同筆にて図の大きさのみ異なる絵を混入せる異態の『女大学』一冊あり。小生、往年ロンドンにありし日、パリの故林忠正氏店より購えり。今は和歌山に置きあり。雅俗文庫には必ずこれあらん。その『女大学』の中ほどにある「野郎仕立様のこと」の条に、野郎の鼻低きを高くする法あり。図のごときものを作り、鼻をその間に挟み夜臥さしむべし、とあり（寸法忘る）。

しかるに、一昨年『大阪毎日新聞』を見しに、パリ通信に、新発明の婦女の鼻を高くする器というあり。全く件《くだん》の野郎の鼻を高くする法と同じきものにて、用法も夜間鼻をこれ

に挟みて臥する由記しありたり。日本と仏国とにて別々に発明したるものとするも、日本の方はるかに古く、およそ百年以上も早し。小生、明治十九年米国に渡りトランクの盛んに行なわるるを見て、その便利に呆れしが、のち寛永ころの日本の絵本を見しに、車長持とて日本に古くすでにありしなり。この類のこと多々ならん。春画などつまらぬものながら、世態風俗の変替より、奇巧の具のかつて存せしことを見るに大効力あることかくのごとし。

（明治四十五年七月『此花』凋落号）

（平凡社版『南方熊楠全集』第二巻456頁「続南方随筆」）

婦人の腹中の瘡を治した話

今年〔昭和十一年〕一月五日発行『昔話研究』九号二一頁に、高橋盛孝君が、墨憨主人原編、風来山人刪訳『刪笑府』八枚に、「医者が半珠に薬を置き、婦の腹中の瘡を治した話」がみえるが、小生かつて秋田県の人からこの話を聞いたと筆し、この話の支那の民譚は得られないものか、示教を待つ、と述べられた。

予は『刪笑府』なる書を見たことなきも、『笑林広記』◆1二、殊稟部に、搽薬と題して、「一呆子《あるばかもの》の婦《つま》、陰内に瘡《かさ》を生じ、痒みはなはだしく、医を請いてこれを治す。医、その夫の呆《ばか》なるをもって、すなわちいわく、薬はわれ親《みずか》ら搽《ぬ》ってはじめて瘡の深浅を知るべし、と。夫いわく、悉《すべ》て听《ゆる》す、と。医、すなわち薬をもって亀頭に置き、婦と事を行なう。夫、旁《かたわら》よりこれを観て、すなわちいわく、もしこの点薬の上面にあるなくんば、われは就《すなわ》ち到底《どこまで》も疑心《うたがわ》んに、と」とあると似たものと察する。『広記』の序文に、その編者は、

「弱冠にして、すなわち四方に志すところあり、足跡は海内に遍《あまね》し。故に、その聞見は日にますます広く、諳練すること日にますます深し」とあるから、この書に載せた話は、みなまで編者の独創でなく、その多くは諸方で聞き集めたもの、すなわち高橋君の注文通りの支那の民譚の一つに違いなかろう。九樽道人・方壺散史合著『末摘花通解』初下、「仲条で鼻を鳴らして叱られる」という句の解に、白水の書から、女医が患婦の心根に快暢を感ぜしめ、花心の開くを俟って薬を納むることを引いたも、よく似た本邦の民譚を書き留めたものだ。

西洋の類話は、仏国のベロアルド・ド・ヴェルヴィル（一五五八―一六一二年ごろ）の『上達方』◆2七六章に、あまり賢からぬ絹布商人の妻が、美貌の医者に惚れて、佯《いつわ》り病で苦吟すると、夫驚きかの医を招く。医、女の意を解し、薬を夫の生支に塗って、妻の体内に入れよと勧める。何分先生の施術をと望まれ、然らば止むを得ずと、医がその役を務め遣ったので、妻は即座に全治したと出で、英国のジョン・テイラー（一五八〇―一六五三年）の『全集』（一六三〇年板）一巻九四頁には、これまた絹布商人の妻が、ある医者に懸想し、病と称してこれを招く。医者が来てみると、亭主は店が忙しきまま、自由に二階へ上がって直し遣って下されと言った。すなわち二階室に入りて一時間ほど留まり、今後度々上がりましょうと言って、二階より下り店へ来ると、亭主が妻の容態を問うた。医者答えて、私が来た時よりはよほど快くなられましたから御安心なされませ、だが、最前二階へ伺った時は、よほどの重体で、忽然手寒く脚冷たく、目定まり口張り、全く死人同様、そんな劇しい発作が二度まで起こりましたが、まずは無事に経過してお仕合わせ、ちょっとでも貴殿が現場を覗かれたら、心臓を刺さるるごとく、気を悪くされたはずと言った、とある。

『笑林広記』や『上達方』[3]と同趣向ながら、男女地を換えた話は、十五世紀の仏人ラサル筆という『百新話』の九五話だ。ある説法師が人の若妻を見初め、指が劇しく疼むとて、悩み歎くをその婦人が憫れみ、何とか療法がないかと問うと、ただ一方あれど口へ出し難いと答う。どんな世話でもして上げるから、包まず言いなさいと勧めると、かの法師小声になり、この疼みを直すには、正直清浄な女人の体内に、良久《やや》しくこの指を入れて置いてのち、取り出して、処方通りの油薬を塗る外に妙方なし、と医者どもがみな申せど、他人に語るべきにあらざれば、黙り忍んで成行きに任すの外なし、と歎いた。その婦人は無類の慈善家で、そんな用ならいつでも達《た》します。善は急げと言わるるままに、偕《とも》に密房に入ってその両眼を被い、疼む処を挿し入るると、サッテモ太いこの指と、女の愕き一方ならず。さればこんなに腫れ太って、ドックドックと脈は卯月のホトトギスなど、かれこれいううち本意を遂げ、お蔭ですっかり直りました。女「あなたが直って、私もこんな心地よいことをこれまで覚えませぬ、まだ少しでも痛むなら、御遠慮なしに、何度でも療治に入らっしゃい」と、男も女も悦んだそうな。

高橋君が『刪笑府』でみたのと同様の話を、秋田県人から聞いたといわれた外に、栃木県にもそんな話があって、高橋勝利君の『芳賀郡土俗資料第一編』にある。たぶん『刪笑府』や秋田県のと大同小異と察して、ここに写し出すを控える。これに似た話で、六十年ほど前に和歌山で聞いたは、若い娘が戯れに茄子を弄んで出で来たらず。医者を呼んで取り出し貰うた跡で、その痕をならしおかぬと大事を惹さ出すから、ちょっとならして上げましょうとて、すなわち幹事し、他《かれ》をして渾身通暢たらしめた。娘の乳母老いてもいまだ衰えず、この態を窺い听《き》いて羨ましさのあまり、自分相応の大茄子を推し入れ、出で来たらずと称して療治を頼むと、何の苦もなく取り出した。大事を惹き出さぬよう、跡をならしていただきたいと望むと、老茄子《ひねなすび》は跡が痛みませぬとて、跡ならしをしてくれなんだ、というのだ。これにはなはだ似た話、支那にあったのを控え置いたが、今ちょっと見当らない。もしそれこの型に近い本邦の話で、やや早く印刷された物に至っては、差し当たり、江戸幕府の当初に出た『昨日は今日の物語』◆4上巻に二条あるを知るのみ。その一は、俗謡に、「金の工面と下付き於梅居《おめこ》、あんな仕悪《しにく》い物はない」。『房内記』◆5坤巻に、『玉房秘訣』から、「常に高きに従い下に就くは御《ぎょ》せず」と引き、十六世紀に仏国のブラントーム著『艶婦伝』◆6二に、両川流れ会うた処で一を離れ他へ漕ぎ入れば危し、と説いたのがそれだ。ただし邦俗、最上の玉女宝を見出だしたくば、その小解するを看よ、もっとも俯《うつむ》く者これ最上と伝え（〔著者書きこみ〕『川柳末摘花』一にも、「小便を坐ってしろと女衒いひ」とある）、『女大楽宝開』等また、一高二饅三文蛤《はまぐり》と品評した。『房内記』坤巻に、『大清経』から、素女、黄帝が好女相を問うたに対して、「鑿孔は高からんことを欲す」、また「およそ貴人尊女を相《み》るの法は、云々、孔穴前に向かう」と引いたも同義だ。

しかるにこれも至当の見解でない。和歌山へ加賀より移り来たり、大道場を張った尾高城之介なる剣客あって、明治十七年ごろ死んだ。予その娘と同じ小学校へ通い、よく識りおった。久しくその去就を聞かなんだが、明治三十五年那智山に僑居するうち、寒冬の毎旦、氷雪を踏んで二里余距てた高小へ走る童子あり。あまり勇ましくもまた痛わしければ近処の誰彼に聞き合わすと、尾高の娘が父の歿後この地方へさすらえ来たり、那智の小学校長に嫁して産んだのがこの子だという。そこで「恋し懐かし宮城野《みやぎの》信夫《しのぶ》」と、振分髪のむかしを思い、校長宅を尋ねたが、校長は不在で誰もおらず、隣の人に聞くと、彼女は、この子がまだ乳を離さぬうちに死亡、継母の手で育ったとのこと。あんな丈夫な女性が、勘平早野氏同然、三十になるやならずに死なさんすとはと驚くと、全くその通り、彼女は男にして見まほしき剣客の骨相を備え、ことには那件高上して尊女の態ありとかで、小川村の旧家伊東氏に養われたのち、この校長に嫁し来たった、校長いと細心の人で、新宮町なるある会社支店と、夫婦の生命保険を契約した、その時会社の医員この女を瞥見して、これは申し分なき満点の健康体だ、診察に及ばぬと言い放ったが、件《くだん》の男児を産んだ次にまた孕んで、もっての外の難産で死なれた、と語った。何とも跡の祭りながら、その後知己の医師連に話すと、那件高上した女の容色風味は玉女宝かも知れず、しかし邦俗これをカンヌキと畏称し、しばしば事を妨げ、また出産を難渋せしむと言った。されば漢の揚雄の言に、「高明の家は、鬼その室を闞《うかが》う」。あまり高いのも凶神に覗かると暁《さと》り、爾後決して羨まぬ。

一九二七年、ベルリン一一板、プロスおよびバルテルスの『婦女全志』一巻三五九頁以下にも、下付きの、事を妨ぐる由を述べた次に、上付きも、入るを妨げないが、幹中ことに男を難儀せしむる次第を述べたれど、難産致死には説及しおらぬ。それに比べて、『根本説一切有部毘奈耶雑事』一一に、仏、種々の産門畸形で受胎に障りあるものを列ねたうちに、「あるいは高下凹凸あり」とあるは、たぶん極度の上付きと下付きを言ったので、すでに受胎に障りあれば、出産に障りあるは知れたこと、件のドイツ学者などよりはるかむかしに、下付きのみか、上付きの害をも演べたは豪い豪い。これをもって、仏は一度も女犯せなんだの、ただ一度したのというは後人の牽強で（『民俗学』四巻一二号九五九頁〔「余り茶を飲んで孕んだ話と手孕村の故事」〕参照）、三夫人および六万婇女を、手当たり次第試験し、千差万別の産門畸形を記憶しおったと知る。一九二七年フィラデルフィア板、エリス◆7の『性心理学の研究』五巻一二六頁以下に、欧州美人の一要件は上付きなるに反し、黒人等下劣人種の物は多く下付きで猿類に近し、したがって黒人等は前を露わすよりも後を露わすを恥ずと説き、成女期後の前陰部に毛を生ずるに、猿類のその部にそんな毛なきより、女陰の毛は何の実用なきも、もっぱら雌雄淘汰で、美観を増すために発生した、と論じある。このことについて往年予一見解を開き、三五の大学者を驚倒せしめ遣ったが、委細は別に他日説くとし、黒人等のことは姑《しばら》く措き、東西洋共いわゆる文化民みな下付きを蔑し上付きを尚ぶにあらずということと、『覚後禅』◆8二回に、前者に係る妙文ある由を書き付けおく。またむかし姣童を婦女同然に弄んだ時、美男の頸が前に曲がった者しばしばあったと聞いた。欧州にあった日、妻の頸がそんなになり、醜いからとて離縁話を生ずる、その多くは、下付き女を扱うその方法を得ざるに由る、と法医学者より承った。本邦でも笑いごとでなく、下付き女子をもつ親や、そんな妻もつ夫、それから法医学者は、平素心得おくべきことと思うから、長々と書いた次第である。

さて『昨日は今日の物語』上の二条の話の第一は、毎度妻の下付きを厭い罵る男あり。しばしば立ち聴いた隣人が一計を案じ、その男の留守の妻を訪ねて、自分も他行するゆえ、留守を頼むという。何のための他行と問われて、牛の下付きを上げに行くと答う。人のも直るかと問うに、牛をさえ直すに、人のは至って容易と答えたので、女大悦して頼むと、隣人心得たりと、早速健《したた》かにその術を施した、とあり。紀州田辺町住、辻本広助氏今年八十歳、多年諸方に行商して、笑譚を多く聞き集めたうち、有田郡山《やま》の保田《やすだ》で聴いたのは、牛博労がある村を過ぐるごとに、夫が妻の下付きを罵る家あり。一日その夫が家の上の山畑に蕎麦を作るを見、その家に入ると妻が箕を用いおる。ちょっとその箕を貸せと乞うと、何用あってと問う。予が今日牽き来たった小牝牛の具、下付きゆえ売れず、これを上付きにするに箕を要すと答うると、すなわち貸しくれた。それを持って呪言を誦し小牛を扇《あお》ぎ、はやよきほど上付きになった、この上扇がば上に付き過ぎるだろうと独り言し、さて家に入って箕を返した。女房、われも下付きで亭主小言絶えず、何とぞ上に付けたまえと乞うと、いと易きこととて、その前を露わして仰臥せしめ、呪を誦し箕でしばらく扇いで、最《も》早《はや》よきほどに上に付いた、恰好よきか実験しょうとて、一儀を試みたのち、これで宜し、身を静めて付き定まるを俟て、と言った。妻たちまち表に出で、山上の夫を呼び、いつも通る博労様の呪言で、下付きが直ったは、という。夫聞いて、それは結構なり、一盃祝い酒を上げよ、と呼ばわる。博労いかなる目にやあうらんと、笠を背にし、小牛を引いて逃げ出す。女房は酒を徳利に盛り、猪口を持って追い走る。二町ほど走って博労足を駐め、そう走ってはまた下付きに戻る、一度検査しょうとて、閲覧した上また試みた。山上の亭主が見ると、博労の身動くごとに、背負うた笠が起伏して、あたかも本人が山上に向かい叩頭する様子、亭主声を張り揚げ、博労殿、そんなに辞儀に及ばず、ひたすら召し上がれと言うた、と。

『昨日は今日の物語』の第二話は、十八と十五になる二人の女子のみあって、男児を持たぬ富人が、叡山の座主に二人を托し、変成男子の法を行なわしむると、二人を飽くまで弄んだ上、いずれも稟賦宜しからず、どう禱っても法が利かなんだとて返し遣った。妹娘が、「御房様も、いろいろ精を出し、夜昼しじを植え給えども、生《は》え付かなんだといいければ、姉娘申すようは、生え付かぬも道理じゃ、さかさまに植えられたほどにというた」とある。『和漢三才図会』一二、「朘は、赤子の陰なり。俗に指似《しじ》という」。明治十九年予が渡米したころまで、紀州有田郡湯浅町などでは大人の物をもシジと呼んだ。右の咄に座主のをもシジと言いおれば、元和ごろも老少に限らずかく呼んだのだ。（〔著者書きこみ〕『未刊随筆百種』巻二三、『難廼為可話《なんのためかわ》』一二三九頁に引ける、元禄二年大坂板、『新吉原つねづね草』に、ヨネ、遊女の替名なり。注にいわく、ヨタレソツネと書いて、上と下とにてヨネとよむ。中にタレソツと文字四つあり、シジをはさむという心にてかく付けたるとなり。）

前文に略説した『百新話』の説法師が一婦人の情《なさけ》で指痛を癒し貰うた譚は、全くの戯作だが、古今東西そんな事実が全くなかったでない。『続南方随筆』二〇二頁（「紀州の民間療法記」）に書いた通り、「田辺の老人に聞く。かつて童子指に火傷せしに、その母ただちにその子の指を自分の陰戸に入れしめた。即効ありしという」。『本草綱目』五二に、『千金方』を引いて、湯火傷灼に、「女人の精汁を用《も》って、頻々とこれに塗る」。また女人の精汁を頻々と塗って、瘰癧腫毒を治する由を載す。女人の精汁とは陰中の粘液をいう。明治三十年この文を訳して、インド・カラチ市の医博バグタニ氏に示せしに、かの辺の鄙人も、かの粘液を湯火傷に用うることとあり、犬猫が創傷を舐めて、自分の唾液が殺菌するを知らずにその功を収むるに同じとて、かつて調べ置いた陰内粘液の分析表を呉れたのを、和歌山に今もおきある。『広恵済急方』中巻に、湯火傷に鶏卵の白味を塗ってよし、とあると同理だ。

『続群書類従』五四五所収、室町氏の近臣の作らしい『養鷹秘抄』に引いた『文亀鷹書』に、女子最初の経水を子壺のあかすいの水、二十以内の女の粘液を夜とる沢の水、交会の際の粘液を忍ぶすの水と号《なづ》けあり。外来薬品の乏しかった時代に、自給自足に迫られて、三験を累ねた末、鷹にさえ、かようの品までも使うた。まして人の治療のためには、種々雑多の物を試用し、その結果湯火傷した指を産門に入れて、即効ありと知ったのだ。西洋でも遠き昔は、医術の手段不備なりしより、今から思えば丸啌《まるうそ》のような変な方法を執ったもので、ギリシアの古方に、慢性痢病を痊すに、患者の非路を犯し乾かすのがあった(一八四五年ハレ板、ロセンバウム『黴毒史』二一五頁)。本邦にも、南風を脚気の薬と言い伝えたこと、元禄七年板、石川流舟の『正直咄大鑑』黒の巻五に出で、『末摘花』四に、「脚気のくすりにと玄恵おひ廻し」とある。

これらの療法、果たして百中したか否かを知らねど、久しい間、種々と試みたものゆえ、中には争われない発見発明もあっただろう。その上今となっては昔ほど試み得ぬことも多ければ、古人の発見発明は、参考のため心得おくの必要が十分にある。例せば、ブラントームの『艶婦伝』一に、蠟師父《はりかた》を過用して膿瘡を卵巣に生じ、若死する婦女多きを述べ、外科医どもの説に、かかる病人に種々人工の子宮輪等を用うるよりは、自然の男具もて掃除するが最上方だとあるは、当たれりと惟わる。日本でも、「蠟師父はきつい毒さと女医者」。そのため夭死した女も少なくなかったので、「蠟師父が出てはは親をまた泣かせ」。

謝在杭[9]が天下何事か対なからんと言ったごとく、一方に指を女の体内に入れて湯火傷を治し、また、お医者様でも有馬の湯でも、こればかりは直りゃせぬと定評あった、惚れた病を直した例あると反対に、「虫も殺さぬあの主様《ぬしさん》を女殺しとたが言ふた」、その体内に指を入れて女を殺したちょう例もありやす。西暦紀元一世紀に、ローマのプリニウスが書いた『博物志』二七巻二章に、諸毒中最も速験あるは付子で、諸動物の牝具をこれでちょっと触るれば、一日経たぬうちに必ず斃る。むかしケキリウスが、カルプルニウス・ベスチアがその妻数人を眠ったまま殺したと告発した結論中、被告の人殺し指と呼んだは、実は付子毒であった、と記す。リレイ註に、ここにケキリウスとあるは、ケリウスを正しとす、ケリウス・ルフスのことだ、と。熊楠、一八四四年板、スミスの『希羅《ギリシア・ローマ》神誌伝記名彙』を捜るに、ケリウス・ルフスは、カルプルニウス・ベスチアと共に、西暦紀元前一世紀のローマ人で、始終政争に死戦したから、件の告発用詞も、たぶん無実の毒口だろう。が、リレイ註に、けだしベスチアは、その指に付子毒を付け、瓊戸に入れて、その数妻を殺したと告発されたとあって、全く抛りどころなかったとも惟われず。ベスチア妻を娶るごとに、摸弄過度で、しばしばこれを病死せしめたので、かようの蛮罵を招いたと察する。

（昭和十一年十月『旅と伝説』九年一〇号）

（平凡社版『南方熊楠全集』第四巻202〜209頁）

《語注》

◆1　『**笑林広記**』（しょうりんこうき）——中国、清代の笑話集。十二巻。遊戯主人纂輯、粲然居士参訂。明末の『笑府』（馮夢竜撰、十三巻、中国笑話の集大成とされる。岩波文庫に全訳あり）によるところが多く、改竄したものもある。なお『刪笑府』は「国書総目録」に、「一冊、咄本、明の馮夢竜撰、風来山人訳、安永五刊」とある。

◆2　『**上達方**』（じょうたつほう）——中世フランスの作家ベロアルド・ド・ヴェルヴィル（Béroalde de Verville　一五五六—一六二九頃）の作品、*Le Moyen de parvenir*, 1610のこと。ある饗宴に会した古今の有名人や架空人物たちの対話の形をとり、数々の逸話、好色談、パロディーが語られ、痛烈な風刺にみち、一時はラブレーの作かと疑われたこともあった。題名はふつう『出世の道』と訳され、『艶笑十八講』と題する抄訳書もある。

◆3　『**百新話**』（ひゃくしんわ）——中世フランスの笑話集 *Les Cent Nouvelles Nouvelles* のこと。一四六二年ブルゴーニュ公フィリップ・ル・ボンに献じられた。従来物語作家ラ・サル（Antoine de La Sale）が作者に擬せられてきたが、疑わしいとする説も多い。各小話はいわゆる炉辺物語の系統に属し、ラテン語笑話集に由来するものもあろうが、口碑や実際の事件に基づくものも多く、卑猥と女性の狡猾が全篇の主流をなしている。

◆4　**『昨日は今日の物語』**（きのうはきょうのものがたり）――江戸初期の笑話集。二巻二冊。作者未詳。元和元年（一六一五）以降寛永初期（元年が一六二四）までの成立とされる。若衆と念者、僧と稚児、僧の女郎買い、間男などの好色話が多いのがこの書の大きな特色で、それに伴って稚児や僧侶などの寺院関係の話が多くなっている。

◆5　**『房内記』**（ぼうないき）――『医心方』第二十八巻「房内篇」のこと。『医心方』は平安朝の丹波康頼の撰、三十巻、隋・唐の医書を参照して、治療・処方から薬・針灸・養生・食餌まで科別に集録したもの。約二百種に及ぶ引用中国書には、中国ではすでに散佚して、本書によってはじめて内容の知られたものが多い。特に「房内篇」は性生活のあり方を説いたもので、中国の房中書『素問』『玉房秘訣』『玉房指要』『素女経』『玄女経』『洞玄子』などによって書かれた貴重な書である。

◆6　**『艶婦伝』**（えんぷでん）――中世フランスの回想記作家ブラントーム（Pierre de Bourdeilles Brantôme　一八三五頃―一六一四）の死後出版の著書、*Vies des Dames galantes*, 1666 のこと。十六世紀ヴァロワ王朝の宮廷を中心とする愛欲年代記ともいうべきもの。全篇七講から成り、各講に多数の好色な逸話が、陽気で率直な文体で展開されている。

◆7　**エリス**（Henry Havelock Ellis　一八五九―一九三九）――イギリスの著述家。はじめ医学を学んだ。犯罪者、天才、夢に関する研究があるが、代表作は全六巻の『性心理学の研究』である。*Studies in the Psychology of Sex*, 1897-1914.

◆8　**『覚後禅』**（かくごぜん）――中国の淫書。六巻二十回。一名『肉蒲団』。作者については異説があるが、清の『在園雑志』や魯迅の『中国小説史略』は李漁（明末清初の文人。字は笠翁）としている。日本では宝永二年（一七〇五）から昭和に至るまで、何冊もの和刻本や訳書が出版されている。

◆9　**謝在杭**（しゃざいこう）――謝肇淛（『五雑俎（組）』の著者）のこと。

樟柳神とは何ぞ

『郷土研究』五巻四号二二三頁〔「支那および朝鮮における巫の腹話術について」〕に、孫晋泰君いわく、樟柳神とは、清代の記録より現われたるもので、その性質のいかなる物であるかは、いまだ私には判明しないけれども、云々、と。樟柳神については、過ぐる明治二十八年四月二十五日の『ネイチュール』（五一巻六〇八頁）に、予その説◆1を書き、シュメルッ◆2これを自分発行の『インテルナチョナル・アルキヴ・フェル・エツノグラフィエ』へ、シュレッゲル◆3これをその『通報《ツンバオ》』に転載し、大もてだったので、次年さらに予一世一代の長文を『ネイチュール』に出した。しかるに、これが諸学者に引用さるること、阿漕が浦にひく網の度重なりて、歳月の進むに随い、予の名は漸次振り落とされ、今はこれを受売りした人の創説と心得た者も多い（例せば一九〇九年板、ハートランドの『原始父権論』一巻四六―四七頁）。とにかく自分が一番早く気づいたことゆえ、左にこの神の何物たるを再説しょう。

明の謝肇淛◆4の説に、「『易』にいわく、莧陸夬々《けんりくかいかい》たり、と。陸は商陸なり。下に死人あれば、すなわち上に商陸あり。故にその根多くは人形のごとし。俗に樟柳根と名づくるはこれなり。これを取るの法、夜静かにして人なきに、油をもって梟の肉を炙ってこれを祭り、鬼火叢集するを俟って、しかる後その根を取り、家に帰って符をもってこれを煉ること七日なれば、すなわちよく言語す。一名は夜呼、また鬼神の義を取るなり。この草、赤白二種あり、白きものは薬に入る、赤きものは鬼を使う。もし誤ってこれを服すれば、必ずよく人を殺す。また『荊楚歳時記』に、三月三日、杜鵑初めて鳴く、田家これを候《うかが》う、杜鵑昼夜鳴き、血流れて止まず、商陸子熟するに至ってすなわち止む、けだし商陸（子）いまだ熟せざるの前は、正に杜鵑哀鳴の候なり、故に夜呼と称うるなり、と」と。明の銭希言◆5いわく、「粱渓の華別駕善継は、古えに博《ひろ》く奇を嗜み、詩才清靡《せいび》にして、弟の善述と名を斉《ひと》しくす。中歳《ちゅうねん》のころ、間《ひま》に投じ、喜《この》んで仙鬼を談じ、方士に従って樟柳神を錬《なら》い、戯れに耳報術を学ぶ。のちに悔い、あえて学を竟《お》えず。この鬼に耳中に鑽入せられ、耳ついにもって聾となり、その身を終うるまで聴くあたわず」と。また明の王同軌◆6いわく、「閩人の武弁陳生《ぶべんちんせい》、揚州の軍門に寓し、敵を料って奇中あり。のち何吉陽先生、南少司寇に任ぜられ、大司馬の李克斎公に薦をもって至り、啇中におる。人の往事および家居、墳墓、園宅を談ずるに、これを掌《たなごころ》に指すがごとし。生《せい》の挾《さしはさ》むところ樟柳神あり。神わずか三寸ばかりにして、白面にして紅衣をつけ、よく袖より出で、躍って几《つくえ》の上に至る。水を飲むに歴々として声《おと》あり。時にみずから嘆じて閩語をなし、かつて儒生なりしが死にたり、しかして陳これを制取す、しかれども相随うこと久しからず、またまさに去るべしと謂《い》う」と。これらを合わせ攷うるに、商陸の赤きものの根を取り帰って、七日間符呪を仕掛くれば、死人の魂がその根に来たり留まり、術者の問に応じ、種々のことを告ぐるので、その神、時に小人と現じ、術者の袖より出で、几上に躍り上がり、水を飲みなどしたのだ。華別駕はその術を学びかけて中止したので、その神怒って耳に深く入り、終身聾たらしめたというのだ（『五雑俎』一〇、末条。『獪園』一三。『寄園寄所寄』五）。いずれも明人の説ゆえ、樟柳神の記録は清代に初まるという孫君の説は間違いおる。（〔著者書きこみ〕清の袁枚『随園随筆』一一、樟柳神、古く「楚語」にありとす。）

方術に植物の根を用うる例は支那に限らず。往年この田辺近い漁村のある老婦（予知人の姑）が蔓荊（『郷土研究』五巻五号三二四頁）〔南方「バマボウとハマゴウ」をみよ〕の根本に、畸形の贅《こぶ》、自然に大黒とか恵比須とかの像とみゆるを採り帰り、禱れば予言して、福を授け給うとて、衆を聚め賽銭をせしめて、警察事件を生じた。この木の根本は浪と沙に揉まれ、往々異態の贅を生ず。予も、紀伊の国は西牟婁の郡富田中村の浜で、相好円満、四具皆備の妙門形の物を獲、転輪聖王玉女宝と銘し、「一切衆生の途《みち》に迷うところ、十方諸仏の身を出だすの門」と、狂雲子の詩句をその箱にかき付け、恋しきにも悲しきにも帰命頂礼しおる。かの老婦は、代々エビス卸しを務めた女巫の家に生まれたといえば、この木の贅は、古来この修法に使われたと察する。（〔著者書きこみ〕喜多村信節『きゝのまにまに』、寛政十一年、谷原村長命寺山内ユズリハの木の瘤、人面に似たりとて、見物人出づ。『夷堅志補』二二には、饒州の大皁角樹の瘤、すこぶる鬼面に似たるが、人に化して人を打ち物を奪うた譚あり。）これに似たこと、今より約千六百年のむかし、晋の嵆含が書いた『南方草木状』◆7に、「五嶺の間、楓木多し。歳久しくなれば、すなわち瘤癭《こぶ》を生ず。一夕、暴風驟雨に遇えば、その樹の贅《こぶ》暗《ひそ》かに長ずること三、五尺、これを楓人という。越の巫、これを取って術を作《な》すに、神に通ずるの験あり。これを取るに法《きまり》をもってせざれば、すなわちよく化して去る」。（〔著者書きこみ〕それより四百年ほど後成った、唐の張鷟の『朝野僉載』◆8に、江東・江西の山中に多く楓木人あり、楓樹の下において生じ、人の形に似て、長《たけ》三、四尺なり。夜、雷雨あれば、すなわち長じて樹と斉《ひと》し。人を見ればすなわち縮んで旧《もと》のごとし。かつて人あり、合《かぶ》せるに笠子《かさ》をもってせしに、明日看るに、笠子《かさ》は掛かって樹の上にあり。旱《ひでり》の時に雨を欲すれば、竹をもってその頭に束《くく》り、これを禊《はら》えばすなわち雨ふる。人取ってもって式盤となせば、きわめて神験あり、楓天棗地《そうち》とはこれなり。）以前、和歌山城に加藤清正が朝鮮より持ち帰った楓の枯木を蔵し、明治七年の旱《ひでり》に、これを借りて泥を塗れば雨ふるとて、村民ら県庁へ押しかけ大騒ぎだった。これ支那で楓の瘤を神物として雨を乞うた遺風だろう。越後国、「久米山の薬師のみくじトコロにて苦々しくも尊かりけり」。この本尊はトコロの根を煉って作った由。このこと、かの如来の諸経になし。古く本邦でトコロの根を煉って、方術用諸像を作った痕跡か。上に引いた謝・銭二氏が、樟柳神像は煉って作らると言ったに近い。清の張爾岐いわく、「左道にては、商陸の根を刻んで人の形となす。これを呪すれば、よく禍福を知る。章柳と名づく」と。されば刻んでも作ったものだ。（『嬉遊笑覧』一二。『蒿菴閒話』一）

支那の旧説に、千歳の枯木《かっぽく》、その下の根、座せる人のごとく、長さ七寸、これを刻めば血あり。その血をもって足下に塗れば、もって水上を歩行して没せざるべし。もって水に入れば水これがために開く。もって淵底に住むべきなり。もって身に塗ればすなわち形を隠す。見られんと欲せばすなわちこれを拭う、と。もってのほか、もってだらけの記述だが、果たして然らば、もって身投げを粧い、借金取りを避けて、海底に夫婦暮しもなるべく、またもって自在に窃盗や夜這いをし済まし得べしだ。安南で蠱に事《つか》うる者は、一草の根の精を祀る。その根精、名はオントーだが、尊敬して曾祖父と称う。その草名はンガイ、山中に生ず。事蠱者、秘密にこれを山中また原野に培養し、期を定めて一所にこれを祀り、呪を誦したのち、白雄鶏一羽の足を括り、置いて帰って翌日往き見れば、鶏はなくて羽毛のみ残る。さて事蠱者、その法を行なわんと欲すれば、根精を剋する時を択んで、呪を誦し、何時までにかくかくのことを仕遂げよと命じてその根を抜く。例せば、刀一本、水牛一頭、亀一尾、家一軒など、敵の体内に生じ、増長して敵を殺せと命ずれば、その通りに成り行く。その根の一片を敵の飲食に入れてもよく彼を殺す。もっとも軽便な一法は、ンガイ根の微分を事蠱者の爪下に匿して、敵に向かって弾き出し、また[9]その口内に含んで敵に話し懸くるに、敵答うればすなわちごねるのだ。李時珍、蠱の種別を列ねた中にみえた草蠱とはこれだろう。中央アフリカのボンゴ人は、悪鬼、幽霊、妖巫、梟、蝙蝠、ガラゴ夜猴等を怖るることははなはだしく、これを辟《さ》くるにある植物の根を用い、術士これを売るを専業とする者あり、またその根を使うて鬼神と通じ、あるいは人を害し得と信じ、その使用法に精通した酋長に敬服してその威を仰ぐ。ニャムニャム人は、カルラという蔓草の葉腋に出づる毬根、まずはムカゴのようで、やや菱の実の形したのが、多く生ずればその年狩の幸多く、片手に弓をもち、その上でその根を剉《きざ》めば、矢必ず中《あた》ると信ず。（『抱朴子』内篇一一。一八八〇年サイゴン発行『仏領交趾支那遊覧探究雑誌』一巻六号四五三頁。『本草綱目』四二。出板年記なきロンドン三板、英訳、シュヴァインフルト『アフリカの心臓』一巻一四五頁、二巻二四五頁）

かく根を方術に用いる植物多般なるうち、他に挺んでて最も著名なはマンドラゴラに極まる。これは地中海地方に二、三種、ヒマラヤ山辺に一種、合わせてただ三、四種より成る一属で、茄科に属し、紫の花さく。なかんずく古く医術、媚術と左道に用いられて過重された一種は、地中海に瀕する諸国の産で、学名マンドラゴラ・オッフィシナルム。英語でマンドレイク、独語でアルラウネ、露語でアダモヴァゴロヴァ、古ヘブリウ名ズダイム、ペルシア名ヤブルズ、アラブ名イブルッ、パレスチナ名ヤブロチャク[10]。今座右にないから月日は分からぬが、確か明治二十九年か三十年の『ネイチュール』に、予このヤブロチャクなる名を、予未見の書で、明の方密之の『通雅』四一に引かれた『方輿勝略』に押不盧薬と音訳したと書いたはとにかく、◆11右のペルシア名かアラブ名を、宋末・元初時代に押不《ヤブ》盧《ルウ》と音訳したは疑いを容れず。押不盧は、『本草』にも明の李時珍が、むかし華佗《かだ》が腸を刳《えぐ》り胃を滌《あら》うた外科施術には、こんな薬を用いただろう、と古人の言を引いたを読んでも、和漢の学者何ものとも分からずに過ごしたのを、予が語学と古記述を調べて、初めてマンドラゴラと定めた。宋末に周密◆12いわく、「回回国の西数千里の地、一物のきわめて毒あるを産す。全く人の形に類し、人参の状のごとし。その酋、これを名づけて押不盧という。土中の深さ数丈に生じ、人あるいは誤ってこれに触れ、その毒気を著くれば、必ず死す。これを取るの法は、まず四旁《まわり》に大いなる坎《あな》の人を容るるほどのものを開け、しかる後に皮《かわ》条《ひも》をもってこれに絡《ま》く。皮条の糸はすなわち犬の足に繋ぎ、すでにして杖を用《も》って犬を撃《う》って逐《お》う。犬逸《はし》って根抜起《ぬきと》らる。犬、毒気に感じ、随って斃る。しかる後に、就ま《そのま》土の坎の中に埋む。歳を経て、しかる後に取り出だして曝乾《かわ》かし、別に他の薬を用《も》ってこれを制す。毎《つね》に少しばかりをもって酒に磨《す》りこみ人に飲ましむれば、すなわち通身《ぜんしん》麻痺して死す。加うるに刀斧をもってすといえども、また知らざるなり。三日の後に至り、別に少しの薬をもってこれに投ずればすなわち活く。けだし、古え華佗よく腸を刳り胃を滌《あら》い、もって疾《やまい》を治《いや》せしは、必ずやこの薬を用いしならん、云々」、と。(一八九五年ライプチヒ板、エングレルおよびプラントル『植物自然分科篇』四篇三部二巻二七頁。一八八四年板、フォーカード『植物俚伝口碑および歌謡』四二六頁。一八八五年三板、バルフォール『印度事彙』二巻八四四頁。一八七九年ボストン板、ピッカーリング『植物編年史』二四七頁。『本草綱目』一七。『癸辛雑識』続集上。『志雅堂雑鈔』）

西暦七世紀の初め、スペイン・セヴィヤの僧正で、中世最も行なわれた大部の百科全書を物したイシドルス◆[13]いわく、マンドラゴラの根は男形のと女形のとあり、これを採る人は、これに触れぬよう注意して、その周りを飛び廻るべし。まずこの草に犬をしかと括り付け、断食せしむること三日の後、パンを示して遠方より呼べば、犬パンを欲して草を強く牽き、根が叫びながら抜ける。その叫びを聞いて犬はやにわに斃る。人もそれを聞けば必ずたちまち死ぬから、耳を強く塞ぐを要す。その根を獲れば何病でも愈《い》えぬはなし、と。けだし持主の守護尊となって万病を治し、埋蔵せる財宝を見出だし、箱に納めた金銭を二倍に殖やし、邪鬼を辟け、恋を叶え、予言をなす等々、その利益あげて数うべからずと言い伝えた物だ（一九〇五年板、ハズリット『諸信念および俚伝』二巻三八五頁。バルフォール『印度事彙』前に引いた巻頁）。しかし、この物は毒薬で、古ギリシアより中世欧州に至るまで、患者を麻酔せしめて施術するに用い、アラブの名医アヴィセンナもその功を推奨した。またカルタゴの大将マハルバルは、酒にマンドラゴラを入れて、叛徒多人を睡らせて殺し、ジュリヤス・シーザーはシリシアの海賊に捕われた時、マンドラゴラ酒もて彼らを睡らせ、難を脱れたという。また支那人がマンドラゴラを人参の状のごとしと言った同様、むかしの欧州人は、支那の人参の根が人に似て薬功神のごとしと聞き、支那にもマンドラゴラありと信じた（一九一八年板、フレザー『旧約全書の俚伝』二巻三八七頁。一八五五年五〇板、クルーデン『旧新約全書要語全解』四三六頁）。押不盧なる漢名とペルシア語のヤブルズ、アラブ語のイブルッ、パレスチナ語のヤブロチャクと酷似するのみならず、押不盧とマンドラゴラの記載諸項がかくまで符合するゆえ、予は胡元の威勢が、遠く西亜から地中海浜に迨《およ》んだ時、彼方に行なわれおったマンドラゴラの諸談が支那に入り来たり、その名を押不盧として周密に筆せられたと知った。（〔著者書きこみ〕それから方密之の『物理小識』一二に、ラマ僧が肢を断ち、また継ぐ術あるを記して、「すなわち『北史』の押不盧のごときなからんか」とある。これを読んで忽然『北史』に押不盧を載せあると信じたら大間違いで、『北史』九七には、南北朝の魏の真君の朝へ悦般国から、大出血した者の口に入れると須臾に血止み、痕を留めぬ草を用ゆる幻人を送った、支那の諸名山にもその草ありと言った、とあるのみ。通身麻痺のことも、押不盧の名も、さらに見えぬ。薬験のやや似たるより、この草すなわち押不盧と著者が臆断したまでだ。）

『本草綱目』一七、押不盧の次に曼陀羅花あり。◆14 その名が似るをもってこれをマンドラゴラと想う人あり。李時珍説に、『法華経』に、仏説法の時、天この花を雨《あめふ》らす。また、道家、北斗に陀羅星使者ありて手にこの花をとる。故に後人よってもって曼陀羅花と名づく、梵言雑色なり。（中略）姚伯声が『花品』に悪客とよびなす、とある。仏経にいわゆる曼陀羅《マンダーラ》花は、天妙花また適意と訳し、帝釈天の五木の一で、インドから琉球に多く産するデイゴ（梯姑）、学名エリツリナ・インジカ、また同属のエリツリナ・フルゲンスの由。いずれも英語でコラル・ツリー（珊瑚木）、花赤くて美しいゆえに名づく。「器量よけれど、わしゃボケの花、神や仏に嫌はるる」。日本では刺ある花を神仏が忌むというに、インドでは花さえ美わしければ、刺が多かろうが、臍まで毛がはえあろうが、構わぬとみゆる。この木には刺が多い。よって支那で刺桐と呼ぶ。むかし福建の泉州に城を築いた時、盗を禦ぐ一助でもあろうか、刺桐を環らし植えたので刺桐城と通称された。唐の陳陶が泉州城の刺桐花の詠六首等あり。当時アラブ人多く渡唐し、刺桐の音がゼイツン（オリヴ樹のアラブ名）に近いから、刺桐城すなわち泉州城をゼイツンすなわちオリヴ城と呼んだ。ゼイツンを唐のころ斉暾と音訳したが、そはオリヴのことで、油を取って用うること、中国の胡麻を用うるごとしなどかきある。オリヴは唐朝の支那になかったゆえ、珍聞として書き留めたのだ。それを知らず、本邦の本草学者の牽強を沿襲して、今もエゴノ木を斉墩（暾が正しい）果とかくは、謬りを守るに忠なるものだ。（一八八八年板、アイテル『支那仏教学者必携』九四頁。上引、バルフォール『印度事彙』一巻一〇五頁。『広群芳譜』七三。明治四十年十二月発行『東洋学芸雑誌』三一五号、拙文「オリーヴ樹の漢名」）

さて『本草綱目』の曼陀羅花は、木でなくて毒草だから、仏が持ったとか極楽を荘厳すとかいう曼陀羅花（すなわちデイゴ、漢名刺桐）とちがう。また『本草』の曼陀羅花は、独茎直上四、五尺とか白花を開くとか、まるでマンドラゴラの茎ほとんどなく、花紫なるに異なり、決してマンドラゴラでない（一八八〇年板、ラウドン『植物辞彙』一五四頁）。『重修植物名実図考』二四下に、「『嶺外代答』、広西の曼陀羅花は、大葉白花にして、実を結ぶこと茄子のごとく、しかも徧《あま》ねく小さき刺《とげ》を生ず。すなわち薬人草なり。盗賊、採って乾かしてこれを末《こな》とし、もって人の飲食に置き、これをして酔い悶《くる》しましめ、すなわち篋《はこ》を挈《も》って趨《はし》る。南人、あるいは用《も》って小児の食《の》み薬となし、積《しゃく》を去《のぞ》くことはなはだ峻《すみや》かなり」と出し、『秘伝花鏡』五に、その実円くして丁拐（イガ）ありと記せるは、従来邦人がチョウセンアサガオに当てたを正しと証する。『花鏡』に「曼陀羅花は、けだし秀語なり」とあるは、詰まらぬ物に花を持たせやったとの意で、まずそんなことだろう。〔著者書きこみ〕チョウセンアサガオ（ダツラ）属は、マンドラゴラ同様、茄科の植物で、両半球の熱地に産し、すべて十五種あり。本邦にも二種が植えられ、一種が帰化したという。いずれも麻酔性あって毒物なり。インドでも、盗賊これをもって人を昏迷せしむ。婬婦は、ひそかにこれを飲食に混じて夫を毒し、その眼前で奸を行なうも、夫さらに覚えず。主婦の苛酷を怨む妓婢は、それでもって主婦を失神せしめ、自分に金をくれた人に主婦を犯さしめ、妊娠せしめたすらありという。インド人、ダツラの花をシヴァ神（摩醯首羅王）の愛するところとする。そのこと仏や帝釈が曼陀羅花を執るに類するより、二者を混じてダツラを曼陀羅花と心得たので、道家にも陀羅星使者など作り出しただろう。ダツラは、この物のヒンズ名で、もとその梵名ドハッツラより出づ。（エングレルおよびプラントル『植物自然分科篇』四篇三部二六一二七頁。牧野・田中共編『科属検索日本植物志』五一二頁。バルフォール『印度事彙』一巻八九七頁。一六七九年パリ新板、ピラール・ド・ラヴァル『航海記』二巻六九頁）また『本草図譜』一八に、狼毒をマンドラゴラに近いと言ったが、『本草綱目』に狼毒の形状を載せず。苗が大黄に似るなど短文であるのみ。『名実図考』に、本草書、狼毒において、みなはなはだ明らかならずといい、二書のその図がちっともマンドラゴラに似ておらぬ。そんな物をかれこれ推測したって当たるはずなし。よって繰り返し、押不盧のみが、マンドラゴラの漢名と断言しおく。ついでにいう、『本草和名』一一に、狼毒をヤマサクと訓ず。『博物志』ゐ「防葵は狼毒に似る」。防葵は何物と知れねど、『綱目』の記載と図を併せみれば、繖形科の物と判る。それに似たというから、狼毒も繖形科の物らしい。さて本邦にシャクまた山ニンジンという繖形科の草あり。このシャクが、むかし狼毒に当てられたヤマサクと、何らか連絡あるのかと想う（『箋注倭名類聚抄』一〇参照）。

商陸◆15また当陸と書く。李時珍いわく、この物よく水気を逐蕩《ちくとう》す、故に蓫蕩《ちくとう》という、訛って商陸、また訛って当陸、北音訛って章柳となす、と。そんなに訛り続けたと仮定するよりも、予は商陸の字に意義なく、どこか支那の辺土の原住民の語を、支那字に音訳したものと思う。『倭名類聚抄』にその和名をイオスキとしてあるが意味判らず。その根の形が似たゆえか、山ゴボウと通称、この称えは約九百五十年前成った『康頼本草』すでに録しある。商陸科の商陸属植物は、マンドラゴラ属の東半球に偏在するに異なり、東・西半球に産してすべて十一種、うち一種フィットラッカ・アシノサは和漢ともに産し、普通のヤマゴボウと商陸で、多少の変種もあるらしい。支那で、その根も苗も茎も洗うて蒸し食うが、根の赤いのと黄色なのは毒で、白根と紫根のもののみ食うべしといい、ネパル人も日本人もその葉を煮食うというが、この辺では食わず、脚気患者などが、水下しに根を煎じて呑み、呑み過ぎて死ぬのも時々ある。陶弘景いわく、商陸根、人形のごときは神あり、と。小野蘭山説に、その根皮淡黄褐色、形大根のごとし、あるいは人形のものあり、年久しきは、はなはだ大にして径一、二尺に至る、と。この稿の初めに述べたごとく、支那の術士はこの人形の根もて樟柳神を作るのだ。このことほとんど欧州でマンドラゴラの人形の根を奉崇するに同じ。『本草』に商陸に赤白の二種あるをいい、プリニウスはマンドラゴラの根また白い雄と黒い雌の二様あるを言ったが、商陸に雌雄の沙汰なし。古ギリシアでは、マンドラゴラに催婬の力強しと信じ、婬女神アフロジテをマンドラゴラ女神と称えた。恋を叶えんためにその根を求むるに、刀で三度この草の周りに図を画き、面を西にむけてこれを切る。第二の根を求めんとならば、専念猥談しながらその周りを踊り廻らざるべからず。また根を掘るに、身を風上に置かねばならぬ。風下で立ち廻れば、その悪臭強くて人を打ち倒すことあるからだ、と。現代のギリシア青年もその小片を佩びて媚符とす。こんなことは商陸根にない。(『本草綱目』一七。一八八九年ライプチヒ板、エングレルおよびプラントル『植物自然分科篇』三篇一部三巻一〇頁。バルフォール『印度事彙』三巻二〇九頁。『重訂本草啓蒙』

一三。プリニウス『博物志』二五巻九四章。フレザー『旧約全書の俚伝』二巻五七五―五七六頁）

それからマンドレイクは古来子を孕ます効ありとされた。『旧約全書』に、「ラケル、おのれがヤコブに子を生まざるをみて、その姉を妒み、ヤコブに言いけるは、われに子を与えよ、しからずばわれ死なん、と。ヤコブ、ラケルに向かいて怒りを発して言う、汝の腹に子を宿らしめざるものは神だ、われ神に代われるものか。ラケルいう、わが婢ビルハを視よ、かの処にグッと入れ、かれ子を産んでわが膝に置かん、しからばわれもまた、かれによって子を得るに至らん、と。その仕女《つかいめ》ビルハを彼に与えて妻たらしめたり。ヤコブすなわちかの処に入る。ビルハついに孕みて、ヤコブに子を生みければ、ラケル言いけるは、神われをかんがみ、またわが声を聴きいれて、われに子を賜えり、と。これによってその名をダンと名づけたり。ラケルの仕女ビルハ再び孕みて、次の子をヤコブに産みければ、ラケルわれ神の争いをもて、姉と争いて勝ちぬと言いて、その名をナフタリと名づけたり。ここにレア産むことの止みたるをみしかば、その仕女ジルパを取りて、これをヤコブに与えて妻となさしむ。レアの仕女ジルパ、ヤコブに子を産みければ、レアやらかす門に福来たれりと言いて、その名をガドと名づけたり。レアの仕女ジルパ、次の子をヤコブに産みければ、レアいう、われは幸いなり、娘らわれを幸いなる者となさん、と。その名をアセルと名づけたり。ここに麦刈の日にルベン出で往きて、野にて恋茄（ズダイム、すなわちマンドラゴラ）を獲、これを母レアの許に持ち来たりければ、ラケル、レアに言いけるは、請う、われに汝の子の恋茄を与えよ。レア彼に言いけるは、汝のわが夫をとりしは小さきことならんや、しかるに汝またわが子の恋茄をも奪わんとするや。ラケルいう、さればうの子の恋茄のために、夫この夜汝と寝《い》ぬべし。晩に及びてヤコブ野より来たりければ、レアこれを出迎えて言いけるは、われまことにわが子の恋茄をもて汝を雇いたれば、汝われの所に入らざるべからず。ヤコブすなわちその夜かれと寝ねたり。神レアに聴き給いければ、かれ妊みて第五の子をヤコブに生めり。レア言いけるは、われわが仕女を夫に与えたれば、神われにその値を賜えり、と。その名をイッサカルと名づけたり。いつさかるどころか、すぐさま矢継ぎ早にさかったので、レアまた妊みて、第六の子をヤコブに生めり。レア言いけるは、神われによき賜物を賜う。われ六人の子を生みたれば、夫今よりわれと偕《とも》に住まんと、その名をゼブルンと名づけたり。その後かれ女子をうみ、その名をデナと名づけたり。ここに神ラケルを念い、神かれに聴きて、その胎を開き給いければ、かれ妊みて、男子を生みていう、神わが恥を洒《すす》ぎ給えり、と。すなわちその名をヨセフと名づけていう、エホバまた他の子をわれに加え賜わん」と。これに反して商陸には子を孕ましむる薬功は一向みえない。これらが二者のちがったところだが、ほかには似たことが多い（「創世記」三〇章一―二四節）。

マンドラゴラが催眠また麻酔性に富める由は前に述べた。これも商陸にはありと聞かぬ。しかし、『本草』に商陸に赤白の二種あり、白きもの薬に入る、赤きものを内用すればはなはだ毒あり、鬼神を見るとか使うとか、人を殺すなどいいおり、一概に赤いものを排斥したから、右記の薬性があっても知り及ばなんだはずだ。ただ一つ、北宋の蘇頌が、人心昏塞し、多く忘れ臥すを喜《この》むに、商陸花を百日間陰乾《かげぼし》し、搗き末《こな》にして、日暮れに方寸匕を水で服し、臥して欲するところのことを思念すれば、すなわち眠中に醒悟すとあるは、阿《あ》片《へん》等の催眠剤に、時にかようの働きあるより推して、商陸花も多少催眠の効ある証かと思われる。アラブ人はマンドラゴラを悪魔の蠟燭とよび、十あるいは十一世紀の英国古文書には、この物夜分蠟燭ほど光るといい、西暦一世紀のユダヤ人は、マンドラゴラの色焔のごとく、夕に強く輝くといった。これと均しく、上に引いた『五雑俎』に、商陸を静夜梟肉もて祭れば鬼火集まる、と出づ。一八七六年レヴィーがニカラグワで見出だし、電気商陸と名づけた灌木は、八歩隔った磁針を狂わし、虫鳥も近づかぬほどの発電力ありというから、貧乏にならずとも、芽から火を出すだろうが、まずはそんな発電植物がありとは受け取りかねる。古ユダヤ人は、マンドラゴラ根もて邪鬼が付いた患者に触るればたちまち退散す、と信じた。『神農本草』に、商陸は鬼精物を殺す、と述ぶ。マンドラゴラよく叫ぶことは上に出した。『五雑俎』に、商陸一名夜呼、また鬼神の義に取るという。『荊楚歳時記』に、商陸子熟せざれば、杜鵑鳴き止まず、その成長中にこの鳥なき続くゆえ、商陸を夜呼と称うとあるが、嬰児が夜啼するあいだ、温飩ができ上がらぬゆえ、夜啼温飩というと解くようで、合点が行かぬというと、拙妻めが、香螺《ながにし》を祝せば嬰児の夜啼が止まるから、かの貝をヨナキという例もあると出しゃばる。猪狐才めと睨んでも、『南方随筆』四六頁〔「出口君の『小児と魔除』を読む」〕に説いた通り、「郡《こほり》でもトシマといへば広いやう」、飛び切り広い介を持ちおるので邪視も利かぬ。しかし、こんな時には仏説通り、ナニサこれは心自証心、釈迦大日もそれこれを如何《いかん》だ。何と考えても、『神農本草』すでに商陸を夜呼と称えあり、杜鵑の名をさらに載せおらぬから、商陸子熟して杜鵑鳴き止むの説は、梁朝人のこじつけに相違ない。次に西説に、マンドラゴラは地の暗き処に棲み、絞台の下で、絞刑尸の気と肉で育つといい、ドイツでは、世襲の盗人、また胎内にあるうち、母が窃盗した者が絞刑に処せられた断末魔の遺精また遺溺より、マンドラゴラが生まるという。それと相応して、『五雑俎』に、下に死人あれば、すなわち上に商陸あり、と出づ。（フォーカード『植物俚伝口碑および歌謡』四二六および四九四頁。一八五一年板、ツレール英訳、ヨセフス『猶太《ユダヤ》軍記』二巻二三〇頁。フレザー、同前、三八一頁）

一八四五年ブルッセル四輯、コラン・ド・プランシーの『妖怪事彙』◆16三〇七頁にいわく、古ドイツ人は堅い根で守護尊の像を作り崇め、家内安全を祈った。ことにマンドラゴラで作った。これを鄭重に衣裳させ、小篋中に軟らかに臥さしめ、毎週酒と水で浴せしめ、毎食時に飲食を供えた。左様せぬ時は像が小児のように泣き、飢渇を訴え、家内に不幸を招いた。この像は秘蔵し置かれ、吉凶を問う時のほか、取り出さなんだ。かかる像は高さ八、九インチ、奉祀する者始終幸福で、何物をも怕れず、望む物みな獲、いかな難病も治すと信じた。また未然を予言することすこぶる妙で、吉凶を問えば、その頭を揺って答うと言った。下ゲルマンやデンマークやスウェーデンに、この迷信今も残存す、と。亡友広畑岩吉氏談、飯綱の法を使う者、その神が寄りある人形を、京の吉田家へ借りに行くと、一室に多く人形を祀りあり、そこへ案内されると、人形おのおの笑い媚びて、その人方へ往かんと求む。自家相当の人形を乞い、持ち帰って美装愛撫すること、わが子に異ならず。さて、いろいろと事を問うに、あるいは頷《うなず》き、あるいは首を振って応答した由。惟うに、支那の樟柳神もこれと同様、古ドイツのマンドラゴラに似たものだろう。〔著者書きこみ〕『説鈴』未冊所収、清の徐岳の『見聞録』に、劉太平死して、同邑の医者趙時雍の子に生まれたと聞いて、好事の者競うて時雍方へその子の言を聴きにくると、その子が、われ樟柳神にあらず、何をもって終日、人をして絮々たらしむるぞといい、それより口を絶って言わなんだ、と記す。樟柳神を奉ずる家へは、予言を聴きにくる人の絶え間がなかったとみえる。〕

また沙翁《シェキスピア》の戯曲に、「して地中より引き抜いたマンドレイクのような叫び声、人が聞いたら気が狂うもの」とある由、フォーカードの『植物俚伝、口碑および歌謡』四二六頁にみゆ。支那でも、明の方密之の『物理小識』一二に、「莨菪子、雲実、防葵、赤商陸、曼陀羅花、みな人をして狂惑し、鬼を見せしむ」と出づ。

以上、予が商陸とマンドラゴラの東西諸説相似た諸項を列挙した。読者これについて、この二つの迷信は相類似せる点はなはだ多く、初め別々に生立はしたものの、成長の進むに随って、かれはこれに採り、これはかれに倣いしこと、また決して少なからぬと気づかるるであろう。

けだし、商陸が早く支那人に知られ、マンドラゴラが早く地中海沿岸諸国に聞こえたに甲乙なければ、この二草に関する迷信の根本は全く別なるべく、迷信諸項多く相一致するも、あるいはかれにあってこれになく、あるいはこれにあってかれになきは、たまたまその根本の異なるを示す。（アジアの西部、マンドラゴラを産する地方に、一種の商陸、フィトラッカ・プルイノサあれども、晩く気づかれた物で、古典に見えず。）商陸が東洋で最も古く記されたは、『神農本草』にこれを下品薬とし、その効能を述ぶ。この書は漢代の作というから、実際一番古い文献は『易経』であろう。『古今図書集成』草木一三一に引ける五代の邱光庭の『兼明書』に、「『易経』夬《かい》の九五にいわく、莧陸夬夬《けんりくかいかい》として、中行にして咎《とが》なし、と。王弼いわく、莧陸は草の柔脆なるものなり、と。子夏の伝にいわく、莧陸は木根草茎にして、下に剛《かた》く上に柔らかなり、と。馬・鄭・王粛みないわく、莧陸は一名章陸、と。明いわく、諸儒の意のごときはみな莧陸をもって一物となし、直ちに上六の象となせり。今、莧陸をもって二物となす。莧は白莧なり、陸は商陸なり。莧は上六を象《かたど》り、陸は九三を象る。上六は陰を象る、莧もまた全く柔らかなり。九三は陽をもって陰に応ず、陸もまた下に剛《かた》く上に柔らかなり。かつ夬はこれ五陽の共に一陰を決するの卦なり。九五は陽をもって陽におり、すでに剛にして、かつ尊たり。しかして、ために主親を決すれば上六を決し、しかも九三これに応じてまた決せられんとす。故に莧陸夬々という。重ねてこれを言うは、莧を決し陸を決するなり。これによって論ずれば、莧陸の二物たるは、またもって明らかなり。『本草』を按ずるに、商陸は、一名葛根、一名夜呼、一名章陸、一名烏椹、一名六甲父母とあって、殊《こと》に莧（陸）の号なし、けだし諸儒の誤りなり、云々」とある。これは莧も商陸も柔らかな物ゆえ、莧陸夬々、云々、の句ができたと解いたのだ。北宋の陸佃はいわく、「『易』にいわく、莧陸夬々、と。莧は上六を謂い、けだし兌《だ》の見なり。しかしてまた五剛に乗じ、柔脆除きやすきは、莧の象なり。九五は剛にして尊位を得、大中高大もって平らぐ。しかして柔の上に生ずるは、莧陸の象なり。『列子』にいわく、老韭《ろうきゅう》の莧となり、老羭《ろうゆ》の猿となる、と。物の老ゆるをもっての故に変ずること、かくのごときものあるをいうなり。故に『易』に九六をもって老となす。けだし、老ゆればすなわち変ずるなり。伝にいわく、青泥鼈を殺し、莧を得てまた生く、と。今人、鼈食らうに莧を忌むは、それこれをもってか」と（『埤雅』一七）。これは莧を変化をよくする草と見立てたのだ。むかし科学智識の乏しかった世には、味が似たとか、柔らかさが似たとかで、何の縁辺もない物をも同類とし、莧科の莧（ヒユ）と馬歯莧科の馬歯莧（スベリヒユ）を一類二種とみた。よって、朱子は『易経』の莧を馬歯莧とし、商陸と共に陰気を感ずること多き物、と言った。清の張爾岐、朱説を賛成し、「かつて聞く、馬歯莧《ばしけん》を鼈の臛《あつもの》と同《とも》に食らえば、鼈の瘕《やまい》となり、鼈の肉を雑和《まじ》えて同じ器にてこれを蔵すれば、信宿《ふたばん》のちに化して鼈となる、と。左道にては、章陸の根を刻して人の形となし、これを呪すればよく禍福を知る、と。神医書にまたいわく、商陸の花を取って陰乾《かげぼし》すること百日、搗《つ》いて末《こな》となしてこれを服し、臥して欲するところのことを思念《おも》えば、すなわち眼中においておのずから見る。二物は真に草木の妖異なるものにして、その陰気に感ずるの多きこと知るべし。小人の倏閃《たちまち》に変現し、鬼怪百出するは、まさに相似たるなり」と言った（『蒿庵間話』一）。

人の身内に鼈生じ脳ますを鼈瘕という。支那の医書にしばしばみえる。『藩翰譜』八下にいわく、天正十三年四月十六日、丹羽長秀、切腹して死す。「これは年ごろの積聚という病に犯されて、命すでに尽きんとす。たとえ、いかなる病なりとも、わが命失わんずるは正しき敵にこそあれ、いかでその敵討たでは空しくなるべきとて、腹掻き切り腸くりだしてみるに、奇異の曲者こそ出で来たれ、形石亀のごとくに、喙《くちばし》鷹のごとくに尖り曲がりて、背中に刀の当たりたる跡ありけり。長秀みずから筆執りて、事の由を記して、わが跡のことをよきに計らい給うべしと書き認《したた》め、かの腹切りたる刀に積虫添えて大臣に献る（下略）」と。その虫を秀吉が医師竹中法印に与えた（『和漢三才図会』五五）。明治十五年ごろそれを見た人が、『東洋学芸雑誌』へ報知したのを読むと、全く海亀の幼児だったそうな。長秀かねて鼈瘕の話を聞きかじりおったので、秀吉の下につくことを不快で死んだと知れぬよう、海亀の子を求め傷つけ、鼈瘕の悩みに堪えず、自殺したと吹聴させたとみえる。『本草綱目』四二、紫庭真人説に、「九虫のうち六虫の伝変《かわ》れば労瘵《ろうさい》となる。しかして胃、蚘、寸白の三虫は伝《かわ》らず。その虫の伝変《かわ》れば、あるいは嬰児のごとく、鬼の形のごとく、蝦蟇のごとく、守宮《やもり》のごとく、蜈蚣《むかで》のごとく、螻蟻のごとく、蛇のごとく、鼈のごとく、蝟《はりねずみ》のごとく、鼠のごとく、蝙《こうもり》のごとく、蝦《えび》のごとく、猪《ぶた》の肝のごとく、血汁のごとく、乱髪・乱糸等の状のごとし」（〔著者書きこみ〕『夷堅丁志』一には、人を呪して腹中に鼈を生ぜしむる者ありという。）諸動物の寄生虫、トレマトダ類などには形扁円で、鼈に似たといい得るものが少なからぬ。ところへ科学智識なき人は、寄生虫が自分の体内で動く様子を考えて、種々の物がそこに住むと確信する。そんな所の医者、巫覡、またなかなか黠智あって、病人が体内にありと信ずる通りの物を持ち来たり、投剤祈禱してのち、患者の身からその物が出たよう、素早く手品をやり、安心せしめてその病を治しおわるのが多い（『続南方随筆』一八六頁以下〔「虫を掻き出して病を療ず」〕参照）。

インドの医王耆婆《ぎば》は、升で穀を量り了って、その升でみずから頭を傷つくる人をみて、何故と問うに、頭が痒くて堪えられぬと答えた。耆婆すなわち法をもって彼の顱骨を開き、蜈蚣を取り出し療じた。また亡夫の魂が爬虫となり、その形見の衣類を「出すたびにしくしくとなく若後家」の彼処に棲んで、日夜モーたまらぬ、これはどうにもならぬと悶えしめおるを憫れみ、彼女を丸裸にして、爬虫を除き、全快せしめたので、若後家恐悦やら恥かしいやら、あれほど深い処に潜んだ虫を引き出されて、底が大分あいてきました、どうぞ跡片づけに、太い棒で存分地突きを遊ばしてと、尻目で見たる麗わしさ、されど耆婆は南方先生に次いだ堅蔵ゆえ、われ和女《そなた》を全治せしめて満足した、どんなに誘惑しても、われ和女をみること羅刹女をみるに異ならずと言って、立ち去ったとは無情極まる。この一件お望みの節は、昼夜を別たず、即時御用立て申すべく候なりと、預り手形にさせて廻してくれればよかったと、憾んでも時代がちがう。今まで生存したところが、マンモスやグリプトドン同然、過去世の若後家ときて間に合うまい。何に致せ、惜しいことで厶《ござ》ります。またプルシャワルスキをタングット国で訪うた病女は、大麦粉を過食し消化機が弱ったのを、その体内に蕈が生えつつあると言った由、松蕈の太い奴をも食い過ぎたとみえる。（一九〇六年板、英訳、シェフネル『西蔵諸譚』一〇〇および一〇二頁。一八七六年板、英訳、プ氏『蒙古、タングット国および北蔵寂寥境』二巻一六五頁）

かくて平生多少鼈の形した虫が諸畜に寄生するを見るより、病んで臟腑中でそんな物が動くよう感じ、馬歯莧と鼈肉を同食すると、しばしばこの症を起こすという経験らしい雑説から、殺された鼈が莧に逢えばまた生ずなど言い出しただろう。カメムシ、タガメなど、多少鼈の形した虫類多種なれば、鼈肉と馬歯莧を雑《まじ》え置かば、それに来たり集まる者も実にあるだろうし、全くの虚談でもなかろう。古川辰◆17の語に、今の人にまるで理解のできぬ譚ほど、それだけ手っ取り早く、むかしの人によく理解されたというようなことがあった。この莧が鼈を助くる話などその適例で、むかしこの話が生じた地では、そのこと、いと確かに見えて、誰にも判りきったことであっただろう。近い話は、予若年のころ、一知人が大した癪持ち兼豪飲家で、酒を過ごせばきっと癪を起こし、瀕死の八倒をして四隣をおびただしく煩わした。終《つい》にそれがため四十余歳で若死した。今日、その紀州で体育が行き届き、右様の男の癪持ちは懸賞しても出で来たらず。丹羽長秀ごとき、三軍を叱咤した勇将が、癪のためと称して自殺したなど、嘘にしても、今の人に飲み込めない。むかしの人はそれを快く飲み込んだればこそ鼈瘕の話も行なわれたので、その話を飲み込んだむかしの男に重大な癪持ちが多かったと知る。〔著者書きこみ〕英国には十九世紀末まで、アイユランドには本世紀に入っても、蛙やイモリが水と共に人に飲まれて、その腹中に住み悩ますを、方便もて吐き出した新聞が往々あった（一九三一年発行『ノーツ・エンド・キーリス』一六一巻一〇および一〇三頁）。）

また『古今図書集成』草木典六一に、劉宋の劉敬叔の『異苑』を引いていわく、晋に士人あり、鮮卑女、名は懐順を買い得たり。みずから説く、その姑の女、赤莧に魅せらる。始め一丈夫、容質妍浄に、赤衣を著るを見る。みずからいわく、家は厠北にあり、と。女ここにおいて恒《つね》に歌謡自得す。毎《つね》に夕方に至り、すなわち結束して屋後に去る。その家（人）伺いおると、ただ見る一株の赤莧あり、その女の指環が莧の茎に掛かりあり、これを刈ると、女号泣、宿を経てついに死んだ、と。これ馬歯莧外の諸莧もよく怪をなすという旧信ありしを証する。諸莧とは、白莧、赤莧、野莧等で、『本草図譜』四五に図出づ。かく商陸と莧と共に、他に異なる草として、いと古く『易経』に載せられおれば、商陸よく鬼を使うという迷信は、根本マンドラゴラと何の関係なく、おのずから支那に発生したものと判る。
『古今図書集成』草木典一三一に、南宋の鄭樵の『通志』より、商陸の根、人形のごときもの、神道家をもって脯となすあり、これを鹿脯という、赤白二種あり、白きは服食の須《ま》つところ、と引いた。本邦でも、茄子で鴫焼、豆腐で雉焼、蒟蒻で糟鶏を製し、その他、羊羹、鼈羹、魚羹、海老羹等、あるいは貧貴人が真物を調うるにアア金が欲しいなー、あるいは肉食禁制の僧侶がせめてもの気休めに食うてみたさに擬作したのだ（『嬉遊笑覧』一〇上。『遠碧軒記』下二）。道家また然りで、商陸の白根が、成帝が覗いた飛燕の膚とまで往かずとも、やや脂ののった鹿の肉に似たにより、これを乾して鹿脯と号し、食用したとみゆ。今一九三一年ロンドン板、ワレイの英訳『煉金家紀行』の序に言われたごとく、儒家に廃却された支那の古風が、道家に保存されたものすこぶる多ければ、このいわゆる鹿脯も、商陸根を霊物として神に供えた旧習の痕跡かも知れない。

　本文の初めに引いた銭希言の説に、華善継が方士に従って樟柳神を錬《なら》い、戯れに耳報術を学んだ、とある。一八九二年板、リーランドの『羅馬《ローマ》俗伝に残存せるエトラスカ風』三三八頁以下に、ハンガリーのジプシーは、介殻に耳を欹《そばだ》つれば声をきき得といい、痴漢をして大きな介殻に耳をあてしめると、果たしてアリアリと聞こゆ。そこで痴漢の目を隠し、その介を取って他の介の頂を穿ち長管をはめたると替え、その一端に口をあててジプシーが話すを、痴漢感じ入って神語と信ず。トスカニアの妖巫は、介の頂に、糸の長さ三肱また五肱なるを結び、糸の他端を樹に結び付け、介の精を祝して予言を求めしむ。この糸、実は伝信線となって、術者の語を信者に伝うるのだ、と。銭氏がいわゆる耳報術も、多少こんなことだろう。故に樟柳神のみか、他の諸神の言を伝えて、信者を感じ入らしむるには、媒神者が腹話術の外に、耳報術にも精通しおくを要したと惟う。

また本文の初めに引いた王同軌の説を按ずるに、樟柳神は、樟柳すなわち商陸の根に、死人の魂を呼び寄せ留めて、人間の用事に応じ勤めしめたので、商陸根自身にその精があったでないようだ。人を殺し、その霊を偶像に付いて離れざらしめたは、例の『輟耕録』王万里のこと等、諸書に散見する。コラン・ド・プランシーの『妖怪事彙』四板三〇七頁に、フランドルの老巫が、三脚架上に小さきマンドラゴラ像を座らせ、その左手を出して、絹糸の端に、よく研いて尖らせた鉄製の蠅一疋を付けたるを、緩く垂れしめ、その下に水晶觴を置く。さて老巫、その像に向かい、このお客様が程なく旅立たるるが、行中無事ならば、蠅をして三度觴を叩かしめよと命ずるや、老巫少しも、觴や糸や蠅や像に触れざるに、蠅すなわち三度觴を叩き、観者仰天す。今度は品を換えて、かくかくのことが起こり、また起こらぬなら、蠅をして觴を叩かしめるなと戒むると、蠅少しも動かず。その実、この鉄の蠅至って軽く作られ、十二分に磁力を付けられあり。また別に力強き磁石片を嵌めた指環あり。老巫、蠅が觴を打つを望む時は、指にその指環をさすから、蠅これに向かって動いて觴を打つ。老巫、蠅が觴を叩かざれと望む時は、人に見えぬようその指環を脱す。もっとも老巫の棒組ども、来客の内情をよく探り知って、前もって老巫に内通しおくから、この術で紿《あざむ》かれた者多かった、とある。王同軌説に、樟柳神が、神に事うる人の袖より出でたり、水を飲んだりしたとあるも、種々の機巧を構えてしたのだろう。

『隋書』二三に、高祖の時、上党に人あり、宅後、毎夜人の呼声あり、これを求むれども得ず。宅を去る一里の所に、ただ見る人参一本、枝葉峻茂す。よってこれを掘り去る。その根五尺余、人状を具体す。呼声ついに絶ゆ。けだし草妖なりとあって、帝の二男晋王広が母后等と組んで、その兄太子勇を譺し廃し、天下の乱階となった、その前兆だった、と出づ。『古今図書集成』草木典一二五に『異苑』を引いていわく、人参、一名土精、上党に生ずるもの佳なり。人形みな具わり、よく児啼を作《な》す。むかし人あり、これを掘る、始めて鏵を下すに、すなわち土中呻吟の声をきく。音を尋ねて取れば、果たして人参を得たり、と。唐の張説の『宣室志』五に、天宝中、趙生なる者、兄弟四人みな進士となり仕官した。趙生だけ魯鈍で何を読んでも分からず。面白くないので書百余篇を負い、山に入って苦学しても一向進まない。ある時、老人が来て、吾子志趣はなはだ堅し、老夫よくするところなしといえども、まことに君に補いあらんか、幸いに一度われを訪え、と言った。よってその宿所を尋ねたところ、われは叚氏の子で、山西大木の下にすむと答え、たちまち消え去った。趙生怪しんで山西に往くと、果たして椵樹が茂りおる。これがいわゆる叚氏の子と推察し、その下を発《あば》くと、長尺《たけ》余の人参あって、はなはだかの老人に似おる。生いわく、われ聞く、人参よく怪をなす、また疾いを愈《い》やすべし、と。それをゆでて食うた。それから頭がサラリとよくなり、書を読めばよく奥を窮め、歳余にして明経をもって及第し、歴官数任して卒した、と見ゆ。すでに宋末の周密が押不盧を人参の状のごとしと言ったごとく、支那人がマンドラゴラの話をきけば、直ちに人参に思い到った上に、二草共に怪をなすことははなはだ相近い。しかし、人参が無上の良薬、『神農本草』に、「五臓を補い、精神を安んじ、魂魄を定め、驚悸を止め、邪気を除き、目を明らかにし、心を開かしめ、智を益し、久しく服すれば、身を軽くして年を延ぶ」と有頂天になってほめ揚げられたに反し、マンドラゴラは初めから大毒薬で麻酔、催眠、催情等の危険剤と悪名を負うたとは大ちがいだ。所詮この二物はたまたまその根が人形に似るの一点で相合うより、共に怪をなすと伝えられたのだ。商陸に至っては、根が人形をなすことも、毒薬たる点においても、マンドラゴラによく似ておる。

南宋の王応麟の『困学紀聞』一に、『易経』莧陸夬々の話を解いて、莧は山羊、陸はその行路をいう、としあり。清の翁元圻の註に、これに類した諸解説を列べあるが、王氏の時代には穿鑿届かず、陸は商陸たるを知らなんだので、今よりみれば採るに足らざる解説というの外なし。（昭和六年十一月九日、午前九時稿成る）

（昭和六年十二月『民俗学』三巻一二号）

（平凡社版『南方熊楠全集』第四巻433〜452頁）

《語注》

◆1　**その説**――南方熊楠の英文論文 'The Mandrake' のこと。一八九五年四月二十五日号、一八九六年八月十三日号、一八九八年三月三日号（補遺）の三回にわたって *Nature* 誌に発表した。一八九六年のものがもっとも長文で、マンドレーク（マンドラゴラ）と商陸（樟柳根）・押不盧を対比して論じている。いずれも平凡社版全集十巻英文論考に収録。

◆2　**シュメルツ**（Johannes Dietrich Eduard Schmeltz　一八三九―一九〇九）――ドイツの民族学者。ハンブルクでゴードフロア商会博物館の管理にあたり、のちオランダのライデン国立民族誌博物館に招かれて管理官となり、一八八八年 *Internationales Archiv für Ethnographie* 誌を創刊、主宰した。

◆3　**シュレッゲル**（Gustav Schlegel　一八四〇―一九〇三）――オランダの東洋学者。オランダ語の発音に従えばスフレーヘル。中国語通訳官として東洋諸地のオランダ領事館に勤務（一八五八―七二）、帰国後ライデン大学の中国語・中国文学の教授となり、一八九〇年東洋研究の学術誌『通報』（*T'oung-pao*）を創刊、主宰した。なお、シュレッゲルおよびシュメルツと南方熊楠との関係については、松居竜五『南方熊楠　一切智の夢』（朝日選書）に詳しい。

◆4　**謝肇淛**（しゃちょうせい）——中国、明の長楽（福建省）の人。あざなは在杭。万暦二十年（一五九二）の進士。湖州推官から工部郎中に移り、広西右布政使に至った。博学にして詩文をよくし、著書に、ここに引用されている『五雑組』（本書127頁注4参照）のほか、『居東集』『小草斎詩集』『文海披沙』などがある。

◆5　**銭希言**（せんきげん）——中国、明の常熟（江蘇省）の人。あざなは簡棲、号は獪園。博覧にして、学を好み、刻意して詩を作った。才をたのんで気鋭の行動が多く、人が交際を避け、窮死したという。著書に、ここに引用されている『獪園』のほかに、『剣英』『戯瑕』などがある。

◆6　**王同軌**（おうどうき）——中国、明の黄岡（湖北省）の人。あざなは行父。官は江寧県知。著書に、ここに引用されている『耳談』のほかに、『異聞為耳談』がある。

◆7　『**南方草木状**』（なんぽうそうもくじょう）——中国、晋の嵇含（けいがん）の撰。三巻。嶺南地方の草木果竹の四類、八十種について記している。中国植物書の最古のものであり、熱帯・亜熱帯植物に関する貴重な文献である。

◆8　『**朝野僉載**』（ちょうやせんさい）——中国の書名。六巻。唐の張鷟（文成）の撰とされてはいるが、撰者の没後の中唐の敬宗や宣宗の時のことも記述されていることから、おそらく原本は佚して、後人が綴拾して編したものと考えられている。

◆9　**蠱の種別**（このしゅべつ）——百虫を皿の上におき、相啖（くら）わしめ、ただ一匹残ったものを蠱とし、これを祀って、その財宝を奪おうと思う人を呪すると、その人は大病となり、財宝を蠱をつかう人に贈るまではなおらないという。『本草綱目』巻四十二の中の蠱虫の項には、蛇蠱、蜈蚣蠱、蝦蟇蠱のほか、蜥蜴蠱、蜣蜋蠱、馬蝗蠱、金蚕蠱、草蠱、挑生蠱が挙げられている。

◆10　『**ネイチュール**』——南方熊楠はここで明治二十九年か三十年、と書いているが、三十年（一八九六）の八月十三日号の論文、'The Mandrake' の最末尾の脚注に、『通雅』四十一巻八丁裏と出典を明記して、このことが書かれている。

◆11　**押不盧**（おうふろ）——李時珍の『本草綱目』は巻十七毒草類の中で、坐拏草の項の附録に押不蘆を挙げ、周密の言として、「昔華佗能刳腸滌胃。豈不有此等薬耶。」と述べている。

◆12　**周密**（しゅうみつ　一二三二—一三〇八）——中国、宋の済南（山東省）の人。あざなは公謹。宋が亡んでからは仕官せず湖州に退居して、歌詠著述に日を送り、泗水潜夫と号した。詩詞をよくしたが、著述に、ここに引用されている『志雅堂雑鈔』のほか、『斉東野語』『癸辛雑識』『武林旧事』などがある。なお生没年には異説がある。

◆13　**イシドルス**（Isidorus Hispalensis　五六〇頃—六三六）——イシドルスはラテン名で、ふつうスペイン語で（セビーリャの）イシドール（Isidor da Sevilla）と呼ぶ。セビーリャの大司教。教会博士、聖人。スペインにおけるカトリック教会の発展、学問の振興、学校や修道院の創設に努力した。著書も多く、ここで「大部の百科全書」と熊楠が述べているのは、二十巻に及ぶ *Etymologiae*（*Origines*）である。

◆14　**曼陀羅花**（まんだらげ）——今日でも英語の辞書で Mandrake をひくと、まんだらげ、と書いてあることが少なくないが、仏経の曼陀羅花は論外として、『本草綱目』の曼陀羅花も、マンドレークとは無関係である。本草でいう曼陀羅花は、従来日本でチョウセンアサガオ、キチガイナスビなどと呼んできた *Datura* 属の草で、華岡青洲の外科手術用の麻酔薬の主薬である。

◆15　**商陸**（しょうりく）——これについてはすでに謝肇淛の『五雑組』を引いたが、以下李時珍の『本草綱目』巻十七等を引いて論をすすめている。小野蘭山『本草綱目啓蒙』も商陸にヤマゴボウを当てている。南方熊楠がカタカナで挙げている学名は *Phytolacca acinosa* である。

◆16 『**妖怪事彙**』（ようかいじい）――南方熊楠の訳題で、コラン・ド・プランシー（Jacques Albin Simon Collin de Plancy 一七九四―一八八一）の *Dictionnaire infernal* のこと。

◆17 **古川辰**（ふるかわしん 一七二六―一八〇七）――古松軒の号で知られる、江戸後期の地理学者・蘭医。名は正辰または辰。別号子曜。備中の人。諸国を周遊して交通・風俗・物産・史跡を調査、幕命により『武蔵五郡の図』『四神地名録』を作り、また『東遊雑記』『西遊雑記』などを著わした。

「摩羅考」について

本誌〔『ドルメン』〕三巻七号五五頁〔「摩羅考」〕に、竹本〔抱久呂菴〕氏は、陽物を摩羅と呼ぶは、円観上人[1]が往昔伝教大師[2]が、天台の道邃和尚より伝授した「玄旨灌頂血脈の法門に、インチキ坊主が考案せる立川流を混じて、比叡山常行三昧堂において、念仏三昧の道場神として祀られていた摩多羅神を持ってきて、本尊として淫祠的教義を伝うるに至った」、「かくて摩多羅神は、摩羅神と愛称されて、今もなお諸地方に祀られているし、またわれわれの股間にまでその名を残された訳である」と説かれた。

円観上人は、正平十一年三月朔日、七十六歳で遷化した（『先進繍像玉石雑誌』七）から勘定すると、蒙古大挙入寇して、神風に撃ち破られた弘安四年の生れだ。さて座右に有り合わせた古書から、陽物を摩羅と書いた例を捜し出すと、少なからずあります。

まず第一に、『稚児之草紙』[3]すべて五条に、かの物を摩羅と書いたのが七ヵ処ある。この草紙は、奥書に、元亨元年に写した、とある。この年円観四十一歳。竹本氏謂うところの、円観が摩多羅神を本尊として、淫祠的教義を伝えたは、いつごろのことか知らねど、この淫祠的教義の創立者円観の遷化前三十五年、その本尊摩多羅神の名号が、摩羅と略され、陽根を指すに用いられおったとは、あまり素早きに過ぎずや。しかし、曾根好忠、生存中、曾丹後掾と呼ばれ、次に曾丹後、末に曾丹と呼ばれた。時に好忠、今にソタと呼ばるるだろうと嘆じたちうこともあり（『袋草紙』三）。こいつはむやみに疑うべからずとして、さて疑うべき廉が、娘道成寺の鐘に恨みほど、数々ム《こざ》るて。

ほぼこれを陳ぶると、円観の誕生より十九年前の、弘長二年ごろ成った『真俗雑記問答抄』◆4は、予未見の書だが、『松屋筆記』巻一に、その巻七に、南都解脱房詠歌、「わが恋はつひからそりのあひかたみ、摩羅ありとても何にかはせむ」とある由みえる。誤字もありそうで、歌の意が判然しがたけれど、摩羅という語が、恋愛関係の道具に使われただけは確かで、少なくとも、円観が生まれたより十九年早く、一件に件の称えがあったと立証する。

『続史籍集覧』所収、『碧山日録』◆5長禄四（すなわち寛正元）年九月二十日の条にいわく、笠置の貞慶は、尚書左丞貞憲の子なり。憲、初め子なし。観世音の像に祈りて慶を得、興福（寺）に隷して『唯識』を習わしめ、ついにその奥に造《いた》る。時に、同房に一童児あり、呉竹と名づく、はなはだ美麗なり。慶深くこれを愛す。一夕、童見えず。慶みずから謂《おも》えらく、他人これを挑む者あり、と。よって、ひそかにその所在を窺うに、童一野人の家にあって、小麦餅を食う。慶、嘆じていわく、予が呉竹の意を得るは、小麦餅に如《し》かざるなり、と。すなわち寺を出でて笠置山窟に棲み止まる。この時、慶、三十又七歳なり。(『和漢三才図会』七二末に、貞慶、建暦三年五十九で死んだとあるより算うれば、笠置に棲み始めたは、建久二年だ。)よって興福(寺)の耆老、胥議していわく、慶の去るは呉竹のためをもってなり、と。すなわち呉竹をして笠置に入り、慶の帰るを求めしむ。慶、和歌一首を詠じ、その来意に報じ、もって出でず。(中略)のち解脱上人と諡すという、と。『元亨釈書』[6]五には、貞慶、興福寺にあった時、最勝講に召され、弊衣して至りしを、官僚や僧侶がみな笑うたので、そんな不如法な輩と等伍するを嫌い、講已《や》んで南都に還らず、笠置に止まった、とある。どちらが本当か知れないようだが、いわゆる福双起せず禍単行せずで、一度ケチがつき出すと、再三わる往きに逢う。「君さまを糞の出るたび思へども、君はわれをば屁とも思はず」。美童が小麦餅ほども自分を念わぬと、憤りおる矢先に、弊衣を一同に笑われたので、いよいよ面白からず、暖かな肉穴を思い切って、寒い笠置の岩穴に入りびたり、初めて清僧になったとみえる。

『沙石集』[7]三に、解脱上人、如法の律儀興隆のため、六人の器量の仁を選び、持斎律学せしめしに、その一人持斎を破り、僧房に同宿児《ちご》ども数多《あまた》置いて、むかしの儀も廃れ果て、児に食わせんとて、魚を取らせ煮殺した話を出し、学と行と違いたることと、痛く譴責しあるが、その僧の了簡は、師の上人も美童を翫んで道に入ったでないか、われわれも小麦餅など詰まらぬ物を顧みず、シッカリ魚でも食って、面白く楽しんだのち、ユックリ清僧になればよいというのであったろう。上に引いた「わが恋は、云々」を南都解脱房詠歌と記しあるので、これは興福寺から笠置へ退かぬうちによんだもの、たぶん美童の冷情を憤った際の作と惟わる。それに、「摩羅ありとても何にかはせむ」とあるから、建久二年すなわち円観の生れ歳より九十年前、陽物を摩羅と呼びおったと知り、かりにこの歌は後人の捏造としても、この歌を載せた『真俗雑記問答抄』が成った弘長二年ごろ（円観の誕生より約十九年前）、かの物にかの称えがあったと知る。

円観の誕生より二十七年前、建長六年に成った『古今著聞集』の興言利口部◆8に、「この僧こそばゆさに堪えぬ者なりけるにや、おびえて身を振るうほどに、屁も糞も一度に出でにけり。穴に取りあてたる摩羅も外れて、云々」また「男いうようは、詮ずるところ、かようの口舌の絶えぬは、これゆえにこそとて、刀を抜きて、おのれが摩羅をきる由をして、懐に持ちたる亀の首を抛げ出だしたりけり」、また「いもじ聞きも敢えず、云々、これ見給え、六寸の物は、かかるようなる物かとて、わずかなる小摩羅の、しかもきぬ被きしたるを、かき出だしたりければ、君いうことなかりけり」、また「つびは筑紫つびとて、第一の物というなり、さればゆかしくて、かく申すぞと言いけるを聞きて、妻、世に易きことなり。されどのたまうこと、誠ならば、不定のことなり。摩羅は伊勢摩羅とて、最上の名を得たれども、御身の物は、人しれず小さく弱くて、あるにかいなき物なり、云々」と、しばしば陽物を摩羅と称えある。

次に『古事談』◆9は、黒板〔勝美〕博士の『国史の研究』第二版（明治四十一年出）一一六頁に、鎌倉初期の人、顕兼撰、と見ゆ。鎌倉初期とは、博士は平家滅亡から承久役までを鎌倉幕政の第一期、承久役より高時敗死までを第二期とした、その第一期を言ったらしい。予二十七年前読んだきり、一向『古事談』を見ず。今さら通覧もなし兼ぬるが、この室内にあるを幸い、西洋の児女が、『聖書』を無念無想にまくって占うごとく、手当たり次第開きみると、巻四に、稲毛重成の弟ニイの七郎が、新たに誅せられた兄の連累で、死は覚悟の上ながら、劉宋の彭城王義康や天主徒の小西行長同然、宗旨上から自殺を嫌い、天野遠景に頼んで刺殺しもらうところであった。これ元久二年のことで、承久役の十六年前だ。したがって『古事談』は、承久役以前、博士のいわゆる鎌倉時代の第一期に成ったと判った。ところをグッと安く負けてやり、承久役の当年承久三年に『古事談』が成ったと仮定しても、この書は円観が生まれた弘安四年より六十年前に成ったこととなる。その『古事談』一に、「保延元年（弘安四年より百四十二年前）四月二十五日。（中略）馬部、走り還って、敦頼を引き落とし、云々、その装束を剝ぎ取る。また牛車等も同じくこれを取り、敦頼を追い放して、その摩良を拘《と》って、小屋に走り入り了《おわ》る、云々」。

それから『皇帝紀抄』◆10は、承久役の直後、鎌倉より立てられ給いし後堀河天皇の貞永元年ごろ成り、円観が生まれた年より約四十九年早い。その巻七に、土御門帝の承元元年、源空上人（後に円光大師と諡号さる）土佐に配流さる、云々。近日、件の門弟等、世間に充満し、「事を念仏に寄せて」貴賤の人妻ならびに然るべき人々の女に密通し、制法にかかわらず、日に新たなるのあいだ（毎日、湯の盤の銘に言えるごとく、新鉢に取り替え取り替え賞翫するのでなく、日を逐って新事件を生じゆくの意）、上人等を搦め取り、あるいは切羅され、あるいはその身を禁ぜらる。女人等また沙汰あり。かつ専修念仏の子細、諸宗ことに鬱し申すの故なり、と見ゆ。切羅すなわち羅切で、川柳に「羅切してまた下になる長局」などある（『末摘花通解』初下）。

『和漢三才図会』一〇に、「閹《あん》、また寺《じ》、俗に羅切《らせつ》という。男勢を俗に末羅という。故に上を略して羅という。按ずるに、今また淫犯に懲《こ》りて羅切する者あり。生命に害あらず。しかれども根気おのずから強からず」。しかし羅切した者ことごとく根気弱きに限らず。明治十八年ごろ予在京中、小石川辺のある住持が、むかし女犯を悔いて羅切したるも、のち女犯の禁が解かれたので、新たに大黒を迎え、非常に短い手槍で功を奏し、子を生んだと、『絵入朝野新聞』で読んだ。また外祖母より聞いたは、和歌山の一妓かつて羅切和尚に愛せられ、切り跡癒合して小突起、あたかも指先ごときを生じたやつで、長々しくこそぐらるるには、毎夜倦き果てたと、その女より聞いた、と。下谷池の端、錦袋円の始祖了翁は、羅切して大願を起こし、件の薬を売って金を儲け、諸処に経蔵を立てた功徳で、切った物も立ったとみえ、店頭に大助という美少年をマネキンとしたが、程なく死んだので、さらにそれに劣らぬ美童を、大助第二世とし、商わしめ、その色を愛する男女群来して薬を求めたとあれば、決して「根気おのずから強からず」と言うべからず。初めの大助は、和歌山の妓女同然、徹宵こそぐられて、疲れ斃れたらしい（『類聚名物考』四八）。

　宝永六年板、月尋の『今様二十四孝』[11]二の一に、上京の富家の妻二十三で後家たり。三十一の時、十四歳なる一人娘に二十二歳の聟養子を迎え、まだ祝言を済まさぬうちに、一日下女に代わって、聟に灸をすえやるうち、その美男なるに思い付き、娘を他へ嫁入らせ、養子を自分の後夫とせんと口説に困って、「命にも小判にも替えぬ男の大事の物を切り、母人へ、これで御思し召し切り給え」と進じて、思い切らせた譚あり。小説ながら、似た事実が皆無とも思われぬ。また『宇治拾遺』六章には、中納言師時方へ、煩悩を切り捨てた聖人と自称する法師来たる。これを検するに、「誠にまめやかのはなくて、髭ばかりあり」。不思議に思うて見ると「下にさがりたる袋の、ことのほかに覚えて」、二、三人して足を引き広げさせて、小童をして、ふくらかな手して股上を撫でしむると、蕈形の偉物ふらふらと起こり、すはすはと腹に打ち付けたから、主人以下、諸声に笑う。聖も手を打ちて臥しまろび笑いけり。「早うまめやか物を、下の袋へ捻《ひね》り入れて、そくいにて毛を取り付け、さりげなくして、人を謀りて物を乞わんとしたりけるなり。狂惑の法師にてありける」という大珍談あり。平安朝のむかし、往々羅切して、煩悩を除いたといい歩く者があったのだ。

『嘉良喜随筆』三に、『遠碧軒随筆』を引いて、丹波で舎利塔と共に、青銅製の経筒様の物十二掘り出す。その一つには、三十箇ばかり、人の大指のような物の、骨はなく、肉の乾し固まったようの物ばかり、針金で貫き入れあり。何ともしれず。人の五体にかようの物なし。それ死人の家臣、殉死の代りに、遁世発心の羅切して、おのおのその一物を切って埋めたものと思わる、と出づ。そんな古俗が本邦にあったものか。

さて『和漢三才図会』に、閹すなわち羅切としたは不当だ。閹は睾丸を去り陽道を絶ったので、羅切は准閹ともいうべく、睾丸を去らねば陽道を絶ったでない。この羅切(切羅)という語が、『皇帝紀抄』に出でおれば、この語の根源たる摩羅なる語は、円観が生れ年より約四十九年早く、陽根の名としてすでに行なわれおったと証する。

右に引いた『宇治拾遺』の作者源隆国は、別に『今昔物語』を書いた。その巻二八に、蔵人藤原範国、五位の職事で、申文を給わらんがために、陣の御座に向かいて、上卿小野宮実資右大臣の仰せを承るあいだ、殿上人弾正弼源顕定、南殿の東の妻で閛を掻き出す。奥の方にあった実資にはみえず、範国にはよく見えたので、大いに笑う。その子細を解せぬ実資、大いに怒り出し、何で汝は、公の宣を仰せ下す時に、かく笑うぞと咎めて、その由を奏したが、顕定があまり立派な物を出したから、笑いましたと、範国は弁解しなかった。一方、顕定はきわめておかしとぞ思いける、とある。礼儀三千威儀三百の模範たるべき朝廷で、エテを露出したとは驚き入る。承平、日久しく、ヒマな役人多ければ、そんな道外劇も生じたのだ。

室町時代には一層奇抜な例あり。呆れ返ったものゆえ、ついでに書き付くると、「永享五年四月二十二日。晴。長郷朝臣参る、云々。対面して世事雑談す。去る十五日夜、仙洞の番に参る。花山院大納言祗候《しこう》し、月清明の間、御乗船す。和漢、言い捨てにて、天明に至るまで大いに飲む。知俊朝臣、以ての外《ほか》沈酔し、松の下に酔い臥し、前後不覚なり。私持物を引き出だして叡覧あり。面々これに緒《ひも》を付けて引っ張る。しかれども、あえて驚かず、おのおの一咲《いっしょう》す。言語道断のことなり。たちまち恥辱に及ぶ。事了《おわ》り酔い醒めてこれを知り、諸人をして訇言《こうげん》せしむ、云々。かつ不便の御沙汰なるか」と（『看聞御記』[12]、『続群書類従』完成会版、下冊一〇八頁）。『五雑俎』一六に、王安石と禹玉と同じく朝に侍す。たちまち虱あって、安石の鬚に這い上がるを、神宗帝が顧み笑うた。安石みずから知らず。退朝する際、禹玉より聞き知り、従者をして取り去らしめんとした、禹玉いわく、軽々しく去るべからず、一言を献じて虱の功を頌せんとて、「しばしば相の鬚に遊び、かつて御覧を経たり」と言ったので、安石、大いに笑うた、とあり。知俊朝臣の一物も、後小松法皇の御覧をへたので、亀頭を垂れて感泣したであろう。

閑話休題、また『今昔物語』巻二九に、若僧が三井寺で昼寝の夢に、若い美女に合い、寤《さ》めて傍をみるに、五尺ほどの蛇が口を開いて男精を吐き死んでおった。「早うわがよくね入りけるあいだ、閞の発《おこ》りたりけるを、蛇の見て寄りて呑みけるが、女をとつぐとはおぼえけるなり」と出づ。前の顕定が出し見せて、範国を笑わせた条にも、この蛇をし殺した条にも、閞の字を摩羅と傍訓しある。故芳賀博士の攷証本の付録、難訓字解には、この字に摩羅と篇乃古の二訓を出しある。だが『広文庫』一八冊六三五頁に引いた『貞丈雑記』に弁じある通り、こんなことにも沿革と故実あり。近世に至り、この二名、共に陽物を指すこととなったが、古くは布久利(陰嚢)内にある睾丸を陰核、篇乃古と呼んだ。故に、『今昔物語』の閞の字は、これを書いた時ただ摩羅とのみ読んだと知る。『群書類従』本『新猿楽記』に、閇字を篇乃古と訓ませあるもこれに同じ。

熊楠謂う、寛永五年、策伝が著わした『醒睡笑』八に、大ふぐり持ちたる侍の、馬にて渡りたれば、雄長老、「のり鞍◆[13]の前に残れる大へのこ、金ふくりんとこれやいふらむ」。寛文十二年板、『後撰夷曲集』九には、召し使う者の大ふぐりなるが、馬に乗りしをみて、「のり鞍の前輪にかかる大へのこ、金覆輪◆[14]とこれもいはまし」、法印玄旨。雄長老の兄だ。寛永十九年板、如儡子の『可笑記』五には、むかし白井銀介といえる名誉の馬乗り、疝気で大金《おおきん》だった、その人、はね馬に乗ったのを落書に、「はね馬の前輪にかかる大へのこ、金ふくりんとこれをいふらむ」。いずれも陽物と陰嚢を混じたようだが、然らず、寛永・寛文ごろは、貞丈がいわゆる故実やや失われて、今日同様、睾丸(もと篇乃古、のち金玉)と陰嚢(もと布久利、今も布久利、または金玉)を両《ふた》つながら、布久利また金玉と称えたが、三首共に馬乗りのことだけあって武蔵鐙、さすがに古語の差別をことごとくまで忘失せず。睾丸と陰嚢を一括して金玉と俗称したと同時に、依然睾丸を篇乃古と称えて、摩羅という陽物と混じなかった。篇乃古もと睾丸の和名だったは、『箋注倭名類聚抄』◆15 二、陰核の条にも弁あり。（〔著者書きこみ〕また『尤の草紙』三九、座頭の持たぬは眼玉《まなこだま》、女の持たぬはへのこ玉なり。睾丸をかく言ったのだ。『醒睡笑』一、海辺の者、山家《やまが》の聟に、蛸《たこ》と辛螺《にし》と蛤蜊《はまぐり》とをおくる。物しりの出家に聞きにやるに、蛸を見て竜王のへのこ根こぎにして十ばかりと言いし、とあり。とびんを睾丸、八脚をその根と見しなり。）

この『今昔物語』の作者源隆国は、承暦四年、七十四歳で薨ずという（故芳賀博士の攷証本、序論二七頁）。これによって、円観上人が生まれた弘安四年より、少なくとも二百一年前、陽物を摩羅と呼んだと知る。

◆16『大日本史』二一七に、藤原明衡は、康平年中、東宮学士たり、著わすところ、『本朝文粋』一四巻（等）あり、と記す。康平は七年続き、康平七年は、例の円観の生れ歳より二百十七年前だ。さて『文粋』の巻一二に、前雁門太守羅泰作の「鉄槌伝」あり。鉄槌は陽物のことと塙検校が言った（『一話一言』三）。雁門は支那の地名、古来邦俗、亀頭を雁首に比《たく》えて加理と呼ぶ。『本朝続文粋』の「陰車讃」は、明衡の子敦光が、姪水校尉高鴻なる戯号で書いた、と同検校は言った。鴻と雁は、至って近類の鳥ゆえ、八段目の紫色雁高と同意味で、高鴻という仮号を作ったのだ。明衡作という『新猿楽記』にも、十四の御許の夫は、閇大にして虹梁を横たえたるごとく、雁高くして藺笠を戴くに似たり、云々、剛きこと栗木の株のごとく、堅きこと鉄槌のごとし、とある。

ここの閇の字を『群集類従』本に、篇乃古と訓ませあれど、当たらず。『康熙字典』に、「閇。『玉篇』に、俗の閉の字」と。備考に、「閇。『五音篇海』に、音閉」とのみ引いて、その義を述べず。『倭名類聚抄』茎垂類二〇に、「閇。今案ずるに、これ閉の字なり。俗人、あるいはこの字をもって男陰となし、開の字をもって女陰となす。その説、いまだ詳らかならず」とあるが、十三扒知理などいうごとく、成女期に近づけば、おのずから多少開いて敵を俟つから、これに開字を宛てたので、『広韻』に閉は掩なり、『玉篇』に閉は塞なり、とあって、開いた物を掩い塞ぐ、当の敵を閉字で表わしたのだ。これは従前誰も気の付いたはずと察するが、熊楠、『古事記伝』八を繙くに、閇（閉）はタテと訓むべし。『万葉』三に、豊国の鏡の山の石戸《いわと》立て隠りにけらし。この立も闔を言えり。今世にもいう言なり。さて闔を立てという所由は、師説に、上代には、戸を常は傍に置き、取り退け置きて、たてんとては、それを持ち来て立て塞ぐゆえなりと、言われき。後世の遣り戸はこれを便りよくなしたる物なるべし。ひらき戸は上代よりあり、今俗に、戸障子の類を建具と言えり、と出づ。すでに掩い塞ぐが上に、「悪日は柱ばかりをたてておき」（田辺町の亡友竜神源吉の句）という意味から、なかなか立派な建具でもある二つの立て場から、重ね重ね閉字を開字に対立させたので、その説未詳の段か、大判りである。

　また『和漢三才図会』四七に、「世俗、婦人の陰戸を隠して貝《かい》と称し、また転じて豆比《つび》という」。巣林子の『心中宵庚申』、八百屋伊右衛門老の語に、「三百戒五百戒も、つづまるところは、赤貝に止まるとの御談義、半兵衛が叱らるるも貝の業《わざ》、そなたにおれが異見するも貝の業」。また川柳に、「はまぐりは初手赤貝は夜中なり」。かの物を貝と呼ぶこと、インドや中世のドイツに、女を貝というは中世の仏国にもあった（Meyer, 'Sexual Life in Ancient India,' 1930, vol. i, p. 128; Dufour, 'Histoire de la prostitution,' tom. v, p. 52, Bruxelles, 1854）。本邦また初めは、『土佐日記』にその形を貽貝《いがい》に比したるごとく、形の似たるより、貝と号《なづ》け、のち頼政の歌に、四位と椎の仮名を混同しても、尤《とが》められぬ世となって、貝（カヒ）が開（カイ）に変わったのかと想えど、仮名遣いの正しかった醍醐天皇の御世に僧昌住が編んだ『新撰字鏡』◆[17]は和漢対訳辞書の嚆矢だそうな（故白井博士の『増訂日本博物学年表』二〇頁）。それに屎、朱音、開なり、久保、と出づ。これは窪穴の意で、女陰だ。『日本霊異記』や神楽歌にある。

　女陰を朱門というは、支那の『義楚六帖』に引いた『広弘明集』にあり、今本の『広弘明集』になし、と狩谷棭斎説だ（『箋注倭名類聚抄』二）。熊楠、黄檗版『一切経』の『広弘明集』を調べたが、朱門の字見えず。ただし、その巻六に、「ここをもって、仙童、玉女、老君の側に侍し、黄庭、朱戸、命門のことを述ぶ」と載す。仙童の後庭を黄庭、玉女の玄牝を朱戸と言ったらしい。さて同じ『一切経』中の、唐の釈法琳の『弁正論』七に、「朱門玉柱の讖」ということあり。註に『黄書』を引いて、「朱門を開き、玉柱を進む」といいある。核斎または『六帖』の筆者が、朱戸と朱門を取り違えた誤記かも知れない。『尤の草紙』、赤い物の品々に、朱壺、朱唐傘、王の鼻か、修禅寺、さては曾曾《そそ》の真中、えいや真中と、繰り返し丹鼎を歎美しある。孔子も年増女の紫が、新造の朱を奪うを悪まれた通り、彼処《かしこ》の色、女ごとに不同なれば、ことごとく朱門と称すべからず。ただ赤きを規模として朱門と呼んだのだ。この朱門、朱戸にちなんで屎の字を作り、久保と訓ませ用いたのを、『新撰字鏡』に開なり、と釈いた。されば仮名遣いが正しかった昌泰のころは、彼処を貝（カヒ）でなくて開（カイ）と称えたのだ。後世にも、開茸（カイタケ）、香開（カウカイ）などいう婦人病（『北条五代記』六の二。『本朝桜陰比事』四の一。『本朝浜千鳥』五の二）、常陸国茨城郡塩子の大開観音（『雲根志』前編一）、『忠臣蔵』八段目の呪言、シシキガンカウ、ガカイ、レイニウキウ、これらのカイ、いずれも古風通り開の音でよみ、決して貝の訓でない。

『塵添壒嚢抄』◆18五に、ある鈔物にいわく、和泉式部、無双の好色なりけるに、亥の子の夜、御歌ありけるに、態と心を合わせせられければ、瘡開《かさつび》という名を式部取り当て、「筆もつび、ゆがみて物のかかるるは、これや難波の悪筆《あしで》なるらん」とよめり、あし手とは、字にて絵をなすと注せる物あり、云々、と見ゆ。この話は後世の捏造だろうが、それが行なわれた足利時代に、女陰をもっぱらツビとよび、開の字でこれを表わしたと証する。（著者書きこみ）『古事談』二に、「頼光朝臣、四天王等を遣わして、清監（清原元輔男）を打たしむ。この時、清少納言、同宿にてありけるが、法師に似たるによって殺さんと欲しけるの間、尼たるの由言わんとて、たちまち開を出だす、云々」。これなどは字音でカイと訓んだであろう。）

話題が話題だけに、大分挿入れ談が長くなったが、例の狩谷棭斎説に、「閞。俗に閉の字とす。『竜龕手鑑』に見ゆ」と。この書は遼の僧行均が、聖宗の統和年間に編んだらしく（『箋注倭名類聚抄』二。『欽定四庫全書総目』四一）、統和はすべて二十九年、円融天皇の永観元年より一条天皇の寛弘八年に及ぶ。前にもちょっと述べた通り、閞の字は、『正字通』等、支那の諸字書に見えず。『康熙字典』には、その音のみを記して、その義を解かず。しかるに、弘仁年間すなわちもっとも少なくとも、『手鑑』より百六十年前、奈良薬師寺の僧景戒が撰んだ『日本霊異記』、すでに閞の字を載せ、万良と訓ませある。惟うに、この字は、遼代より早く、六朝とか初唐とかに俗用されおった閉の字で、弘仁以前本邦に伝わり、もっぱら陽物に宛てて通用されたものだ。

『和名抄』に、「俗人、あるいはこの字をもって男陰となし、開の字をもって女陰となす。その説、いまだ詳らかならず」とあるを漫読して、当時日本で、開閞すなわち開閉の二字を陰陽の具に宛てて用い初めたと心得る人もあらんが、予壮年のころ、かつて本邦へ来たことなき広東人と多く交わったが、その輩みな陽物をレン（どんな字か知れず）、女陰をハイと称え、開と書いた。陰陽交接を辞書通りに、コピュレイションなど言っては、無学な英米人に通ぜず。普通の書籍にみえぬながら、プッシュとかフォクとか言わば、小児、庸婦にも判る。それと等しく、隋唐のむかしは、支那の俗衆、陰陽両具をもっぱら開閉の二字で書きもし話しもしたと察する。さて、おいおい閉字の俗態たる閄や閅の字を、特に陽物を指すに限り使うを、聞き取り写し取った当年のモダーン邦人が、揚々として用いはやらせたので、正しい支那字書にみえぬものの、決して日本の俗人が謬り用いたでも使い始めたでもないとは、右述ごとく、隋唐のさい日本と往復の繁からざりし広東人が、今も女陰を開と呼ぶので確証さる。紀海音の劇曲『八百屋お七』上、八百屋久兵衛夫婦が、「恋になく子を引っ立てて、母が繰言《くりごと》、ねすり言、はて何としょう、もういやんな、なり物類なら何にても、たばうて虫は入るまいに、肴屋ならねば、はまぐりの、口のあいたは是非ないと、呟きてこそ立ち帰る」。『笑林広記』術業部に、「稍公死す。閻王、他《かれ》を判し、変じて陰戸となす。稍公服せずしていわく、およそ物みな做《な》るべきに、何すれぞ独り陰物に変ずるか、と。閻王いわく、単《ひと》えに你《なんじ》が、開《ふなで》すれば開を会《よく》し、擺《ふねこぎ》をすれば擺を会《よく》し、またよく揺《うご》がし、またよく擺《ゆす》るを取るなり」とは、和漢等しく女陰を、開くことの象徴とせるを示す。

また徳川時代にヘキという俗語あって女陰を意味した。例せば、元禄三年板『真実伊勢物語』二の二に、業平、ろうさいの甚介なる者を訪い、このあたりに色名所はありやなしや、ついでながら武蔵の国に聞き及びし、関宿という処をみたしと問えば、亭主、赤面して知らずという。時に船頭、われらよく存じたりとて、深川の八幡の島の私娼窟へ案内し、武蔵のヘキ宿はこれにて候、と言った笑譚あり。『未刊随筆百種』七所収、元禄ごろ板『傾城百人一首』に、「すみ町のヘキによる名のよからずや、恋の通ひ路人目うくらん」。明和七年、近松半二等作『萩大名傾城敵討』九、周防の国、川崎の在はずれ、お蘭という女が独り住む宅へ、関所破りの男を捜索にきた、鼻くた男ぐだ六が、関破りの科人といい得ず、ヘキ破りのひょが人という道外場あり。安永九年板、立川焉馬の『客者評判記』(豊芥子の『岡場遊廓考』、品川の条に引く)に、九尾狐の殺生石から思い付いた殺生ヘキという奇語を出だす。また『女大楽宝開』は安永ごろの板行という(明治四十五年七月出『此花』凋落号、外骨氏説)、それに四季の歌、冬、「色埋むかきねの雪のはだへぞと、年のこなたにヘキを梅が枝」。『源語』若菜、「夕闇は道たどたどしヘキ待ちて、やがてわがせこ入れてつきみむ」。『実語教』、「ヘキはこれ一生の宝、身を構わねば共に滅する」など、開の字をヘキと訓じ、多く用いある。

十六世紀に仏国で、男女の秘部に四百の名があったという。それと比すべくもあらねど、支那字と和製漢字に、その方に当て用いられたものがずいぶん多い(Dufour, 'Historie de la prostitution,' tom. v, p. 76, Bruxelles, 1857;『箋注倭名類聚抄』二。『柳亭記』上。『金曾木』所載、岡田氏「二根弁」。国書刊行会本、『松屋筆記』九四巻、一一五頁)。

中に就いてもっとも広く用いられたは、女陰を意味せる開の字で、それよりまた新字を生じた。通草《あけび》の実が、爛熟せる一件に酷似せるより、今も金沢辺で、幹後のかの物と、通草実の殻を「いとこ同士やらよく似とる」と唄う由。されば『新撰字鏡』に、開字に草冠を加えた字を出し、〓開音、山女なり、阿介比、と書いた。大蔵卿行宗へ琳賢が栗と通草実を遣って、「いがくりは心弱くぞ落ちにける、この山姫のゑめる顔みて」。道命阿闍梨、和泉式部と同車して行くに、道命、始終後向きておったから、式部、などかくはいたるぞ、と問うと、「よしやよし昔やむかしいがくりのゑみもあひなば落ちもこそすれ」とやらかしたと等しく、果物成熟しておのずから開きかかるを人の微笑に比べたものだ。アケビなる名は、開玉門（アケツビ）のツを略してできたという、事ほど左様によく似ており、それが半ば開くをみて、怖ろしげなる荆栗も、たちまち久米仙然と高い枝から落ちたと詠んだのだ。『新撰字鏡』にまた、通草、神葛、また於女葛、と釈く。実を山女（また山姫）、またアケビ、その葛を神葛とも於女葛とも呼んだのだ。只今澆季の世、皆人陰相をみれば、内心十二分に随喜渇仰しながら、左右に気を兼ね、オコゼのごとき顔をして、卑猥の至り、俺は大嫌いなど詐《いつわ》るが、むかしの人はきわめて律義で、これありて、しかる後にわれ産まれ、これあればこそ、山中三軒屋もすれば都で厶《こせ》やすのーこれこちの人と、恭敬頂礼して、神と崇めたから、女陰相ある果を生ずる葛を、神葛と称えたのだ。さて『藻塩草』に、通草をまた仙女草と書いて、ツブクサと訓ませある由。古く女陰をツビといい、今も十津川等で然《しか》いう。斉一変して魯となるごとく、ツビ一変してツブとなる。今も但馬で女陰をツブと名づくる由。（宮武省三君『習俗雑記』一九三―一九六頁。『古今要覧稿』三三五。『古今著聞集』好色第一一。『梅園日記』一。『古名録』二二）

於女葛また同じ意味の名だ。吾輩かつて『看聞御記』永享四年十二月七日の条に、「そもそも新女官めこ初めて参る、云々」とあるを見て、そのころめこという名の官女があったより推して、女陰を於梅居と呼ぶは、それより後に始まったと察しおった。（〔著者書きこみ〕『越前名勝志』に、今立郡目子が嶽、ある神書にいわく、目子媛を祭る山なり、つの人か知れぬ。）この語は、吾輩不幸にして、徳川時代にできた『覚後禅』の傍訓に多く用いられた外に、文政二年ごろ起稿と言わるる『浪花聞書』に於曾々と於梅居を女陰なりと注しあるを知るのみ。だが上方の俗間にいと広く行なわるる語で、あまり新しいものと惟われぬ。

徂徠の『南留別志』[19]に「みとのまくわいという詞、みとは、めおとなり、夫妻ということなり。まくわいという詞、今も田舎にてめぐすというなり」と記す。『類聚名物考』四に、「みとのまぐわい、事は男女交合のことなれども、語の起こるところは、男女互いに相見かわせるより言い出でしならん、云々。これ繋相の男女相挑の恋情なり。目をば、まということと常の例なり。目を見合うことを、今も俗に目くばせというに同じ（下略）」。しかし相挑の恋情から、目をちょっと見合うぐらいのことでなく、初媾艶羞、四眼相定視するの状によった詞だろう。マグワイからメグ、それから梅居と変わったものか。また『金曾木』に載せた岡田多膳の「菩々説」に、国によりて女陰をメメという、と。近畿で、小児は目をメメという。

女陰を目に似たと見る例、諸方に多く、インドで、帝釈《たいしゃく》、その師瞿曇《くどん》の妻を慕い、その夫の不在に乗じ、往ってこれを犯し、方《まさ》にわずかに雲収まり雨散じた、ところへ瞿曇帰り来たり、すなわち妻を呵して石に化し、帝釈を閹にし、またその体に千の陰相を現出せしめて衆人に恥をさらさせた。のち諸神これを憐れみ、水に浸して、陰相を眼に変じたので、帝釈を千眼と号け、無智の輩は千眼を一切智の表示と心得おる。今もインドの帝釈像の顔から頸、両手まで、眼とも陰形ともみゆる物を、痘瘢ごとく画きある（Gubernatis, 'Zoological Mythology,' 1872, vol. ii, p. 280; Wilkins, 'Hindu Mythology,' 1913, pp. 53-61）（〔著者書きこみ〕『菩薩本縁経』三。智者大師『金光明経文句』一）。本邦仏教の神像にも、額に縦開した洛眼、すなわち陰相の眼を具うる者あるは、『大菩薩峠』の神尾主膳の条々で、皆様承知だろう。またイノメとて、斧に陰相の目を彫り付け魔除けとする。支那でも、「生平いまだ女色に近づかざる者あり。陰物はこれ何《いか》なる様範《かた》なるかを知らず。人に向かってこれを問う。人いわく、すなわち一隻《ひとつ》の眼睛《まなこ》を豎《たて》に起てるに像《に》たものすなわちこれなり、と。この人牢《かた》く記して心にあり。一日、嫖興たちまち発す。妓館のいずこにあるかを知らざれば、ついに街頭に向かって問歩す。一《ある》眼科の招牌《かんばん》の上に、眼の様《かたち》を数隻《いくつ》か画き、たまたま横放《よこだお》しにしたるに撞見《であ》う。もって、これ必ずや妓家ならんと為《おも》う。内に進《はい》り、その来意を道《い》うに、医士大いに怒り、叱ってこれを逐《お》う。その人いわく、すでにこれ妓館ならざるに、何すればこの許多《おおく》の屄の様を擺《なら》べて外面にあるや」という譚あり（『笑林広記』一）。

かく目と陰と相似たところから、女陰をもメと呼んだが、それでは目と間違いやすい。よって於と居を添えて敬愛を示し、於梅居《おめこ》と称したのかとも考えた。しかるに、遠く醍醐天皇の時、陰相の実を結ぶ通草《あけび》を、於女葛と称えたを見、於梅居なる称は、メグや目より出たでなく、全くこの於女と源を同じくすと判ずるに及んだ。記紀共に女をメと訓み、『和名抄』には女字の条なきも、巻一の男女類だけにすら、婦人（タオヤメ）、娘（ムスメ）、少女（オトメ）、姫（ヒメ）、寡婦（ヤモメ）、専（トウメ、オサメ）、孕婦（ハラメ）、産婦（ウブメ）、潜女（カズキメ）、遊女（ウカレメ）、巻七には雌（メトリ）、牝（メケモノ）と出で、メはもと女性の総称だ。それに、隋の独狐后が雲昭訓を阿雲、唐人が武后を阿武婆と謂ったように（『撈海一得』下。『類聚名物考』一一二）、音便とか愛敬とかより、オとコを加えて、於梅居となったのだ。

それが女陰の称となったのは、いつごろよりと見当が付かねど、吾輩壮時まで、上方で婚姻の筵席で、必ず唄うた十二月の手鞠唄は、「天和・貞享のころ、浪華新町の廓中繁昌の節、太夫天神に、行儀躾方を教うる師の作りし物とて、紋日名寄にて、一ヵ年の年中行事を集めしものなり」（『皇都午睡』初編上）。その神無月の条《くだり》に、「亥の子餅とて、大人も子供も、御命講のあたりを〔著者書きこみ〕五夜も十夜も）搗いて貰えば、ほんに誓文、強いお方じゃ」。御命講は、日蓮が死んだ日で〔著者書きこみ〕「ちりめんのおめこ紬の十夜かな」、「おめいこや女中の法華けふばかり」など句あり）、露水〔鷺水〕が『新式』に、「みえいこうというべきを、春の弘法大師忌を御影供といえば、紛るるゆえ、ミエの反メなれば、めこうというなるべし。それを俗に謬り、御の字をさえ添えて、おめこうという。おめは重言なり。みあかしをおみあかしという類なり、といえり」（『華実年浪草』一〇）。『虚実柳巷方言』中に、十月十三日御影講とあるのがこれだ。この御命講に繋いで、「搗いて貰えば、云々」と綴ったから、天和・貞享ごろ、大阪ですでに、玄牝を於梅居と号けあった証左歴然とくる。しかし、天和以前にこの語があった証文をいまだ見出だし得ず。さればそれより上って永享ごろは、まだ女陰を於梅居と称えず。したがって当時、めこという名の女官があっても、ただ女子という本義のままで、女陰を連想するに及ばなんだだろう。

さて、ずっとむかし醍醐帝の昌泰中、於女葛という通草の和名があったが、これは通草の実が開くと女陰に似るから、それにちなんでこの草を女の象徴を具うる葛の義で女葛（メカズラ）、それに音便とか親愛とかの上よりオを冠らせたままで、後世出来《でき》の於梅居と直接の関係はなかったと断ずる。

於女とか御命講とか書き続けて、頭が上《のぼ》せ眼が舞ってきた。ユダヤ字母のアレフ（仏教の阿字）の一字の義を説くに、千年立っても尽きぬと聞いたが、開の諸号は、元旦から除夜まで説いても説き果てない。とにかく、初め支那で女陰に俗用された開の字が、本邦でまた通草実を指す蕑の字を新出するほど、盛んに行なわれ、開字にちなんで、漢字また和製の漢字に、陰陽両具を指す門構えの多くの字ができた。上述のヘキなる俗語も、普通に開の字に傍訓されたが、𨳝は開なり（『説文』）、「男は感じて堅強となり、女は動じて𨳝張す」（『房内記』乾巻所引『素女経』）などの義で、もと𨳝の字から出ただろう。さて開や𨳝に対した閉の俗字たる閇の字を、陽物の意味で、藤原明衡作という『新猿楽記』に用い、同じく閉の俗字たる閈の字を、『今昔物語』に摩羅と傍訓せるを見ると、明衡も閇の字を摩羅と訓んだので、さてこそ明衡が著わした『本朝文粋』の「鉄槌伝」に麻良の字あり、その作者（羅泰）の姓を摩羅より採って羅としたと判る。前にも言った通り、明衡は康平中の人で、康平の末（七）年は、初めて「摩多羅神を持ってきて、本尊として淫祠的教義を伝うるに至った」と、竹本氏が言われた円観上人の生れ年より二百十七年前で、そのころはや摩羅が陽物の名だったのだ。

ここにまた、発端に述べた『稚児之草紙』以上に皮肉なことがある。高田与清の『擁書漫筆』二に、応永九年と天文十八年の写本を校合して出した「太秦牛祭絵詞」◆20に、「摩陀羅（すなわち摩多羅）神を敬祭し奉ること、偏えに天下安穏、寺家泰平のためなり。これによりて長く遠く払い退くべきものなり」とて列ね挙げた諸患の内に閄風という病名あり、マラガサと傍訓した。この詞は恵心院源心僧都作という。『元亨釈書』四に伝ある慧心院僧都源信のことで、寛仁元年、七十六歳で遷化した。たぶんその前にこの「絵詞」が作られただろうが、円観の誕生より、少なくとも二百六十四年前、摩多羅神の祭とともに、摩羅という陽物の名もあったので、摩多羅神を円観が本尊と立ててのち、陽物に摩羅の名ができたでないと確証する。

『広文庫』一五冊一一八頁に、『本朝医談』を引いて、斯邦の書、女陰に開閇、男には閈閘の字を用ゆ。応永九年、太秦牛祭の文に閘風という病名あり。『老人雑話』、氏郷の父は臆病の人なり、その時、俗間の小歌に、日野の蒲生殿は陣とさえいや下風起こる、と。『師語録』にいわく、世に下風とも、へのこ風ともいう。睾丸に筋連なって引きつり痛むなり、とある。文明十八年筆、『類聚文字抄』七、諸病並医薬部に、水閘ミズフグリ、『新撰類聚往来』（『柳亭記』上に、永禄九年作ならんという）中に閘フグリ、と出づ。閘は閘の誤写か。これらを合わせ考うるに、閘の字、初めは摩羅、後世へのこ（睾丸）またふぐり（陰嚢）に宛てて用いられたのだ。へのこは、もと睾丸を指す名だったことは、上に弁じた。

それから『倭名類聚抄』は、醍醐天皇の延長年間、源順朝臣が、第四の皇女勤子内親王の命を奉じて撰進し、上天文より下草木に至るまで、汎く事物の名称を類聚対訳して、文字の出所を考証注釈したもので、その巻二、形体部の茎垂類に、「玉茎。男陰の名なり。『楊氏漢語抄』に屌という。（和名）破前、一に麻良という。今、『玉篇』等を按ずるに、屌は臀骨なり、音は課にて、玉茎となすべき義見えず」とあり。棭斎の『箋注』に、「破前は、『本朝文粋』鉄槌伝および『新猿楽記』に見ゆ。『古語拾遺』に、男茎形を乎波世加《をはせか》多《た》と訓す。麻良もまた「鉄槌伝」に見え、引くところの『玉篇』、今本も同じ。按ずるに、破前、麻良と訓する𡱧の字は、疑うらくは尸に従い、裸の省声に従える皇国の諧声字ならんか。しかれば、すなわちこの𡱧の字はまさに音は裸なるべし。けだし麻良の省なり、云々」とある。熊楠、「鉄槌伝」をみるに、本伝に磨裸、第二論に摩良に作る。延長の年号は八年続いた。かりに『和名抄』がその末年に成ったとしても、円観の誕生より三百五十一年前、すでに陽物を摩羅と呼びおったと知る。

『日本霊異記』は、嵯峨天皇の弘仁年間、南都薬師寺の僧景戒作る。その巻中に、「聖武天皇の御世、紀伊の国伊刀《いと》の郡桑原の狭屋《さや》寺の尼等、願を発し、かの寺において法事を修す。奈良の右京の薬師寺の僧題恵《だいえ》禅師を請じ、十一面観音の悔過《けか》を仕え奉る。時に、かの里に一の凶人あり、姓は文《ふみ》の忌寸《いみき》なり。(字《あざな》を上田の三郎という。)天骨《ひととなり》邪見にして、三宝を信ぜず。凶人の妻は、上毛野《かみつけの》の公大椅《かみおおはし》が女《むすめ》なり。一日一夜に八斎戒を受け、参りて悔過を行ないて、衆の中におり。夫、外より家に帰りて、見るに妻なし。家人に問うに、答えていわく、参りて悔過を行なう、と。これを聞きて瞋怒《いか》り、すなわち往きて妻を喚ぶ(『紀伊国名所図会』三編二巻に「妻を呼ぶ」に作る)。導師これを見て、義を宣《の》べて教化す。信受《う》けずしていわく、無用の語たり、汝、わが妻に婚《くなが》わば、頭《かしら》、罰《う》ち破《わ》らるべし、斯下《しげ》の法師よ、と。悪口多言して、具《つぶさ》に述ぶるを得ず。妻を喚びて家に帰り、すなわちその妻を犯す。卒爾《にわか》に閛《まら》に蟻著きて嚼《か》み、痛み死す。刑を加えずといえども、悪心を発し、漫罵して恥じしめ、邪婬を恐れず、故に現報を得たり、云々」と出づ。さて文中の閛の字を、万良と注しある。弘仁の末（十四年）にこの書が成ったとしても、例の円観の誕生より四百五十八年前、はや一件を万良と呼びおったこと、歴然たりだ。

それからはるか神代に遡って、『古事記』、天の安の河上に神集いの処に、鍛人天津麻羅あり。『書紀』綏靖巻に、倭鍛部天津真浦、『旧事記』、饒速日命の天降る御供の神の中に、倭鍛師等が、祖、天津真浦、また物部の造等が祖、天津麻良、中略、麻羅は一神の名にはあらで、鍛工の通名なるにや、この名のみは、神とも命ともいわぬを思うべし、『姓氏録』に、大庭造は、神魂命八世の孫、天津麻良命の後なりとあり、また饒速日命十二世孫、麻羅宿禰という人もみゆ、と宣長は言った（『古事記伝』八）。熊楠謹んで按ずるに、鍛人はカヌチと訓むべし、金打ちの義、と宣長は言った。鉄槌もて強く金を打つから、親譲りの鉄槌も必ず強いという意で、鍛人を麻羅と名づけたのだ。さしも妖艶絶世のヴェヌスが、玉面のアポルロ、軽快なメルクリーに聴かず、その他美容に富んだ諸神を打ちやって、汗に染み、煤に汚れた跛鍛工、ヴァルカンを夫としたは、よくよくよい処に執著したのだ(Burton, 'The Anatomy of Melancholy,' 1621, pt. iii, sec. 2, mem. 2, subs. 2)。それと等しく、神代上世の麻羅という名は、自他の形容称、あたかも勝教の第二十四祖をマハヴィル、禅家で釈尊を大雄と称えたようであろう。大物主命も、そんな意味の名らしく、その女に富登多々良伊須々岐比売命、また応神天皇の御孫に意富々杼王あり。継体天皇の大御名袁本杼命、「持統紀」に土師連富杼あり（『古事記伝』三四。『広文庫』一八冊一四一頁所引、『古史伝』）。これらの名については、種々と弁論あり。今日知り得べからざる由来もあらんが、富登多々良伊須々岐比売命の御名の由来は、史に明記あり。高貴の名に富登と付くることもあった証拠に立つ。類推して、麻良は卑猥の物なれば、神や貴人の名に付くるはずなく、天津麻羅、麻良宿禰等の麻良は、陽物以外の何物かだろうなどの説は通らぬと知る。富登、富杼、共に男女の陰の通称だ（『古事記伝』五）。

かくのごとく陽物を摩羅と称えたこと、遠く神代、上世より、弘仁の『日本霊異記』（円観の誕生より、少なくとも四百五十八年前）、延長の『倭名類聚抄』（同事より、少なくとも三百五十一年前）。源信作の「太秦牛祭絵詞」（同事より、少なくとも二百六十四年前）、藤原明衡の『本朝文粋』の「鉄槌伝」（少なくとも二百十七年前）、藤原隆国の『今昔物語』（少なくとも二百一年前）、承久役ごろ成った『古事談』（六十年前）、貞永元年ごろ成った『皇帝紀抄』（約四十九年前）、建長六年成った『古今著聞集』（二十七年前）、弘長二年ごろ成った『真俗雑記問答抄』（十九年前、それに出た解脱房の歌が真作なら、建久二年ごろの物で、約九十年前）、それから元亨元年に写した『稚児之草紙』（円観四十一歳の時の物）と、すべて十一例を挙げた。これで陽物を指す摩羅という名は、円観上人よりはるか昔から存在し、決して上人が、摩多羅神を本尊と祀って、淫教を弘めた後に、摩多羅を約してできたでないと十二分に判る。

「『摩羅考』について」の拙論ここに了《おわ》る。已下《いか》摩多羅神について、多少述べよう。

『塩尻』四六にいわく、「摩訶伽羅天（大黒天神、本地大日）、その妙用一ならず。なかんずく三面六臂の相あり。これ陀祇を降伏す。これ夜叉の形相を現じて、一切妖鬼魔類を伏せり。また摩多羅神と称す。（三面六臂は戦陣を護り、一面両臂は福祥を与うと、云々。摩多羅、これは女なり、諱日諸天に七母神あり、これ主となる故なり（諱日以下誤字あらんか、もとのままに写し出す）。七鬼神と化して疫を行ず。故に密家摩多羅の修法して、疫病を禳う、秘あり。）わが国摩多羅の神像、幞頭を蒙り、鼓をうつ容なり。三輪大黒の像も、六臂の内、その本手は鼓をうつ有様なり。しかれば、摩多羅と大黒一体なることしるし。台家には、摩多羅神の本地を阿弥陀とす。慈覚大師、入唐帰朝の時、船中に現形し、誓って引声の念仏を守護せり。故山門常行三昧堂に、この神を祀れり。よって本地身を西方教主とす」と。

『塩尻』一八に、「摩多羅神の法は、外法という僧あり。されども、広沢流の真言書にその法あれば、伝来久しきこととみえ侍る」。久しく見ないから、訳経の字音のことは、ほとんど忘れ果てたが、『大明三蔵法数』四六に、二十種の小乗外道涅槃を述べて、「第十二外道、摩陀羅論師。この外道師、那羅延論師に説いていわく、われ一切物を造る、われ一切衆生の中において最勝なり、われ一切世間の有命無命物を生む、われに従《よ》って生を作《な》し、また彼処《かしこ》に没するを、名づけて涅槃となす」。『雑宝蔵経五』に、識甕稚と名づくる摩多羅天子が、犍闥婆王の女、修利婆折斯を妻《めと》らんと求めしことあり。同六に、月氏国王の三智臣は、馬鳴菩薩と、摩吒羅大臣と、良医遮羅迦と、とある。『大方広菩薩蔵文殊師利根本儀軌経』一八にいわく、「また恒河南岸の大野の地および吉祥山中にあるは、これ羅刹烏多迦餓鬼、および悪形にて障難を作《な》す者、摩多囉等、乃至《ないし》大悪の星宿、人命を害する者、かの人身に変じて彼中《かしこ》の語を作すもの、云々」と。これらをみると、なるほど摩多羅はもと仏教外の物で、後に仏教に取り入れられたらしい。ただし『塩尻』三に、『不空羂索神変真言経』諸品に、曼拏羅神、曼拏羅天神、曼拏羅種々真言明神などの名あり。「私いわく、これけだし摩多羅神なり」とあるが、どうも曼拏羅と摩多羅は、字音がちがい、同神でなさそうだ。

『東宝記』にいわく、「東雄夜叉、本地文殊、西雌夜叉、本地虚空蔵、二夜叉、倶に（弘法）大師の御作なり。（東寺）中門の左右にあり、摩多羅これなり。雌雄一対の摩多羅神を、二王同然、門側に立たせ、悪鬼を禦がしめたのだ。太秦広隆寺も、三論兼真言宗で（『山州名跡志』八）、天下安穏はもちろん、さし当たり寺家泰平のため、この神を祭って、凶災、◆21邪殃を払い却《しりぞ》けたとみえる。ここに不思議なことは、辱知水原尭栄師の『邪教立川流の研究』全篇を通じて、摩多羅神の名が、少しもみえない。

『仏教大辞彙』一巻三九〇および一〇八六頁に、「円観は叡山の律僧（中略）、出家して興国和尚に師事し、円頓戒を受く。後伏見天皇、花園天皇、師に就いて受戒せらる。正中二年奏請して、坂本西教寺の廃頽を興して、円頓戒を伝う。もっぱら意を浄土教に傾け、念仏を修行す。後醍醐天皇、師を禁中に召して円頓戒を受け給う。尋いで光厳天皇、光明天皇、また師を請じて受戒せらる。すなわち五朝国師の号を賜う。円頓戒中興第二祖と称せらる。また古老に質して、山家相承の口伝法門を整理し、玄旨灌頂血脈の口訣を伝え、『天台灌頂玄旨』ならびに『玄旨帰命壇法』の二書を伝う。かくて玄旨灌頂血脈の法、大いに世に流布するに至れり。しかるに、彼と親交ありし小野の文観[22]は、真言の一派立川流を大成し、大いに婬祀的妖教を鼓吹して、害を四方に及ぼせり。その影響ついに天台に波及し、神聖なる玄旨帰命壇法は、ここに婬祀的傾向を帯び来たりて、かの叡山常行三昧堂において、念仏三昧道場神として祭られし摩多羅神を本尊とし、諸種の珍談奇説を伝うるに至れり」と述べ、次に元禄二年、安楽院の霊空、『闢邪篇』を著わし、同七年これを公刊して広く天下に訴え、義士一件に名高き公弁法親王、大いにその言を嘉し、天台一宗に厳令して、玄旨壇一派の教義を禁じ、関係の典籍を一切火に付し、積年の邪教を絶滅した次第を述べある。

　この文を読むに、竹本氏が、南北朝のころ、円観が「この尊かるべき玄旨灌頂血脈の法門に、インチキ坊主が考案せる立川流を混じて、比叡山常行三昧堂において、念仏三昧の道場神として祀られていた摩多羅神を持ってきて、本尊として、淫祠的教義を伝うるに至った」と言われた通りの事実なく、円頓戒中興第二祖と称された円観が伝えた神聖なる玄旨帰命壇法が、立川流に感染して、婬祀的傾向を帯び来たりしも、円観在世以後のことで、摩多羅神を本尊として種々の猥説を伝えたも、円観の関知したものでなく、その身後のことと察する。

予五、六歳の時、亡父は和歌山市で金物屋を営み、おびただしく古書を二束三文で買い入れ、その紙で鍋釜を包んだ。その中に幼な心に銘して忘れられない奇異の板画があった。近年水原師の著書を得て、その一三〇頁に対する敷曼陀羅の図版を見、即座に幼時みた板画は立川教の物だったと知った。されば立川教の図書は、明治六、七年までは、紀州などに行き渡りおったのだ。また母の生家は一向宗だったが、その家の仏壇の引出しに、荼枳《だき》尼天《にてん》の曼陀羅とて、『山海経図』にみるような、羽翼ある異態の鬼形を多く刷り込んだ小さき巻物あるを見、貰い置いたが、只今和歌山の蔵中に有無は知れない。こんな物を禁制の一向宗徒にまで、こんな物が弘まりおったのだ。

それから明治三十年、ロンドンにあった日、京都の骨董商藤田弥助氏が、パリで売れ残った諸品を持って来たのを予が買った内に、宅磨風の筆で画いた一幅あり。中尊は大忿怒相の夜叉で、鷲のような翼を張り、形状天狗のようだが、隆鼻も鳥喙もなく、その前の両側におのおの五つの鬼形が立つ。もっとも中尊に近く、その右側に立った奴が、鉢を中尊に献じ捧げ、鉢内に公家風の若い男女が相向かいおる。もってこの画幅が、エロ的教で崇拝されたと知るに足る。その鉢を捧げた奴の下位に、忿怒相で荷葉に乗り、髪を被り、フンドシ裸で、右手に槌を持った鬼形立つ。大黒天だろう。諸国から集まった学者どもに問うたが、似寄った鬼名さえ語り得る者がなかった。今惟うに立川流の媒色神の像であったものか。これは常備品とする約定で、大英博物館へ寄付し置いたから、宗教廊に今もあるだろう。そのころ予時々法衣に九条の袈裟という出立で参館し、人々を煙に捲いたので、一昨春七十三で死んだチャールス・リード[◆23]男が、南方阿闍梨寄贈と書き付け、陳列しおった。その付け札のまま今も展覧しあるなら、この男は遠のむかしに大俗に還り、今志道軒など呼ばれて大悦し、於梅居の御命講のと説き廻り、始末におえぬ大スッパなりと、館員に話されたい。

さて『会津風土記』（『続々群書類従』八所収、九〇二頁）に、大沼郡高田村なる伊佐須美大明神、「古来、神殿に、伊奘諾・伊奘冊二尊の像あり。一木に二尊を刻み、人身鳥首、長嘴大耳にして、両頭相交わり、手をもって相抱く。長さ四寸八分なり。三月二十五日祭礼」。これも翼があったのだろう。エロ的歓喜天様の像らしい。『奥羽観跡聞老志』一〇に、栗駒山隣の赤沢山頂に、鉄仏あって両翼を負う、土人これを天狗仏という、と見ゆ。これまたエロ的の飛天夜叉像かもしれぬ。水原師の「立川流聖教目録類蒐」中に、『飛行自在の法』、『鳥翅法経』、『鳥神経秘訣』など鳥にちなんだ書名若干あり。『続南方随筆』四一九—四二一頁〔「鷲石考」〕に、多少法螺雑りに訳出したCowell, 'The Jātaka,' vol. iii, pp.

123-125に、釈尊の前身金翅鳥王たりし時、美少年に化して、ビナレ城に入り、王后を掴み去って、竜島に居続け淫楽した譚あり。『根本説一切有部毘奈耶雑事』二九に、梵授王が、その妃妙容女の貞操を全くせしめんがため、金翅鳥王をして昼間これを海島に隔離し、毎夜王宮に伴れ来たらしめて歓会した話あり。

こんな物から立川流で、鳥神が人のために、男女を拉し来たって媒介するなど説いたものか。予が博物館へ寄贈したは、その鳥神およびその眷属の絵像と想う。その眷属中にあった大黒天らしいものと、摩多羅神の関係等について予は一切知らず。前に述べた通り、水原師の著書には摩多羅神の名がさらにみえぬ。「聖教目録」中に、『摩多体文口』というのがあれど、これは摩多羅神に関せぬことと察する。そのうち水原師に聞き合わそうと存ずる。どうも摩多羅神を本尊とした台徒の玄旨帰命壇灌頂は、水原師が攻究する立川教の影響を受けたものの、それとは別派のように想わる。『広文庫』一八冊、摩多羅神の条に引いた『空華談叢』に、この神の崇拝につき、ずいぶん詳説しあるも、一言の立川教に及ぼせるを見受けぬ。

『類聚名物考』（この条ある巻が、自蔵本に不足ゆえ、『広文庫』一八冊六三五頁より引く）に、「陽物をまらという云々。梵語なりという人あれども、左にはあらず。梵和似たることは、はなはだ多けれども、暗合なり。『翻訳名義集』に、「魔羅。『大論』にいわく、秦にて、よく命を奪う、またよく智恵の命を奪うと言う、また翻《ほん》して障となす、修道のために障礙を作《な》す、云々、あるいは悪者と言う、愛欲多きが故に、と」この文を引きて、陽根は一切の障りこれより起こるというの証とすれども、これは魔王のことにていう（中略）。まらは稀なり。客人をまれびとというも、賞翫の意なれば、婦女のための客人という意なるべし」。蜀山の『奴師労之《やっこだこ》』に、青楼にて、客人権現の宮を信ずるもおかし、山王二十一社の客人権現は女神なり、青楼に女客は入らぬものなり。この客人の宮あたりより思い付いて、婦人のために、摩羅は稀人などとでち上げたとみえる。

陽物を摩羅というは和梵暗合とは名説だ。手近い二、三の梵語辞典をみるに、陽物の梵名に、摩の字で始まったは一つもない。強いて言わば、亀頭を摩尼という一つのみある。L. R. Vaidya, 'The Standard Sanskrit-English Dictionary,' Bombay, 1889, p. 570 磨羅（マーラ）をみると、（一）殺生、故殺、（二）反対、障碍、（三）愛の男神、（四）愛念、情熱、（五）チョウセンアサガオ（毒果）、（六）仏教の悪魔、と英訳を出す。陽物という訳はさらに見えぬ。〔著者書きこみ〕また『方広大壮厳経』七に、「王舎城辺に一仙人あり、摩羅の子にて鳥特迦と名づく」。『経律異相』四に、如来滅して、「諸末羅、種々の供養に集う。また一日を竟《おわ》り、仏舎利をもって牀の上に置く。諸末羅の童、牀を挙ぐるに、みな勝《た》うる能わず」。これらは人名もしくは部族の名らしい。）〔著者書きこみ〕『古今図書集成』辺裔典一〇七、南方未詳諸蛮国、「『三才図会』を按ずるに、馬羅国は、異宝生脳香を出だす、と」。）例の『古今著聞集』に、南都の一生不犯の尼、ついに醜声を立てず、臨終も見事だろうと人々が言いたるに反し、病重くなり、小僧一人請じて念仏を勧めたところ、それは申さで、磨羅のくるぞや、磨羅のくるぞや、と言って終わった、とある。これは陽物のことに相違ないが、さすがは一生不犯だけあって、陽物は成道の大障碍をなすということをも心得おり、恐怖のあまり、心乱れてかく言ったらしい。

磨羅なる梵語から、摩羅なる陽物の邦名が出たというなら、上に引いた六訳義のうち、愛の男神、愛念・情熱の二義によってこそ説くべきに、もっぱら南宗の紹興十五年成った『翻訳名義集』を引き、また多くは孫引き、曾孫引きして、「よく命を奪う」、「よく智慧の命を奪う」、障碍、殺者、悪者等のこむつかしき義に資《よ》り、いと遠廻しに、魔王の品性をもって、陽物の品性に押し当つるは、鑿せるもはなはだし。紹興十五年は、近衛天皇の久安元年で、上田三郎が、受戒中の妻を拉し帰り、やにわに犯した仏罰で、天徳寺の和尚然と、蟻に閇を咬まれて死んだ話を載せ、信切に閇の字を万良と註まで入れた『日本霊異記』が成った弘仁の末年より、三百二十二年の後だ。その他、陽物を摩羅と書いた『倭名類聚抄』、「太秦牛祭絵詞」、『本朝文粋』、『今昔物語』、いずれも『翻訳名義集』前に筆せられた。後の雁が先になることはあるべし。後に知れた語意を、先人がよく知って陽物に命名し得んや。ただし『名義集』に釈くところ、主として姚秦の弘治七年（履仲天皇の末年）羅什が訳した『大智度論』に拠る。これは陽物を摩羅と書いたすべての邦書よりも古いと言わんか。しからば、それよりもはるか古い、わが神代や上世に、麻羅を名とせし者を何とか説かん。そのころまだ成りも渡来もせなんだ経論を味わい、魔王の品性をもって、深慮熟考して、陽物に押し当て、命名し得たはずがない。だから、陽物の名と魔王の称と、相似たは暗合なり、と言った『名物考』の説は正し。

終りに臨んで一言するは、北宋泯びて、金国よりその跡に立てられ、一月あまり楚帝と号した張邦昌の婿、南宋の廉布は、墨竹の画を善くした（『古今図書集成』氏族典三七三）。その著『清尊録』は、抄せられて『説郛』据明鈔本、一一にあり。それに珍談を載す。いわく、「鄭州の進士崔嗣復、貢に預って都に入る。都城を距《さ》ること一舎にして、僧寺の法堂の上に宿す。方《まさ》に睡らんとするに、たちまち連声にてこれを叱る者あり。嗣復、驚き起きてこれを視れば、すなわち一物の鶴のごとく、色蒼黒く、目は炯々《けいけい》として燈《ともしび》のごときが、翅を鼓《う》って大呼すること、はなはだ厲《はげ》し。嗣復、皇恐《おそ》れて、これを廡《ひさし》の下に避くれば、すなわち止む。明日、僧に語るに、対《こた》えていわく、もとこの怪なし、ただ旬日前、柩を堂上に叢《おさ》むる者あり、おそらくはこれならん、と。嗣復、都下に至り、開宝の一僧のためにこれを言う。僧いわく、蔵経にこれあり、これ新たに死せる屍の気の変ずるところにして、陰魔羅鬼と号《なづ》く、と。このことは王碩《おうせき》侍郎の説けり」と。（〔著者書きこみ〕享保十七年刊『太平百物語』五の四二には、この話を山城国西の京にあったことと作りおる。）陽物に関することならねど、名が訛え向きにできおるから、摩羅なる名は陰摩羅の略など唱えぬよう、予戒しおく。

（昭和九年十一月『ドルメン』三巻一一号）

（平凡社版『南方熊楠全集』第五巻73〜97頁）

《語注》

◆1　**円観**（えんかん　一二八一―一三五六）――南北朝時代の天台宗の僧。法勝寺の住持。後醍醐天皇の信仰をうけ、北条氏呪咀を行なったかどで、弘真（文観）らとともに鎌倉に召喚され、奥州に流される。のち許されて京に帰り、本寺に還住する。なお、この論文の終り近くで、『仏教大辞彙』を引いて、円観の略伝と立川流と無関係の旨が述べられている（223頁以降）。

◆2　**立川流**（たちかわりゅう）――醍醐三宝院勝覚の俗弟の仁寛が永久元年（一一一三）伊豆に配流され、在俗の人々に真言密教を授けたとき、武蔵国立川の陰陽師がこれを習うとともに、陰陽道を密教に混入して世に広めたものとされるが、その間の経緯は詳細にはわからない。その後南北朝期に弘真（文観）が大成したと言われる。『理趣経』に基づき陰陽男女の道を即身成仏の秘術とするなど、淫祀邪教の要素が多いとされている。

◆3　**『稚児之草紙』**（ちごのそうし）――伝鳥羽僧正覚融作の「醍醐男色絵」の詞書。元亨元年（一三二一）の写本が醍醐三宝院にある。南方熊楠がその写しを入手したのは岩田準一を介してである。本書400頁参照。そこでは『児草紙』と呼んでいる。

◆4　**『真俗雑記問答抄』**（しんぞくざっきもんどうしょう）――原本は抄ではなく鈔。頼瑜撰、二十七巻十三冊。「真言宗全書」三十七巻に収録。

◆5　**『碧山日録』**（へきざんにちろく）――室町時代の僧太極（たいぎょく）の日記。五巻。現存本には、長禄三年（一四五九）正月一日から、応仁二年（一四六八）十二月三十日に至る記事がある。

◆6　**『元亨釈書』**（げんこうしゃくしょ）――虎関師錬撰。三十巻。元亨二年（一三二二）成立。仏教伝来以降鎌倉時代に至る仏教の展開過程を綜合的に記述。日本仏教史の原典というべき書である。

◆7　**『沙石集』**（しゃせきしゅう）――鎌倉時代の仏教説話集。無住撰。十巻。この話は巻三の五「律学者ノ学ト行ト相違セル事」の中にある。

◆8　**『古今著聞集』の興言利口部**（ここんちょもんじゅうのこうげんりこうぶ）――橘成季撰、建長六年（一二五四）成立の説話集『古今著聞集』は、二十巻、三十部に分かれるが、第十六巻・二十五部の「興言利口」は笑話集である。

◆9　**『古事談』**（こじだん）――鎌倉初期の説話集。源顕兼撰。六巻。上代以来の日本の説話四百六十余種を編述したもの。

◆10　**『皇帝紀抄』**（こうていきしょう）――歴代の天皇紀の抄出というべきもの。現存二巻（第七と第八）。高倉天皇より後堀河天皇に至る間の記事を収める。群書類従第二輯帝王部所収（巻三十五）。

◆11　**『今様二十四孝』**（いまようにじゅうしこう）――月尋堂作の浮世草子。六巻六冊。宝永六年（一七〇九）刊。

◆12　**『看聞御記』**（かんもんぎょき）――後崇光院（伏見宮貞成親王）撰。四十四巻。応永二十三年（一四一六）から文安五年（一四四八）に至る日記のほか、応永十五年の御幸記一巻、院号別記一巻を含む。当時の行事および世相が詳記されている。

◆13　**『後撰夷曲集』**（ごせんいきょくしゅう）――生白堂行風編の狂歌集。十巻六冊。寛文六年（一六六六）刊。『古今夷曲集』の後を継ぐもの。

◆14　**『可笑記』**（かしょうき）――如儡子（にょらいし）作の仮名草子。五巻五冊。寛永十三年（一六三六）刊。『徒然草』にならった随筆風の短文約四百篇を収め、鋭い批判が世にうけ、のち浅井了意の『可笑記評判』や西鶴の『新可笑記』を生んだ。

◆15　**『箋注倭名類聚抄』**（せんちゅうわみょうるいじゅしょう）――狩谷棭斎著。十巻。文政十年（一八二七）一応成稿。明治十六年（一八八三）内閣印刷局より刊行。平安中期の漢和辞書『倭名類聚抄』（『和名抄』）の研究書として、きわめてすぐれたものであるだけでなく、広く古代語彙の考証として高い価値を持つ。

◆16　**『本朝文粋』**（ほんちょうもんずい）――藤原明衡撰の漢詩文集。十四巻、目録一巻。嵯峨天皇から後一条天皇時代までの詩文四二七篇を、『文選』の体裁にならって編集する。詩は少なく、奏状、表、序などが多い。

◆17　**『新撰字鏡』**（しんせんじきょう）――平安前期の漢和辞書。昌住撰。十二巻。完本と抄録本とがある。漢字約二万千三百を偏・傍などによって分類、配列し、字音・意義・和訓を記す。現存する日本最古の漢和辞書。

◆18　**『塵添壒嚢抄』**（じんてんあいのうしょう）――編者は釈氏某比丘とあるが未詳。天文元年（一五三二）成立。『壒嚢鈔』（行誉撰の辞書。十五巻。文安三年（一四四六）成立）に、『塵袋』（編集不明の辞書。十一冊。文永・弘安頃（一二六四～八六）成立。事物の起源六二〇条を部門別に分類、問答体に記したもの）の一部を加え、取捨・補訂をほどこす。俗語や神仏関係の語や和漢の故事などを解説する一種の百科辞書。

◆19 **『南留別志』**（なるべし）――荻生徂徠の随筆。五巻三冊。元文元年（一七三六）刊。四百余項の事物の名称について、語源・転訛・漢字の訓などを記す。題名は各条末に「……なるべし」と書いていることに由来する。

◆20 **「太秦牛祭絵詞」**（うずまさうしまつりえことば）――京都の太秦（現右京区）にある広隆寺に、古来行なわれた牛祭の絵巻の詞書。「太秦牛祭々文」ともいい、源信の作という。

◆21 **『邪教立川流の研究』**（じゃきょうたちかわりゅうのけんきゅう）――水原堯栄著。大正十二年初刊。

◆22 **小野の文観**（おののもんかん　一二七八―一三五七）――諱（いみな）は弘真。はじめ天台宗の僧だったが、のち奈良興福寺の良恩に法相を学び、小野の道順より灌頂を受け、仁寛の立川流を祖述し、大成したと言われる。後醍醐天皇の寵を蒙り、北条氏を呪詛して捕えられ、硫黄島に流された。のち許されて京に帰り東寺の長者に進んだが、高野の山衆の強訴により甲斐に流されて、その地で没したという。

◆23 **リード**（Charles Hercules Read　一八五七―一九二九）――イギリスの古美術・民俗学者。大英博物館の副部長・部長時代に南方熊楠と親交があった。

人魚の話

田辺へ「人魚《にんぎょ》の魚《うお》」売りが来たとかいうことじゃ。「頼光源《らいこうみなもと》の頼光《よりみつ》」の格で、叮嚀過ぎた言い振りだ。わが輩の家へ魚売りに来る江川の女が、柴庵のことをモーズ様《さん》と言う。吉人《きちじん》は辞寡《ことばすくな》しと言が、苗字の毛利のモと坊主のズと、百舌《もず》のように弁《しゃ》べることと、三事を一語で言い悉《つく》せるところは、「人魚の魚」などよりはるかに面白い。さて、むかしの好《すき》人《びと》が罪なくて配所の月を見たいと言うたが、予は何の因果か、先日長々監獄で月を見た。◆1

昨今また月を賞するとて柴庵を訪うたところ、一体人魚とはあるものかと問われたが運の月、ずいぶん入監一件で世話も掛けおる返礼に、「人魚の話」を述べる。

寺島氏の『和漢三才図会』に、『和名抄』に『兼名苑』を引いていわく、人魚、一名鯪《りょう》魚《ぎょ》、魚身人面なるものなり、とある。この『兼名苑』という書は、今は亡びた支那の書だと聞くが、予『淵鑑類函』にこの書を引きたるを見出だしたれば、今も存するにや。普通に鯪といふは、当町小学校にも蔵する鯪鯉《りょうり》また穿山甲《せんざんこう》とて、台湾、インド等に住み、蟻を食う獣じゃ。インド人は媚薬《ほれぐすり》にするが、漢方では熱さましに使った。人面らしい物にあらず。たといそうあったところが、人面魚身とあるは、昨今有り振れた人面獣身よりも優《まし》じゃ。さて、『本草綱目』に、謝仲玉なる人、婦人が水中に出没するを見けるに、腰已下《いか》みな魚なりしとあり。定めて力を落としたことだろうが、そんなところに気が付く奴にろくな物はない。また査道は高麗に奉使し、海沙中に一婦人を見しに、肘後《ひじしり》に紅鬣《べにのひれ》あり、二つながらこれらは人魚なり、と言えり。『諸国里人談』にも、わが国で鰭《ひれ》のある女を撃ち殺し祟った、と載せたり。

また寺島氏、「推古帝二十七年、摂州堀江に物あり、網に入る。その形児《ちご》のごとく、魚にあらず人にあらず、名づくるところを知らず」といえる文を人魚として載せたるが、これは山椒魚《さんしょうお》のことだろう。形はあまり似ぬが、啼声《なきごえ》が赤子のようだから、前年京都で赤子の怪物《ばけもの》と間違えた例もあり。山師連がこれにシュロの毛を被《かぶ》せ、「へい、これは丹波の国で捕えました、河太郎《かわたろう》でござい」、「見ぬことは咄《はなし》にならぬ、こんな妙な物を一銭で見らるるもひとえに大師様の御引合せ、全く今の和尚様がえらいからだ」などと、高山寺などでやらかすなり。すでに山椒魚に近き鯢《げい》という物の一名を人魚と呼ぶ由、支那の書に見ゆ。

さて寺島氏続けていわく、今も西海大洋中、間《まま》人魚あり。頭婦女に似、以下は魚の身、麁《あら》き鱗《うろこ》、浅黒くて鯉に似、尾に岐《また》あり、両の鰭《ひれ》に蹼《みずかき》あり、手のごとし、脚《あし》なし、暴風雨の前に見《あら》われ、漁父網に入れども奇《あや》しんで捕えず。またいわく。和蘭陀《オランダ》、人魚の骨を倍以《へい》之牟礼《しむれ》（ラテン語ペッセ・ムリエル、婦人魚の義なり）と名づけ、解毒薬となす。神効あり、その骨を器に作り、佩腰《ねつけ》とす。色、象牙に似て濃からず、と。いかさま二、三百年前、人魚の骨はずいぶん南蛮人に貴ばれ、したがってわが邦にも輸入珍重された物だった証拠は、大槻磐水の『六物新誌』◆2にも図入りで列挙しあるが、今忘れ畢ったから、手近い原書より棚卸しせんに、一六六八年（寛文八年）マドリド板、コリン著『非列賓《フィリピン》島宣教志』八〇頁に、人魚の肉食うべく、その骨も歯も金創に神効あり、とあり。それより八年前出板のナヴァレッテの『支那志』に、ナンホアンの海に人魚あり、その骨を数珠と做《な》し、邪気を避くるの功ありとて尊ぶことおびただし。その地の牧師フランシスコ・ロカより驚き入ったことを聞きしは、ある人、漁して人魚を得、その陰門婦女に異ならざるを見、就いてこれに婬し◆3、はなはだ快かりしかば翌日また行き見るに、人魚その所を去らず。よってまた交接す。かくのごとくして七ヵ月間、一日も欠かさず相会せしが、ついに神の怒りを懼れ、懺悔してこのことを止めたり、とあり。

マレー人が人魚を多く畜《やしな》い、毎度就いて婬し、またその肉を食うことしばしば聞き及べり。こんなことを書くと、読者の内には、心中「それは己《おれ》もしたい」と渇望しながら、外見を装い、さても野蛮な風など笑う奴があるが、得てしてそんな輩《やから》に限り、節穴でも辞退し兼ねぬ奴が多い。すでにわが国馬関辺では、鱝魚《あかえい》の大きなを漁して砂上に置くと、その肛門がふわふわと呼吸《いき》に連れて動くところへ、漁夫《りょうし》夢中になって抱き付き、これに婬し畢り、また、他の男を呼び 歓《よろこび》を分かつは、一件上の社会主義とも言うべく、どうせ売って食ってしまうものゆえ、姦し殺したところが何の損にならず。情慾さえそれで済めば一同大満足で、別に仲間外の人に見せるでもなければ、何の猥褻罪を構成せず。反ってこの近処の郡長殿が、年にも恥じず、鮎川から来た下女に夜這いし、細君蝸牛《かたつむり》の角を怒らせ、下女は村へ帰りても、若衆連が相手にし呉れぬなどに比ぶれば、はるかに罪のない咄《はなし》なり。

今日、学者が人魚の話の起源と認むるは、ジュゴン（儒艮）とて、インド、マレー半島、濠州等に産する海獣じゃ。琉球にも産し、『中山伝信録』にはこれを海馬《かいば》と書いておる。ただし、今日普通に海馬というは、水象牙を具する物で、北洋に産し、カムサッカ土人、その鳴き声によって固有の音楽を作り出したものだが、『正字通』にこれを落斯馬と書いておる。

十余年前、オランダの大学者シュレッゲル、[◆4]『通報』紙上に、これはウニコールのことだろうと言いしを、熊楠これを駁し、落斯馬はノルウェー語ロス・マー（海馬の義）を直訳したのだ。件《くだん》の『正字通』の文は、まるで『坤輿外紀』のを取ったのだと言いしに事起こり、大論議となりし末、シュレッゲルが、そのころノルウェー語が支那に知れるはずなし、故に件の文が欧州人の手に成った証拠あらば、熊公の説に服するが、支那人の作ではどうも樺太辺の語らしい、と言い来たる。ずいぶん無理な言い様じゃ。彼また自分がウニコール説を主張せしを忘れて、ひたすら語源のノルウェーに出でぬを主張すとて、落斯馬は、海馬は馬に似た物ゆえ「馬らしい」という日本語に出でしならんと、真に唐人の寝言《ねこと》を言うて来た。

わが国では海外の学者を神聖のようにいうが、実は負け惜しみの強い、没道理の畜生ごとき根性の奴が多い。これは、わが邦人が国内でぶらぶら言い誇るのみで、外人と堂々と抗論する弁も筆も、ことには勇気がないからじゃ。しかし、熊公はなかなかそんなことに屈しはしない。返答していわく、日本の語法に「馬らしい」というような言辞は断じてない。しかし、「か」の字を一つ入れたら、お前のことで、すなわち「馬鹿らしい」ということになる。日本小といえども、すでに昨年支那に勝ったのを知らぬか。汝は世間に昧《くら》くて、ジャパンなる独立帝国と、汝の国の領地たるジャワとを混じておらぬか。書物読みの文盲《あきめくら》め。次に、人を困らそうとばかり考えると、ますます出る説がますます味噌を付ける。件の文の出ておる根本の『坤輿外紀』は、南懐仁著というと支那人と見えるが、これ康熙帝の寵遇を得たりし天主僧、イタリア人ヴァーベスチ◆5のことたるを知らずや。注文通りイタリア人の書いた本に、近国のノルウェーの語が出ておるに、何と参ったか。『和漢三才図会』に、和蘭《オランダ》人小便せる時、片足挙ぐること犬に似たりとあるが、汝は真に犬根性の犬学者だ、今に人の見る前で交合《つる》むだろうと、喜怒自在流の快文でやっつけしに、とうとう

「わが名誉ある君よ」という発端で一書を寄せ、「予は君の説に心底から帰伏せり」（アイ・アム・コンヴィンスド、云々）という、なかなか東洋人が西洋人の口から聞くこと岐山の鳳鳴より希《まれ》なる謙退《けんたい》言辞で降服し来たり、予これを持ちて二日ほどの間、何ごとも捨て置いて、諸所吹聴し廻り、折からロンドンにありし旧藩主侯の耳に達し、祝盃を賜わったことがある。

三年ほど後に、恵美忍成という浄土宗の学生を、シュレッゲルが世話すべしとのことで、予に添書を呉れと恵美氏言うから、「先生は学議に募りてついつい失敬したが、全く真の知識を研《みが》くがためだから、悪しからず思え」という緒言で、一書を贈りしに、それ切り何の返事せず、恵美氏の世話もせざりしは、洋人の頑強固執、到底邦人の思いおよばざるところだ。とにかくそれほどパッとやらかした熊楠も、白竜魚服すれば予且《よしょ》の網に罹《かか》り、往年三条公の遇を忝なうして、天下に嬌名を謳われたる金瓶楼《きんぺいろう》の今紫《いまむらさき》も、目下村上幸女とて旅芝居《たびやくしゃ》に雑《まじ》われば、一銭で穴のあくほど眺めらるる道理、相良無武《さがらないむ》とか楠見糞長《くすみふんちょう》◆6とか、バチルス、トリパノソマ同前の極小人に陥れられて、十八日間も獄に繫《つな》がるるなど、思えば人の行く末ほど分からぬものはありやせん。しかし、昼夜丹誠を凝らし、大威徳大忿怒尊の法という奴を行ないおるから、朞年《きねん》を出でずして、彼輩腎虚して行き倒れること受合いなり。

何と長い自慢、兼ヨマイ言じゃ。さて琉球ではまた、儒艮《じゅごん》をザンノイオとも言い、むかしは紀州の海鹿《あしか》同様、御留《おと》め魚《いお》にて、王の外これを捕え食うこと能わざりし由。魚《いお》というものの、形が似たばかりで、実は乳で子を育て、陰門、陰茎歴然たれば、獣類に相違ない。以前は鯨類と一視されたが、解剖学が進むに従い、◆7鯨類とは何の縁なく、目今のところ何等の獣類に近縁あるか一向知れぬから、特にシレン類とて一群を設立されおる。シレンは知れんという訳でなく、シレンスという怪獣は、儒艮《じゅごん》の類に基づいてできたんだろとて採用した名じゃ。ギリシアの古話に、シレンスは海神ポルシスの女で、二人とも三人ともいう。海島の花畠に住み、死人の朽骨の間におり、ことのほかの美声で、一度は気休め二度は嘘などと唄うを、助兵衛な舟人ら聴いて、どんな別嬪だろうと、そこへ牽かれ行くと最後、二度と妻子を見ることがならず。オージッセウス、その島辺を航せし時、伴侶《つれ》一同の耳を蠟で塞ぎ、自身のみは耳を塞がずに帆柱に緊《きび》しく括り付けさせ、美声を聞きながら魅《ばか》され行かなんだは、何と豪《えら》い勇士じゃ。

　予もそれから思い付いて、福路町《ふくろまち》を通る前に必ず泥を足底に塗って往く。これは栄枝《さかえ》得意の「むかし昵《なじ》みのはりわいサノサ」という格で、いくら呼んだって、女史は大奇麗好きだから、足が少しでも汚れおっては揚げて呉れる気遣いなく、「飛んで往きたやはりわいサノサ」と挨拶して、虎口を遁れ帰宅すると、北の方松枝《かたまつえ》御前《ごぜん》が、道理で昼寝の夢見が危かったと、胸撫で下ろす筋書じゃ。それはさて置き、南牟婁郡の潜婦《あま》の話に、海底に「竜宮の御花畑」とて、何とも言えぬ美しい海藻《も》が五色燦爛と密生する所へ行くと、乙姫様《おとひめさま》が顕われ、ぐずぐずすると生命《いのち》を取らるると言い伝う。シレンスが花畑におるとは、美しき海藻より出た譚《ものがたり》ならん。さて、シレンスは一人たりとも美声に魅《だま》されずに行き過ぎると、運の尽きで、すなわちオージッセウスが上述の奇策で難なく海を航したから、今はこれまでなりとみずから海に投じて底の岩に化せりとあるから、南方が行き過ぎると栄枝女史も二階から落ちて女久米仙《おんなくめせん》と言わるるかも知れぬ。

このシレン類は、あまり種類多からず。儒艮属、マナチ属の二属しか現存せぬ。マナチは南米と西アフリカの江河に住む。二属ともあまり深い所に棲み得ず。夜間陸に這い上がり草を食い、一向武備なき柔弱な物ゆえ、前述の通り人に犯されても、ハアハア喘ぐのみ、好いのか悪いのかさっぱり分からず。さて人間は兇悪な者で、続けざまに幾日も姦した上、これを殺し食う。それゆえ、この類の全滅は遠からず。すでに他の一属海牛《シーカウ》というは、北氷洋の一島に住み、その島へ始めて上陸した難船の水夫どもを見て珍しげに集まり近づきたるを、得たり賢し天の与えと片端から殺し食い尽くされ、その遺骨のみ僅少の博物館に保存され、観る人の涙の種となりぬ。また好婬家は儒艮の例を推し、この方が大きいから抱き答《ごた》えがあるなどと言い、眼からも下の方からも涙潤い下るじゃ。この類は三属とも、肉味ははなはだ旨く柔らかな由。ただし、食う時のことで、幹《す》る時の味は別に書いてない。儒艮の頭ほぼ人に似、かつその牝が一鰭をもって児を胸に抱き付け、他の一鰭で游《およ》ぎ、母子倶《とも》に頭を水上に出す。さて驚く時は、たちまち水に躍り込んで魚状の尾を顕わす。また子を愛することははなはだし。これらのことから、古ギリシア人、またアラビア人などが儒艮を見て、人魚の話を生じただろうという。

一五六〇年（永禄三年）、インドで男女の人魚七疋を捕え、ゴアに送り、医士ボスチこれを解剖せしに、内部機関全く人に異ならず、と記せり。また一七一四年ブロ島で捕えし女人魚は、長さ五尺、四日七時間活きしが、食事せずして死す、と。また一四〇四年（足利義満の時）、オランダの海より湖に追い込んで捕えし人魚は、紡績を習い行ない、天主教に帰依して死せり、と。一八世紀の初めに蘭《オランダ》人ヴァレンチン一書を著わし、世すでに海馬、海牛、海狗あり、また海樹、海花あり、また何ぞ海女あり海男あるを疑わんや、と論ぜり。

岩倉公らの『欧米回覧日記』に、往時オランダへ日本より竜と人魚の乾物を渡せしに、解剖して後ようやくその人造たるを知り、人々大いに日本人の機巧に驚けり、と見ゆ。動物学の大家クヴエー、かつてロンドンで人魚の見世物大評判なりしことを記し、いわく、予も人魚なる物を見たるに、小児の体で口に鋭き歯ある魚の顎《あご》を篏《は》め、四肢の代りに蜥蜴《とかげ》の胴を用いたり、ロンドンで見世物にせしは猨《さる》の体に魚の後部を付けしものなり、と。予も本邦また海外諸国でしばしば人魚の乾物を見しも、いずれも猨の前半身へ魚の後半身を巧みに添え付けたるものなり。支那の古史に小人《こびと》の乾腊《ひもの》ということ見ゆ。思うに猨の乾物もて偽り称せしが、後には流行《はやら》なくなり、ついに魚身を添えて人魚と称するに及びしか。『和漢三才図会』等に、若狭小浜の空印寺に八百比丘尼《びくに》の木像あり。この尼《あま》、むかし当寺に住み、八百歳なりしも、美貌十五、六歳ばかりなりし。これ人魚を食いしに因《よ》る、と。

嘘八百とはこれよりや始まりつらん。思うに儒艮は暖地の産にて、若狭などにある物ならねど、海狗などの海獣、多少人に類せる物を人魚と呼び、その肉温補《おんぽ》の功あれば、長生の妙験ありなど言い伝えたるやらん。

とにかく、人魚ということ本邦に古くより言い囃せし証拠は、「法隆寺の古記」なる『嘉元記』に、「人魚出現のこと。ある日記にいわく、天平勝宝八年（今より千百五十四年前）五月二日、出雲国ヤスイの浦へ着く。宝亀九年四月三日、能登国珠洲岬に出で、正応五年十一月七日、伊予国ハシオの海に出で、文治五年八月十四日、安芸国イエッの浦に出で、延慶三年四月十一日、若狭国小浜の津に引き上げて、国土目出度《めでた》かり。真仙と名づく（何のことか知れぬが、多少八百比丘尼に関係あるらし。）延文二年卯月三日、伊勢国二見の海に出で、長久なるべし。延命寿と名づく。以上六ヵ度出で、云々」とあり。また人魚を不吉とせし例は、『碧山日録』に、「長禄四年六月二十八日。ある人いわく、このごろ東海の某地に異獣を出だす。人面魚身にして鳥趾《とりのあし》なり。京に入りて妖を作《な》さんとす。人みなあらかじめ祓事《はらいごと》を修め、殃《わざわい》を禳《はら》うという」とある。まだまだ書くことがあるが、監獄で気が張っていた奴が、出てから追い追い腰痛くなり、昨今はなはだ不健全ゆえ、ここで話を止める。

（明治四十三年九月二十四日、二十七日『牟婁新報』）

（平凡社版『南方熊楠全集』第六巻305～311頁）

《語注》

◆1　**長々監獄で月を見た**（ながながかんごくでつきをみた）――明治四十三年八月二十一日、南方熊楠は田辺中学校で開催中の夏期講習会の会場に、神社合祀推進派の県吏田村和夫に面会を要求して「乱入」し、翌二十二日警察に拘引され当夜は留置、翌二十三日未決監に移され、九月七日釈放されるまで田辺監獄でくらした。なお九月二十一日、事件当時「酔っていた」という理由で免訴となっている。

◆2　**『六物新誌』**（ろくもつしんし）――蘭学者大槻玄沢（磐水）の著書。二巻二冊。天明六年（一七八六）の序・跋があり、同年刊。当時珍奇なものとされていた、一角（ウニコール）・泊夫藍（サフラン）・肉豆蔲（にくづく）・木乃伊（ミイラ）・噎蒲里歌（エブリコ）・人魚の六物を、図入りで、蘭書に基づいて解説している。

◆3　**就いてこれに婬し**――「人魚の話」が風俗壊乱で告発されたのは、法廷での検事の発言によると、主として以下の人魚との交接の記述によるらしい。

◆4　**シュレッゲル**――前出（本書191頁注3参照）。なおシュレッゲルの南方熊楠宛書簡四通の訳が『南方熊楠百話』（八坂書房）に掲載されている。

◆5　**ヴァーベスチ**――フェルビースト（Ferdinand Verbiest　一六二三―一六八八）のこと。正しくはベルギー（フランドル）のイエズス会士。中国に派遣され伝道に従事したが、康熙帝に天文学や数学を進講し、欽天監（天文台長）として修暦に当たり、大小の砲を鋳造して工部侍郎に任ぜられた。漢名南懐仁として『坤輿図説』などの著書がある。

◆6　**相良無武・楠見糞長**（さがらないむ・くすみふんちょう）——和歌山県庁の内務第一部長相良歩と、西牟婁郡長楠見節のこと。「人魚の話」が裁判にかけられたのは、実はこのような神社合祀推進派の県吏たちに対する攻撃と罵言のためだと見られている。

◆7　**シレン類**（シレンるい）——英語では **Sirenia** で、今日ではカイギュウ（海牛）目と訳され、ジュゴン（Dugon）科とマナティー（Manatee）科に分けられる。南方熊楠が後述している通り、（絶滅種をのぞいて）カイギュウ目の現生種は、この二科のみである。

奇異の神罰

『猥褻風俗史』◆1一二張裏に、宝永七年板『御入部伽羅女《ごにゅうぶきゃらおんな》』また『宝永千載記』等を引き、伊勢詣りの男女途中で交接して離れざるものを見世物にしたる由見ゆ。樽屋お仙（『好色五人女』巻二）、お半長右衛門（『桂川連理柵《かつらがわれんりのしがらみ》』上）など、参宮に便りて淫奔せし例少なからねば、自然かかる見世物も信受《まにうけ》られしなり。

伊勢道中に限らず、諸所の聖地に今もまま実際かかることあるは、四年前七月二十日の『大阪毎日』紙上、三面先生の「別府繁昌記」に、温泉の由来を説明する「坊さんなお続けて言う。不思議なことには、中で不浄なことがあると、きっと湯が冷え切りますじゃ。愚僧の時代にも三度ほどありました。十年ばかり前になりますがの、男女の不埒者がありましてな、合うたところが離れません。その時も湯がことごとく冷え切りまして、三日三《み》夜《よさ》大祈禱を行ないましたじゃ。このごろは滅多にありません。何《なん》し信仰が強いよって、そんな馬鹿者は、十年に一人ともまあ出ませんわい」云々。紀州田辺に藤原抜高《のぬけたか》と緋名立ちし人ありし。三十年ほど前、近町の寡婦と高野の女人堂で淫行して離れえず。僧の加持を頼みわずかに脱して還れるを、当時流行唄で持て囃され、今も記憶する人多し、『続群書類従』所収『八幡愚童訓』巻下に、御許山《おもとやま》の舎利会《しゃりえ》に、一僧、女房を賺《すか》して人なき谷底にて犯しけるほどに、二人抱き合うて離れず、命失せにけり、と載す。文の前後を推すに、鎌倉時代のことのごとし。

外国の例は、元の周達観の『真臘（今のカンボジア）風土記』◆2に異事と題して、「東門の裏に、蛮人のその妹を淫する者あり、皮肉たがいに粘《つ》いて開かず、三日を歴て、食らわずしてともに死す。余の郷の人薛氏は、番におること三十五年なり。かれの謂うに、ふたたびこのことを見たり、と。けだしそれ聖仏の霊をもって、故にかくのごときなり」。一八七七年ロンドン板、ゴルトチッヘルの『ヘブリウ鬼神誌』一八二頁に、回教徒が巡礼するカバ廟で語らいした罰に化石した男女のことを記せる。また『嬉遊笑覧』所引、明の祝允《しゅくいん》明《めい》の『語怪』に、袞《えん》州人家の贅婿《いりむこ》その妻の妹と通じ、事露われしが、抗弁して岱山頂に上り、二人果たして私あらば神誅を受けんと祝し、山腹の薄闇き所でたちまち行淫して久しく還らず、人々尋ね見出だせしに、二根粘着《ひっつ》き解けずして死しおったり、とあり。唐の段成式の『酉陽雑俎』続集六に、「長安静域寺の金剛は旧《ふる》く霊《くしび》あり。大宝の初め、駙馬の独孤明の宅、寺と相近し。独孤に婢あり、懐春と名づく。稚歯《としわか》くして俊俏《みめよ》し。常に西隣りの一士人と悦《たのし》む。よって宵に寺門にて期《あ》う。巨蛇あってこれを束《つか》ね、ともに卒す」。実は例の離れずに死におったるを、蛇に束ね殺されしと偽言せしならん。

東晋の代に天竺三蔵覚賢《ブダバードラ》が訳せる『観仏三昧海経』◆3巻七にいわく、波羅奈《はらな》国の婬女、名は妙意、世尊この女を化度せんとて三童子を化成す。年みな十五、面貌端正、一切の人に勝れり。この女これを見て大いに歓喜し、語るらく、「丈夫《おのこ》よ、われ今この舎《いえ》は、功徳天のごとく富力自在にして、衆宝もて荘厳《かざり》をなす。われ今身とおよび奴婢をもって、丈夫に奉《ささ》げ上《たてまつ》り、灑掃《さいそう》に備うべし。もしよく顧《かえり》みて納《い》れ、わが願うところに随えば、一切を供給し、愛惜するところなし」とて招き入れ、「すでに付《したが》い近づきおわる。一日一夜、心疲れ厭《う》まず。二日に至りし時、愛の心ようやく息《や》む。三日に至りし時、白《もう》していわく、丈夫、起きて飲食すべし、と。化人すなわち起き、纏綿としてやめず。女、厭悔を生じ、白《もう》していわく、丈夫は異人なれば乃《すなわ》ち爾《しか》り、と。化人告げていわく、わが先世の法は、およそ女子と通ずるに、十二日を経てしかるのちに休息す、と。女は、この語《ことば》を聞き、人の食らいて噎《おくび》して、すでに吐くを得ず、また咽《の》むを得ざるがごとし。身体の苦痛なること、杵にて擣《つ》かるるがごとし。四日に至りし時は、車にて轢《ひ》かるるがごとし。五日に至りし時は、鉄の丸《たま》の体に入れるがごとし。六日に至りし時は、支節ことごとく痛み、箭《や》の心《むね》に入れるがごとし」。婬女大いに懲り果て、われ今より一生色を貪らじ。むしろ虎狼と一穴に同処するも、色を貪ってこの苦を受けじと念う。「化人また嗔《いか》るらく、咄《とつ》、弊悪婦《あばずれめ》、汝はわが事業を廃せり。われ今汝と共に合体して一処なれば、早く死するにしくはなし。父母宗親、もし来たって覓《もと》むれば、われは何処《いずこ》にみずから蔵《かく》れん。われはむしろ経《くび》れて死《し》せん。恥を受くるに堪えず、と。女いわく、弊物《ろくでなし》、われは爾《なんじ》に用なし、死を欲するも随意なり、と。この時、化人、刀をって頸を刺す。血流るること滂沱《ぼうだ》として女身を塗汚《けが》し、萎花《くずお》れて地にあり。女は勝《た》うるあたわざるも、また免《のが》るるを得ず。死して二日を経、青き淤臭《うみにお》う。三日にして膖脹《ぼうちょう》し、四日にして爛潰す。五日に至りし時、皮肉しだいに爛《ただ》れ、六日にして肉落ち、七日にしてただ臭骨あるのみ、膠《にかわ》のごとく漆《うるし》のごとく女身に粘著す。一切の大小便利および諸悪虫、迸《ほとば》しりし血ともろもろの膿《うみ》、女身に塗《へば》り漫《つ》く。女、きわめて悪厭するも離るるを得ず。誓願を発すらく、もし諸天神、および仙人・浄飯王子、能くわが苦しみを免れしめば、われこの舎の一切の珍宝を持って、もって用いて給施《ほどこ》さん、と」。かく念ずるところへ、仏、阿難を伴い来たる。女これを見て、男の屍を離さんとするに離れず、白氈もて覆うに臭きゆえ覆いえず。大いに慚愧して救いを乞いければ、仏の神力で臭屍消え失せ、婬女仏に帰依し、すなわち道を得たり、と。これあまりに大層な話なれど、宗教心厚かりしインド人中には、二根離れざるを愧《は》じて死し、熱地のことゆえ、たちまち屍が腐り出だせし例もありしによって、作り出だしたる訓戒なるべし。

本朝の仏書には、弘仁中僧景戒の著『日本霊異記』◆[4]巻下に、宝亀二年夏六月、河内の人丹治比経師《たじひのきょうじ》、他人のために野中堂にて法華経を写す際、雨を避けて女衆狭き堂内に込み合いしに、「経師、婬心熾《さか》んに発《おこ》り、嬢《おんな》の背に踞《うずくま》り、裳を挙げて婚《くなが》う。閇《まら》の閫《しなたりくぼ》に入るままに、手を携えてともに死す。ただ女の口より漚《あわ》を噛み出だして死せり」。また巻中に、聖武帝の時、紀伊の人上田三郎、妻が寺に詣りしを憤り、往って導師を汝わが妻を婚せりと罵り、妻を喚んで家に帰り、「すなわちその妻を犯す。卒爾《にわか》に閇《まら》に蟻著いて噛み、痛みて死す」と出でたり。また『常陸風土記』香島郡の那賀寒田郎子《なかさむたのいらつこ》、海上安是嬢子《うなかみあぜのいらつめ》と相愛し、嬥歌《かがい》の会で出会い、松下に蔭れ、「手を携え、膝を役《つら》ね、懐《おも》いを陳《の》べ、憤《いきどお》りを吐く。すでに故《ふる》き恋の積もれる疹《やまい》を釈《と》き、また新しき歓びのしきりなる咲《えま》いを起こす。（中略）にわかにして、鶏鳴き狗吠えて、天暁《そらあ》け日明らかとなる。ここに僮子《うない》等《たち》、なすところを知らず、ついに人の見んことを愧じ、化して松の樹となる。郎子《いらつこ》を奈美松《なみまつ》と謂い、嬢子《いらつめ》を古津松《こつまつ》と称《い》う。古えより名を着けて、今に至るも改めず」。これも露わに言いたらねど、交会のまま脱するをえず、人の見るを羞じて二松相連なれるものと化したり、と謂うにあらざるか。相生の松、連理の松など、諸所に間《ま》まあり。したがって紀海音作『今宮心中丸腰連理松』という戯曲《じょうるり》などあり。和歌浦近く鶴亀松とて、二本の松の根連なれるありしが、先年倒れ失せたり。

宋の康王、韓朋を殺し、その美妻を奪いしに、妻自殺し、二人の墓より樹生じ、枝体相交わりしを王伐らんとせしに、鴛鴦《おしどり》に化し飛び去れりという。『長恨歌』に、地にあっては連理の枝とならんと、明皇《めいこう》が貴妃と契りしも、詰まるところは双身離れざるを望みたるなり。支那には男色の連理樹さえあり。董斯張の『広博物志』巻二〇にいわく、「呉の潘章は、少《わか》くして美なる容儀あり。時の人競いてこれを慕う。楚国の王仲先、その美名を聞き、故《とく》に来たり求めて友となる。よって同《とも》に学ばんことを願い、一見して相愛し、情夫婦のごとく、同衾共枕す。交好やむことなく、のちともに死す。しかして家人これを哀れみ、よって羅浮山に合葬す。塚の上にたちまち一樹を生じ、柯条《かじょう》枝葉、相抱かざるなし。時の人これを異とし、号《なづ》けて共枕樹となす」と。『日本紀』にも、神功皇后、紀伊に到りたまいし時、両男子相愛し、死して一穴に葬られしことあり。ただし、樹を生ぜしことなし。

神仏の罰によって両根相離れざる諸話、全くよりどころなきにあらず、本人すでにみずからその非行を知るが故に、恐怖大慚して、陰膣痙攣《ヴァギニスムス》を起こし、双体たちまち解くるを得ざるなり。（予が知れる一医師、先年東京にありし日、華族の娘、書生と密会して、この症頓発し離れあたわざるところへ招かれ、灌腸してこれを解《とか》し、翌日五十円を餽《おく》られし由聞けり。）場合により、ことさらに不可解を覓《もと》め楽しむ人もあるは、万暦中の輯纂に係ると覚しき、『増補万宝全書』巻六〇、春閨要妙の中、相思鎖方《そうしさのほう》、金鎖玉連環方《ぎょくれんかんのほう》等の奇法を載せたるにて明らかなり。

（明治四十五年七月『此花』凋落号）

（平凡社版『南方熊楠全集』第二巻457～460頁）

《語注》

◆1　『猥褻風俗志』（わいせつふうぞくし）——宮武外骨著。明治四十四年（一九一一）雅俗文庫刊。「宮武外骨著作集」（河出書房新社）第五巻に収録。

◆2　『真臘風土記』（しんろうふどき）——中国、元の周達観撰。一巻。元の成宗の元貞元年（一二九五）から翌年にかけて、使節を派遣して真臘（今のカンボジア）を招諭した際に、達観が随行して見聞を記したもの。

◆3　『観仏三昧海経』（かんぶつざんまいかいきょう）——前出（本書117頁注6参照）。

◆4　『日本霊異記』（にほんりょういき）——正称は日本国現報善悪霊異記。僧、景戒撰。仏教説話集。三巻。弘仁十四年（八二三）前後に成立。雄略朝から嵯峨朝に至る因果応報説話百十六篇をほぼ年代順に記述。仏教説話集として日本最古のものである。

鳥を食うて王になった話
——性に関する世界各国の伝説——

一　雉を神とすること

『史記』の封禅書《ほうぜんしょ》◆1にいわく、秦の文公、石のごときものを獲て陳倉の北阪城で祀る、その神あるいは歳に至らず、あるいは歳にしばしば来たる、来たる時は常に夜をもってし、光輝流星のごとし、東南より来たって祠城《しじょう》に集まる。すなわち雄鶏のごとし、その声殷《いん》という、野鶏夜鳴く、一牢をもって祠る、名づけて陳宝という、と。『評林』に、『三秦記』にいわく、太白山の西に陳倉山あり、山に石鶏あり山鶏と別ならず、趙高山を繞るに山鶏飛び去れど石鶏は去らず、晨《あした》に山頂に鳴く、声三里に聞こゆ、あるいはいう、これ玉鶏なり、と。『括地志』にいわく、宝鶏神祠は、陳倉県の故城中にあり、云々、石鶏は陳倉山上にあり、祠は陳倉上にあり、故にいわく、石のごときを獲て陳倉の北阪城に祠る、と。瓚いわく、陳倉県に宝夫人の祠あり、あるいは一歳二歳に葉君と合う、葉君来たる時天これがために殷々雷鳴す、雉ために鳴く、と、云々。『列異伝』にいわく、陳倉の人異物を獲てこれを献ず、道に二童子に遇う、いわくこれを媦と名づく、地下にありて死人の脳を食う、と。媦すなわちいわく、かの童子を陳宝と名づく、その雄を得れば王となり、雌を得れば伯《は》となる、と。すなわち童子を逐うに、化して雉となる、秦の穆公大いに猟してその雌を得、ために祠を立てて祭る、光ありて雷電の声をなす、雄は南陽に止まる、長《たけ》十余丈の赤光あり、来たって陳倉の祠中に入る、故に代の俗これを宝夫人の祠という、葉は県の名で南陽にあり、葉君はすなわち雄雉の神なるゆえ、時に宝夫人の神と合うなり、と。野鶏とは、漢の呂后は名雉《ち》ゆえ、雉を忌んで夜鶏と言ったのだ（『本草綱目』四八）。

　明治十九年ごろまで、高野山の大名諸家の石碑林立した中に天降鉄の大塊を祠った小祠《ほこら》ありて、弥勒菩薩の祠と称えおった。昨夏詣って見ると、跡も残らず。それと斉《ひと》しく、隕石の鶏の形したのが光り、吼えて降るを得て、秦の文公が宝鶏祠と祀ったが、その時も、その後も、隕石天《てん》に沖《わた》って落つる時、野鶏が驚いて鳴き噪ぐより、右様の咄《はなし》を生じたと見える。日本でも地震などの変異の節[◆2]、雉や鶏が噪ぐ。また蒼鷺《あおさぎ》等の鳥が夜光って飛ぶを予も見たことあり。産死の女がウブメ鳥となり人を脅かすというを目撃した者、これ全く蒼鷺だったと言った由、『梅村載筆』に見ゆ。『和漢三才図会』に、ウブメ鳥は形も声も鷗に似て夜光る、という。河内平岡神社の神燈の油を夜ごと盗んだ老婆、死後なったという「姥が火」に逢うた人、俯して潜《ひそ》かに見ると、鶏の大きさの鳥で嘴《くちばし》を叩く音あり、遠く見れば円い火なり、貞享ごろより死んだと見えて出でず、と。『諸国里人談』にこれを五位鷺としたが、嘴を叩く音ありというから鵁《こう》でないかと疑わる。

予の現住地より一里ばかり、秋津という村から鰻や箒を売りに来る八十ばかりの老爺坂本喜三郎の話に、三十歳ばかりのころ、その村の雑貨店の主婦《かみさん》池に投身《みなげ》して死し、村の大庄屋が村役所より夜帰る時さしおった傘の上にかの女の幽霊が留まったことあり、大いに惧れ傘を捨てて近所の綿屋に駆け込んだ。そのころ、坂本翁、夏の夜一友と海へ網打ちに行かんと小泉堤を歩むに、友は十四、五間後る。万呂村の方より鵁のごとき白き物飛び来たり、五、六間先《さき》になって消えたと思うところに、三間ばかり前を常人の歩む速力で横ぎり行く女あり、髪を被《かぶ》り、藍縞の衣を着て、腰以下なし。近処の綿畑に水入れた中に入って立つところへ、後れ来たった友人が、今かかる物飛び来たったと嗅ぐまぎれに、かの女は見えずなった。かねて幽霊に逢う者落ち着いて訊《と》えば必ず意趣を語るものと聞きおったに、その時尋ねやらなんだは残念なと力んでも、五十年ほど跡の祭りで詰まらない。

また、むかし田辺の北新町の三栖《みす》千《せん》ちう菓子屋の娘、礫山の池に身投げて死んだ。予が知る玉置氏の先世、僧となり、俳諧に遊んだ人、その池のほとりを通るを、件《くだん》の女の幽霊が追い来たるを顧みると、金色の翼を生じあったという。これらは胆気に乏しき者が何かの鳥を見て幽公と早合点したに相違ないが、古エジプトの壁画に蚤《はや》く人の魂に鳥の翼生えて飛ぶところあり（英訳デスペロ『開化の暁《ゼ・ドーン・オヴ・シヴィリゼーション》』一九八頁）、鳥を神や祖先の霊と心得た例、諸国に多し（グベルナチス『動物譚原《ゾーロジカル・ミソロジー》』二）。よって推すに、文公隕石を祀った陳宝祠のほとりで時々夜光る雉様の鳥が相逢うより、その鳥を神と心得、雄神が時々雌神に会いに来ると言ったのだ。

西洋にも、ドイツに夜光る鳥あったと、プリニウスの『博物志《ヒストリア・ナチュラリス》』一〇に記し、イタリア、ギリシアでも鳥が夜光ると信ず（一九一五年ロンドン発行『ノーツ・エンド・キーリス』一一輯一二巻二一三―五頁、拙文「夜光る鳥」を見よ）。蒼鷺燐光を放つ由は、英国でもコープが一九〇六年十二月の『カナリヤおよび小鳥の生活《カナリヤ・エンド・ケージ・バード・ライフ》』に、また同年板ハーチング著『博物学者の娯楽《レクリエーション・オヴ・ア・ナチュラリスト》』の内、「光で惑わす」の一章に述べおる。

さて、『淵鑑類函』四二五には、陳宝神を雉とせず鶏とし、秦時、陳倉で二宝鶏童子に化するを見る、ある人いわく、雄を得る者は王たり、雌を得る者は覇《は》たり、と。秦の穆公、雌者を猟り得てついに西戎に覇たり、祠を立つ、神光東南方より来たり雄鶏の声のごとし、と見ゆ。日本で雉を神とする例を聞かぬが、山鶏を神使とすることはある。（『奥羽永慶軍記』一二。『土俗と伝説』一巻三号、中山〔太郎〕氏の「一つ物」参照）

二　半男女《ふたなり》について

三十年ほど前、辱知ノルマン・ロッキヤー男[3]が、その発行する『ネーチュール』に隕石論を続載された。内に古人隕石に男女ありとし、生殖器崇拝をこれに向かって行なうた由を詳説されたが、予はほとんど全く忘れ了《おわ》ったから、今更自分で調べ出した一斑を述ぶると、遠くはギボンの『羅馬《ローマ》衰滅史』や、近くは一九一一年出板、スチュアート・ヘイ氏の『呆れ返ったヘリオガバルス帝』を見て知れる通り、西暦二一八より二二二年までローマ帝だったヘリオガバルスまたの名エラガバルスは、大槻西磐氏の『遠西紀略』に竜陽を好み嬖幸多しと書かれた通り、まことに驚き入った深情《ふかなさけ》の姣童《わかしゅ》で、世に半男女帝《ふたなりてい》と唱えられた。

半男女については、一七七二年クレーフ板、デ・パウの『亜米利加土人の理学的研究《ルシエルシュ・フィロソフィク・シュル・レ・アメリカン》』にあらゆる種類を集めて逐次詳論し、また一八八八年にパリで出たド・シャムプルの『医学百科全書《ジクシヨナール・アンシクロペジク・デ・シャンス・メジカル》』[4]四輯三巻に細説を図入りで陳べおり、一八七四年パリ板、アムブロアス・タージューの『性を誤認された人の鑑定の法医論』を読めば、半男女の体質や心性の一斑が解《わか》る。

わが国にも身体の構造上の半男女の記事は時々新聞雑誌や医書で見及ぶが、そのほかにも半男女と通称さるる者が種々あって、実際半男女で少しもないのもある。『南水漫遊』続篇にいわく、女形《おんながた》の初めは、承応元年江戸市村座へ上方《かみがた》より右近源左衛門という役者下りて、練絹の浴衣を被《かぶ》り、女形ということを始め、その後万之助という若衆勝《すぐ》れて女に似たりとて、そのころ堺の半井卜養《なからいぼくよう》の狂歌に、「女かとみれば男の万之助ふたなり平《ひら》のこれも面影」、と。京伝の『近世奇跡考』◆5二に、『已往物語』に、むかし右近源左衛門という若者京都より下り、三味線引一人、地謡《じうたい》一人にて芸する時、今の鬘などいう物なく、黄色の服紗物に細き糸をつけ額に被りて月代《さかやき》をかくす。面体綺麗の若者なれば女のごとくに見ゆる。さて、芸は海道下り、山崎下りなどいう道行《みちゆき》の歌を地謡に唄わせ、それを小舞《こまい》にして舞う。または業平餅を買い給うところを独狂言《ひとりきょうげん》に舞う。諸人面白がりて見物す。この源左衛門黄なる服紗被りたる体を人形に、木にても作り、紙にて張貫《はりぬき》にも作りておびただしく売る、云々」とありて、当初女形役者を珍しく持囃《もてはや》したのだ。『男色大鑑』六に、「女がたもむかし右近左近が時は、面影の紛らわしく、頭は置手拭にして大方に色作りしに、諸見物もそのなりけりに請け取り、仕組も今に見較べて過ぎにしことおかしかりき」とあれば、実に麁末至極のものだったのだ。その右近源左衛門の業平餅買いの独狂言ことのほか大当りで、後に万之助がこれを勤めた姿貌《すがた》ことに女に似たるを半男女と見立て、餅買いの業平に持ち掛けて、「ふたなり平のこれも面影」と卜養が讃めたのだ。その後女形の養成最も行き届いた時の様子は、西沢一鳳の『伝奇作書』初中にいわく、「たとえば色情の狂言にても、もと男子艶治郎なれば実情移らぬものゆえ、幼少より女の容《かたち》にて育て、成長後傾城にせよ娘にせよ、出立《でたち》は実の女より情を深くせずんば濡事師《ぬれごとし》と口説痴話の時来賓に情移らず。往古水木辰之助という女形は、旦《たておやま》の名人にて、男子なれども月水《つきやく》を覚えしということ、『菖蒲草《あやめぐさ》』に出でたり（初代芳沢あやめ、女形の心得を書きたる書なり)」と。風来の『根無草《ねなしぐさ》』に、沢村小伝次という女形、藤井寺の開帳詣でに小山いう地に宿り、一日駕籠に乗って揺られて血暈《ちのみち》起こったと言うを、連《つれ》の俳優等笑って、いかに女形なればとて男に血暈とはと捧腹した。その座に西鶴もありて大いに感じ、稚《おさな》きより形《なり》も詞も女のごとくならんと日ごろ嗜みしより、仮初《かりそめ》の頭痛を血暈と覚えしはさてさてしおらしきことと言った、とある。

『琅邪代酔編』二〇などに、男子が時として乳房から乳汁を出し孤児を養うあり、と聞いて信ぜぬ人多いが、そんな人が気絶せにゃならぬ椿事ちうのは、シャウタやヴィルヒョウが検査した半男女は、男子の精液と女子の月経を兼ね具えおったという(上に挙げたド・シャムプルの書、六六〇頁)。英国のエリザ・エドワルズと女の名で一生女装した者の尸《しかばね》を検査して、多年非道受犯しおった男と知れたが、その後庭の襞《ひだ》積全く失せて大唇《ラビア》に擬《まが》うた由(英国科学士会員アラフレッド・テイラー『裁判医学の原則および応用《ゼ・プリンシプルス・エンド・プラクチス・オヴ・メジカル・ジュリスプルンデス》』第四板四七〇頁)。

かつて高野山で小姓だった老人に聞く。以前かの山で外色盛行の時、内泄《ないせつ》外泄ということあり、慣用の久しき雲雨の際腸端が陰膣同様粘液を出すを内泄と言いし、と。これ境と用に応じて設備を新加する、生理上ずいぶんありそうなことだが、ヴィルヒョウ等が見た生れ損《そこな》いの希代の数例を措いて、男子が月水を生じ得べしと思われず。

仮初《かりそめ》の頭痛を血の道と謂《い》うほど、女の心持ちを固執した女形どもの中に、水木、袖崎、芳沢、荻野を女形の四天王と呼んだ。その随一の芳沢が書き留めたほど名人だった水木は、月経までも身に具えたと覚ゆるまで女の心になり通したというので、実際月水を出したというのでない。水木がことは像と共にほぼ『近世奇跡考』二に出で、そこに見えぬが、市川栢莚《はくえん》の『老《おい》の楽《たのしみ》』に、寛保二年三月晦昼ごろ大和屋宇右衛門三升が悔みに来たる、老人なり、これはむかしの水木辰之助なり、と出づ。元禄中女形の盛名あった者ゆえ、この歳は七十前後であったろう。高歌一曲明鏡を掩う、昨日少年今日白頭、と悲しんだであろう。そして月水の考えなどは遠くの昔に亡《う》せてしまったに相違ない。小姓の内泄については、一八四五年ハレ板、ローセンバウムの『黴毒史《ゲシヒテ・デル・ルストゾイヒニ》』二〇五頁注に詳論ある。

ギリシア語で半男女をヘルマフロジトス。こはもと神の名で、その神は、男神ヘルメスが女神アフロジテに生ませた。父母の体質を兼ね備えて美容無双たり。十五歳の時サルマキスの井のほとりに臥す。井の女精これを愛し、思いを述ぶれど聴かれず、その井に浴するところを擁し、必ず離れぬようと諸神に祈る。それより二体連合して、男とも見えまた女とも見える児手柏《このてがしわ》の二面《ふたおもて》的の者となる。ヘルマフロジトスその身の変化を見て、この井に浴する者みな半男女となるよう祈ったのが、世間この人妖の始まりという（スミス『希臘羅馬伝記神誌字書《ジクショナリー・オヴ・グリーク・エンド・ローマン・バヨグラフィー・エンド・ミソロジー》』二巻四〇三頁）。ローマでは初めこれを妖怪《ばけもの》として海に投げたが、後には慾事に用いた（ボーンス文庫本、プリニー『博物志』七巻三章）。

テイラー説に、むかしは人を半男女と呼ぶを軽蔑の語としたが、踊りの師匠が半男女と呼ばれて訴え出た時、審理の末取り上げられなんだ。その訳は、実際男女の体を兼備とはありうべからぬことで、かく呼ばれたとて害にならず、その上舞の師匠が男とも女とも見えるなら、二役倶《とも》に勤まるから反って名が揚がるでないかと言うたそうだ。

『嬉遊笑覧』九にいわく、『談往』に馮相銓という少年のことを言うて、『異物志』にいわく、霊狸一体みずから陰陽をなす、故に能く人に媚ぶ、みな天地不正の気、と。霊狸は俗にいう麝香猫で、その陰辺に香を出す腺孔あるを誤認して、体牝牡を兼ねると言うたのだ。誰も知る通り兎の陰辺にも特異の構造あり。したがって古ギリシア・ローマの学者やユダヤの学僧等これを両性併せ具えたものとし、淫穢不浄の標識《しるし》とした（ブラウン『俗説弁惑《プセウドドキシア・エピデミカ》』三巻一七章）。『輟耕録』◆6二八にいわく、『大般若経』に五種の黄門《こうもん》を載す。その第四を博叉半択迦《バクチャバンダカス》という、半月は能く男で半月は能く女なり、と。黄門、また不男《ふなん》と名づく、子を生む能わざる男だ。『五雑俎』◆7五に、晋の恵帝の時、京洛に人あり、男女体を尊ね、また能く両《ふたつ》ながら人道を用ゆ。近ごろ聞く、毘陵の一縉紳の夫人、子《ね》より午《うま》に至ってはすなわち男、未《ひつじ》より亥《い》に至ってはすなわち女、その夫またために妾媵《しょうよう》数輩を置き、これに侍せしむ。妓あり、親しく枕席を承《う》く、出でて人に語っていわく、男子とことに異《かわ》りなし、ただ陽道少し弱きのみ、と。

『輟耕録』またいわく、宋の趙忠恵、維揚に帥《そつ》たりし日、幕僚趙参議、婢あり、彗黠《けいかつ》にしてことごとく儕輩《なかま》の歓を得たり。趙これに昵《ちかづ》けども堅く拒んで従わず。異あるを疑うて強いてこれに即《つ》けば男子なり。有司に聞《ぶん》す。けだし身二形《ふたなり》、前後の姦状一ならず。ついにこれを極刑に置く。近ごろ李安民、かつて福州において徐氏の処女《むすめ》年十五、六なるを得て、交際一再してようやく且《か》つ男形なり。けだし天真いまだ破れざるとき、かれまたみずから知らず。しかるに小説中、池州の李氏の女《むすめ》および婢の添喜ありて、事まさに相類す。しかれどもこのほか絶えて古今伝記等の書に見えず。あに人の妖のために筆墨を汚すをもってまた載せざるか。晋の「五行志」これを人痾《じんあ》という。これ乱気の生ずるところなり。『玉暦通政経』に、男女両体は国の淫乱を主《つかさど》る、しかして二十八宿の真形図に載せたる心房二星みな両形《ふたなり》で、丈夫婦女とかわるがわる雌雄たり。『褚氏遺書』にいわく、非男非女の身、精血散分す、と。またいわく、感ずるに婦人をもってすれば、男脈診に応じ、動するに男子をもってすれば、女脈指に順う、みな天地不正の気なり、と。

非男非女は英語のニウターまたエピシーン（無性）で、生殖器なき者を指す。いわゆる池州李氏の女と婢添喜の小説は、『続開巻一笑』二に見ゆる伴喜私《ひそ》かに張嬋娘《せんじょう》を犯す一条を作り替えたであろう。富人張寅信その女嬋娘を嫁するに、一妾を随え之《ゆ》かしめんとて伴喜という女を添うる。娘、年十六、はなはだ伴喜を愛重するうち、伴喜、娘に婚嫁の作法を知るかと問うと、女工のほか知るところなしと答う。伴喜、みずからは女身ながら二形兼ね備わる。女に遇えばすなわち男形、男に遇えばすなわちまた女となるとて、実をもってこれに教え、娘、情竇《じょうとう》一たび開いてみずから已《や》む能わず、とある。

これは真の半男女だが、非行を遂げんための擬《にせ》半男女も支那に少なくない。『聊斎志異』◆8

と『五雑俎』を合わせ攷《かんが》うるに、明の成化の間、石州の民桑翀《そうちゅう》、少時より邪術を学び、纏足女装し、女工を習い寡婦《ごけ》の粧《よそおい》を作《な》し、四十五の州県に遊行し、人家好女子あれば、女工を教うるを名とし密処に誘い戯れて姦淫す。女従わざれば迷薬を噴き掛け呪語を念じて動く能わざらしめ事を遂ぐるに、女、名を敗るを畏れ終《つい》にあえて言わず。数夕かくのごとくしてすなわち他処に移るゆえ、久しくするも敗れず。男子の声を聞けばすなわち奔《はし》り避く。かくのごとくすること十余年、河南北直隷山東西に偏遊し大家の室女百八十二人を汚す。のち晋州に至り高秀才の家に宿《とま》る。その婿趙文挙なる者酷《はなは》だ寡婦を好む。聞いてこれを悦び、詐《いつわ》って自分の妻を妹と称し、延《ひ》き入れて共に宿せしむ。中夜に門を啓《ひら》いてこれに就く。翀大いに呼んで従わず。趙その吭《のど》を扼《とりしば》りその衣を褫《は》ぐにすなわち一男子なり。擒《とら》えて官に送る。実を吐き、かつ言う、その師大同の谷才、素《もと》よりこの術をなせしが今すでに死す、その同党任茂、張端等十余人あって、途《みち》を分かち姦を行なう、と。急にこれを捕え獄具してみな市に磔《はりつ》けらる。

そのころ、東昌人馬万宝、妻の田氏と共に放誕にして物に拘《こだ》わらず、至って中よく暮らす。隣の寡媼《ごけばば》方へ、翁姑《しゅうとめ》に虐げられ出で来たれりとて、十八、九歳の艶女来たり留まり、縫紉《ぬいしごと》絶巧、兼ねて夜分女子を按摩しその病を治《なお》す。馬生その由を毎度聞いたが一向気に留めず。たまたま一日これを垣間見、心窃《ひそ》かにこれを好む。私《ひそ》かに妻と謀りその疾に托してこれを招く、媼来たって、渠《かれ》は男子を見るを畏るという。妻いわく、今晩わが夫は他家へ飲みに往くから帰らぬよう囑《いいっ》くべし、と。その夜かの女来たり、主人今夜帰らぬと聞いて大いに喜び田氏と共に牀《とこ》に上る。田氏燭を隠し、厨舎《くりや》の門を閉ずるを忘れた、ちょっと閉めて来るとて、牀を下り門を啓《ひら》き夫と入れ替わったと知らぬ白歯の娘、馬生をその妻と心得昵《むつ》まじく話し掛くれど黙りおる。その腹を撫ずるうち男らしい様子に驚き逃げんとするを、馬生が止めて検すると、盗人を捉えて見ればわが子なりで、これも立派な男子の証拠あり。大いに驚き火を呼ぶ。田氏、さては替玉が露顕した、調停せんと燈を持ち来ると、女、地に投じ助命を乞う。これを詰《なじ》ると、われ実は谷城の王二喜という男で、兄王大喜は桑翀の門人ゆえ、それより術を伝わったが、道を行なうこと久しからず、十六人に施したばかりという。馬生これを悪《にく》み郡に告げんと欲したが、またその美容を憐れみ、ついに反接《ひっくりかえ》してこれを宮するに、血溢れて気絶し頃《しばら》くしてまた甦《よみがえ》る。これを介抱して、われ薬をもって汝を医するから創癒ゆればわれに従って終われ、然らずば事発覚して赦されじ、と言うに、王承諾した。明日隣媼迎えに来たるを馬生紿《あざむ》き、妙な邂逅《であい》もあるもので、あの女子はわが表姪女《いとこのむすめ》王二姐と申す者、生まれ付いた無性人で、夫の家より逐われたと昨夜始めて聞き知った、たちまち少しく不快ゆえわが家で養生せしめ、荊妻と伴《つれ》と作《な》すと聞き、媼入って王を見るに面色土のごとく隠所暴《にわ》かに腫る。おそらくは悪疽だろうというと、信じて去った。馬生種々世話して、王、日に平復に就き、朝は早起して煮炊き掃除や針仕事から田の水取りまで下女同然に働き、夜はすなわち引き入れて狎《なぶ》処られた。いくほどもなく桑翀誅に伏し、その徒並びに棄市されたが、喜二のみ網に漏れた。探索が厳しいので村人共にこれを疑うたから、村の媼どもを集めこれを検せしむると果たして無性と判り疑いが釈《と》けた。これより王喜二、馬生を徳とし馬に従うて一生を終わり、死して馬氏の墓側に葬られた、とある。

『志異』の著者評して、馬万宝は善《よ》く人を用ゆる者というべし、児童が喜《この》んで蟹を玩《もてあそ》べどその鉗《はさみ》が畏《こわ》い、よってその鉗を断ちてこれを蓄《やしな》う、ああ、いやしくもこの意を得ば、もって天下を治むるも可なりとは、美人の去勢も妙な引合いに出たものだ。何に致せ馬生はかかる風流な細君を持った上に、右様の珍品を手に入れたは好運千万の人だ。

わが邦《くに》にも、古い小説『取替ばや物語』に、兄は女、妹は男と誤信された譚あり。西鶴の『大鑑』に、女形の名人上村吉弥、貴女より召されて女粧のまま参り、酒事《ささごと》始まったところへ貴女の兄君来たり、女と思うて占領し御戯れ否はならず、是非に叶わず鬘を取って姣童の様を御目に懸けると、一層好しと鍾愛され、思わぬ方の床の曙、最前の妹君のさぞ本意《ほい》なかるべしという一条あり。その他なおあるべきも、本来無性や半男女を重んぜぬ国風ゆえ、支那やアラビア、インドや欧州ほどの眼醒ましい奇誕がない。

以上ざっと述べた通り、半男女と通称する内にも種々ある。身体の構造全く男とも女とも判らぬ人が稀《まれ》にありて、選挙や徴兵検査の節少なからず役人を手古摺らせる。男精や月経を最上の識別標と主張する学者もあるが、ヴィルヒョウ等が逢うたごとき一身にこの両物を兼ね具えた例もあって、正真正銘の半男女たり。その他は、あるいは男分女分《なんぶん》より多く、あるいは男分女分より少なきに随って、男性半男女、女性半男女と判つ。こは体質上の談だが、あるいは体質と伴い、あるいは体質と離れて、また精神上の半男女もある。ツールド説に、男性半男女に男を好む者多いが、女性半男女で女を好む者はそれより少ない。喜《この》んで男女どちらをも歓迎する半男女は希有だ、と。仏説に男女根の優劣論ありていわく、この二根中、男根最上女根下たり。何をもってのゆえぞ。男子罪多き者、男根を失えば変じて女根となる。女人もし功徳多ければ変じて男子となる。かくのごとき二根多罪のゆえをもって失い、多功徳のゆえをもって男子となる、と(『根本説一切有部苾芻尼毘奈耶』八)。

これは耶蘇旧教と等しく仏教もとやたらに女人を蔑《さげす》み、仏教を篤信する外に女が男に転生《うまれか》わる途なきように説いたのだが、姑《しばら》くその説通りに推し行くと、男根やや備わった男性半男女は、男根大いに闕けた女性半男女より優等と言わにゃならぬ。しかるにツールド説通りならば、男性半男女多く男を好むからその精神は女に近く、女性半男女多く女を好むからその精神反って男に近い。『一代女』四、堺の富家の隠居婆が艶婢を玩んだ記事の末に、この内儀《かみさん》の願いに、またの世に男と生まれて云々、とあるを相応にもっともな望みとして、さて胎児も初めの間は男女定まらぬ理窟で、事みな順序あり、女が男になる道中として半男女にしてやろう、男性女性いずれを選むかと謂わんに、男分多く獲れば精神反って女に近く、女分多く得れば男らしき精神を多く持つとすれば、隠居婆はいずれを取るべきや。男の体質を一分でも多く欲しいと言わば再び女に生まるる同然で、しかも世間を憚る不具《かたわ》たる苦労の加わるあり。男同然に振舞いたいと望まば再び女の身分を多く受けて、やはり世間を憚ること今生で非道を行ないおると異《かわ》らぬ上、半男女という不具を苦労にせにゃならぬ。一足飛びのならぬ世界に、詮じ詰むれば何の面白くもあらぬことを熱望するこの老婆様の人が多い。

それから仏教で女よりも劣るとされた人間がまだある。『大乗造像功徳経』◆9に、仏が弥勒菩薩に告げたは、一切女人、八の因縁ありて恒《つね》に女身を受く。女身を愛好し、女欲に貪《とん》著《じゃく》し、常に女人の容質を讃め、心正直ならず所作を覆蔵《かく》し、自分の夫を厭い薄んじ、他人を念《おも》い重んじ、人の恩に背き、邪偽装飾して他《ひと》を迷わす。永くこの八事を断ちて仏像を造らば、常に丈夫となり、さらに女身を受けず。諸男子が女人に転生《うまれか》わるに四種の因縁あり。一には女人の声で軽笑し仏菩薩一切聖人を呼ぶ、二には浄持戒人を誹謗す、三には好んで諂《へつら》い媚びて人を誑惑す、四にはおのれに勝る人を妬む。次に四種の因縁ありて諸男子を黄門（無性人）に転生せしむ。一には他人また畜生を残害す、二には持戒僧を笑い謗《そし》る、三には貪欲のために故《ことさ》らに犯戒す、四には親《みずか》ら持戒人を犯しまた他人を勧めて犯さしむ。次に四種の業《ごう》あり、丈夫をして二形身を受けしめ、一切人中最下たり。一には自分より上の女を犯す、二には男色に染著《せんじゃく》す、三にはみずから瀆《けが》す、四には女色を他人に売り与う。また四縁あり、諸男子をしてその心常に女人の愛敬を生じ、他人がおのれに丈夫のことを行ならうを楽しましむ。一にはあるいは嫌いあるいは戯れに人を誇る、二には女の衣服装飾を楽しむ、三には親族の女を犯す、四にはおのれ何の徳もなきに妄《みだ》りにその礼を受く、とあれば、今日ありふれた華族や高官はみな好んで後庭を据え膳する男に転生《うまれか》わるはずだ。かく仏典には、無性人と半男女と同性愛の受身に立つを好む者との三様の人を、女より劣ると定めたのじゃ。そして東西ともこの三様の人を半男女と混称することが多い。

三　宦者について

森尚謙か誰か儒者の言に、宦者というもの日本になきは支那に比べてはなはだ結構なこととあった。近年まで隣国だった朝鮮までも人を宮する風あったに日本にこれなかったは珍しい。ただし絶えてその類もないとは言えぬ。肥後の比丘尼舎利菩薩は美女ながら女根なく尿道のみあった（『日本霊異記』下。『本朝法華験記』下）。成尊僧都は仁海僧正の真弟子なり。ある女房かの僧正に密通してこの人を産み、水銀《みずがね》を嚥《の》ませた。水銀を服した嬰児存命してもその陰全からず、よりてこの僧都は男女において一生不犯の人なり（『古事談』三）。真弟子とは僧の子が親の弟子になるので、一休など俗にきわめて無慾だったよう伝うるが、その詩集に森氏の盲美人と至って親暱《しんじつ》したり美童を愛したことしばしば見え、『続狂雲集』には、妾あり、余に随う年久し、一日にわかに辞し去る、これを挽《とど》むれども留まらず、と題した二詩とその妾の和詩を載せおり、飯田忠彦の『野史』には、その真弟子の名まで出しおる。悟り切った骨頂のように言わるる一休さえこの通り男女色兼備だから余は類推すべしと、成尊僧都が男女において一生不犯とは見揚げたものゆえ特書した訳だが、生まれ堕つると直ちに水銀を呑まされ一向役に立たぬようされてのことゆえ、醜女の賢人立てでただ気の毒ばかり、別に感嘆を値せぬ。

　バックルは僧と女ほど意地の悪い者なしと言った。その意地の悪い同士が寄って産んだ子に惨酷きわまることを仕向くるは当然と見え、西洋にも◆10近世まで僧尼濫行の結果産児を池へ沈めたり堕胎したりはほとんど常事だった。エチアンヌの『アポロジー・プール・エロドト』には、法王アレキサンドル六世は庶子ザンネット伯がスペインのメンドザ和尚の孌童たるを許し、同じくホノリウス三世は、スコットランドの百姓が重税を払わず宗門を杜絶されたを憤り僧正を焚き殺した罰として、その四百人を絞殺しことごとく幼児多数を去勢せしめた、と載す。それから京の金戒光明寺の西雲院の開基宗叡は、初め捕虜で渡来した朝鮮人で天性無根だった由（『雍州府志』）。僧となる前に秀吉公の末亡人高台寺政所に事《つか》えたが無根ゆえまず気遣いない。

　性慾を除かんため陽茎を切り去った例は本邦でしばしば聞き、以前は羅切と称えた。これは反って性慾を増すも鎮定の手段乏しく、大いに迷惑した者少なからず。これ邦人古く性慾の学識貧弱で去勢は睾丸を除くことと知らず、陽茎を去れば性慾を絶やし得と心得違うたからだ。されば王朝や徳川幕府の盛時、後宮佳人で満たされた世にも、ただ無力の耄《ぼれ》爺《おやじ》どもや老婆《ばばあ》連にこれを監視せしめたのみで、インド、トルコ、支那諸国に普通な宦官の閹人《えんじん》のという者は聞きも及ばなんだ。たまたま無性の人あってもいわゆる天閹《てんえん》で上述舎利尼、成尊僧都また宗叡など生まれ付いて生殖機能を欠きおった者に限った。これに反し外国では古来捕虜や奴隷や罪人を宮し、また支那の豎刁《じゅちょう》のごとくみずから好んで去勢したのもある。

言うまでもなく閹人《えんじん》は主として姫妾の目付け、椒房《しょうぼう》の取締りを勤める者ゆえ、醜男《ぶおとこ》なほど多く主人に重んぜられたこと不縹緻《ぶきりょう》なほど下女が主婦に信用さるるごとし。しかし石川五右衛門氏の金言通り、浜の真砂は尽きても豆泥棒は絶えず。すでに性慾を覚えてのちなった閹人は懐旧の情を慰めんため、またそんなことを知らぬ幼年中去勢された者も身の不運を歎ちて、復讐半分に宮女と戯れあるいは妻を娶るすらあり。近く亡清の西太后は宦者李蓮英と夫婦のごとく睦んだ由で、清少納言の『枕の草紙』の原型と言わるる『義山雑纂』の虚度すなわち宛推量の条に、花時疾《やまい》多きと閹官美婦を娶るとを挙げあれば、唐朝すでにこの風行なわれたので、故緒方正清博士が朝鮮の閹人を調べた報告に宦者の翻弄《もちなぶり》はいかな淫婦も厭いて来るほどひちくどいとあった（『人性』八巻四号）。バロンの『東京《トンキン》王国記』に、家も子も持ったのちに斉の豎刁のごとく君王に近づいて政権を握らんためみずから宮する者ある由言いおる。閹人女を翫ぶは多くはこの輩であろう。また多くの宦官は親が暮し向きに困って子を去勢して売ったものゆえ、栄達の後も親に仕給すること洵《まこと》に薄し、と記す。橋の上を年礼に廻る人々が往来するを見て下に臥したる乞食の子が父に向かい、かかる無用の奔走をせずに済むわれらの境涯こそ安楽なれと痩我慢を言うと、父がそれも誰のお蔭だと言ったちう笑談があるが、まずそんなことで、東京《トンキン》の宦官はずいぶん顕位に登れど、死んだら最後年来《としごろ》不正を働いて蓄えた物はことごとく主君の手に帰した、とある。

バロンまた、宦者の多分は豪慢驕縦まことに悪むべしだが、中には非凡の賢人ある、と記した。東京ごとき暖国で小児が多く裸で歩く処では、不意に犬や豚に睾丸を咬み去られ已むを得ず宦官になるのがあって、これらは諦めがよく根性が僻みおらぬという。閹人は心性婦人に似たところ多く、他《ひと》の子供を養い教育するを能くす。したがってヴォルテールの『哲学辞彙《ジクショネール・フィロソフィク》』に、一七七一年ポリカープという天主僧が年少弟子十二人を鶏姦したことを記し、これだからペルシアやトルコでは閹人に子弟の教育を做《な》さしむ、とある。世には閹人をみな智勇乏しき者のみのよう思う人多きも、然らざるは史籍に明らかだ。哲学者ヘルミアスはプラトーンの門に出で小アジアの小王となり、アリストテレスその人と為《な》りに感じその妹を娶ったほどの賢者だが閹人だった。ローマの名将ナルセス、支那の史家司馬遷と劉若愚、これは十五歳で異夢に感じみずから宮した。それから秦の張蚝は養父の妾に通じみずからその勢を割く、のち苻堅に仕え大将軍に至り侯に封ぜられ驍勇絶倫万人の敵と称す、古今に聞こえた大男の宦者だ、とある（『五雑組』五）。唐亡びたのち宦官張承業、晋王李存勗のために財を貯え兵を集め、攻戦連年接応乏しからざるはみな承業が力で、その意ひとえに唐の宗社を復するにあり。存勗みずから帝と称せんとするを聞き、力諫すれど止むべからざるを知り慟哭して、諸侯血戦もと唐家のためにす、今王みずからこれを取りて老奴を誤る、といい悠々病をなして死んだ（『十八史略』六）。かかる偉人は例外とするも、宦者がことごとく心立ての悪い者なら諸国で重用さるるはずがない。『五雑俎』一五に、演劇《しばい》で哀れな段を観ると婦人と宦官が大いに哭して声を失う、と言いおる。その他動作静かに物柔らかく、行歩遅緩に音声弱く低く、子供を育つるを好み、美服を嗜み、一汎人に敬愛せらるる等、男に遠くて女に近いらしいは、一八六七年パリ板、ゴダールの『埃及《エジプト》および《・エ・》巴列士丁《パレスチン》』等に見ゆ。したがってその思慮細謹、事を操る忠誠で大いに役に立つから、しばしば学者や勇将よりも重用されたと見える。さて寵愛厚きに随い種々の悪政を布いたり国事を過った例は欧亜諸国に多く、支那では定策国老門生天子と呼ばれたのさえある（一七一八年ロンドン板、アンション『閹人顕正論《ユーナキズム・ジスプレイド》』。『五雑俎』一五）。

それから王公に事えるのと別に神に仕えた宦者とある。アンションいわく、狩の女神ジアナに奉仕する僧をメガブテスと呼び、この女神に事うる素女《きむすめ》を守るゆえみな宦者たり、ジアナの標《しるし》たる鎗を持つゆえ鎗手《やりもち》（ドリフォロン）とも名づく。名工ポワクレッスかつて鎗手美少年の像を作るに明艶冠絶みずから愛して措かず、常にこれをわが情婦と呼んだとあれば、この女神は女恥かしき美少年の宦者を好んだのだ。フリギアの植物の神アッチスはもと羊を牧養する美少年で、その伝一ならず。あるいはいわく、この神生まれ付いた閹人でリジアに住し、大神母クベレのために無遮会を創め、神母大いに喜ぶ。クベレの子ゼウス大神怒って野猪をしてこれを殺さしむ、と。一説に、ゼウス眠って地上に遺精し、それが時を経て陰陽を兼具した怪物アンジスチスとなる。諸神怖れてその陽を断つ。それより巴旦杏が生えて結んだ実をサンガリウス川の娘が採って懐中すると、たちまち消え失せ同時に娘は孕んだ。やがて男児を生んで林下に捨て置くと山羊が来たり教育し、長ずるに随い色貌絶美、アンジスチス深くこれに惚れ込む。この男児すなわちアッチス成人してペシヌスの王の婿に成され、一同婚歌を唄い祝うところへ妬《ねた》さきわまるアンジスチス現われ、婿も婦《よめ》も発狂しておのおのその大事の珍品を切り去った。その時アンジスチス大いにアッチスの無根となりしを哀しみ、せめてアッチスの体は少しも腐ったり亡せたりせぬようとゼウスに願うて聴《ゆる》された、と（パウサニアス『希臘廻覧記《ヘラドス・ペリニゲシス》』七巻一七章）。オヴィジウスの『暦日賦《ファスチ》』巻四には、アッチスは牧羊する美少年で大神母キベレ太《いた》くこれを愛し、決して女犯せぬ約束で自分の神官とした。キベレは兄クロノスと婚してゼウス、ハデス等の六大神を産んだから大神母の名あり。しかるにアッチス誓いを破り河の神サンガリウスの女と通じ、キベレ怒ってその女を殺したので、アッチス狂気してみずから宮してなお進んで自殺せんとする時、キベレこれを松に化した。それより松をキベレの神木、キベレの神官は必ず宦者たれと定めた、とある。アルノビュス説には、アッチス松樹の下でみずから宮した、キベレとアンジスチスとこの少年の死を悲しむことはなはだしく、ゼウスにその軀腐らぬよう願うとゼウスこれを聴し、死後もその髪伸び小指が動くようにした。カイベルいわく、小指とはその陰なり、と。ジオドルス説には、初めキベレその父フリギア王メオンに棄てられ豹に養わる。牧羊婦見付けて育て上げたが、物の情を知るに及び牧羊少年アッチスと密通す。それより父母の許へ迎え取られ大いに好遇されるうち、メオンその密通一件を聞き付けアッチスおよびキベレの伴侶《つれ》だった牧羊女輩を殺す。キベレ哀しみのあまり大声揚げて国中泣き歩く。時にフリギア国飢饉疫癘し大いに閉口して神告を仰ぐと、アッチスの尸を葬りキベレを神と斎《いっ》け、とあった。然るにその尸が腐りおったので像を作って葬ったという。また一説には、フリギア王がキベレの神官アッチスの艶容に著《じゃく》し、これを辱しめんとて林下に争ううちアッチスついに王を宮し、王怒りてまたアッチスを宮して死んだ。アッチスも死に掛かりおると、他の神官どもが見付けキベレの社殿に伴れ行き介抱せしもその甲斐なくこれも死んだ。キベレすなわち毎年アッチスのために泣祭《なきまつり》を催さし、爾後自分に事うる神官をことごとく閹人たらしめたそうだ(スミス『希臘羅馬伝記神誌字書』巻一。『大英百科全書《エンサイクロペジア・ブリタニカ》』一一板二巻)。

アッチスが松の下でみずから宮した時出た血が菫々菜《すみれ》になったとかで、その祭日に松一本伐って菫々菜で飾り美少年の像を中央に付けて神に象り、大祠官みずから臂より血を出し献《たてまっ》ると、劣等の神官噪《さわ》がしき楽声に伴れて狂い舞い夢中になりて身を切り血を流す。これを血の日というて新米の神官この日みずから宮してその陰を献ったらしい。エフェススのアルテミス女神とシリアのアスタルテ女神は上世西アジアでもっとも流行《はや》った神だが、いずれも閹人を神官とした。春の初めにシリアとその近国よりおびただしくヒエラポリスのアスタルテ神社へ詣る。笛と太鼓を奏する最中に神官小刀で自身を創つくるを見て参詣人追い追い夢中になって血塗れ騒ぎをなし、ついには衣を脱ぎ喚き踊り出で備え付けの刀を採って惜気もなく大事極まる物を切り去り、それを手に持って町中を狂い奔りどこかの家へ投げ込むと、それ福が降って来たと大悦びでその家より女の衣裳と装飾《かざり》をその人に捧ぐるを取って一生著用する。祭済み人散じた跡で正気に立ち復《かえ》り続《つ》ぎ合わしょうにも薬がなく、この上生きおっても何かせんと言って悄気《しょげ》たことであろう（一九〇七年板、フレザー『アドニス、アッチス、オシリス』二二二―五頁）。

古今東西人情は兄弟で、右述の譚のほかにも西洋で松実を陰相とする例多く（グベルナチス『植物譚原《ミトロジー・デー・プラント》』二巻、松の実条）、日本でも松実を松陰嚢《まつふぐり》と称え、『後撰夷曲集』九に、「唐崎の松のふぐりは古への愛護の若の物かあらぬか」正盛、と出づ。愛護の若は継母に讒せられて死んだ美童で、『土俗と伝説』に折口君の委《くわ》しい考説があった。『聖書』に著名なバール神は、大陰相を像としたとも半男女を像としたともいい、その神官は女粧し全く毛を抜いた美男で、みずから参詣人に売淫しまた犬をも同じ道に使い、その揚銭《あげぜん》を神に奉った。これは宦者でなかったらしいが、深夜林下に祭礼を行なうとて酒を被って奏楽中に切り合い流血裏に昏倒したとあるは、上述キベレの祭式に似ておる（ジュフール

『売淫《イストア・ド・ラ・プロスチチュチオン》史』巻一、頁七二)。

キベレ、アスタルテ等の社に閹人を神官としたは、これら女神は土を表し男精は生産力と見立て、生産力がほかへ散らず純《もっぱ》ら土に加わって作物豊饒なるべきため、神に近づく神官を閹にしてほかへ気の泄れぬようにしたと学者は説く。まことに左様でもあろうが、愚考にはこの一節の初めに引いたアンションの説通り、最初いずれの女神にも素女が奉仕した。その素女の品行を濫《みだ》さぬべく宦者をして監視せしめたが、後には素女が手を引いてしまい、もっぱら女装無性の人を奉仕せしめることとなったと解く方が手近からずやと惟う。

さて、これとは無関係だが、キリスト教徒にも宦者少なからず。西暦一八五年アレキサンドリアに生まれたオリゲンは、『馬太伝《マッチウ》』に、「それ母の腹より生まれ来たる閹人あり。また人に去勢された閹人あり。また天国のためにみずからなれる閹人あり。これを受け納れ得る者は受け納るべし」とあるを見て、われ毎度弘教のために婦女に近づき雑多の嫌疑を受くるを避くるはみずから閹人となるが一番と覚悟して切って了《しま》った。親友にも隠し置いたが噂たちまち広がり、アレキサンドリアの僧正デメトリウス大いにこれを讃めた。が、それは牡鹿の角の束の間で、オリゲン到る処豪い奴じゃと囃さるるを見て快からず、種々攻難した末これを放逐した。その後ヴァレシウスあり、藍より出でて藍より青く、みずから去勢したのみならず弟子をしてことごとく去勢せしめ、諾《うべな》わぬ者は腰掛に縛り付けて手ずからこれを宮した。無理遣《むりやり》に宮されたのだから、「天国のためにみずからなれる」にあらず。また国法違背の故をもって厳しく咎められた。またアルリアン宗徒がアンチオクの僧正に選立したレスチウスも、疑われずにエストリアという若い婦人と会談したさにみずから宮したゆえに職を奪われた。

　こんな不料簡な宗旨今までも全滅せぬは露国のスコプチ徒で判る。この名スコペッすなわち閹人に基づき、開祖セリワノフは小農より出で去勢を勧め廻り、みずから神中の神、王中の王と称え囚流幾回なるも屈せず、一八三二年百歳で死んだを偉いこととその徒は讃める。が、支那にはずいぶん気の利いた人があって、杭州の知事傅正方へ九十を踰えて嬰児の色ある術士来た時、正が長年の法を尋ねると、わが術ははなはだ簡単だ、ただ色慾を絶つのみと答えた。正しばらく思案の末、色慾を絶って千年生きたって何が面白いと言った(『続開巻一笑』七)。この見解から言わば痛い目をして我慢を張り通すスコプチは閹人宗にしてまた閹人宗だ。その徒多くは両替を業とし色は白を尚び宮する前に婚姻して一、二子を設くるを構わず。婦人は乳房を切り去るのみだが、偉い女は負けぬ気で小脣《ラビア・ミノラ》や吉舌《クリトリス》を割く。男は睾丸ばかりか陽茎をも去る。前者を斑馬、後者を白馬と呼ぶ。「神代巻」に素盞嗚尊天《あめ》の斑駒あれど、これは同伴でない。スコプチ徒同類十四万四千人に達したら救世主現われ清浄世界を立つべしとて早くその数を満たさんため賄賂や暴力をもって他宗の者を去勢し厳法を懼れず教えを弘むるに力むる由(一八七五年ベルリン発行『人種学時報《ツアイトシユリフト・フユル・エツノロギエ》』七巻、フォン・スタイン「露国の閹人宗」。『大英百科全書』二五巻その条)。

仏教固《もと》より去勢を禁じた。仏、舎衛国にあった時、比丘あり。慾心を起こしこれを制せんとてみずからその根を截る。苦悩して死せんとす。仏、なんじらこの痴人を看よ、断つべきものを取り違えおる、断つべきものとは貪欲、瞋恚、愚痴の三つだ。諸比丘今より根を断つべからず、と戒めた(『十誦律』三八)。しかるに後世この訓に背き断根する者が往々あって、唐の僧光儀は則天武后に族誅された瑯琊王の幼子で、乳母に抱かれて脱れ困苦して僧となる。唐室また興るに及び朝廷へ召さるる途次、その叔父筋なる李使君方に宿った。使君の女一見してこの人ならではと思い詰め、靚粧麗服し従者多く伴れて推し掛け来たり、これに逼るを断わっても聞き入れず。沐浴した上命に従うべしとて女を出だし、剃刀で珍品を切り了ったが、中宗皇帝これを大寺に置き、侍者常に数千百人で卿相よりも勢力あった(『宋高僧伝』二六)。

わが邦でも追い追いそんな者を尊ぶこととなったと見え、『宇治拾遺』に珍譚あって、前に述べた通り睾丸を去らずに陽茎を切る、いわゆる羅切をみずから施す者がままあったを証する。中納言師時方へ煩悩を切り捨てたという法師来たる。その訳を尋ねると、これ御覧ぜよとて衣の前を掲げるを見れば、「まことにまめやかのはなくて鬚ばかりあり、こは不思議のことかなと見給ふほどに、下に下がりたる袋のことのほかに覚えて」二、三の侍して引っ張らしめ、小童をして撫でしむるに、魁偉な物勢い強く出で来たり揚威して、全く「まめやか物を下の袋へ捻り入れて即飯《そくい》にて毛を取り付けて」人を欺くつもりだった、とある。同書に、陽成帝の時、滝口道則、奥州へ下るあいだ、信濃の郡司方に宿り、主人出で往った跡で邸を見廻り、二十七、八の殊色ある年増女独り臥したるを見付け、寄り近づくに拒まず。身痒きを覚えて探り見るに物なし、女は微笑むのみ。いよいよ怪しくてわが寝所へ帰り捜せど落ちてもなし。あさましくなって郎等を呼び、ここにめでたき女ありと唆かせば、その男悦んで往ったがしばらくして変な顔して帰り来る。これもわれ同様の眼に逢うたと思うて、また他男《ことおとこ》を遣るに同じく心得ぬ気色で出で来る。七、八人まで遣るにみなかくのごとし。道則、ここの主人の懇待は嬉しけれどこんな怪しいことある上は疾《と》く出でようと思い、まだ明け果てぬに主従急ぎ出で立って七、八町行く時馬で追い懸ける者あり、走り著いて白紙包みを与え、こんな物をなぜ棄て行きしか、あまり急がるるゆえこれをさえ落とされた、拾い集めて御渡し申すという。「いで何ぞとて取りて見れば、松茸を包み集めたるようにてある物九つあり。あさましく覚えて八人の郎等とりどり怪しみをなして見るに、まことに九つの物あり、一度にさっと失せぬ。さて使はやがて馬を馳せて帰りぬ。その折、わが身より始めて郎等どもみな、ありありといいけり」。道則奥州の用済んで帰途、件の郡司方へ再び宿り貴重品を種々贈る。郡司なぜかかる物を下さるかと問うに、前頃《さきごろ》一泊の折怪しいことのあったは如何と尋ねると、郡司答えに、某《それがし》若かった時この国の老年の郡司の妻若きに忍び寄ってかように珍品を紛失した、不思議に思うて志を尽してその老人から習い置いたと言う。よって都へ上って復命し、また下って習業の前に胆力を試されたが、道則臆病で落第し珍品雲隠れの晴芸は教えくれなんだが、沓《くつ》を犬の子にしたり藁沓を大鯉に化す等の術を授けられた。陽成帝も道則を召して伝受し給い、御几帳の上より賀茂祭を渡しなどされた、とある。

「芸者殺すに刃物は入らぬ、甚九留めれば皆殺し」というが、この郡司の術を行なうたら刃物なしに人の珍品を失踪せしめ、自分の留守中も確かに妻妾保険付で安心して外出し得るのだ。

四　姦婦と宦官

家光将軍の時日本を旅行した蘭人カロン◆11の記に、日本では密室に妻女が他人とおるを見付けたら、たとえ過ちなしと明らかに知っても二人を夫が殺し得る。夫不在なら妻の父子兄弟等の親戚が夫に代わって殺し得る。夫の家来すらかかる場合に主婦《かみさん》を殺し得る。したがって姦通ははなはだ少なく著者滞留中ただ一度耳に入ったのみだ。その次第を述べよう。一人旅行と偽り出立後早く還って妻が他人と密会するを見付け、現場でその男を殺し妻を梯《はしご》に縛って終夜直立せしめ、次日自分と妻の親類の男女を招待した。この国の風として男女は別時に招く例だが、この人特に請うて同時に招待した。婦人輩男子と別室に請ぜられ主婦の機嫌を問うたびに、夫が、妻は今馳走の拵えに奔走しおりすぐ出で来るべければ何分面白く遊んで待ち下されとばかり言った。それより男女同席に導かれ饗膳に向かい、また主婦の左右を問うた。夫はしばらく座を外し、……………………、妻の縛めを解き喪服を着せその箱を持たせ、今日の客達にこの珍肴を進め、かの人等がなんじのために救命を取り成さるるか試し見よと言ったので、妻は生きた心地もなく客の前に箱を出してひれ伏した。さて妻その蓋を開けて中の物を見、大いに愕き逃げるところを夫が首を刎ねた。客達も少なからず驚き一同立って自宅へ帰った、とある。わが邦の書籍に一向見ぬことで、欧州には多少似た譚が多くある。例せば、イタリアのブルゴニアのロベルト伯ミラノ生れの荷運び男を使う。その婢一人これと遊んで……………………。伯これを知るに及び窃《ひそ》かにその男を殺し、その心臓で饅頭を作り妻と諸婢に食わせ、どうだ旨かったかと問うに、みな旨かったと答う。伯いわく、それはもっともだ、その饅頭になったバリガンテちう男は、生きてるうちなんじらを楽しませたから死後もまたなんじらの口に合う、と。聞いて吃驚《びっくり》一同大いに羞じ入り、何ともならぬゆえ尼になってリミニの尼寮を立て追い追い高名にも富有《ふゆう》にもなる。立派な甲冑を着た騎士がこの寮を過ぐれば、住持の尼公諸尼とこれを閾《しきみ》に迎え……………、翌朝その身を洗うべき水を薦め、洗い了って針一本と絹糸を呈す。騎士据膳労れの手をもってその糸を針に串《つらぬ》くに、三度試して成らずば甲冑も馬具も尼に取らせ裸で裸馬に乗って往く。三度試す内に串き果たせば尼は何も取らず、お負《まけ》に玉飾等の珍品を進上した（一八八四年フィレンツェ板、ビアギ『二百昔譚《ツエント・ノヴエレ・アンチク》』第二九語）。妻の情夫の心臓を妻に食わせた譚はインドにもあり、欧州にことに多い（クラウストン『俗譚および小説《ポピュラー・テールス・エンド・フイクションス》』二巻一八七頁以下。リー『デカメロンの原話と類話』四日一および九語）。タヴェルニエー『奇異談説集《ルコイ・ド・プルジユール・ルラシオン・エ・トレーテー・サンギユリエー・エ・キユリオー》』一六七九年パリ板一八章に、バタビアの士官長煩いののち保養がてら友人を訪いに出るとて、下女に外套を着せ貰う時下女何心なく微笑んだ。これを覗きおった妻、てっきり怪しいと三千丈も角を出だし、夫出づるや否その下女を…………、それを餅にして夫に食わしょうとしたが、他の諸婢これを夫に告ぐべしと威《おど》したので中止した。またゴアの一ポルトガル婦人も同様の訳で…………夫これを知ってその妻を突き殺した、と載す。想うに当時諸国にこんな話があったのを日本人が聞き込んで、行儀の正しきに誇るため自国にあったように伝えてカロンの耳にいれたものか。ただし当時戦国の世を去ること遠からず、男女の気象荒々しきを免れず、姦通の私刑きわめて峻酷だったは、天文十年ごろ筆『奇異雑談』◆12上四章で例証ができる。津の国の修業者、中国の山路で日暮れ荒れ果てた古堂に息《やす》む。暗夜に炬《たいまつ》持ちて入り来たり天井に登る者あり。修業者音立てず聞けば、その男まだ死におらぬかと詈って杖で誰かを打擲し、杖を捨てて梯を下り去った。炬の影山麓の里に往いて消ゆるを竢って、薬籠より燧《ひうち》蠟燭を出し火を点《とぼ》して登り見れば女を磔に懸けあり、子細を聞くに無実を申し掛け姦通したとてその男を殺し、首を取りてそこにありと示す。今日で六日縛られおるという。縄を解き水を与え杖突かせて里に伴れ行きその生家に至るに、大きな構えで六日前に娘殺されたと心得念仏しおる。娘入って次第を語るに、父母悦び修業者を懇待し一生留まれというを辞すると種々贈遺《おくりもの》さるをも取らず。娘は二、三日養生して美容旧に復し眉を作り盛粧して暇乞にとてその室へ招かれ、往き見るに艶姿見替えたり。小さき葛籠《つづら》を緊《きび》しく結《ゆ》えるを与えわが志なれば道で捨つるとも取りたまえと勧めて止まず。よって受け持ちて門送りに出る人々を辞退し、十町ほど行くに葛籠はなはだ重し。捨てんと思うて解き見れば包み物あり。開いて見ると天井にあった男の首腐り臭きこと限りなければすぐさま谷に投げ捨つ。この首を何として持ち来たれる。袖に入れたものか。礫の憂目にも懲りず執心して取り来たったは姦通事実なる証拠だと、慈悲も無になり大いに悪《にく》く覚えたそうだ。

◆13似た譚が欧州にもあって、十六世紀にナヴァル王后マーゲリトが書いた『ヘプタメロン』三十二語に、十五世紀に仏王シャール八世がベルナーシェをドイツへ使わした時、一夜ある家へ一泊を頼むと事ありとて断わられたが、王の使に往く訳を打ち明くるとようやく宿めくれた。大きな室で夜食を卓上に並べると、斗帳の後ろから無類の美婦黒衣を着、髪切られたが色青ざめ心配そうに出で来たって下位に坐るもすべて無言だった。その女食事済んで水を望むと、一僕髑髏の眼を銀で塞いだのに水を盛って持ち来たる。飲み了って手を洗い主人に一礼し無言で帳裡に躱《かく》れた。主人、ベルナーシュ不快の体を見て語ったは、かの女はわが妻で以前もっとも和楽して暮らしたが、わが旅行の留守中わが家に育った若者と瞘《した》しくなった。われ帰りて来てこれを覚り、一日外出する偽《ふり》して只今かの女が住む室に躲れ伺うて不貞の現場を抑え、かの女の肱より男を引き離して殺し了った、かの女の罪死も軽きをもってかの男と歓会した室に閉じ置き、かの男の骨をことごとく戸棚に保存し、飲食の都度かの男を忘れぬようにその髑髏盃で呑ましめてわれこれを見る、けだし嫌うわれは生きおり好いた男は死におるをもってかの女をもっとも憾ますためだ。髪は姦婦の生やすべきでないから短く剪らせた、と。それよりベルナーシュを導いてかの女の室に至り、帳を褰《かか》げて姦夫の骨を示した。ベルナーシュ、主人の許しを得てかの女に、不心得ゆえにかかる詬《はじ》を受くる、なんじはすべての女人中最も無慚な者だと語ると、女も涙を流して、わが君われに加うる多般の呵責もなかなかわれがわが君に玷《きず》つけた罪を悔ゆる悲しみに当つるに勝《た》えずと言うて太《いた》く泣いた。翌朝ベルナーシュ出立に臨み主人に向かい、かくまで不意の好遇を辱《かたじけな》うし兼ねて秘事をも明かし示されたからは一言せざるを得ぬことあり、公の妻かくまで深く改過の状ある上は何とか不便《ふびん》に思われたい、見受くるところ子息もない様子、貴殿ほどの勇士の筋目これきりで断絶し、好きもせぬ者に嗣がるるも遺憾なりと談すと、主人久しく沈思ののち、今の通り懺悔して続くならいつかは憐愍を加うべし、と述べた。それよりベルナーシュ使命を果たし帰って王に謁し件の話をすると、王命じて探索せしに果たしてその言のごとく、ことにはその女素敵滅法界の尤物と聞いて何条躊躇《ためら》うべき、パリの名工ジャンを遣わして生き写しにせしめた。夫も妻の改悛した様子を知悉し、また嗣子の望みも切なれば、再びこれを納れて多くの勇士を生んだということじゃ。東西とも人気の荒かった世には男の所為も乱暴なれば女もなかなか執念深く、毒食わば皿で悪いことをやり通したに随って、男も私《わたくし》に女を罰するにその惨を極めた。じゃによって……………………ほどのことはむかしの日本に多少実際あったことかも知れない。ついでに申す。支那に古来宮刑行なわれたは万人ことごとく知るが、日本に羅切の刑あったと知る人は少ない。その有之《これあっ》た証拠は『古事類苑』法律部一八に、『皇帝記抄』から承元九年二月十八日源空上人土佐国に配流さる、専修念仏のことによってなり、近日件の門弟等世間に充満し、事を念仏に寄せ貴賤ならびに人妻然るべき人の女に密通し制法にかかわらず、日に新たなるの間、上人等を搦め取りあるいは羅切しあるいはその身を禁ぜらる、女人等また沙汰あり、云々、と引きおる。かく雑多の騒ぎが百出し痛みを忍んで珍品を切らるるに至るは外聞を傷つくるのははなはだしきものだ。何とぞ上に述べた信濃の都司同様の妙術もて何の痛みも覚えず抜き取ってやることに致したい。さて当座預かりとし置きて改過の様子著しい奴には返しやったら最大功徳になること疑いを容れず。

宦者の用事はもっぱら後宮の監視にあったが、また歌唄いを勤めたのもある。文化に誇るイタリアでは最高調《ソプラノ》で唄う者を年長じても声変せぬよう育て上げんとて児童を宮することと行なわれ、高貴の人々に尚ばれた。芝居にこれを廃せしは古いことだが、法王宮には久しく存し、一八七八年レオ十三世即位の時までその楽部の美誉人道の汚辱だった(『大英百科全書』九巻八九一頁)。アンションの『閹人顕正論』に、十八世紀の初め世界無類の唄の名人といわれたパスクアリニ、パウルッチオ、ジェロニモは三人共に宦者だった。なかんずくパスクアリニはいかなる思いも寄らぬ新作曲を唄わせられても何の予習もなくこれを寸瑕なく唄い課《おお》せ、唐突かかる物を持ち出して困らせんと企んだ者を逆さまに恥じ入らしめた。けだし去勢された者は五、六十歳までも美声変わらねど悪い声が美《よ》くなりも悪さが減じもせぬ。かつて二百の嬰児を宮せしに一人とろくな声の者が出来なんだ。そして宦者の声悪いほど蔑しむべき者なし。故にイタリアではこの児は美声著しと見定めた上ならでは宮することとなし。名人パウルッチオは双親極貧ゆえ、そのころ有名な唄い方だった叔父に養われた。十歳の時叔父自分の声衰うるを知り甥がきわめて音楽好きで上達の見込み十分なるをもって阿片を嚥ませ昏睡させてこれを宮した。後々までもパウルッチオは、イタリアで声美《よ》く家貧に生まれるほど不幸な者なし、と嘆じた。この人美声当世に冠たるのみならず、性質至って温良ゆえローマの人におびただしく敬愛された。一日予かれに向かいその富有安楽に暮らして世界に大名を馳せ高貴の方々に尊敬さるるを祝せし時、かれ涙を泛べ大息して、左様、しかし不足な物が一つありますと答えたとあって、当時ブーラン王国(アフリカにあった)で年々少なくも二万の宦者を作る由述べおるから四万の睾丸を抜く勘定だ。これは主としてトルコ等の後宮の女中目付として輸出されたらしい。……………

…………………………。

最後にまだ一つ宦者の用途を叙べんに、それは外色を翫ぶために人を宮するのだ。宦者は支那で『周礼』の昔より見えるが純《もっぱ》ら例の女中目付だった。しかるに『丹鉛総録』二六に、『呂覧』に楚の衰うるや巫音を作為《つく》る、注に女を巫という、『楚辞』九歌に、巫もって神に事《つか》うとはそれ女伎の始めか、漢に総章とも黄門倡ともいう、しかるに斉人魯に帰《おく》って孔子行《さ》り、秦穆戎に遺って由余去るとあれば、楚に始まらず、漢の「郊祀志」に郊時宗廟を祭るに偽飾女伎を用ゆとは今の装旦《おんながた》なり、その神を褻《けが》すやはなはだし、と言うた。巫と女伎と根本同職だったはわが邦も欧州も同じ。偽飾女伎は女形役者だが黄門は宦者のことで、仏経にはことごとく宦者と書かずにこの字を用いおり、また他の諸国の例から推しても漢朝の偽飾女伎で神に事えたは閹人だったと惟わる。『史記』の佞幸列伝にも、独り女のみ色をもって媚ぶるにあらず、しかして士宦にもまた有之《これあり》。宦は『玉篇』に官と通ずるよう見えるが後にはもっぱら宦官すなわち閹人を指す。古エジプトでは閹人ややもすれば大官に登ったから官人をすべて閹人と呼んだ由で、支那と正反対の次第だがその趣きは一だ。さて樊噲伝に、高祖が一宦者に枕して臥せるを噲が諫めたとあれば、ここに士宦また有之というたは、おもに宦者が美色もて君に寵せられた意味だろう。されば列伝上文のすぐ次に、むかし色をもって幸せらるる者多し、漢興るに至りて高祖至って暴抗なり、しかるに籍孺佞をもって幸せられ、孝恵の時閎孺あり、両人材能あるにあらず、いたずらに婉佞をもって貴幸せられ、上と臥起し公卿みなよって関《あずか》り説く、故に孝恵の時に郎侍中みな鵕鸃《しゅんぎ》を冠にし貝の帯して脂粉を傅《つ》く、閎・籍が属に化せるなり、とある。籍孺・閎孺いずれも閹人で、色をもって寵せられたのだ。孺は幼少なりとあれば本名でなく、本邦稚児の名に牛若、梅若などいう若の意だ。トルコ人他邦と戦って生け捕った美童は去勢してその色を弄び、年長すれば女中の目付や料理番とし、六、七歳の幼児すら免れずと、一五五二年バール板、ミュンステルの『坤輿全誌《ラ・コスモグライー・ユニヴエルセル》』一二〇九頁已下に見ゆ。支那でも幼児を宮して君寵を受くるを尊んで若様というごとく孺と呼んだであろう。

漢の武帝はかつてみずから能《よ》く三日食わざるも一日婦人なき能わずと言ったが、養生を善《よ》くして体常に壮悦（『漢武故事』）で女寵多かったほかに李延年を寵した。『史記』佞幸伝に、この人父母および自分も兄弟とその女みな倡すなわち歌唄いで、延年は法に坐《つみ》せられて宮せられ猟犬に給事した、妹が善く舞うを縁《ゆかり》に召し出だされ、自分も善く歌うから、帝がちょうど天地の祠を興すその新詩を作り、二千石の印を佩び、帝とともに起臥し貴幸さるるうち中人と乱し出入驕恣なり、妹李夫人死後帝の愛弛み昆弟と共に誅された。閹人が女中を乱したとは信《う》けられぬ、誤文だろうなど先輩の評あれど、宦者婦女と通じた例多きはこの章初節に言うた。ローマの貴婦は妊娠の煩いなしとて宦者を幸した（ジュヴェナリス『嘲詩《サチレ》』六）。蜀の黄皓、呉の岑昬ともに色をもって君寵をもっぱらにした宦者だ。『五雑俎』に論ぜる通り、仏菩薩は男でも女でもないに女らしく画く者多い。長安の宝応寺の韓幹画くところの釈梵天女ことごとく斉公の妓輩の写真というから（『酉陽雑俎』続五）、唐代から始まったらしい。さて昨夏高野の金堂で見た大師将来の大日如来の幅は実に見事で、その非男非女の美容はけだし唐世もっとも名を馳せた丰姿冠絶の黄門の写真に基づいたものと察する。寡婦の粧いして婦女を弄んだ男子が、木乃伊《ミイラ》取り木乃伊になるで、寡婦好きの男に宮せられ一生偕老した話はすでに述べたが、ローマのネロ帝また宦者を娶った。

初めクラウジウス帝の后メッサリナ、体大きく貌美に荒婬度なく、みずから忍び出て……………天何故にかくまで男を弱く女を健やかに造ったと罵った。西暦四八年夫帝の不在に情夫シリウスにその妻を離縁せしめ、公けにこれと婚したゆえ、さすが大野呂の帝も堪まらず、二人およびかつて后と通じた輩を誅し、近臣パラスの言に従い自分の姪アグリッピナを后とし、アこれを徳としてパラスに振れ舞うた。この后多智で前夫との間に設けた子ネロを太子に立てんため、ジュニウス・シラヌスが妹と姦したと誣いて自害せしめ、それに許嫁《いいなずけ》の帝の女オクタヴィアをネロに妻《めあわ》せ、その弟なる太子ブリタンニクスを廃してネロを立てた。帝これを悔ゆるに及び、后毒を進めて弑しネロを帝位に即け、その齢若きに乗じ、おのれ政《まつりごと》を擅《ほしいまま》にせんとしたが、帝の執心する女アクテがおのれより強勢になりそうゆえ、帝を廃してまたブリタンニクスを立てんとしたので、ブはネロに毒殺さる。今度は母后散り残る色香を匂わせ…………………賢臣の邪魔入れでこれも成らず。

時に貴婦ポッペーアあり。史家タキッスこの女は道徳のほか何でも持ち合わせおると言うたほど才色富貴兼備しおった。帝に近づかんため嬖臣オトの情婦となり、また子まで成したる夫と離れてオトの妻となる。オトその美を誇るを聞き、帝これを召し見て恍惚たり。夫ある身はままならぬと歎《かこ》つをもっともと、オトを遠国の知事として追っ払い、ポッペーアを留めて寵愛限りなし。ポッペーアわが威を振るうため計策して帝に勧め、西暦五九年無残にも哺乳擁立の大恩ある母后アグリッピナを弑せしめた。帝母后と和睦すとて海浜に招き、帰りに乗る船を海へ出たら砕けるよう構えあったが全部砕けず。従婢のみ死し、母后は泳いで命を全うし離宮へ遁れた。ところへ帝の命により件《くだん》の船を創作した提督アニケッス来たってこれを寝間に打ち殺し、帝尋いで来たって母后の尸の膚の美《うるわ》しさを讃めたという。一説に、帝先に母后を同輿中に烝《じょう》し、弑後も面貌これに生写しな遊女を妾とし娯しんだという。あるまじきことだが、四角四面の『左伝』にも衛の宣公その庶母夷姜を烝して急子を生み、のち急子の新妻斉姜を奪い二子を生み、夷姜は寵衰えてみずから縊れ死んだ、とあり。劉宋の孝武帝に至っては常に生母路太后の…………。「故に人間咸《みな》醜声あれども、宮掖の事は秘して能く弁ずるなし」と「路太后伝」に出づ。彝倫《いりん》を説き通す支那でさえこんなだから不徳極まるネロ…………ごとき真《ほん》の悪事の余興ぐらいに思うていただろう。アグリッピナは四十三歳の後家盛りで二十二歳のネロ帝に弑せられた。九年後にネロ自殺しカイセルの筋目が絶えた。

かくて大望の邪魔する母后は殺され、今一人残った眼の上の贅《こぶ》、皇后オクタヴィアを除かんと、ポッペーア讒誣已《や》まず。母后の死後二年、帝ついに姦通罪を被らせて皇后を放逐した。しかし人望篤くて民が承知せぬゆえまた召し還したが、ポッペーアの訴えいよいよ急なるより、帝計ってまたアニケッスを呼び、汝すでにわが母を殺しくれた忠勤ついでに皇后をも殺してくれ、汝みずから皇后と通じたと偽証せば、汝を罪せぬのみか重く賞すべし、否と吐《ぬか》さば十五分も生かせ置かぬとの厳命に随い、すなわちその由を公言した。よって后は島流し、尋《つ》いで勅によって静脈を割かれたが、あまりに恐れたので血流れ出でず、さらに熱い蒸汽で蒸し殺された。時に年やっと二十歳、聞く人憐れまざるなし。アニケッスは褒美どころかさすがのネロもその無情極まるを悪《にく》みサルジニアに流して死せしめた。これでもポッペーア満足せず、后の首を斬って眼前に将《も》ち来たらしめて初めて安心した。それから望み通り帝の后となったが、かかる毒婦に天道そう安くは卸《おろ》さず、西暦六三年に女《むすめ》を生んで大いに帝を悦ばせ后位に登ったが、その女は四ヵ月で死し神と斎《いつ》かる。六五年にまた孕んだらち夫の気に逆らい、蹴られどころが悪しくて死んだから、ようやく二年ばかり后で威張り得たのだ。帝ローマの風に背きその尸を焚かず薬詰めにして神廟に置き神と崇め国葬した。ポッペーア生前奢侈を極め、乗用の騾に純金の履を穿かせ、また美容に苦辛し日々五百驢の乳汁《ちち》に浴したという。

かくて国民一同この淫虐到らざるなき后の死を慶したが、帝のみは追懐して止まず、奴隷スポルスの面首酷《ひと》く亡后に似たるが無上に気に入り、これを去勢し女装せしめ亡后の氏名サビナをもって呼び、亡后の死後二年ギリシアに駐駕中如法の大礼もてこれを妻《めと》った。その時ある人この帝の父がこんな后を娶《めと》ってくれたなら人類の最上幸福だったろうと言ったは面白い。閹人をいくら愛したって子を生む気遣いないからだ。翌年帝この閹后を伴れてローマに帰り、内乱に遭うて自殺する現場にあったスポルスは殉難もせず。ネロ帝この時三十一歳、年来の淫行で悪瘡全身にはびこり、臭気はなはだしきを嫌いおったという。これに反しかつて帝の寵をポッペーア后以前に擅まにした妾アクテ乞うてその灰を得、哭してこれを葬ったというから、やはり閹人や美童より女の方の情が厚い。ポッペーアの前夫オト、位に即いてスポルスを愛したが、オトを殺して帝となったヴィテリウスはスポルスを娘に仕立てきわめて恥辱な役割を戯場《しばい》で演《や》らせようとしたので、堪まらず自殺したとあるが、そんな死恥をかくほどなら一年前にネロ帝に殉死したが善かった。とはいうもののネロ帝がスポルスを后としてきわめて寵愛したは全く淫慾のためで、ことにそれがため男子無上の珍品を切り去られたのだから倅の仇を夫に持ったような物だ。前に述べた通り親が子を宦者にして売ればその子栄達の後も親を恨んで孝養十分ならざること、親に身を売られた芸妓にややもすれば不孝者多いと同然だ。したがってスポルスごとき者は徳義上の人外《にんがい》でどうしてよいのか誰にも分からぬ。もしおのれを去勢させてまでも愛しくれたネロ帝に殉死すべしといわば、おのれの夫を殺してまでもおのれを愛しくれた秀吉に松丸殿はもっとも殉死せにゃならぬ訳となるが、おのれの夫に死に後れたほどの女に不相応な注文だ。邦人の癖として夫にでも……………………自殺するの一途あるのみというが常だが、左《さ》言う人の百の九十九まで自殺をした覚えもなく、出来そうな人物でもなければ、その評は採るに足らぬ。ガラにない言を吐くようだが世界は広し、宦者が全くなきわが邦と異《かわ》り、宦者一つあってさえわが邦人などに全く解らぬ徳義問題が外国に多い。ましてわが邦になくて彼方に多き物、一の宦者に止まらざるにおいてをやで、このこともっともわが国民の留意を要する。

古インドでは閹人を人間の中もっとも卑下な者とし、その屍を丈夫屍林、婦女屍林ともに受けず（『根本説一切有部毘奈耶破僧事』一八）。『仏説優婆塞五戒相経』三に、邪婬に、男女三処は口処大便処小便処、黄門二処は口処大便処。『四分律蔵』五五に、比丘強いて黄門を捉え、または黄門強いて比丘を捉え、共に行婬する罪を記すを見れば、婦女が男子を強辱するさえ例少なきにインドには閹人が男子に婬を強ゆることもあるのだ。西暦紀元ごろ成った『愛天経《カマ・ストラ》』六章に拠れば、インドにそのころ男装と女装の閹人あり。男装の者は按摩、女装の者は仏経にいわゆる口処邪婬を業として活計《くらし》を立てた。ラメーレッス注に、今日インドの閹人は回教徒に外色を鬻ぎ女装せず、回徒は女よりも美童を好むゆえ、閹人のみかは踊り女までも男装して王公の前に出づること多し、と。『東鏡』一九に、建暦二年十一月十四日去《さんぬ》る八日の絵合わせのこと、云々、また遊女等を召し進らす、これらみな児《ち》子《こ》の形を写し、ひょう文《もん》の水干に、紅葉、菊花などを付けてこれを著る、おのおのさまざまの歌曲を尽す、この上、上手の芸者年若き属《たぐい》は延年に及ぶとなり。こは少女が美童に扮《いでた》ちて男童舞を演《や》ったのだ。『塩尻』四三、これを評して、当時遊女は男児の為《まね》す、今の児童は遊女の形《なり》をなす、時風かくのごときか、と言いおりて、日本とインドと時態の推移が反対だ。

この章宦者について存外長く書き立てたは、わが邦には古来宦者なく、むろん支那書を読んでその名くらいは知りおるも、実際どんな者やら知らぬ人が多いから、特に詳しく論じて世界には変わった者があるということを示す。それからここに要ないが、古リジア王グゲスは女を常に若く美ならしめんため卵巣を抜き膣を閉じたという。

五　類似半男女の話・男が女に変わった話

第二章すでに半男女を論じたが、これより普通に半男女と称えながら、身体が真の半男女でないのについて説こう。ブラントームの『嬌婦伝《ダム・ガラント》』◆14一章に、ある女宮《おんなみや》、その女中の内一人を他に超えて可愛がる。行儀も縹緻《きりょう》もそれに勝れた女あるにと一同不審《いぶか》る。その後かの女中は半男女で、不足なくまた悪評立たずに毎《いつ》も宮を慰め得たと判った。双女対食に比してやや勝れりと言うべし。また一大姓の婦人半男女で、打ち見たところまるで美女に相違ないが小さき陽根をも具す。名医どもより聞いたは、かかる半男女を大分見たうち性慾熾《さか》んなる者もありたり、と記す。これらは真の半男女らしい。真の半男女というても一体に完全な陰陽両具を備え、おのおのその用をなす例はまず絶無らしい。古人はそんな物ありと信じ、前述ヘルマフロジトス神の譚あり、サルテキスの井の水に浴する者みな半男女となったと伝う。ストラボン◆15の『地理書《ゲオーグラフィカ》』一四に、この地方の人きわめて男色を好み男とも女とも知れぬ者多き言訳にこんな話を作ったという。ギリシアでもっとも古き半男女神はキプルスの女神アフロジトスで鬚あり。これに牲を備うる時、男女衣を替えた。ジオニソスとプリアプスまたその像に陰陽を兼ね備え肥饒繁殖の力広大なるを示した。『荘子』や『山海経』に、類みずから牝牡をなす。これは本篇二章に述べた霊狸《じゃこうねこ》で、狐も両体を兼ぬるゆえ能く媚惑すという（呉任臣『山海経広注』一）。『山海経』また、鵸鵌《きと》、象《しょ》蛇《うじゃ》という二種の鳥がみずから牝牡をなすという。また黄帝の玄孫白犬牝牡ありと記す。これは半男女の人の由（同書一七）。しかし今日科学上明らめたところ、無脊髄動物には一身に牝牡を兼ねたもの多きも、有脊髄動物には少許の魚のほかにみずから牝牡をなすものはない（『大英百科全書』二四巻七四七頁。『剣橋博物学《ゼ・ケンブリジ・ナチュラル・ヒストリー》』七巻四二〇頁）。したがって鳥や獣や人間に完全な陰陽両機を具え自由にこれを用い十分にその機能を果たし得るものありとは信ぜられぬから、古人がみずから牝牡をなすなどというたは想像に止まると言うほかなし。ただし上述ヴィルヒョウなどが実験した一身に男子の精液と女子の月経を兼備した例もあれば、固く断言もできない。

まず概説すると、真正の半男女の人間はきわめて少ない。普通科学者が人間の半男女というは、真に卵巣と睾丸を一身に具うるでなく、付属諸機の発生異常なるを指す。すべて人間始め哺乳動物の牡には牝の付属諸機の痕跡あり。牝においても同様牡機の痕跡あり。その痕跡が度外れに発生したのを普通に半男女というのだ。ただし物能く心を動かす理窟で、かかる痕跡の異常の発生に伴れて性慾も変態を現ずることあり。乳房などの様子も多少異《かわ》る。例せば女の吉舌《クリトリス》が挺長したり子宮が露出して男と見えたり、男の陰嚢が腹中に匿れ、陰嚢の間が深く窪み陽根が吉舌ほど小さかったりして女と見えるごとし。世にいわゆる変成男女はこれで、婚姻の夜やはなはだしきは溝を飛び越えたばかりに女が男となることあるは、今まで隠れおった陰嚢が下ったりするにより、女のように見えおった男が男に固まったまででずいぶんしばしばある由。しかるに男が女に変ずる例なしとパレーは言ったが、ジャックーの『実用内外科新辞書《ヌーヴォー・ジクショネール・メドシン・エト・シルルジー・プラクチク》』（一八七三年パリ板）一七巻五〇三頁に二例を出しあり。欧州の古典に、ツレシアス蛇の交わるを見、その雌を殺してたちまち女となり、七年後にまた蛇の交わるを見、その雄を殺して男に復《かえ》った。支那では『蜀志』にいわく、武都の一丈夫、女子に化し美にして豔なるを、蜀王納《い》れて妃とせしも、水土に習わず去らんと欲す、すなわち東平の歌を作りてこれを楽《なぐさ》む、いくばくもなく死せるを哀れみ、高さ七丈の冢《つか》を作る、今成都北角の武担これなり、と。インドには、パルヴァチの森に入れば男すなわち女に化す。またソランキ王の子みな幼《いとけな》くて死しただ一女残りしを男装して養う。その子長じてある王女と約婚し、婚期近づくに及び王心配して気まぐらしに狩に往った帰途《かえりみち》で渇きを止めんと池の水を飲む。随行の牝犬その池に入り出で来たれば牡になりおった。王悦んでその女をその池で浴せしむるにたちまち男に化し婚姻を遂げ得た（エントホヴェン『グジャラット民俗記《フォクロール・ノーツ》』一二四頁）。仏書に、阿那律尊者美貌女人に似たり。独り草中を行くを見た悪漢、女と惟うてこれを犯さんとし、その男子たるを知り、みずからその体を見れば女に変わりおる。恥じて深山に入って帰らず。その妻の嘆きを哀れみ、阿那律その者を尋ね出だし悔過自責せしめたら男子に復《かえ》ったという（『旧雑譬喩経』下）。これらことごとく無根とも思われねば、いわゆる男が女になる事実も多少はあったらしい。

『奇異雑談』上に、むかし江州枝村へ二十歳ばかりの客僧来たって一宿す、美《うるわ》しくて比丘尼に似たり。その夜大雨で翌日も晴れず、故に滞留す。この人夜明けよりその姿軟弱、形音女と変わる、亭主怪しみ尋ぬるに、越後産れで丹波に二、三年ありて今故郷へ下ると答う。その姿怪しきゆえ僧か尼かと問うに尼と答う。亭主面白く思い、その夜これを挑む。辞退されしも終《つい》に従うて婚宿す。亭主急に妻を亡い、幸いのことと夫婦となり髪を長くす。ほどなく懐妊してよき男子を生む。その子十二、三の時、道者十人余みな僧なり、来たり宿す。中に一老僧あり、亭主その僕に問うに丹波大原野会下《えげ》の長老なりという。内婦聞きて大いに驚き、垣より窺けば丹波にあった時の師匠なり、すなわち夫に乞うて粧いを改め子を先に立て長老に謁し、「妾《わらわ》を御見知りあるまじきが、和尚様をばよく見知り申し候。みずからは越後国より十八の年登りて御寺に三年沙弥を経申し候。名をば何と申して清掃を致し古則法問を糺明し夜話坐禅怠ることなく勤め申し候いしが、故郷に私用ありて請暇《いとまごい》申して罷り出で、京へ上り江州に渡り枝村に着きてこの家に一宿し候。その夜夢に女になると思うて夢覚むれば男根なくなり女根になり候。心沁々《しみじみ》として不審ながら深く怪しむ心もなくて夜明け候。その夜大雨降りて翌日も晴れざるゆえに、また逗留し心も声も女になり候。亭主抑え留めて夫婦の契約をなすゆえに、今まで十五年この家にあり候。もと僧にてありしことを亭主隠し今に語らず候。そもそもかくのごとき先例もあることに候や、変成男子といい、あるいは転女成男と聞きしに、われわれは男身にわかに変じ女身となり候ことあさましく、進退業障深重に候、と申せば、和尚のいわく、闡提《せんだい》半月二根無根の属《たぐい》になるは世に多きものなり、と宣えば、内婦いや二形《ふたなり》にてはなく候、僧の時は男根常のごとくにて別儀なく候、女になりては女根常のごとくにて別儀なく候、只今和尚に相看申して昔に立ち帰る心地して尊く難有《ありがた》く思い奉り候とて発露涕泣すれば、和尚示しに頌を作って、『天地異法生じ、人五《こ》蘊仮《うんかり》に合う。鷹は日によりて鳩となり、雀は水に入りて蛤となる』。その時座敷の菓子の残りの薯蕷《やまのいも》ありしを和尚は指していわく、山芋鰻となるがごときはこれみな先例なり、愁うることなかれ、ただなんじが古え知るところの古則話頭善《よ》く臆持して忘るることなく、単々に截断せば何の罪障深重かあらん、心安く思うべしと宣えば、内婦愁涙を晴らし喜悦大悟して礼拝をなして去んぬ」。

この書は中村豊前守の息著わす。著者この談を江州で聞きて信ぜず。のち天文十年ごろ丹波を過《よぎ》り宿の亭主に聞きしは、むかし不思議のことあり、二十ばかりの僧故郷に帰るとて、江州枝村宿で女になったことあり、と。四十年前江州で聞きしに合うはまことなりと悦び語ると亭主も悦んだとあって、次にそのころ東国に名高かったらしい例を、語った人の名を三人まで出して載せおる。下野より僧二人足利に行きて学文《がくもん》数年して帰郷し、十年後に二僧同道して他行する路次、小酒屋に入って濁酒を飲むうち家主婦《かみさん》つらつら二僧を見る。二僧私《ひそ》かに語る。この内婦は足利の文長に酷《よく》似たと。内婦いわく、二人の御僧は見知り申し候、われわれをば御知りあるまじく候、と。二僧われわれも見知ったようだと言えば、内婦われは文長ぞと言う。二僧驚いて問うに内婦いわく、「近ごろ恥かしきことなれども語り申し候。足利より帰りて三十二の年、裸根はなはだ痒きゆえに熱湯をもって蒸《たで》ることかぎりなし。はなはだ蒸る時裸根嚢とも抜けて落ちたり。取りて見るに用に足たざるものゆえに捨てたり。その跡開閇《かいひん》になって常のごとし。のちに夫を設けて子を産むこと二人なり」と語り、二僧怪しみ驚きて去ると、云々。この二譚むろん法螺雑《まじ》りで全くは信ぜられぬが、またまるの啌《うそ》にもあらず。いずれも女子が男子のごとく見えた畸形だったのが、俄然本形に復したものと見ゆ。その時はなはだ痒かりしの、非常に大雨降ったの、女に変わる夢を見たのとあるは大いに参考になることで、その越後生れの僧が美容女のごとくだ

ったと言えるは、確かにこの人本来女でただ彼所《かしこ》が多少男に似おったものたる証《しるし》だ
『和漢三才図会』一〇に、この二譚を略出して支那の例二を引く。魏の襄王三年、女子あり首より化して丈夫となり妻と子を生む。晋の元康年中周世寧という女子八歳にしてようやく化して男となり、十七、八に至って気性成る、女体化して尽さず男体成って徹らず、蓄妾すれど子なし、と。『因果物語』◆16下にも、変成女子二件を載せ、いずれも病によって性を更えたと見ゆ。江戸の学僧実相坊はなはだ高慢なり。江州坂本真清派に入って法談し僧俗に太《いた》く貴ばる。信州に行きて一宿し亭主馳走して宿《とど》むるうち傷寒を煩い、七旬ほどして本復し行水中男根落ちて女根となる。学問文字みな忘れて愚人となり、力なくて酒屋の妻となる。のち旧同学の徒過《よぎ》って酒呑みに四、五人立ち寄ると、かの妻流涕し悲しむ。故を尋ねるに次第を語った。上州藤岡から秩父へ経帷子を行商する僧、山家の町で酒屋へ入り見ればこの前伴えし僧に似た女房あって、かれを見て匿れる。しばらくして酒売りに出たが面を隠して見せず。其女《そなた》はわが知った僧に似る。その姉か妹であろうと問えば、黙って流涙し奥に入る。近処の人に問うに、この女上州筋より来たれど親類を知らずと答う。また帰りに立ち寄りかの女を呼び出し問えば、われは御僧旧友某だが何となく煩い付きてより不図《ふと》男根落ちて二子なり、無念の次第と泣く泣く語った。寛永中のことという。何かで僧多く女に化すと読んだが、実はこのようの者は他に仕方がないからもっぱら僧にしたので、変成女子がしばしば酒屋の妻になったも他の家業が勤まらなんだからだ。一六一一

年板、ジュヴァルの『僧半男論《デ・ジセルト・フコジト》』にも、パリの若僧孕み何を産むか判るまで牢舎された、と記す。宮女、寄宿女生、女工など対食を行なうはもっぱら境遇より生ずる精神変態だが、かかる遭際にあってこれを行なう婦女もありて、それには付属諸機の発生異常なが多いらしい。『池北偶談』二五に、山東済寧の四十余歳の寡婦たちまち陽道を生じ、日にその子婦《よめ》と狎れ、久しくしてその子、官に訴う、事怪異に属し律明文なきをもって空室に閉じ置き飲食を給せしむ。トルコ・ソリテン帝の時、一婦人コンスタンチノーブルの貧工の独り娘に熱くなり、男装して大官職を買い得たと称し礼を備えて娶ったその夜、偽りと知れ海に投げられた（一六七五年板、タヴェルニエー『大君内宮新語《ヌーヴェル・レラーション・ド・ランテリユール・デユ・セラール》』二五四頁）。これら精神のみ変性した女らしいが、マルチニが検査した産婆は多くの産婦を弄びあるいは強辱せんとした。審らかに身体を視ると男具が隠れおった女だったという。

　これを要するに極真《ごくしん》の半男女、すなわち卵巣と精嚢を兼ね備えた者はきわめて稀有で、普通に科学者がいわゆる半男女、すなわち交媾や妊娠や育児に関する陰陽諸機や乳房等に男女を混ぜるようなは往々あって、大抵は女の吉舌の発達非凡なるが多いが、また男の陽根小さくて吉舌に似、睾丸釣り上がって腹中に蔵《かく》れ、陰嚢が大唇《ラビア・マヨル》を擬し、尿道が膣に擬《まが》う等のものあり。身分かくのごとく異常ゆえ精神もそれに伴れて異常なること多く、いわゆる女が女を要し男が男に媚ぶるなど、この流の半男女に多い。それから第三に、従来世俗一汎に半男女と名づくるはずいぶん多種多様で、いわゆる女に擬う男とか男らしいところある女とか、ほんの外貌上の形容辞のみの場合も多いが、もちっと精確に言えば両性の第二質すなわち生殖作用に直接の関係なき軀の大いさ、形、毛膚、音声、本能、動作、習慣等の上で、女が男らしく男が女らしいのをいうので、ここには類似半男女また擬半男女と名づけ置く。類似半男女は生れ付いて自然にかくのごとき者、擬半男女は人為でかかる者になるので、ちょっと言わば『取替ばや物語』の公子の妹君は類似で、脅迫のための弁天小僧や復仇のための薩摩歌の林殿、『八犬伝』の犬坂毛野や物好きから美童とも艶婦とも別ち難く扮《いでた》ったナヴァールのテーゲリト后は擬半男女だ。

類似半男女は人間のほかにもあり、蝶蛾の翅が雌雄こもごも混錯せるあり。鳥獣にも牝牡の大いさ、色紋、角、牙、距《けづめ》から習慣まで多少あるいは全く倒錯せるあり。かかる外形上の半男女は多く病衰、災難、腐敗等のために卵巣また精嚢が変化したるに基づくこと多し。例せば、雌雉が雄同様の羽毛を備うるは子なしといい、月事止んだ女が男の相好気質になることあり、牝鶏の卵巣を去れば鶏冠大いに、気荒くなって好んで闘い、閹人は気質婦女に似る等のごとし。しかるに人間となって生まれ付いて生殖機に異状があり、もしくは施術、病患等で異状を来たした者のほかに、全く習慣のみで世俗のいわゆる半男女になる者が多い。雪国のスコプチ（宦者宗）の男が去勢後婦女の慾を生じ（ド・シャムブル『医学百科全書』四輯二巻六六三頁）。古シジア人がシリアのヴェヌス女神の廟を荒らした罰で女人病を受けて半男女になった由で（ヘロドトス『史書《ヒストリア》』一巻一〇五章）、近時にもその故地に男病みまた老ゆれば老女の相好になる民族ありという（一七九六年ゴタおよびサンクト・ペテルスビュルグ板、ライネングス『高迦索歴史地理全記《アルゲマイネ・ヒストリッシュ・トポグラフィッシエ・ベシュライブング・デス・カワカスス》』上巻二七〇頁。一八〇二年サン・ペテルスブール板、ポトキ『露国諸民の原《イストワ・プリミチワケ・ピオープル・ド・ラ・ルッス》』一七五頁）。これらは病気や局部の変易から起こるのだが、シベリア土人諸族の男がたちまち女に化し他の男と婚する内には、病気から変性したのも習慣や嗜好や言語のみ変わるのもあり、最も多くは衣妝《いそう》のみ易えるのらしい（チャプリカ『原住民の西伯利《アボリジナル・サイベリア》』一九一四年オクスフォード板、一二章）。

六　女めいた姣童と男らしい小姓

わが邦の児若衆《ちごわかしゅ》や女形役者の内には真の半男女も稀《まれ》にはあったろうが、大抵は人為で習慣上多少女性の傾向を備えさせた者と察するが、それすら『続門葉集』等に見ゆる稚児の歌には、アラビアの『千一夜譚』なる姣童《わかしゅ》の歌と等しくまるで女と異《かわ》らぬ心持を発揮した者多く、遍照寺の寛朝行方を韜《くらま》して侍児別れを悲しんで水死し（『攝州府志』）、『秋夜長』、『鳥部山』、『松帆浦』、『足曳』等の児物語に出た稚児どもの女らしき振舞い、降って浪華の芸子戸川早之丞念者に心立てし過ぎての自害や、江戸の女形太夫玉村主膳出家の隠れ里へ日来《ひごろ》契りし弟子浅之丞も僧になって同棲せしなど（西鶴の『大鑑』）、その情緒婦女と異《かわ》らず、はなはだしきは上に述べた水木辰之助が男の身で月事を覚えたと称す。西沢一鳳の『脚色余録』に、浅尾吉次郎比丘尼に扮《いでた》ちて演ずる時、舞台に上って一夜の情思入れこれなりとて指切って投げ出せし男あり。浅尾面目身に余りその者を楽屋へ入れ、舞台済んでのち宿屋へ伴れ帰り深き仲となるうち、その者病死す。浅尾その指を金襴の袋に入れて毎《いつ》も首に懸ける。この子細を尋ねし馴染の客に世の中のありさまを語り、「さてさて浅猿《あさまし》き境界、士農工商の家にも生まれず、琴碁書画を弄ぶとはいえども、男ながらも川竹の流れの身、夜ごとに更《か》わる枕の数、世渡りのため是非もなし。されども心は変わらめや、勤めの中にも心入れあるべきことと存じ、心を心にて料簡致し一分を相守れり。もっとも抱えの子供にも屹《きっ》とこれを申し渡し、かように固めを致して置き候とて、金襴表紙螺鈿の軸の巻物紐解きかけて取り出だせり。これを開き見るに、起請文前書のこと、一、たまたま受け難き人身は受けたれども男ながらも川竹の流れの身に生まれたり、されども同じ人心さもしき心持つまじきこと、一、日ごとに変わる枕の数々、たとい金銀を蒔き散らすとも心に合わぬ客方は振って振り付け申すべきこと、一、仲間のうちにて兄弟の約束致すべからず、人々いかように宣うとも一人のほかに誓詞書き申すべからざること、一、芸能は申すに及ばず、酒の合座付き挨拶等に心を付け、並びに手跡嗜み申すべきこと、右の条々相背き申すまじ、もし破り申し候においては、この世にては後《あと》の病を受け、死しては尺蠖の虫となるべしとぞ書いたりける」とある。これでいかに女形の嗜み深かりしかが解る。すなわち類似半男女の仕立てに苦辛したのだ。

西洋の類似半男女の情緒や嗜みについては、一八三七年ライプチッヒ板、エルシュおよびグルューベルの『アルゲマイネ・エンシクロペジェ』一四七—一八九頁、一八七八年パリ板、タージューの『風俗犯罪論《アッテンター・オー・ミュアール》』一八八八年パリ板、ボールの『色痴論《ラ・フォリ・エロチク》』（この書中パリの姣童が裁判所で発した辞に、わが邦の女形が頭痛を血の道というた同似のことがある）、一八八九年パリ板、カーリエーの『両様売醫編《レー・ドー・プロスチチュション》』、同年同所板、コッツィニヨンの『巴里風俗論《コルプション・ア・パリ》』等を見る。

テーベの聖軍隊は若契に基づく。史家バックルかつて道義学上これもっとも潜心研究を要することながら、一概に非難の声高き社会にあって十分研究を遂ぐる見込みなしと歎じた。『経国美談』を繙く者誰かかの隊士の忠勇義烈に感奮せざらん。しかるにエパミノンダス討死の際死なば共にと契約の詞違えず二人その尸上に殪れたと聞きて、敵王フィリムポス、この人にしてこの病ありと歎じた。スパルタ王アゲシラオスは美童メガバテスを思い出づる常盤の山の岩躑躅のたびたびその念を抑えて事に及ばず。マキシムス・チリウスこれをレオニダスの武烈に勝る大勇と讃し、ジオゲネス・ラエルチウズは特に哲学者ゼノの外色に染まざりしを称揚した（ボール『色痴編』一四二頁。レッキー『欧州道徳史《ヒストリー・オヴ・ユーロピアン・モラルス》』五章二節注）。けだしギリシアで肖像を公立された最初の人物がアリストゲイトンとハルモジオスの二若契者だったり、哲学者や詩人でこれを称道すること多かったのを参考すると、初め武道奨励の一途よりこれを善事《よいこと》としたが、もとより天然に背いたことゆえ、これを非とする者も少なくなかったので、わが邦の熊沢先生同様、世間一汎の旧慣でよいところもあれば強いて咎めずに置けくらいの説が多かったと見える。このよいところすなわち節義を研《みが》き志操を高くするほどの若契は特にギリシアとペルシアに限ったようエルシュおよびグルューベルの『百科全書』[◆17]に書きおるが、そは東洋のことを明らめなんだからで、日本にも支那にもそんな例はたくさんある。『武功雑記』に、小笠原兵部大輔、大坂で打死の刻《とき》、十人の近習九人までもその側らに義を遂げ、一人他所で働き死を共にせざりし島館弥右衛門は、主君父子百日の追善に役義残すところなく勤め済まし見事に書置して追腹を切る。右十人共に小姓達なり。兵部大輔は小姓の容貌を第一と択ばず、ただ一心の正しきを寵愛せられた、とある。これはエパミノンダスの一条に優るとも劣らず。また同書に拠ると、家康の忠臣で大功を立てた榊原、菅沼、井伊、三浦などいずれも当時のいわゆる、その御座《ござ》を直した者だ。『甲陽軍鑑』などに御座を直すという詞しばしば見え、枕席を薦むという意味らしい。小姓達とは男色より出身した士《さむらい》で、赤穂義士の萱野三平は小姓達だったと西村天囚居士が故重野博士の談を筆した物で読んだ。

付記。八月号二七〇頁〔三、宦者について〕に亡清の西太后は宦者李蓮英と夫婦のごとく睦んだ由をいい、『義山雑纂』を引いて唐朝すでに閹官妻を娶る風あったと述べたが、その後『陔余叢考』四二を見ると、魏の孝文帝その后馮氏を幽せしに、帝南征する不在に乗じ宦者高菩薩と乱る、北斉の武成帝は先帝文宣の后李氏を強姦して娠《はら》ませた暴人だが、その后胡氏は夫に劣らぬ婬乱で多くの閹人と褻狎《せっこう》した、とある。よってかかることすでに南北朝の宮廷にも行なわれたと知る。

（大正十年七、八、九、十、十二月、大正十一年一月『現代』二巻七、八、九、一〇、一二号、三巻一号）

（平凡社版『南方熊楠全集』別巻1 579～617頁）

《語注》

◆1　**『史記』の封禅書**（しきのほうぜんしょ）――司馬遷『史記』の「八書」の一つ。受命の天子が行なった封禅の史的意義を探求し、武帝の封禅を批判している。土を盛って壇を造り天をまつるのを封といい、地をはらって山川をまつるのを禅という。

◆2　**ウブメ鳥**（うぶめどり）――産婦鳥。お産で死んだ女が鳥と化して小児を害するという、九州地方などで伝えられるもの。中国の同様の伝説の姑獲鳥（ほかに鬼車鳥もある）を、日本ではウブメ鳥にあてているが、姑獲鳥などのイメージが主として「夜鳴く鳥」であるのに、ウブメ鳥は、さらに「夜光る鳥」でもある。南方熊楠の英文論文に'Phosphorescent Birds'がある。

◆3　**ノルマン・ロッキヤー**（Joseph Norman Lockyer　一八三六―一九二〇）――イギリスの天文学者。王立科学大学教授・太陽物理観測研究所長。太陽スペクトル分析によるヘリウムの発見など、太陽・恒星物理学の発展に貢献した。また科学週刊誌『ネイチャー』を創刊、主宰した。南方熊楠も大英博物館追放事件の際などに文通している。

◆4　**アムブロアス・タージュー**（Ambroise Auguste Tardieu　一八一八―一八七九）――フランスの法医学者。著書多数。南方熊楠は性医学に関するタルデューの著書をかなり読んでいる。

◆5　**『近世奇跡考』**（きんせいきせきこう）――江戸時代の戯作者として著名な山東京伝の随筆集。五巻五冊、文化元年（一八〇四）刊。古書古画を典拠として、人物の逸事や市井の奇事を述べている。京伝の考証的随筆としては、未完に終った主著『骨董集』に次ぐすぐれた作品である。

◆6　**『輟耕録』**（てっこうろく）――中国、明の陶宗儀撰、三十巻。元代の法制および至正年間（一三四一―六七）の東南の兵乱を詳記し、訓詁・書画・戯曲の考証に及ぶ。風俗に関する貴重な記録も含まれており、南方熊楠は那智時代に英文でカニバリズムに関する論文を書いているころ、京都の土宜法竜から和刻本を送って貰っている。

◆7　**『五雑俎』**――前出（127頁注4参照）。

◆8　**『聊斎志異』**（りょうさいしい）――中国、清の蒲松齢撰の伝奇短篇小説集。初刊は乾隆四十一年（一七七六）。現行本は十六巻。花や狐の妖怪が登場する幻想的物語が高く評価されるが、ここに引用されているような奇聞・雑記の類も多い。

◆9　**『大乗造像功徳経』**（だいじょうぞうぞうくどくきょう）――唐の提雲般若訳。二巻。仏が忉利天に登って説経の際、優陀延王が仏像を造らせて奉った因由にはじまり、天の生活にも退堕が起ることを述べ、あわせて造像の功徳を述べたもの。

◆10　**エチアンヌ**（Henri Etienne　一五三一―一五九八）――フランスの出版業者、古典学者、風刺作家。パリに生まれ、ジュネーヴで百八十点以上のすぐれた書籍を刊行、心血を注いだ『ギリシア語宝典』（五巻）で破産、晩年は浪々の旅に出、リヨンで客死した。引用書は『ヘロドトス弁護論』

（*Apologie pour Hérodote,* 1572）で、風刺的寓話やコントを散りばめているが、根幹をなすのはカトリック社会に対する痛烈な批判である。

◆11　**カロン**（François Caron　一六〇〇―一六七三）――オランダの平戸館長、台湾長官。主著『日本大王国志』（*Beschryving van het Machtigh Coninckrijcke Japan,* 1648）。ここの引用には伏字があるが、平凡社東洋文庫の同書訳本の一四四―五頁を参照されたい。

◆12　**『奇異雑談』**（きいぞうだん）――中村某（中村豊前守の息子ともいう）著。六巻六冊。貞享四年（一六八七）刊。近世怪異小説集の一種。ただし最近では、この版は再編集本で、元来は二巻二冊、東寺所縁の僧が編んだという説が有力である。

◆13　**『ヘプタメロン』**（*L'Heptaméron* 1558）――正しくは『エプタメロン』。ナヴァル王妃マルグリット・ダングーレーム（Marguerite d'Angoulême）のコント集。七十二話を収める。構成は『デカメロン』にならっているが、主として現実に起こった事件に取材していることと、愛欲が笑いや揶揄の対象としてではなく、人間の宿命的な弱さとして捉えられ、ほとんど常に悲劇的結末に向かうのが特色である。

◆14　**『嬌婦伝』**（ダム・ガラント）――前出『艶婦伝』（161頁注6参照）。

◆15　**ストラボン**（Strabōn　前六四―二一以後）――ギリシアの地理学者、歴史家。小アジアのポントス出身。ローマ、エジプト等に旅行し、故国で没した。四十七巻の史書は散佚したが、十七巻の『地理書』（*Geographia*）は大部分現存し、地理的叙述だけでなく、多くの史実、伝説を含み、貴重な資料となっている。

◆16　**『因果物語』**（いんがものがたり）――鈴木正三（すずきしょうさん・俗名しょうぞう　一五七九―一六五五）の仮名草子。三巻三冊（片かな本）、六巻六冊（平がな本）。いずれも弟子による編集であるが、片かな本は怪異譚をかりて仏法を唱道しようとする著者の意にそっており、平がな本には怪異・奇談に対する読者の興味に訴えようとする傾向が認められる。

◆17 **エルシュおよびグリューベルの『百科全書』**（……ひゃっかぜんしょ）――エルシュ（J. S. Ersch 一七六六－一八二八）とグルーバー（J. G. Gruber 一七七四－一八五一）共編で、一八一三年から刊行された（終刊年未詳）ドイツの百科事典（*Allgemeine Encyklopädie der Wissenschaft und Kunste*）。その第三編第九巻のマイヤー（M. H. E. Meier）筆のPaderastie（少年愛）の項目をさす。本書361頁注3参照。

第二部　友愛としての同性愛——岩田準一宛書簡より

（平凡社版『南方熊楠全集』第九巻より。各書簡の末尾には全集の当該ページを記した）

浄愛と不浄愛、粘菌の生態、幻像、その他

昭和六年八月二十日午後五時書き始め十一時五十五分了り、さっそく差し出す

岩田準一様

南方熊楠再拝

拝啓。十六日出御状[1]、今朝七時半安着。折から海辺よりへんな動物を持ち来たりくれたる人あり、死なぬうちにといろいろ生態の観察了りて酒精に漬し、これがため時間を潰し、只今御状拝読、本状差し上げ候。

細川政元[2]のこと、小生より申し上ぐる前すでに御気付き『大心院記』御覧なされた由。この政元弑せられしことは、小生等幼年のころ（明治十年ごろ）誰も彼も読みたる頼山陽の『日本外史』にも出でおり。そのころの小学または私塾教師などは、いずれも当今の先生どもよりははるかに皇朝の事歴に通じおり、また古老の話等をも聞き覚えおり、政元は

寵童あるがためにややもすれば近臣等がこれに私通せずやとの疑念より人を疑うこと絶えず、戸倉も疑われたる人にて、ついに弑逆に及びしところへ来合わせたる家臣波々伯部が戸倉に切られ、後に戦場で戸倉を殺せしと、教師はほとんどみな語りおられし。しかるに、『野史』に波々伯部を寵童と書きあるにようやくこのごろ気付き、不審に存じ取り調べたるところ、前日御報知申し上げ候通り分かり候。かかること小生より申し上ぐるまでもなく、早晩御気付きのことと察しおり候ところ、果たして小生より申し上げぬうちにすでに御気付きの由、今回の御状にて承り、まことに御達眼感心し上げ奉り候。それほどの御眼力ある上は、この上小生等より何事に付きても特に申し上ぐべきことは無之《これなし》と大いに安心仕り候。

御来示の通り、浄愛（男道）と不浄愛（男色）◆3とは別のものに御座候。小生は浄愛のことを述べたる邦書（小説）はただ一つを知りおり候。これは五倫五常中の友道に外ならざるゆえ、別段五倫五常と引き離して説くほどの必要なければなり。（もし友道というものが今日ごとくただ坐なりの交際をし、知り合いとなり、自他の利益をよい加減に融通するというようなことならば、それは他の四倫と比肩すべきものにあらず。徳川秀忠が若きとき、どこまでも変わるまじき契約をしたるを重んじて、関ヶ原役後沈淪したる丹羽長重を復封せしめ、直江兼続が最後まで上杉景勝に忠を竭《つく》したるごとき、今日のごときつきあい、奉公ぶりというほどのことには決して無之と存じ候。）また貴状にみえたる年齢云々のことは論外にて、戦国ごろは大抵（馬琴も説けるごとく）二十四、五までは元服せず、これを大若衆と称え、いわば女の年増に相当して、むかしは大若衆が好まれたということ、京伝などの書いたものにも見え、大若衆の図も出でおり候。北条氏綱ごとき、北条綱成（有名な美童にて川越その他の戦に天下に名を挙げたる勇将）をたしか二十三、四で髻《もとどり》取り揚げさせたと白石先生はかきおり候。（ギリシアの哲学者には五、六十まで偕老同棲せしもの少なからず。）不浄の方にしても自分の父ほどの役者になずみたる嫖客多かしりこと、西鶴、其磧等の書に多く見え候。

貴書に見えたる念者をタチ、若衆をウケというは洋語の直訳で、近来できた詞と察せられ候。また御示しの上婚下婚のことは、大田錦城の『梧窓漫筆』◆4に出でたることにて、小生の創思には無之候。ただし男色にもこれあるは例すこぶる多きことにて、支那に舟を渉《わた》す平凡な男が国王最寵の少年を云々せしことあり。

これは名高き話にて（今の人は知らぬかも知れず）、小生などはその全文を暗記しおれり。すなわち、「襄成君、始めて封《ほう》ぜらるるの日、翠衣を衣《き》、玉剣を帯び、縞舃《こうせき》を履《は》いて、遊水の上《ほとり》に立つ。大夫、鍾《しょう》を錘県に擢《ぬ》きて、執桴をして号令して呼ばわしむ、誰か能く王者を渡さん、と。ここにおいて、楚の大夫荘辛、過《まみ》えてこれを説《よろこ》び、ついに造《いた》り託して拝謁す。起立していわく、臣願わくは君の手を把《と》らん、それ可ならんか、と。襄成君、忿《いか》って色を作《な》して言《ものい》わず。荘辛、遷延して手を盥《あら》い、称《の》べていわく、君独り聞かずや、夫《か》の鄂君子皙《がくくんしせき》が舟を新波の中に汎《うか》べしことを。青翰の舟に乗り、蒳芘《まんぴ》を極め翠蓋を張って、犀尾を検し桂衽を班麗にす。鐘鼓の音畢《おわ》るに会うや、榜枻《ぼうえい》の越人、楫《かじ》を擁《と》って歌う。歌の辞にいわく、濫として草に抃《べん》し、予が昌枑《しょうげん》を濫にし、予が昌州を沢す、州𩜾州焉乎《しゅうかんしゅうえんこ》、秦胥胥《しんしょしょ》、予を昭澶《しょうせん》に縵《まん》す、秦、滲惿《さんてい》を踰《こ》えて河湖に随う、と。鄂君子皙いわく、われ越の歌を知らず、子、試みにわがためにこれを楚説せよ、と。ここにおいて、すなわち越の訳を召し、すなわちこれを楚説せしむ。いわく、今夕は何の夕ぞ、中洲の流れに搴《とどま》る、今日は何の日ぞ、王子と舟を同じうするを得たり、羞を蒙り好を被《こうむ》れども、詬恥《こうち》を訾《おも》わず、心ほとんど頑にして絶えず、王子を得るを知らんや、山に木あり木に枝あり、心に君を説《よろこ》べども君は知らず、と。ここにおいて、鄂君子皙、すなわち脩袂《しゅうべい》を㩗《ひ》き、行きてこれを擁し、繡被を挙げてこれを覆う。鄂君子皙は親《した》しきこと楚王の母弟なり、官は令尹《れいいん》たり、爵は執珪《しっけい》たり。一の榜枻の越人すら、なお交歓して意を尽すことを得たり。今君、何をもってか鄂君子皙に踰《こ》えん、臣独り何をもってか榜枻の人に若《し》かざらん。君の手を把《と》ることを願うに、その不可なるは何ぞや、と。襄成君、すなわち手を奉《ささ》げ、これを進めていわく、われ少《わか》き時またかつて色をもって長者に称せらる、いまだかつて僇《りく》に遇いてかくのごとく卒《あわ》てしことあらず、今より以後、願わくは壮少の礼をもって、謹んで命を受けん、と」〔劉向『説苑』一一〕。

戦国の世にはこんなことがありて天下に名高く故事となりおり、その故事を引いてまた同じことを行ないしものもありしなり。わが邦にてこれに似た例は、後陽成天皇の御若姿を関白秀次が窺窬《きゆ》して、それが罰に当たりて秀次は横死せしという説あり、如何のことにや。また斎藤道三は主君の土岐頼芸の寵妻を奪い長子を生ませ（実は主君の子）、その長子に後年弑せられたるほどの女好きだが、同時にまた主君の長男（太郎法師丸という）の男色にめで、しばしば艶書を通わせ、太郎法師主従の礼を欠くこと奇怪なりとて、道三を誅せんとし、事成らず、それより父も子も道三に国を逐い出されたり。（一説に、太郎法師は道三に弑せらるとありしと記憶候。）また織田信忠は秀吉を念者とし、特に懇意なり。叔母お市の方（浅井長政の寡婦、淀君の母）、浅井滅後後家住居せしを、信忠世話して秀吉の妻とせんとせしうち、信忠、光秀に弑せられ、信孝の世話にてお市の方柴田の後妻となれり。これより柴田・羽柴の戦い始まれりとなす。やや後にも近衛信尋公（実は後陽成天皇の第四子）は、若姿ことに艶にましましければ、福島正則、伊達政宗、藤堂高虎等、毎々茶湯等に托して行き通いしという。近時の考えよりは不思議なことのようなれども、右の襄成君や鄂君子皙のこと、またこの近衛公のことなどは、専一に後庭を覬うてつめかけしこととも思われず。今日の人に分かり易く申さんとならば、東京等の高名なる芸妓へ高価の物を贈り、千金を散じて種々の人が押しかけるも、あながち百人が百人その前庭を覬うにもあらず。いわゆる「せめては言の葉をやかかると」で、一言の挨拶にあずかり、一句の短冊でも書きもらいて一生の面目と心得たることと存じ候。それを昨今来観の外国の調査員などが、芸妓と女郎を同一視するような根性では、さっぱりむちゃなり。

清朝に成りし『品花宝鑑』◆5を繙いても、いわゆる梨園子弟の優物どもとその交客との交情を見るに、主として文藻をとりかわし、玄談風流に耽った次第をのみのべあり。それと同時に卑穢極まる連中が、理髪師の弟子とか洗濯婆の倅とかに酒を飲ませ、寝鳥《ねとり》をさし糞が迸《ほとばし》り出たとか、脱肛したとかの醜状をも記しあり候。また古ギリシアでもアテネのごとき高士偉人のあいだに清秀たる眉目の少年が周旋して玄談歌詠すると、ある海島では毎々少年をかつぎ去りてむりやりにおしこみ、はなはだしきは輪姦せし等のことあり。何の世にも何の時にも、清濁両《ふたつ》ながら行なわるるは、まさに然るべきのことにて、浄あり不浄あり、浄にして不浄を兼ねしもありしと知らる。また貴宗中の下婬の例に至りては、前状申し上げたる小草履取りなど、その著しき例にて、阿波の三好長元ごとき、えたの子の美貌なるを小姓に取り立てしを亡国の兆と国人非難せし由。山岡明阿の『逸著聞集』◆6に、花園右大臣有仁（これも後三条帝（？）の皇子、人臣に下りしなり）が車の牛を使う少年を車の側に随身なき折を伺い、車中に召してすばやくきこしめしたことを記す。パリで今日も自働車使いの美少年を車中で犯すこと多きごとし。明阿の件《くだん》の著は戯作なるも、実際左様のことが多かったことと察せられ候。

去る大正九年、小生ロンドンにむかしありし日の旧知土宜法竜師高野山の座主たり◆7、しばしば招かれしゆえ、今年の勧業博覧会で一等賞金印を得たる当地の画師川島草堂（この人は橋の上に炭の屑をもって画を独習して仕上げたる人なり。久邇大宮も七年ほど前に和歌山望海楼に召し席上揮毫をさせ御覧ありし。小生むかし南ケンシントン美術館に傭われ、河鍋暁斎の粉本を多くしらべしことあり。他の画のことは知らず、狂画の腕はこの人のが暁斎の次と存じ候）と同伴して金剛峰寺へ三十余年ぶりに尋ね候。そのとき座主、特に小生のために金堂に弘法大師将来の古軸若干をつり下げ示されたり。その内に大日如来の大幅一つありし。何ともいわれぬ荘厳また美麗なものなりし。その大日如来はまず二十四、五歳までの青年の相で、顔色桃紅、これは草堂咄《はなし》に珊瑚末を用い彩りしものの由、千年以上のものながら大日如来が活きおるかと思うほどの艶采あり。さて例の髭鬚など少しもなく、手脚はことのほか長かりし。これは本邦の人に気が付かれぬが、宦者の人相を生写しにせしものに候。日本には宦者なきゆえ日本人には分からず候。

さて宦者もいろいろありて、普通椒房《しょうぼう》を監視するためのものと、また別に漢高の籍孺、孝恵の閎孺、蜀漢の黄皓など、もっぱら色をもって人主に寵せらるる宦者あり。古ペルシアその他に、敵国を亡ぼして敵王の子を宮し、その色を愛せし王多し。歴山王《アレキサンドル》がもっとも寵せし美人は、女にあらずして宦者なりし。またローマのネロ帝ごとき、艶后ポッペイヤに死なれて身死せんとするまで憂悒せしが、スポールスなる少年の顔ポッペイヤと間違うばかりなりしより、これを宮し、婦女間に仕込みて女同前にし、大礼を挙げてこれを皇后に立て、民衆の歓声裡に公然これと接吻せしことあり。ネロ弑せられて次に立ちし帝、またこの者を寵せしが、その次に立ちし帝はかかること大嫌いにて、スポールスの常操なく前帝と同時に死せざりしを悪み、大なる恥辱を与うるためにこれを娼妓かなんかに出で立たしめ、大衆の面前に戯場に上がらせ大恥辱な目に会わせ（強姦かなんかせしめしことと察す）、スポールスたまらず舌をかんで自滅せしことあり。この宦者の心底、情操がまた、かげまとも女とも大いにかわり候。いわゆる neuter《無性》 人なり。（小生生まれしころ（まずは明治元年ごろ）までは、インドなどには十万近くもこの流の宦者あり。一群一地方ごとにその王あり。丈夫《おっと》を迎えて定まれる妻となる。装飾、衣裳、行儀、まるで女人のごとし。賀礼等の席へ出て座もち役をつとめ、酬金を多く得て、中にははなはだ富めるものあり。法律上死んだ上でなければ、男やら女やら無性やら両性やら分からぬゆえ、はなはだむつかしきものなりし。）次に半男女あり。ローマ帝国の全盛時に好色家は最高価をこれに払えりという。はなはだ少なきものなり。両性人なり（hermaphrodite《ヘルマフロジテ》）。次に、例の男色の受け手、これにもいろいろと類別あり。

婦女のことは姑《しばら》くおき、右の三種の人の性情を実写することは、なかなかむつかしく候。いわんや、そんなものが現存せざる本邦においてをやで、本邦においては『男色細見菊の園』の序か何かに見えしごとく、明和のころすでに芝居役者にすら専門に育て上げられたる若衆形は全滅し、女方が平井権八や小姓の吉三をつとめ候。それでは女になってしまって、若衆や小姓の情緒はさっぱり写らず。故に貴下などには到底男色小説を書いても浄の男道の片影をも写すことは難かるべしと存じ候。

一昨々年十月十八日なりしか、東京より来遊されたる上松蓊《しげる》氏◆8（明治二十四、五年ごろ衆議院副議長たりし故安部井磐根氏の烏帽子子なり）と当地を発し、当国日高郡妹尾《いもお》官林に趣き、三日めに上松氏は御大典のことに関係ありて出立東京へ帰途につく。（日高川の吊り橋を渡るとき、串本村の男女ことごとく出てその渡りぶりを見るに、ずいぶん気を付けて歩みしも、橋板を徹《とお》して急流が遠き眼下を走るを見て、覚えず足を駐め居すくみになりしとみずからいう。）小生は一人踏み止まり菌類を写生す。初めは二百品を検して立ち去るつもりなりしが、かかる深山へ老いてまたと来る見込みなければ、せめて三百品を検して去らんと思い、逗留しつづくるうち冬となり、零下五度という毎日の寒さなり。滝など画にかける不動尊の火焔のごとく飛び散ったまま堅く凝る。室内へ吹雪降り、茶を汲んで五分も座右におくと、堅氷碗にはりきって

底に血のごとき流動体が澱《よど》む。茶が水と別れて底に沈めるなり。水は氷りて石のごとし。この官舎、小生の外に事務員等五人ばかり留まる。猫一疋あり、鰹節を見せるに怪しんで逃げ去る。（ただし、一度口へおし込んだ以上は毎度探りにくる。）幼き時より一疋ここに来たり世間を知らず。風少なき日は谷川へゆきハイという小魚を採って食う。牝を見たことなし。故に色気なし。舎員等時々手淫しやるに、大いに怪しんで異様に吼え出す。毎朝起きてゆき台所を見るに、図（前頁）のごとく焔々たる囲炉の一側に坐し、身を焔にあてて焦げるも去らず、交わる交わる片手を出して炙り暖をとる。日を招き還した人の咄は、支那の魯陽公、本邦の清盛などあるが、火を招く猫は始めて見し。

　唐猫を清盛にする寒さかな

　この妹尾官林のことは『民俗学』昭和四年十二月分（一巻六号）三九六―三九七頁〔「庚申鳥とゴキトウ鳥」〕に載せたことあり。十一月中旬より明年三月初めまで日が少しも当たらず。狭き谷間ゆえ北風吹くときは官舎には南風がふき、東風が至れば西風となる等のことあり。午後峰頂に日当たれるを見て、さては晴天かと察する等のこと多し。かくて氷雪中に三百余点まで菌を集め写生するに、針で石を突くごとき音を出す。墨やインキや水彩色がたちまち凝りて堅くなり。筆のさきまた針のごとく固まるゆえなり。故に筆や彩画具を用うることならず、鉛筆のみで図を引き色合い等を記し添えおきし。この南国にかかる寒き所ありとは思わざりし。

かくて一月四日まで氷雪に閉じこめられ一歩も外出すること能わざりしが、一月五日天を仰いで近来稀《まれ》な晴天と知り、朝より荷拵えして午後一時に官舎を出で橇車に乗り仰ぎ臥し、すべり落とされぬよう橇のへりをつかみ固めて駛せ下りしに危険比なし。中止せんと思いしが、氷雪道を埋めて足悩める小生が立ち処なし。よって運を天に任せ、すべらし下る。九十六町を四十五分間に下り串本に着。それより日高川に高く懸かりし針金橋を渡る。村の男女また中途で立ち留まるなるべしとて総出で見物す。小生は案内人を一人先に立たせ、その人をばかり見つめていささかも下を見ずに直行し、わずかの間に長き高き吊橋を渡り了る。それより林務所員の若者、自転車に小生の手荷物をつけ（採集品等は出立の前すでに発送せり）、小生は傘を杖ついて前行す。串井峠とてずいぶん高き山を上るに、午後三時後の夕日赫きて暑さ夏のごとし。肩ぬぎて進む。この分にては峠を下るも雪は解け氷は溶け去り別段の難儀あるまじと思いきや、下って見れば北に向かいし地ばかりゆえか、鏡面のごとく氷はりつめたり。この辺に草履というものきわめて乏しきを、串本で二足針金を入れて作らせ貯えたれば、その一を穿ちてすすむ。唐尾越《からおごえ》という難処の下に至りしときは、もはや五時なり。提灯を用意したれば臆さずに上りゆく。途中で日がずんぶり暮れる。しかし、氷雪で道白きゆえ、闇夜ながら行歩に便なり。恐れ入ったことは、昼間たまたまの快晴に土や岩にゆるみを生じ、所々途上に崩れ落ちて足が行き当たる。それを用心して巓まで上り、さらに五十丁下りて川又官林の官舎に着きしは八時半過ぎなり。

この辺流感大はやりにて舎長以下早く臥しあり、コホンコホンとやらかしおる。小使一人無事にて舎婢をよび来たり飯を炊かせ、七十五日めに始めて生鮮な海魚で温かい飯を食えり。（妹尾官林では絶対に芋と香の物と大根の煮たのと冷飯を食えり。温かく炊いてくれても、写生に念を入れて半時間、一時間とおくれて食いにかかるときは、砂のごとく冷え固まりおりしなり。）それより安眠して朝早く起き、二十四年前、この川又官林で見出だしおきし珍異の木を求むるに、その所はことごとく伐り尽して何の木一本もなく、すなわち昨夜氷雪中を歩み来たれる長々しき車道に化したりとのことに大いに失望、しからばその木の概要を画にて示しおきたく、後日見当たらば採り送られたしとて、それと同類の木を名ざし折り来たらしむるに、小使走り行きてしばらくの間に折り来たる木をみれば、前年見出だせしと同種のものなり。これならば、この辺の人家の辺に多少ありとのことに大いに歓び、跡より送ることを頼み、九時発の自働車にて官舎主任田辺へ官用でゆくと同乗して御坊町に向かう。主任はひとまず御坊町へゆき、それより乗り換えて田辺町へゆくなり。小生は御坊町の手前なる北塩屋村で下車のはずなり。

　これより四十四年前（今年只今より四十六年前）、小生東京にありしがふらふら病いとなり、和歌山へ帰り、保養のため父の生家が日高郡にあり、その親属またこの郡に散在するをもってそこここと遍歴せんと日高郡に来たりし。その時この北塩屋に高名の医師羽山氏なる豪家あり。その家に当時五男あり、その長男は繁《しげ》太郎[9]、二男は蕃《はん》次郎[10]という。これは御存知通り、「筑波山は山しげ山繁けれど、思ひ入るにはさはらざりけり」という歌により、苗字のは山に因みて付けたる名と察す。その宅の近所の小丘に熊野九十九王子の一なる塩屋王子の社あり。『熊野御幸記』にも載せたる旧社にて、古く俗に美人王子と号す。それゆえか、この家の五子、取り分け長男と次男は属魂《ぞっこん》の美人なり。

長男は小生東京にありし時勧めて上京せしめ、東大へ入らんと本郷三組町の独和学塾とかいう所に入り勉学せしが、その塾長が昔堅気の人にて塾生に一切足袋をはかせず単衣寒棲を強ゆ。東京へ初めて紀州より行きて、その冬烈しき寒気に風を引き、それより肺を悩み東大病院に入りしがはかばかしからず、帰国して家にありし。そこへ小生行き泊り、また当地付近の鉛山《かなやま》温泉に遊びなどして春より夏に至れり。かくて、その夏東京より同県出身の学生ども多く帰国す。長男かくのごとくなるゆえ、次男を東大に入るべしとすすめ、そのことに決し、夏休みすみて学生等東上すべしというゆえ、小生和歌山にありしが急行してかの村にゆき、次男を東上せしむるに決し、一泊して翌朝次男を伴い、和歌山まで同行し、その翌日学生どもと東上せしめ、小生よりその後、かつて衆議院、今は貴族院議員たる関直彦氏へ頼みやり、その世話になり勉学せしめたり。

かくて小生和歌山にありしが、家内に面白からぬことありて（小生の家は当時和歌山で一、二といわれし商家なりしが、前年兄の妻を迎うるに父の鑑定で泉州より素姓よき旧家の娘、まことに温良の美人を兄の妻として入れたるに、兄は淫靡の生れにて、浮気商売の女などを好み、父がせっかく定め選びし女を好まず、出奔したることあり。それを引き戻して改心せしめしも、なにさま本心より好まぬことはどこまでも好まず。それがため父と兄の間柄、常に面白からず、しかる上は小生は次男ゆえ、父は次男の小生と共に家を別立するような気色あり。小生の妻を定むなどいう噂もきく。しかる上は勝手に学問はできず、田舎で守銭虜となって朽ちんことを遺憾に思い）、渡米することに決し候。決した上は早く取り敢えず東上し、さて船等を聞き合わせた上渡るべしと思い、日高郡の親族二、三の方へ告別にゆきし。

　ちょうど九月の終りごろで、右の医師邸の二階に一泊すると、にわかにさわぎ出す。何ごとかと聞くと、医師の妻がこれまで五男までつづけて挙げたるに（十九歳と十六歳と十三歳と六歳と三歳）、また今春より孕みありしが只今産の気がつきたりといいのしる。これでは到底今夜は眠ることはなるまじと思い、二階の窓をあけて海上を見渡す。鰹島《かつおじま》といえる岩礁のみの小島に銀波打ちかかり、松風浜辺に颯々として半ば葉隠れに海上の月を見る。その風景何とも口筆で述べられず。われは当分この辺の風月を観賞するも今夜限りなり。知らぬ他国に之《ゆ》き、いくそばくその面白い目つらき目にあうて、いかに変化して何の日か帰国し、またこの風月を見得ることぞと感愴して、覚えず明くる朝の四時となる。その時家内またさわぎ立つを聞くに、これまでとかわり今度は◆[11]女の児が生まれたるなり。すでに児が生まれた上は、吾輩一時間止まれば一時間の厄介をこの家にかくることと思い、朝霧四塞してまだ日光も見ぬうちに急ぎ辞別して出立して、かの長男日高河畔（清姫が衣をぬぎ柳の枝にかけて蛇となり、川を游《およ》ぎにかかりしという天田《あまだ》という地）まで送り来る。いわゆる君を送る千里なるもついに一別すで、この上送るに及ばずと制して幾度も相顧みて、おのおの影の見えぬまで幾度も立ち止まりて終《つい》に別れ了りし。

それから東上して六十余日奔走し、十二月の初めに横浜解纜の北京《シチー・オヴ・ペキン》市という当時の大船で三十日めにサンフランシスコに着し、いろいろの有為転変をへて、在外十四年と何ヵ月ののち英国より帰朝して見れば、双親すでに下世し、幼かりしものは人の父となり、親しかりしものは行衛知れぬも多く、件の羽山家の長男は一度は快気して大阪医学校（今の大阪帝大医学部の前身）に優等で入学せしが、一年ほどしてまた肺を病み、帰村して一、二年して死亡。次男は小生と別れしとき十六歳なりしが、二十六歳まで存生、東大の医科大学第二年まで最優等でおし通し、もとより無類の美男の気前よしゆえ、女どもの方も最優等で、はなはだ人の気受け宜しかりしが、これまた病み付いて日清戦争終わりてまもなく死亡。三男、五男、それから小生渡外後生まれたる六男まで、いずれも学校優等なりしが、三十ならぬに死亡、ただ四男なるもの一人残る。この家積善の人で代々つづきたるに、いかなる故にかかる凶病にとりつかれ将棊倒しに子供が死に失せたかというに、そのころは今に比して一汎衛生の観念ことに田舎には稀薄で、小生泊りおるうちも、毎度肺病人を自宅向いの家に置いて、いわゆる出養生所《でようじょうしょ》とせしなり。そんなものを処置するには、自宅に出入せしめず厳に自宅と出養生所との区域を立つべかりしに、そんなことに考え及ばざりしうち、病気の毒素が自宅のどこかに潜入せしことと思う。よって多くの家内のうち一人が死んだとき、さっそく支度して全く家を他へ移すか、また土でも入れ替え、井をほり改めたらよかったなれども、それまでは思い及ばなんだことと思う。

この子供らの父ははなはだ徳望家で、当時の風として、人力車にのり診察にまわると、病家は車夫に幾分のチップを与うるの風ありし。それを気の毒がりて、老後自転車を修煉するとて過って落ちて、卒中風を起こし死せしなり。

さて小生は渡米したが、米国の学校などいうものは実際当時のわが国の学校にも劣りおり、教師また米国だけの人物で、とても欧州と比肩すべきにあらず。かつ小生主張堅固にして少しも米人に屈せざるより、しばしば喧嘩など仕出だす。よって学校を見限り自修独学し、もっぱら図書館と野外にゆきて読書また観察せしが、そのころ米国の南部は、あまり生物の詳しきこと知れおらず。よってフロリダへゆき、また西インド諸島に渡り、その辺の動植物を集めたところが、欧州へ渡らねば調査はできず。よって二十六歳の秋渡英せり。その船中にあるうちに、父は和歌山で死し、ロンドンに着いて正金銀行支店を訪いしに父の死んだ報が着しありたり。「天下是《ぜ》ならざる底父母《の》なし、人間得難きものは兄弟」というに、いかなれば小生は兄弟に縁薄きにや、兄は父歿して五年目に父の予言ごとく破産没落し、次弟は父が別居せる跡を嗣ぎしが、これまた善人ならず、小生金銭のことに疎きにつけこみ、ことごとく小生のものをやらかし了れり。（このことを聞き及んで、小生のただ一人の男児は精神病を起こし、もはや六年半近くなるに少しも好報に接せず、洛北に入院させてはや三年三ヵ月になる。）かくて帰朝しても一向歓迎さるる人もなきより、「古郷やあちらをみても梨の花」、熊野の勝浦、それから那智、当時実に英国より帰った小生にはズールー、ギニア辺以下に見えた蛮野の地に退居し、夏冬浴衣に縄の帯して、山野を跋渉し、顕微鏡と鉛筆水彩画と紙がこればかりの身代で、月々家弟より二十円あてがいで、わびしくもまたおかしくも幾そばくその月日を送りおりたり。

外国にあった日も熊野におった夜も、かの死に失せたる二人のことを片時忘れず、自分の亡父母とこの二人の姿が昼も夜も身を離れず見える。言語を発せざれど、いわゆる以心伝心でいろいろのことを暗示す。その通りの処へ往って見ると、大抵その通りの珍物を発見す。それを頼みに五、六年幽邃極まる山谷の間に僑居せり。これはいわゆる潜在識が四境のさびしきままに自在に活動して、あるいは逆行せる文字となり、あるいは物象を現じなどして、思いもうけぬ発見をなす。外国にも生物学をするものにかかる例しばしばあることは、マヤース[12]の変態心理書などに見えおれば、小生は別段怪しくも思わず。これを疑う人々にあうごとに、その人々の読書のみしてみずからその境に入らざるを憐笑するのみ。（弄石で名高かりし木内重暁の『雲根志』[13]を見るに、夢に大津の高観音とおぼしき辺に到りて、一骨董店に葡萄石をつり下げたるを見、さて試みにそこに行きみしに、果たしてみすぼらしき小店に夢の通りの石をつり下げありしゆえ、買い得たりなどいうことあり。これを妄誕とせる人は、その人木内氏ほどそのことに熱心ならざりしか、または脳作用が異《かわ》りおるによる、と小生は思う。）

　かの兄弟の母は多くの子供を死なせ喪うた後も第四男と共に生存し、一度小生を見て何故かかる禍難が至りしかを尋ねたしなどいいおりし由なるも、ちょうどそのころ小生この田辺町へ移り来たり、政府の神社合祀厲行をもって、伯禽のいわゆる、のち簒弑の臣あらん、まことにこれほど危うき政策はなしと思い、種々と反対運動をなしたるため、またかの村に之《ゆ》くを得ざりしうちに、彼らの母も物故せりと聞き、姑《しばら》くかの一家のことは念頭に置かざりし。しかるに、田辺の宅にありて炭部屋の内に顕微鏡をおき、昼も夜も標本を調査するうち、一日◆[14]妻が当時三歳になる娘を伴い牛肉を買いに出で◆[15]帰りての話に、この宅の近所の米国女宣教師の宅に十八、九の洵《まこと》に紅顔のおとなしき美人あり、毎日近町の醬油屋の隠居に生花を習いに之く。いかなる家の娘なるらんと思いおりしに、只今肉を買いて帰る途中でわれらに追い付き、娘にこの煎餅一袋をくれたから、貴娘は何の縁あってと問うに、日高郡塩屋浦の羽山家の出《で》で、兄どもは自分生まれぬ前にいろいろと先生の御世話になりしが、不幸にして世に即けりと話されたとのこと、そう聞けばまことにかの兄どもにどこか似ておる。よって面会していろいろと聞くと、その他の兄弟も死に失せ、第四男が家を継いで今もありとのこと。それよりその第四男に文通して、旧家のことゆえいろいろと珍籍を蔵すること少なからぬゆえ、それを借り受け写しなどすること、年ありし。

今年妹尾官林に七十五日楯籠り氷雪の疲労はなはだしかりしゆえに、今二里ばかり平地を歩まば直ちに自働車に乗りてその夜の八、九時に自宅へ帰り得るところを、さらに韓尾《からお》越《ごえ》の高嶺を夜中幾度も谷へ落ちかかる所を手にせし傘でふみ止まりこたえて踰え歩みしは、一は二十四年前に見出だしたる珍植物をつきとめたく、それよりも主として四十四年ぶりで北塩屋のかの家の跡を見たくてのことなりし。よって出立の十日も以前よりしばしば、かの家と言ったところが第四男は前年精神病を煩いしと聞くから只今のことも分からず、それより小生渡米告別にゆき一泊せし翌旦早く生まれたる女児（件の煎餅をくれたる女の姉）が、今は御坊町より南部町までのあいだで第一の豪家に嫁し、指を屈すれば四十五歳の主婦となり、五人まで子を設けあるときく、その家へ交渉しおきたるなり。川又官林より北塩屋まではわずか七、八里なるも、この辺を往復する自働車は（日に二度とか）いかさま物の拾い集めで、道路また間に合わせのよい加減なものなれば、ただ道を踏み違えぬを便宜と乗りたるのみ、パンクとか何とか故障続出して朝九時に乗ったものが、七、八里の道を四時間以上かかり、午後一時過ぎにやっと北塩屋に近づき、久しぶりで海が見ゆる。かくてむかし見なれた美人王子の小丘の下を過ぎて本村の大道を走らす。

四十四年も前に見た物は何一つ見付からず、華魁《おいらん》が長鳥場《ながちょうば》の嫖客をせき立つるごとくまだかまだかと思ううち、山田という宿札が見えたから、車を駐めしめ飛び下りてその家の入口に立つと、三十ばかりの若主人がけげんな顔をする。するも道理、鳥の声さえ一度も聞かざる深林に七十余日も素食寒居のあまり、鬚髭厖々眼と鼻の外は埋もれ了り、衣服は昨夜の氷雪に沾《うるお》い徹り、芝居でする定九郎が与一兵衛の齢まで生き延びたものとしか見えぬなり。何の歓迎もされぬから手持無沙汰で立つところへ、二十歳ばかりの青年走り来たり、こなたへと乞うてもと来し方へ引き返すより聞いてみると、今立った家は同じ山田ながら分家で、羽山の長女が嫁しある本家はそれよりも半町ほど手前で、一層大きな家なり。よってそこまで往くと、四十五歳といい条三十五、六に見える明眸、前歯を金で塡め、まことに愛敬ある中柄の主婦が、入口にまちおり、これが四十四年前に一泊した翌朝生まれた女の子と問わずして知れた。先立つものは涙とはよく言ったもので、その主婦、言を発せず家内へ案内し、昨夜氷雪で踏み固まった針金入りの草履をぬがせ、これは一代祠っておくべしとて取り片付くる。それより奥座敷へ上がって見廻すと、むかし山田の庄とこの辺をいいし、その山田の庄屋たりし山田家で（『紀伊国続風土記』にも出であり）、もと多くの漁夫を使いしとき、大漁事あるごとに数十百人に急に焚き出しせし大釜を多くならべた広き部屋あり。そこの構え、田辺町などでは見られず。主人は文藻もある人で、なかなか話せる、この辺切ってのいわゆる檀那衆なり。

もと当国在田《ありた》郡栖原《すはら》の善無畏寺《ぜむいじ》は明恵上人の開基で、徳川の末年より明治の十四、五年まで住職たりし石田冷雲という詩僧ありし。あんまりよく飲むので割合に早世されたれども、就いて漢学を受けし弟子どもが明治大学長たりし木下友三郎博士、郵船会社の楠本武俊（香港《ホンコン》支店長またボンベイ支店長）、その他十をもって数うべき知名の士あり。その冷雲師の孫に陸軍大学教授たりし日本第一の道教研究者妻木直良師[16]あり。二十二年前、例の小生が炭部屋で盛夏に鏡検最中のところへ来たり、いろいろと話す。ちょうど小生粘菌を鏡検しおりしゆえ、それを示して、『涅槃経』[17]に、この陰滅する時かの陰続いて生ず、灯生じて暗滅し、灯滅して闇生ずるがごとし、とあり、そのごとく有罪の人が死に瀕しおると地獄には地獄の衆生が一人生まるると期待する。その人また気力をとり戻すと、地獄の方では今生まれかかった地獄の子が難産で流死しそうだとわめく。いよいよその人死して眷属の人々が哭き出すと、地獄ではまず無事で生まれたといきまく。

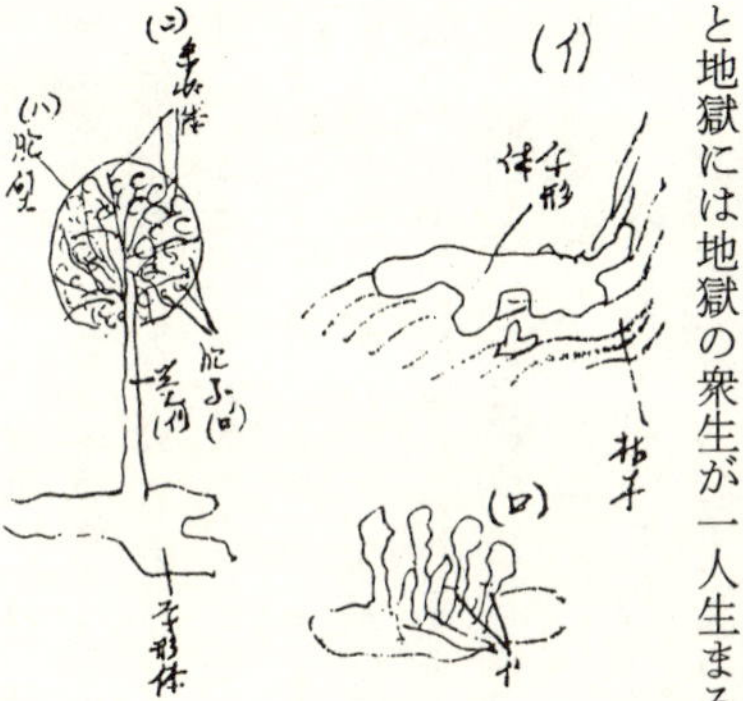

粘菌が原形体として朽木枯葉を食いまわること〔(イ)図参照〕やや久しくして、日光、日熱、湿気、風等の諸因縁に左右されて、今は原形体で止まり得ず、(ロ)原形体がわき上がりその原形体の分子どもが、あるいはまずイ′なる茎《くき》となり、他の分子どもが茎をよじ登りてロ′なる胞子となり、それと同時にある分子どもが(ハ)なる胞壁となりて胞子を囲う。それと同時にまた(ニ)なる分子

どもが糸状体となって茎と胞子と胞壁とをつなぎ合わせ、風等のために胞子が乾き、糸状体が乾きて折れるときはたちまち胞壁破れて胞子散飛し、もって他日また原形体と化成して他所に蕃殖するの備えをなす。かく出来そろうたを見て、やれ粘菌が生えたといいはやす。しかるに、まだ乾かぬうちに大風や大雨があると、一旦、茎、胞壁、胞子、糸状体となりかけたる諸分子がたちまちまた跡を潜めてもとの原形体となり、災害を避けて木の下とか葉の裏に隠れおり、天気が恢復すればまたその原形体が再びわき上がりて胞嚢を作るなり。原形体は活動して物を食いありく。茎、胞嚢、胞子、糸状体と化しそろうた上は少しも活動せず。ただ後日の蕃殖のために胞子を擁護して、好機会をまちて飛散せしめんとかまうるのみなり。

故に、人が見て原形体といい、無形のつまらぬ痰《たん》様の半流動体と蔑視さるるその原形体が活物で、後日蕃殖の胞子を護るだけの粘菌は実は死物なり。死物を見て粘菌が生えたと言って活物と見、活物を見て何の分職もなきゆえ、原形体は死物同然と思う人間の見解がまるで間違いおる。すなわち人が鏡下にながめて、それ原形体が胞子を生じた、それ胞壁を生じた、それ茎を生じたと悦ぶは、実は活動する原形体が死んで胞子や胞壁に固まり化するので、一旦、胞子、胞壁に固まらんとしかけた原形体が、またお流れとなって原形体に戻るは、粘菌が死んだと見えて実は原形体となって活動を始めたのだ。今もニューギニア等の土蕃は死を哀れむべきこととせず、人間が卑下の現世を脱して微妙高尚の未来世に生するの一段階に過ぎずとするも、むやみに笑うべきでない。

およそ人間の智識をもって絶対の真理を知らんなどは及びもつかぬことなるは、ニュートンの引力もアインシュタインの相聯論でまるで間違ったものと知れた。いずくんぞ他日また ア氏の論もまた間違い切ったものと知らるるの日なきことを保証し得んや。されば専門専門というて、人の書いた物ばかりよみ、あの説ももっともらしく、この説ももっともなところあるようなり、ええままよと一六勝負であっちに加担し、こちらを受売りして一世を畢《おわ》って何の実用なし。それよりは、さし当たり相似をもって相似を、相似たる範囲内に相似たりと断定し、手近く喩えをこれに採って、及ぶだけさし当たった実用に間に合わせんには、むかしの学識というものは専門にならでは応用奏効せざりし物にあらず。花五出するは常なり。六出する花の実は美味ならず。造化全功なし。単弁花はさまで美ならねども実が立派に生じて食うに堪えたり。八重千重の花に至りては、ややもすれば食うべきの実を結ばずとか、角あるものは牙なしとか（実は過去地質期に角と牙を具えたものありしなり）、義理とふんどしかかねばならぬとか、義と女を見てせざるは勇なきなりとか、専門に細心に穴ほぜりをしたら、ことごとく間違った皮想の見解ながら、さし当たり十の八、九まで人天を一貫したらしき道理を見付けて世用に立て実際のことをそれで済ませたるなり。禅学の玄談というは、多くかかる不十分不徹底の道理を活用して、大いに世間の役に立てたるなり。

しかるに、今の学問は粘菌と人間とは全く同じからずということばかり論究序述して教えるから、その専門家の外には少しも世益なきなり。仏人ヴェルノアいわく、学識が世益に遠きもののみならんには世人は学識を念頭に置かざるはずだ、と。これをもって後庭を掘らせつづけて辛抱すれば、往々淫汁ごとき流動体を直腸内に生じて多少の快味を生ずることもなきに限らずなど、迂遠に無用のことを述ぶるよりも、水戸義公の政治は女を御するごとくすべし、小姓を御するごとくするなかれ、甲はすなわち上下共に喜悦し、乙は上のみ悦んで下は苦しむと一概にいいし方がよき教訓で世間を大益する。貴僧なども、人間と地獄とのことを手近く分かり易く説かんとならば、『涅槃経』の文句を粘菌の成敗で説かれよ。人々これを聞いて粘菌と人間は別の物ということを忘れて、一事は万事、世間はなーるほどそうした物と手早く解し、速やかに悟るべしと、熊楠、炭部屋の方丈でかく説き、妻木師よほど感心したと見え、受売りの備えに熊楠の説法の暗誦惟《こ》れ勖《つと》めて、ろくろく挨拶もせずに立ち去りしことあり。『覚後禅』◆[18]に、賽崑崙が未央生に説く内に、真快を悦味する婦女は言語塗絶し、手足冷却し気息も聞こえず、全く死人と同じくなる、かかる女としてこそ即身成仏なれという意味のことを説くところありしと記臆す。妻木師が無言にして立ち去りしもまたかくのごとし。

さて二十二年を経て当日小生山田氏宅に着きしを、家人が御坊町の山田の従兄へ電話で知らす。折ふし妻木師御坊町へ来たり、本願寺別院で説法中で山田の従兄も聴きに行き、山田妻の妹（上述煎餅を小生の娘にくれた者、嫁して材木屋の主婦たり。三十七歳だが二十五、六に見える。美人王子の申し子はみなかくのごとし）も行きあり。ところが妙なことには、妻木師ちょうど生死の一大事に関し、件《くだん》の『涅槃経』の文句を講じ了って、先年南方氏を田辺に訪いしとき、鏡下に粘菌を示してかくかくの咄ありし、見る人の眼より見ればかかる微物も妙法の実相を示すと受売りを弁舌爽やかにやらかし、一同大悦、感涙にむせびしところに、山田の従兄、臆面もなく立ち上がり、妻木師に申す、その南方氏は只今ここから五分で達し得る北塩屋浦に来たり、予の従弟方に一泊というと、妻木師大いに悦び、即時ひとまず場を閉じ、皆様また夕の七時より御来訪あれということで、弟子坊主二人と自働車を馳せ午後三時過ぎ山田家へ来たり、いろいろ談《はなし》をして、午後六時過ぎ、また説法で一儲けと立ち去られし。

その夜山田家にて久々にて牛肉を食う。夜半まで夫婦と往時を談ずるに、その妻自分生まれて一時間ならぬうちに告別して米国へ行き、その後帰朝と聞きしが、どんな人やら分からず、今日天幸こんな所へ来て下さったは、なき父母の引合せと喜ぶこと限りなく、三つの時死なれたから写真の外に見覚えぬ長兄と、十歳の時死なれた次兄とが熊楠のかたわらに座しあるごとく見ゆるとて泣く。愁嘆場宜しくで、小生は件の僧侶としゃべりくたびれたから眠りに就く。

翌一月七日早朝に、山田妻の妹（中川という材木屋に嫁し、一男一女あり。この中川氏妻の名は末。けだしあんまり子を多く生むから、これでしまいと呪して末と付けた名なるべし）二子を伴い来る。山田の子供、男二名女三名、中川の子供、男女各一名、〆七人目見えに来る。眼白鳥《めじろ》が柿を食わんとて押し合うごとく、どれが姉だか、どれが誰の子だか分からず。山田氏、紙に名と齢を記し来たり、佐和山の城で石田三成が盲目の大谷吉隆に家老どもを引き合わすごとく、小生の前へ子供をかわるがわる出して、その名と齢を唱う。ちょっと小学の卒業免状授与式のごとし。これは一月七日のことで、この朝、正月祝いに神棚へ上げたる芋、餅等を卸し、味噌で汁にして祝い食うを、この辺で福湧《わか》しという。何か書いてくれと望むから、

芋が子は……て福若《わか》し

……は、小生近ごろ災難の打ちつづきで忘れ了り候。山田氏へ聞き合わせ後より申し上ぐべく候。と書くもののこれもまた忘れ了るかもしれぬ。（〔あとから「……て」を「押し合ひにけり」と書き改めて〕本状書き了って思い出し候。ただし、なお修正を要するが、当座吟ぜしままを記し付け候。）御存知通り、仏経に人の妻を見て姉妹の想を作《な》せとあり。ここには忠盛が糸我峠で零余子《ぬかご》に付いて詠進せる故事を思い寄せしなり。

それに次いで昨日電話をやりおきし山田の従兄も来る。外に山田の叔母およびその姑婆も来る。（昨日小生まちがうて門に立ちし分家のもの。）一族揃うて羽山の旧宅へゆく。

六男二女のうち、二女は山田、中川へ嫁し、第四男芳樹[19]というのが一人のこりあり。妻は去年子なしに死亡せしと。この芳樹は小生渡米のとき六歳、当年三歳の次弟（五男）と蛙一疋を争うてその頭を打ち大騒ぎせしを、小生持ち合わせし翫具を与えて静めたことあり。それが今は五十歳になりある。久闊を叙して、その兄ども在世中のことをいろいろ聞き取る。四十四年前に山田の妻が生まるる騒ぎに寝られず、海と月と松を眺め通した二階の窓もそのままあり。

かくまでもかはり果てたる世にわれを松風のねのたえぬ嬉しさ

その夜眺めた松どもは千歳の色を少しも変えず、颯々の音を立ておるゆえなり。『源氏物語』に明石の尼公「身をかへて独り帰れる古郷に聞きしに似たる松風ぞ吹く」とあるに基づく。

それよりいよいよ美人王子の社に一同伴い詣づ。こんな田舎までもいわゆる文化が及び、むかしあった神林を伐り尽して牡丹桜とかコスモスとか花屋敷的のものを植えたは、松風村雨の塩汲み姿の代りに海水浴装の女を立たせたようであまり面白からず。この朝、海辺一面に霧立ち、この社畔の眺望を遮る。四十四年前、山田妻の長兄、小生を天田の渡しまで未明に送り来たり霧の裡に別れしときのことを思い出でて、

忘るなよとばかり言ひて別れてしその朝霧のけさぞ身にしむ

あり合わせた紙に書き付けて彼女の第四兄に渡し、まず往って長兄の霊前に供えしむ。

それよりその宅にゆき、一等〔ママ〕撮影、この写真は小笠原誉至夫《よしお》◆20氏（現存小生の最旧友の一人。かつて国会へ馬糞を抛げたり、鳥尾得庵をなぐりに往ったり、相場師になったり、いろいろとかわりて今も和歌山に健在）が一昨年、御臨幸の前に『大阪朝日』紙へ出し、まことに立派な一族団欒なりと世評ありし。

この小笠原は才物にて、小生大伝馬町の保証人方へ学資一ヵ月分を受けに行き帰るに、跡よりいつに似ず丁寧に話しかけ付け来る。気味が悪いので、本町の薬肆どもの前を一目散に走り出すと、たちまち大声して、スリダースリダー、薬店の小僧等立ち出で、そのころ店に使いし勇み肌の熊公、金さんなど、ふてい奴だ、この野郎と、小生の胸倉をとりすえた。小生は麁服、彼は吉原通いの美装ゆえ、スリと見らるるも異論なし。後に聞くに、逃ぐる奴をスリダと呼んで留める咄は何かの落語本に出でおる由。ここにおいて小笠原はその落語を兼ねて聞きおって当場に応用したのか、また自分の才幹で足下に案出したのかという疑問が起こる。小生は両可説を唱えたし。小笠原ほどの才物にはそれくらいの考えはいつでも湧出すべし。それと同時に毎度寄席などへ行った人ゆえ、そんな咄は脳裏に染み込んでおったなるべし。当人に聞いて見ねばいずれが真の事由か分からぬ。これと等しく、やれ『古事記』のこの文はエジプトを模倣だとか、『伊呂波文庫』のその咄は南アフリカから渡ってきたとか、日本よりは何一つ外国へ渡さず、始終遠近の外国から伝受のみしおったように説くはどうであろうか。

しかるときは、日本人は（ずいぶん古い遺物製品をもち蔵しながら）昨日生まれた犬の子のごとく、何一つ自分の持ち物なしに数千年をへたこととなる。世にこの理あらんや。

写真し了りて中川の妻は、夫が大阪へ旅立つからとて辞し去るに臨み、また何かと望まる。（この女の名は上述ごとくお末《すえ》。）

中川の末永かれと祈るなり

山田の従兄も御坊町へ帰るに付いて、葉山の別荘に琴やら裁縫やら歌俳諧に茶湯やら英仏語やらを教えて、故平沢哲雄氏（タゴールをつれ来朝せしめたる三土忠造君の弟。もと和歌山県知事、今は衆議院議員と記憶する宮脇梅吉氏の妻の弟。この人、米国へ八歳のとき渡り、まるで欧米人のごとし。『大菩薩峠』の駒井甚三郎そのままで、まことにおとなしき人。震災のとき、永井荷風方へ逃げのき、それより小生に頼み来たり、本山氏にあい『大毎』派出員かなにかの名義でパレスチナ、パリ等に遊び、帰りてまもなくチプスになり、自由結婚の妻の腹に鮒を盛り込んだまま置き去りにして冥途へ旅立たれ候。この人特製の法螺の音が太い。その説の一つといっぱ、その人と知らずにかたわらに行きて特異の霊感に打たれた人は一生に二人、一人はポーランドの初大統領パデレウスキー、今一人は熊楠とのこと。この人の世話で小生岩崎家より研究費一万円もらえり）の遺児を守りおる吉村勢子女史へいいおくる、

妹尾に山居せし折、逗子海岸なる吉村勢子よりそこの景気はいかにと問ひおこせたりければよめる　　南方熊楠

わが庵は奥山つづき谷深くのきばに太きつらら（氷柱）をぞみる

それから、あんまり永居すると顔に似合わぬ情深い人と別嬪から乞食女までおしかけ来るから、よい加減に三日目の夕切り上げ、自働車で四十五分駛《はし》って田辺の自宅へ帰る。さて妹尾で橇車ですべり下った時、固く橇の縁《ふち》をつかんだため手に凍瘡を生じ、癩病のごとく紫斑を生じ痛み悩むうち、二月初めに、宮城内生物学研究所主任服部広太郎博士来臨あり、六月に、御行幸あるから拝謁進講がなるかとのことで、重ねて四月二十四日に電信あり、よって御受け申し上ぐ。二十年来苦辛し保存せし神島で拝謁、夕刻御召艦長門へ召され、大臣、将官等二十方ばかり侍坐の席で、陛下の御前に席を賜わり進講致し候。

岡崎邦輔氏◆21よりの来信に、小生ごとき官辺に何の関係なき無位無勲の者を召せられ御言葉を再三賜わりしは従前無例とのこと、御臨幸の前に小生一書を山田の妻（名は信恵《のぶえ》）に遣わし、四十四年前の春、尊女の長兄と軽舸を仕立て鉛山《かなやま》温泉へ渡りし、ちょうどその舸《ふね》が渡りし見当の所に、今度御召艦がすわるなり、付いては一つの頼みあり、熊楠は生来放佚にして人を人とも思わず、これが大玼で一切世間に持てず、しかるに今度この御諚あり、いささかも無礼不慎のことあっては一族知人ども一般の傷となる。仏経に、慧は男、女に勝れ、定は女、男に勝るという、自分は何を信ずるという心がけもなければ、かかる場合

に神仏を祈念しても誰かはこれを受けん、そこがそれ深川の小唄にもある、「むかし馴染のはりわいさのさ」で、尊女の長兄次兄とずいぶん隔てぬ中だったから、尊女かの二人に代わりて当日、熊楠事なく進講を済ましてくるればこれに越した身の幸いなしと、一心不乱に念じくれよ、熊楠は自分に失態あっては尊女の一生に傷を付くるものと思うて、いかな気に入らぬことあるも無事を謀るべし、といいやりしに、空蟬の羽より軽き身を持ってそんな大事に当たり得るとは万思わねど、御申し越しの通り全力を尽すべし、との返事あり。しかる上は安心と決定して進講準備にかかる。

二十七年前に見出だしおきし海に棲む蜘蛛（ギゲスと申す）をとりに行きしに、当日大風波で船人等船を出さず。ところが上に述べた川島草堂が知るところの漁夫、どこかの下女に子を生ませ始末に困ったを見兼ねて自分方へ引き取り育て小学へ通わしやった、その漁夫これ鄙人恩に報うるの日なりとて、棒組に向う見ずの伊三太的の大力の力士兼船頭一人をかたらい、小生と川島と四人で船を出す。海上太《いた》く荒れて鱶などころがりまわり、小生の衣服ラムネと海水で全く霑《うるお》い了る。また鼻の穴と耳に潮浸入して頭鳴り出す。しかし、必死に漕がせてその蜘蛛のある海洞に近付いたが、浪荒くして入るを得ず。よって小生は上陸し、一人は船に留まり、他二人岩壁を九死を侵してよじ下り、わずかながら八疋まで活け取り、巣も一つとり収む。帰りは夜になり危険一層だから、小生と草堂は徒歩して帰り、船人二人は船を操縦して夜分に帰り得たり。こんなことで疲労はなはだしく、かつ進献すべき粘菌を助手なしにことごとく箱に装置せざるべからず。四日四夜のうちにただ一朝五時より七時までの間の時計を聞かざりしだけ、まずは仮寝したと思う。進献品出来上がりて浴して身を清め了れば、はや出頭の時刻なり。

それより神島へ渡るに当日船蘯《ゆ》れて何の考えも付かず、何を進講してよいか御さきまっくらなりしが、島で拝謁、進献品に就いて奏上、次に御召艦で、進講も幸いに標品をそれこれ見計らい持参したから、次へ次へと標品の出るに任せて奏上して退きしまで、例の鼻をすすったり咳嗽の一つも出さず、足の一歩も動かさずに事のすみしは、全くラ・ダム・ド・メ・パンセー（わが思いの貴婦）の一念が届いたものと殊勝さ限りなく感じた。後に聞くに、家にあって無事を念ずるよりはその近辺へ出かけて声援否念《いな》援すべしとて、姉妹二人長途を馳せ来たり、御召艦の見ゆる浜辺に立って御召艦出立まで立ち続けおり、いよいよ煙立ち波湧き出すを見て帰宅の途に就いたとのことなり。

八文字屋本の一つに、ある少年姿容心立て鶏群に超逸し、いろいろと言い騒がるるを迷惑して、行い正しき若い侍を尋ね、何とぞ兄分となり、この難儀より拯《すく》いたまえといいしに、一旦は謝絶せしが、よくよく迷惑の体を見るに忍びず承諾した上は、その少年に指一つささせず、ある時何かの場で言い出づるものありしに、われに毛頭邪念なしとて茶碗を嚙み砕きし、それを見てこの人の言うところ至誠なりとて一同恐れ入ったというようなことありし。故馬場辰猪氏の話とて亡友に聞きしは、土佐では古ギリシアのある国々におけると一般、少年その盛りに向かうときは父兄や母が然るべき武士を見立てて、かの方の保護を頼みに行きし、それを引き受けた侍の性分如何によって、その少年は実に安心なものなりしという。和歌山というは武士道の男道のということなく、たまたまあったら、それは邪婬一点よりのことなりしが、武道男道の盛んな所では大概馬場氏がいわれし通りなりし由。ハラムが、中世騎士道盛んなりしとき、貴婦専念に口を借りて実は姦行多かりしといいしは然ることながら、終始みなまで姦行の口実のみだったら、そんな騎士道は世間を乱すもので一年もつづくものにあらず。

予は今年は妻と何夜同臥したなどいうものなけれど、すでに子女を儲けた上は、夫妻しばしば同寝せしは知れておる。その通り年長の者が少年を頼まれて身命をかけて世話をやくぐらいのことは、武道（古ギリシアでは文道においても）の盛んなりし世には、夫妻同臥同様尋常普徧のことと思う。これを浄の男道と申すなり。それを凡俗の人は別と致し、いやしくも読書して理義を解せるの人が一概にことごとく悪事穢行と罵り、不潔とか穢行とか非倫とかいうは、一半を解して他半を解せざるものというべし。小生数ならぬ身をもって、かつて一度も経験したことなき進講を事なく終えしは、むかし心安かりし者の妹が亡兄に代わって無事を専念しくれた力にこれ由ることと思う。陶全姜、三好実休、これらは君を弑し、君夫人を辱しめた悖乱《はいらん》の徒なり。それすら二人討死の時、近臣小姓われもわれもと折り重なって戦死せること、テベスの常勝軍のごとし。弑逆の大罪なるは論ずるを俟たねど今の所論にあらず、かくまで臣僚の心を収攬した二人の、彼らに厚かったところは買ってやらねばならぬと思う。

貴状にかかることを調査し筆述するの不安を述ぶ。もっともなことなり。それと等しく、本状陳《の》ぶるところも現下の世間へ洩らすべきにあらず。しかしながら、これほどの事実を身に経歴しながら全く黙してこの身と共に消滅せしむるも面白からず。よっていささか述ぶるところあり、書して人に聞かすべからざるところをも述べたり。無用のことに人を悩ましめざらんがために、貴下は当分（小生の命終わるまで）この状は貴下一人にてどうなさるも宜し、他見せしむるなからんことを望む。（たとえば本状中、かの兄弟六人の内一人を除きことごとく早世したことなどは、今日これを吹聴されては系統遺伝等の外聞上、はなはだしく名声を傷つくることもあるべし。このこと特に御注意を乞う。本状に見ゆる人々は仮名を用いて記せんと思いしが、それでは戯作小説めきて自然信を置かれざるの惧れあり。よって猛省して少しも偽言を吐かぬしるしに本名を記したるなり。これひとえに貴下、貴下自身の事歴を隠さず陳べられしに、小生事歴を記するに仮名を用ゆるは不似合千万なことと思うをもってなり。）

小生は貧乏にして諸知人の世話になり、研究費を集め出しもらい、妻子三人つねに重患の中にあって、六十五歳の頽齢をもって生物を研究しおれり。その間いろいろと来訪または問い合わさるる人多きも一切応ぜず。金銭固《もと》より重しといえども頽齢の小生には時間ほど惜しまるるものはなきを知ればなり。冀《こいねがわ》くはこの上小生に時間を潰さしめざるよう、せめては本状だけは当分貴下一人の覧に止めおかれたく候。すでに夜も明けたれば、この状はこれで筆を措くべし。小生はこの状を書きたるがために、採集罎に三盃満ちたる菌耳を腐らせ了りたり。足悪きゆえ、また人に頼み指定の箇所へ採りにやるを要す。菌耳はまず五日ごとに生滅するものなれば、同じ菌耳は再び（今年中は）見るを得ざるもの多かるべし。しかる上はその写生は来年をまたざるべからず。ただし人と書面で事を論ずるには、そんなことにかまうては本意が届かぬものなり。故に決して決して小生はいささかの不満あるにあらず。この段は御安心を乞う。

本状に認めしほどのことに気が付かず、また理解し得ざるようのことでは、とてもむかしの男道を解することはならず。テーンはその世の人となり、その世の世間に入って、その世の心をもってするにあらざれば、むかしのことを写出するは望むべからずと主張せり。一概に不潔とか非倫とか（男道すなわち真の友道は五倫の一たり）忌むべきとか穢らわしいとか非理とかいうて世俗に媚びるようでは、このことのみならず、何の研究も成らぬものので一生凡俗に随順してその口まねをするものなり。

小生諸邦◆22に流浪すること十五年に近かりし。学校などに入らず。（ロンドン大学の総長ジキンス氏非常に同情し、取り立てくれしゆえ、ロンドン大学には毎度出入せしも、学校教授をいささかも受けしことなし。ただジキンスの日本学上の著訳を校訂助言にゆきしなり。そのことは一九〇六年オクスフォード大学出板所刊行『日本古文』の序文でも分かり候。）ずいぶんいろいろと尋常日本人の見及ばぬ所にも立ち入り見及びし。西洋に遊びながら西洋の内情を観ざりし人の了見に間違いはなはだ多し。例せば、英国などに七、八十の老人が若い若い十七、八の娘を妻にすること少なからず。これをなにかきわめて腎張り好婬のようにいいあるくもの多し。大きな間違いなり。西洋の多くの国に養子の制なし。不幸にして早く妻に分かれ実子なき者は、見も知らぬ者が血がつづきありとて、にわかに大財産を政府より与えられ、悦んで発狂などすること多し。その者の悦びと反比例に、死んで財産が思いもよらぬものの手に落つる、その財産持ちの失意は察するに余りあり。死んでも安く死に切れぬなり。故に、そんな老人は孤児院等を視察して、いかにも素性宜しく、天稟利発ながら、不幸重なりて轍魚の涸水に喘ぐ様なるを見定め、これならばわが死後日に一度ぐらいは必ずわれを念じくるること疑いなしと思うものを妻と定め、つまり看病人介抱人のつもりで奉公させ、さて妻相当の遺産をその女にやり、実子ではないが、われを実の親のごとく身後いつも念じくるることと安心して瞑目するに候。それを知らずして、かかることを聞くごとに大助兵衛老爺などと新聞などに批評するは西洋の事情に通ぜざるもはなはだし。瀕死の老翁にして少年を愛するも、実は猥褻でも何でもなく、その至誠を見ぬきて介抱人と立てる、さて財産の多分を譲るなり。

御承知のごとく西洋に複姓多し。小生の知人に、サー・シスルトン・ダイヤーという人ありし。昨年八十四、五で死せしキューの王立植物園長で、小生もと農商務次官たりし前田正名氏をつれゆき饗応されたことあり。Thistleton《(甲)》-Dyer《(乙)》という苗字なり、甲も乙も別々の苗字なり。松井《まつい》南方《みなかた》のごとし。しかるに、今松井家の末主不幸にして子女なく、財産をそのままおきて頓死でもすれば、どこかの消防人足とか、どこかの軽業小屋の下足番とか、はなはだしきは下等淫肆の世話人（若い衆）とかが、わが五代前の先祖はかの富人の六代前の祖先の甥なりしなど訟え出る。寺の記録を見るとそれに相違なしとくると、政府は死人の遺産を幾分割り引きして、残りを死人生前何の面も知らざりし垢《あか》の他人以上なる下足番などにやるなり。まことに不人情なことで（この点日本人よりはずっと祖先崇拝、家系推重かも知れねど）、それを嫌う人々は生存中、他人ながらまことに自分によく尽しくれた者を見立て、『日本紀』などに見えな名代部《なしろべ》のごとく、自分の苗字をその者の苗字に加え、自分で実の系統は絶ゆるともせめては苗字だけは、後世へのこれとの執心より（日本ならば松井に南方を加え、中に挟まった二字を略して、松方《まつかた》とでもすべきところなれども、そんな気も付かぬか、旧風を守る一念よりか）、シスルトン（金を譲る人の苗字）を譲らるるものの苗字の前におき、今までダイヤー氏だった男が、シスルトン・ダイヤー氏を唱え、子孫永々その複苗字でおし通し、もってこの家は亡シスルトン氏の後をつぎしもの、ただし家の出所はダイヤー氏ということを明らかにするなり。シスルトン・ダイヤー氏の始祖は、何が気に入ってシスルトン氏より財産を享けしか知らねど、かようの複姓で通る家のうちには、少年が老翁の介抱などして気に入ってより身を起こせしものも多くあることと考うるなり。

近く本邦の文筆に携わり学問を事とする人々の言動に、小生等若かりしときに比しても、また小生等欧州にありし間の欧州人の言動に比しても、さらに心得られぬこと多し。ただ一例を挙ぐれば、前日の『犯罪科学』◆23に、某氏が東京の公園に出であった串《かん》童《どう》や、ことに梨園子弟が婬を外人に提供する概況を記し（後に抗議出てひとまず編輯人が取り消せり）、さてその序引に、「本文は現時の串童売婬の状況を書いたもので、けだし活学問なり。埒もなき塵だらけの古書旧文を穿鑿して、面白くもなく、また分かりもしない冗言を陳べたるものと違う」という意味のことを初めに書き出しありし。かつて森鷗外か誰かが『大阪毎日』か何かへ一文を出せしに、社内の誰かが鷗外の件《くだん》の文は取るに足らぬという意味の、駁文でなくて厭味《いやみ》を述べたことあり。貴下の文も鷗外の文も、すぐさま飛んで来て紙面に現われしものにあらず、必ずや編輯人が左右詮衡して、これは十分理由の立った文として初めて印刷公示するなり。しかるに、同社友にして同紙へ文を掲ぐるものが、何の利害もなきに、これを出すに足らざるものとか、取るに足らぬものとか毀《そし》るは、その人なにか筆者に私怨でもあってこれを泄《も》らすならん。しかして最初貴下や鷗外の文を認是して掲載せし編輯者が、次にまたその文を毀れる文を出して平気でいるは、前日自分がこれを掲載せしときの判断は不全不良なりしとみずから暴露するものに外ならず。何たる誤謬を指摘し、何たる理由を明言せずして、ただ彼の書くことはつまらぬ、彼の説は取るに足らずなどいうは、単に人の所為を猜《そね》む小児の意地に御座候。編輯者は寄書を掲載することの可否を判断する任に当たるものなれば、第一の文を掲載した上は、何たる理由を示さず誤謬を指さずしてこれを毀るような文を出さぬが分かり切った徳義と存じ候。小生知るところ、かような文を両《ふたつ》ながら掲載するような編輯人は欧米では見及ばざりし。しかして、昨今の邦人はそんなことは何でも宜しく、甲文を読むときは甲の心、乙の文を読むときは乙の心で、何たる判断を煩わさざる者至って多きように御座候。

小生は外国にありしときはずいぶん重く用いられたることあり。大英博物館など読書室や研究室に入るには少なくとも七日前に届出を要せしが、小生の紹介があれば規則は規則ながら、特に日本人の旅費滞留費を節するために即日より入り得るの便宜を与えられたり。只今傲然として社会に立ち小生等には一顧を与えぬ人士にして、小生の口添えでこの便宜を得たる人少なからず。しかるに、自分一向外面を繕わず、学校に入らず、学位を取らずに帰朝せしゆえ、小生の弟などは小生を畜生扱いなり。また小生は金銭のことは今に至るまで一向関知せず、年中裸でおる。それを奇貨として、小生の実印を預かりあるに乗じ、小生の知らぬ間に亡父の遺産をことごとく自分の物に書き換えあり。故にただ一人の悴は小生が頓死でもすると、この宅は取り上げられ、住所もなければ金銭もなくなる。いかにして母（小生の妻）を養うべきやに心配して、折から（六年前）高中受験に土佐へ渡る船中で精神病を発し、今に好報なし。特別監護人をおくゆえ、月々七十円また八十円送らざるべからず。まさか生物学の研究費から盗み出すわけにも行かず、つまるところ六十五歳の小生が眠る時間を減じて研究の外に翻訳の通信教授のということをして悴の入院費を拵えざるべからず。ずいぶん昼夜骨が砕け申すなり。世はさまざまなり。骨肉、しかも同父同母の弟にして、かかることを仕向け、小生が家内病人だらけなるに、夫妻して長唄の稽古なんどで日を暮らす者もあれば、見ず知らずの人にして小生の拙文に感じ入り、わずかな腰弁取りの身をもって三十円（この人の月俸の半分）を研究費に送られたる人もあり。一介の水兵にして日給五十銭を蓄えて十円贈られし人もあるなり。ことには九重の深きに渡らせたまう尊勝にして、この僻地いまだ汽車もなき僻邑にある小生を召せられ、親しく進講を聴《ゆる》させたまいしは、人間の栄耀これにましたる面目はなしと、みずから恐懼また感悦致すなり。進講済みてのち、旧知加藤寛治◆[24]大将（当時の海軍軍令部長）控え室へ来たり賀せられ、いろいろと在英の時のことどもを談ぜり。その後、東京より送り越されたる書面に（昭和四年十二月六日出）、

　過日は久方振り拝姿、相変わらず神気満身の御風格にて御研究に超越遊ばせられ感動致し候。その後もたびたび貴下の御噂宮中に出で皆々景慕致しおられ候。小生も今一度貴地に遊び、大自然の美と幽とを味わい、かつ奔放不羈なる大人と快談の幸を得た

く切望罷り在り候（下略）。

また御召艦にて同大将の直話に、誰様なりしか、しかと御名前は承らず、右の山田家に二泊せしときの歌句どもを書いて同大将に贈りし状をそのまま御覧に入れしに、洵《まこと》に面白いが難読極まると仰せられたとて一笑され候。

貴下もし今の世にも果たして浄の男道の一例だもあらば示せと仰せらるるなら、小生身すなわちその一例なりとあえて言わんがために永々とこの状を走り書き候。小生はまことに書が下手にて、自分にもこの状は読みかねか申し候。しかし、これまた修飾せず改竄せず走り書きのまま差し上げしところが実事譚なるに候。

神島という島に御臨幸、小生拝謁せし地点に諸友の出資にて六百円ばかりで大坂の名工に彫らせた碑、高さ一丈三尺ばかりを建て候。

昭和天皇臨幸之聖蹟

一枝も心してふけ沖津風
わが大君《〔ママ〕》のめでましし森ぞ

昭和五年六月一日　　南方熊楠謹詠幷書

右の拙詠は佐々木信綱先生に見て戴けり。

吹く風も心してふけここはしもわが大君の……

と直されたるも、小生は、それは歌の稽古のためには謹言拝受し、碑石へは件の拙詠を筆し候。拙筆ゆえ右に申す川島草堂に字割を六時間もかかりて施しもらい、さて一筆に書き成し候。平生とかわり御稜威によりてまずは無難に出来上がり申し候。

終りに申す。山田妻の第四兄は昭和四年の一月八日に小生山田方を辞し田辺へ帰りしが最終の相見にて、その歳の十一月十六日早朝、小生自宅の二階に眠りおりしに、ふと目を開きみれば電燈と小生の眼のあいだに黙して立ちあり。小生は深山などに独居し、また人殺しのありし宿にとまりなどして、かようの幻像を見ることたびたびあり（年老いてははなはだ稀《まれ》なり。これは九年来酒を全く止めしによるか）、一向何とも驚かず、眼を閉じて心を静め、また開くに依然あり。かくのごとく数回して消失、小生はまた眠り候。前後より推すに午前四時ごろなりし。さて、ちょっと一眠りして午前五時に起き、かの幻像のことは洗うたごとく忘失して検鏡にかかる。午後一時ごろ、宅地の安藤みかん（この田辺特有の大果を結ぶみかん、拙第に大木比類なきもの三株あり、はなはだ西洋人の嗜好に合えるみかんなり）の辺が喧しきゆえ、走り行ってみると、長屋におる人々と小生方の下女がその木に登り果実を取り収めおる。よって今朝早く見たる幻像のことを思い出し、一木箱にそれを十九個入れ、午後二時過ぎ、山田方へ送り、その妻の第四兄へ転致せしめたり。（二月ほど前より何病と聞かず、病気にて山田方へ移り療養中と申し来たりありしなり。この人は去年妻に死なれ家に人なきゆえ、妹の夫方へ移り介抱されおりしなり。）

それより鏡検を続くるうち、午後三時四十分山田妻が出せし電報が四時に到着、ハヤマケフシキヨスノブヱ《(羽山今日死去信恵)》、とありたり。今日死去とばかりあって何時に死去か知れず、山田方は混雑なるべしと思い打ちやりおき、山田の従兄（上に出でたるごとく、妻木師に小生塩屋村へ来たれりと衆中で告げた人）へ問い状を出せしに、十六日の午後〇時三十分、先日小生が一度忘れありし幻像を思い出して家人が取りいたる蜜柑十九個を荷作りして差し出すべく指揮したる時死去せしなり。

　故に変態心理学者がよくいうごとき幻像 wraith《レース》（羽後由利辺にはスコットランド同様このことほとんど普通にて幽魂という。人死する時に幽魂現われざれば、その人は情義薄き信切《しんせつ》げのなきものと嘲笑さるる由。スコットランドの諸地方の凡衆も今にさよう信ずるもの多し）はその人臨終に現わるるものならず。臨終には自分の生命さえとり留め得ぬに、いかにして他処まで推参するの力あらんや。人のまさに死なんとする前に、もはや覚悟をきわめて、平生や旧時の交友などのことを静思する。その際その思いが池に石を抛げて渦紋を生ずるごとく四方へ弘がり、もはや遠くひろがりて影を留めざるに至り、そこに受動に適せる葦の一本もあらんか、一旦ほとんど消滅せる渦紋がまたそれによって強く現出するごとく、かかる力を受くるに適せる脳の持ち主に達してたちまち現出することかと存じ候。ラジオに似たることとなり。ただし、たびたび人つねに見るを得るものならねば、この上多くの実験を要し、また不偏頗なる、その即座の記載を要す。小生はかかることを少しも信ずるものにあらず。しかし、研究材料としてかかるものを見るごとに記録しおくなり。

もし一派の変態心理学者のいうごとく、死ぬる前に思いつめるとその一念が種々の象徴となりて思いつめられた人の前に現ずるとするときは、その死人は平生好悪《すききらい》共にきわめてその人を思い込んだものといわざるべからず。小生がかの亡兄二人をよほど思い込み、今もたびたび座右に現ずるを見るごとく（上述ごとく小生と山田妻と四十四年前に生まれて一時間ならぬうちに別れ、四十四年後に再会せしとき、小生の座右によくも覚えぬ二兄が座しおると見えるとて泣きしなど）、この兄弟姉妹はみな小生を肉身の兄以上に思いこみあるものと断ぜざるを得ず。五倫の一なる友道友愛とはかくのごとくにして初めてその名に叶うものと惟う。（女と男の差別ごときは問うを要せず。）（変態心理学者のある者は、最愛の犬や馬や猫にもかかる幻像を出すことありという。）

貴下等は、小生がかかるへんなことを、かく長文に綴りて肝心の菌の写生を懈《おこた》り、およびただしき時間と力を空費せしを笑うかも知れず。貴下等門外漢にそんなに軽笑さるるほどのつまらぬことを、かく何の必要もなきに多大の紙筆時間を費やして書くところが小生が友愛に厚きなり。それを笑う人は自分がそんな目にあいしことなく、そんなことを聞いても何をも感ぜざるによる。男女が心中死したと聞いて検死の人にその性具の大小を問うたり、水死の女を救い上げて活《かつ》を入れ気付け薬を与うる前に、急ぎその胯間を覗くようなものなり。故ハーバート・スペンサーいわく、橋上を通りてたまたま小児が川に落ちたるをみて惨惕《さんてき》の念を起こさぬものはなし、ただしすぐさま飛び込んで救いにかかるものは百人に一人ならん、さてその一人を叩いて履歴を問い見よ、必ず自分かつて水に溺れたことあるか、もしくはその父兄姉妹が水死せし者なるべし、とはもっとも千万な言と存じ候。

　まずはこんな事情ゆえ、これほどの経歴ありこれほどの自信ある人にあらざれば、数百年前の男道を小説に作るなどいうことは至難のわざにて、例のハースー式の枕本の書き割りまがいの物の外は出来べからずと存じ候。もし浄き男道のことを書かんとならば、古ギリシアの関係文章を熟読し、また本邦の武士道の書どもを考察して後にかかるべし。酒井潔とか梅原某のごとく、ただこれを一条の娯楽淫戯としてかからば、男女関係に似て、しかも畸形不具極まるものの外は、どうもがいても出来ざるべし。

　小生近ごろ眼も手も十年以前ほどにきかず。こんな長き状を書くは、これが終り初物なるべし。貴下の辛抱強くかのことを調査するをわが身の若き時に引きくらべて感激するのあまり、不束《ふつつか》ながらこの長文を認めたるなり。只今十一時ごろなるべし。この状を書くうちもいろいろと俗事紛出、いわゆる座暖まらざるの歎あり。そのうち今朝七時半に件の山田妻より七十日ぶりに一状来る。第四女病気にて切断を要し和歌山市に上りあり、旅舎より出せし状なり。その筆と文の巧みなる、田舎にもこんな才媛淑女があるかと驚かるる。茶、花、絃歌、舞踊、みな一通り心得、平生深くみずから韜晦しおるほど奥ゆかしき女なり。鉛筆で走り書の末にほんの走り書きの二首あり。成っておるかおらぬかは、小生判じ得ざるも、亡兄どもを常に懐うの情の濃きを見るに十分なり。（この歌は分からぬ字大分あればこれは写すことを見合わせ候。）下女が昼飯を促しに来たから（小生箸を下ろさずば、この輩食事にかかり得ず）、いよいよこれにて擱筆仕り候。

貴下御不審の五十条とか、略書して送り越されなば、詳しいことは答うる暇なかるべきも、せめてはなきにまさるほどの返事を申し上ぐべく候。しかし、近来いろいろの問を出し来たり低頭平身の体《てい》で望まるるから、できるだけ要領を得た返事をすると、それっきり何とか博士何とか教授より得るところ多かりしを鳴謝すとあって、小生よりの返事を満載しながら（ただし文章文体は変革して）、小生には一言も挨拶の由を載せざるもの多し。（欧米にもそんなのがはなはだ多くなり来たりし。世界一同の不人気と見えたり。）それではつまらず。

早々不宣

（14～45頁）

《語注》

◆1　**十六日出御状**――昭和六年八月十六日付岩田の南方宛第一信。中山太郎から転致されてきた南方書簡への返書で、岩田は自分の「男色史」（雑誌『犯罪科学』連載）に対する好意ある教示に感謝し、細川政元暗殺の記述に関し『細川大心院記』を利用できなかった疎漏を詫び、「男色に浄と不浄とあり」という南方の主張に共鳴する旨を述べている。

◆2　**細川政元**（ほそかわまさもと　一四六七―一五〇七）――管領細川勝元の子。応仁の乱後権勢を握っていた畠山政長を討ち、将軍足利義澄を奉じ管領として実権を一手に収めたが、抬頭してきた三好氏のからんだ同族の争いにまきこまれ、暗殺された。大心院と号す。

◆3　**浄愛（男道）と不浄愛（男色）**（じょうあいとふじょうあい）――南方熊楠の男色論の基本テーゼである。月川和雄「南方熊楠とギリシアの少年愛」（昭和薬科大学紀要第25号）によると、「ロンドン抜書帳」にはエルシュおよびグリューベルの『百科事典』の男色（少年愛）の項（マイヤー筆）の長文の抜書があり、その第四節 Reine und unreine Knabenliebe（純粋な少年愛と不純な少年愛）の抜書の余白に、「浄ト不浄ノ別」と注記されているという。

◆4　**『梧窓漫筆』**（ごそうまんぴつ）――大田元貞（号錦城）の随筆。本篇二巻、後篇二巻、三篇二巻、文政―天保間に刊行。拾遺一巻は写本で伝えられ明治期に「百家説林」で刊本となった。経学者として史実を評論したものが多い。

◆5　**『品花宝鑑』**（ひんかほうかん）――中国、清の陳森の撰。六十回。乾隆（一七三六―一七九五）以来の俳優の裏面を述べたもの。

◆6　**『逸著聞集』**（いっちょもんじゅう）――山岡浚明（明阿）著。寛文五年（一六六五）の序。三巻三冊。『古今著聞集』第十六巻「興言利口第二十五」はすぐれた笑話集だが、明阿はその後をついで、滑稽と艶笑の技を尽くしてこの書を作った。

◆7　**川島草堂**（かわしまそうどう　一八八〇―一九四〇）――田辺生まれの独習の日本画家。名は友吉。画号は近村の草堂寺の長沢芦雪の絵を見に通ったことによるという。酒豪で奇行の多い人物で、破裂とも号した。南方熊楠とは明治三十五年以来の交遊で、田辺の諸新聞への寄稿の斡旋、菌類などの彩画、民俗採集などについて援助した。

◆8　**上松蓊**（うえまつしげる　一八七五―一九五九）――新潟県の人。立教大学卒。古河鉱業に入社、三十歳台で下関店長を退職した後は、自分で事業をして東京で生活した。小畔四郎とともに、粘菌の研究や生活上の世話について南方熊楠を援助した。三百通を越える上松宛南方書簡は重要な伝記資料で、平凡社版全集と中瀬喜陽編『門弟への手紙』に紹介されている。

◆9　**長男は繁太郎**――羽山繁太郎（はやましげたろう　一八六八―一八八八）。その短い経歴はこの書簡にほぼ尽くされている。

◆10　**二男は蕃次郎**――羽山蕃次郎（はやまばんじろう　一八七一―一八九六）。その短い経歴はこの書簡にほぼ尽くされている。

◆11　**女の児**――羽山信恵（はやまのぶえ　一八八六―一九六〇）。羽山家の長女。京都第一女学校中退後、同郷の山田栄太郎と結婚。昭和四年進講の際、妹の季とともに浜辺で進講の無事を祈ったという女性である。

◆12　**マヤース**――マイヤーズ（Frederic William Henry Myers　一八四三―一九〇一）。イギリスの詩人、心霊学者。心霊調査協会の創立者の一人。ここに変態心理書というのは、人間個性とその肉体死後の留存を論じた *Human Personality and its Survival of Bodily Death*, 1903 をさす。

◆13　**『雲根志』**（うんこんし）――木内重暁（石亭）の著書。雲根は石の異称。正編五巻、後編四巻、三編六巻。葡萄石を夢で見た話は、後編巻之三像形類二十七にある。

◆14　**米国女宣教師**――レヴィット（Julia Leavitt　一八六三―一九四七）のこと。明治十四年十八歳で来日、同二十八年から大正十五年まで田辺に住み宣教に従い、町の人々から「レビットさん」としてしたわれた。

◆15　**おとなしき美人**——羽山季（はやますえ　一八九三—一九七六）のこと。羽山家の二女（末女）、のち大正四年、御坊の材木商中川計三郎と結婚。南方熊楠日記によれば、彼女が松枝夫人に話しかけたのは大正二年三月二十二日のことである。

◆16　**妻木直良**（つまきじきりょう　一八七三—一九三四）——有田郡湯浅の真宗寺院に生まれ、本願寺派大学林高等科卒。「真宗全書」編纂主任、竜谷大学教授。中国仏教史や道教の研究で一家をなす。昭和二年病気のため帰郷、本勝寺の住職となる。このころから特に南方熊楠との交遊が深くなる。

◆17　**『涅槃経』**（ねはんぎょう）——『大般涅槃経』ともいう。三巻。東晋の法顕訳。仏陀の晩年、王舎城から入滅の地に至る道程と、その途中の事跡と説法、入滅から荼毘・分骨に至るまでを記す。パーリ語原文からの和訳もある（岩波文庫『ブッダ最後の旅』）。

◆18　**『覚後禅』**（かくごぜん）——中国の淫書。六巻二十回。一名『肉蒲団』。作者については異説があるが、清の『在園雑志』や魯迅の『中国小説史略』は李漁（明末清初の文人。字は笠翁）としている。日本では宝永二年（一七〇五）から昭和に至るまで、何冊もの和刻本や訳書が出版されている。

◆19　**第四男芳樹**——羽山芳樹（はやまよしき　一八八一—一九二九）。羽山家の四男。羽山家の他の男子はいずれも夭折したが、芳樹は病癒えて家をついだ。

◆20　**小笠原誉至夫**（おがさわらよしお　一八六八—一九四五）——旧姓有地芳太郎。和歌山中学で南方熊楠の一級後輩。慶応義塾に学び、大学予備門に転じたが、自由民権運動に参加。帰郷後明治二十六年小笠原家を相続、和歌山実業新聞社長、県会議員。のち大阪で産をなし、帝国キネマ、白木屋百貨屋の役員をつとめた。

◆21　**岡崎邦輔**（おかざきくにすけ　一八五四—一九三六）——旧姓長坂。陸奥宗光の甥。ミシガン大学に遊学、アナバーで南方熊楠と相識る。帰国後政界に入り、衆議院議員当選十回、農林大臣、勅選貴族院議員。政友会の領袖となる。

◆22　**ジキンス**——ディキンズ（Frederick Victor Dickins　一八三八—一九一五）。ロンドン大学で学び、理学士、医学士。青壮年期、海軍軍医として日本と中国で勤務、また弁護士として横浜に居留した。帰国してロンドン大学の事務副長・事務総長をつとめ、熊楠と相識る。日本文学の翻訳が多く、代表的なものが『日本古文』（*Primitive and Mediaeval Japanese Texts*. 2 vols., 1906）である。

◆23　**前日の『犯罪科学』**（ぜんじつのはんざいかがく）——昭和六年八月『犯罪科学』二巻九号。以下の文章中の某氏とは、この号に「女形行状記」を発表した魚大学をさす。その書き出しの部分に、「黴《かび》の生えた古臭い男色考」など、岩田を揶揄した文章のあることを批判しているのである。

◆24　**加藤寛治**（かとうひろはる　一八七〇—一九三九）——海軍軍人。少尉のとき富士艦乗組員としてロンドンで南方熊楠と相識る。ただし熊楠は日記には広治と誤記している。のち連合艦隊司令長官・海軍大将・軍令部長。

直江兼続と上杉景勝、大若衆のこと、その他

南方熊楠

昭和六年八月二十五日午前十時半

岩田準一様

拝復。二十四日朝出御状[1]、今朝七時四十五分拝受。小生きわめて多用にて只今ようやく拝読。『犯罪科学』の「女形行状記」の序言の言に付いての拙評を田中〔香涯〕氏の雑誌へ出さんとの御相談は、これ累《わずらい》を人に嫁せんとするものにして、貴下としてははなはだ不似合いな卑劣事と存ぜられ候。小生は今井〔今田の誤り〕謹吾氏を知らねども、何の怨みも恩もなし。ただ自分が書いたものを出板しおきながら、その傍らに他人が自分の書いたものをつまらぬものと評せし文を、同じ編輯者が同じ雑誌に掲載するごときは、その編輯者が自分の不明を表白し、その雑誌の信をおくに足らざるものたるを露わすようなもの、と貴下へ

申し上げたるまでなり。すなわち小生だったらそんなものへ自分の考文を出し続けぬつもりなり。学会の報告などいうものとかわり、坊間の雑誌は営利を目的とするものなれば、すでに読むに足らずと一、二人よりすら評されたものを垢《はじ》を忍んでそれへ掲載しもらうは、知りつつその雑誌へ損毛《そんもう》をかけるものに候。小生ならば、この理由をもって直ちに続掲を見合わせもらうつもりなり。このことを貴下へ申し上げたるまでにて、この上、知らぬ今井謹吾氏に恨まるることを望まず候。しかるに、貴下この私書を公示されんとならば、それは自分のいうべきことを小生に托するものにして、はなはだ不徳義なことと存じ候。小生が貴下だったら、斜二無二《しゃにむに》一書を『犯罪科学』におくり、すでに一人よりなりとも、かかる批難批評をきく上は、そんなつまらぬものを続載しもらうたところが、断わられた芝居へ無理推しに楽屋入りをさせもらうようで双方面白からずとの理由で、掲載続刊をやめもらうはずに候。

貴状に直江は謙信に寵せられたごとく見ゆるも、直江は景勝に寵幸されたるに候。謙信存生のころは直江は小児たりしことと存じ候。『藩翰譜』の上杉譜など見れば明らかに知れ申し候。謙信の寵愛で大用されたるは、たしか岩井某（丹波守？）と申し候。これも勇将なりしが、後に敗死せしと記臆致し候。◆2

貴下は性慾上の男色のことを説きたる書のみ読みて、古ギリシア、ペルシア、アラビア、支那、また本邦の心霊上の友道のことはあまり知らぬらしく察せられ候。しかるときは、ただただつまらぬ新聞雑報などに気をもみ心を労して何の安んずるところなく、まことに卑穢賤陋な脳髄の持ち主となりて煩死さるべし。何とぞ今少し心を清浄にもち、古ギリシアの哲学書などに就き、精究とまでなくとも一斑でも窺われんことを望み上げ候。

神巫ジオチマ[3]の口を仮りて美の骨髄を説けるなど、その謂うところは少しも女の美をいえるにあらず、男子の美に限ったことに候。仏教に文殊大士を称讃せるがごとし。それを知らずに女色にプラトニック愛などいうは、紅葉館で西洋料理を馳走されたとか、阿羅漢が天に生まれたとかいう類で、噴飯の至りなり。本邦にありふれたいわゆる哲学者などは比々こんな皮かぶりなり。

貴状に見ゆる魚商云々等のことは、精神病学上のことで、無上愛とか、真正愛とかいう幽玄高尚なことにあらず。そんなことを知りたくば昨今密輸入の淫本などにおびただしくあることと存じ候。

御申し越しの田中香涯[4]は、独立奮闘して医学を成せし人なるに似ず、人の書いたものを剽窃することが至って私徳を創つけ申し候。御示しの『続門葉集』[5]序の児店云々は、小生が二十年ばかり前、『日本及日本人』〔七八二号「宮川町の野郎」〕で指摘せしことに候。ほかに『今昔物語』二六の第五語に、継母がその子を人に托して拐去殺害せしめ、夫（その子の父にて年老いたり）を欺く詞に、（こんな美しき）児《ちご》を敵と思いて殺さんと思うて殺す人やはあるべき、ただ児の様の厳《いつく》しかりつれば、京に上る人などの法師に取らせんなど思いて取りて逃げにけるにや、穴悲《あな》しとも悲しやと言いつづけて音《こえ》を挙げて泣くこと限りなし、とあり。これは平安王朝の中ごろすでに児を拐去して僧に売り与うるものありし証なりということをも指摘したるに、これらも剽窃しあり。（また支那より乾隆帝のとき露国に入りし使節が女皇に嬖せられしことも小生書きしを剽窃しあり。）他の博士とか教授とかいう輩とちがい（芳賀矢一◆6は、尊上春宮《とうぐう》にましませしときの講師たりし。この者、竹生島代々の神官の子にして正直をむねとすべきに、小生が『郷土研究』に連載せし「今昔物語考」を無断また何の礼を述べずに、その『参考今昔物語』に丸とりしあり）、田中氏ごときはずいぶん独立自修して成りし偉人なるに、人の説を剽窃するなどははなはだ本人のために取らぬところに御座候。多くの男女に思いつかれんとならば（蘇東坡などは五、六十を過ぎてなお十六歳の地位ある人の娘に思いつかれ候）、貴下なども不正直なことはもっとも慎まれたきこととなり。愛道で天下を経綸せんなど広言を吐くも、実は人々みな浄愛を普張して衆人の和楽を致さんとての外に致し方はなきことに候。紙がなくなったから、これで擱筆致し候。

早々敬具

小生は、貴下の問はなにか哲学上のことかと思いおりたり。しかるに右様の書籍上の些末瑣細なことならば、小生は老いて記憶も十分ならず、一々書籍を調ぶるの暇なく候。

生まれきてやがて別れしその女《め》の児六人《こむたり》の母のけふを見んとは

これは前状小生四十四年めにあいし婦人のことを聞きて白井光太郎博士の詠なり。

（46〜48頁）

南方熊楠再拝

昭和六年八月三十一日午後二時半

岩田準一様

拝復。八月二十七日午後三時出御状、◆7 一昨二十九日朝八時半拝受致し候。小生は拙状により男風に浄と不浄あることを貴下が十分御別《おわか》りになりしことを悦び申し候。

貴書に容貌とか年齢とかのことあれども、これはこのことにさまで関係なきことに御座候。今日このことの大いに行なわるる北阿《アフリカ》（アルゼリア、エジプト等）などには、年などかまわず（髭などはことごとく抜きとり生えざらしむるから、そのほか婦女とまるで別ち得ぬ装いをなすから、また中には後庭廓大して牝戸とかわらず、吉舌《さね》まで生ぜしもあるなり）（支那でも宦者にして年老ゆるまで婦妾同然につとめ、死して妻妾同前に夫の墓に合葬されしものあり）、またいわゆる人は面《めん》より床《とこ》上手で、黒人の体内熱し、肌膚柔軟にして思うままに曲取りをさせるものなどは、顔貌の奇醜なればなるほど反って高価で求められ鍾愛さるるもの多し。トルコ、支那、ことに古ローマ帝国、ペルシア、インドその他に、妻妾ある男にして男色をもって進みしもの多し。これは小児とちがい、すでに妻妾に接していわゆる閨情と閨術が熟煉を積み、面白さ限りなければなり。(仏人タヴェルニエーが十七世紀にペルシアに遊びしとき、妻ある男が男色を強いられ拒んで殺されたるをその妻が仇討ちせしことあり[8]。小説ながら日本にも同じ例あり。)

日本には宮《きゅう》ということなかりしかども、小生高野山に明治十五年ごろまで上りしとき、しばしばそのころ生存せし小姓たちの老人より聞きしは、小姓はその室にあるときは、いずれも三角にしたビロウド製の小蒲団を紐付けにして両腿のつけねに縛り付けて、前陰を緊括しおし付くる(欧州にも然り。ために前陰萎縮して用をなさざるあり)、さて前からするが作法なり、いずれも婦女同然二布《ふたの》をしたるゆえ、動作女子と同然たりし、と。故に両乳房の外は男色専門の小姓や売郎は婦女とかわったことなく、チゴ、二才《にさい》(高野では似《に》妻《さい》と書きし由)、納所《なっしょ》と、ちょうど娘、新造、年増というように装いはかわるのみ。妻妾とかわることとなかりしなり。明治二十年ごろまでは、高野の寺坊より毎年住僧と納所と打ちつれ、拙宅などへ挨拶に来たりし。まるでカミサンという体なりし。(その僧は今は高僧となり安芸の宮島の大寺に隠居し、大悟せしと見え、何とか女史という文人画で大金を儲くる女を妻としおる。)中には若衆後家と唱え、住僧をさせ殺し跡式を握っていわゆる僧の若い燕を蓄え、檀家をこまらせしもありしようなり。

足利時代の小説『岩清水物語』に、自分より五歳上の女を犯し（この女のち皇后となる）、自分に妻子ある常陸介が時の関白かなにかの世子に愛幸さるることあり。その時代にまるでなきことを書いたところが一向読まれぬはずなれば、そんなものが多かりしと存じ候。その男を愛幸したる人の詞に、この男を愛染明王のごとしとほめあり。愛染明王は古ギリシアの愛神エロス（エロなどいう語の起り）に相当する神にて、もとは男色を司れり。彫工の名人にして、自分丹誠を凝らして彫り上げたるエロス神像を座右におき、自分の配偶同前にながめ愛して終わりしものなり。ただし、愛染明王はエロスよりは至って勇猛の姿なり。左様の神に比べたところをみると、足利時代の愛童は主としてゆゆしきを尚びしことと知らる。（足利ごろの日記に、チゴ喝食にして人を殺せしもの少なからず。後代、寛文・天和ごろの男伊達に大若衆多きごとし。）

小生、明治十九年、川田甕江先生の婿杉山令吉氏（三郊と号す、美濃大垣の人なり。現在す）と同船して渡米せり。この人よく自分の妻と閨中の趣きを人に話してみずから悦べり。常陸生れで岡野栄太郎という人（その父は寛と申し、鳩山秀夫氏の門下にて当時政治演舌に名高かりし人なり）、毎々小生に語りて、ずいぶん世間は見たが杉山ごとく自分の妻ののろけをいう者はかつて見たことなし、といえり。キプリングの詩にもあるごとく、夫妻協融して琴瑟相和すというも実はかのことの面白きの一に帰す。東漢の光武帝が、何とかいう賢臣が家にあってその妻のために眉を描きやりしという風評をきき、賢人に似合わぬこととといいしに、その人言下に閨房の内さらにこれよりはなはだしきものありといいしに、光武帝大いに感心せりと申す。どど一に「親にもいはれぬ夢を見た」で、父母にも見せぬ所を見せる。ただし、夫の外の人に見せぬを貞淑の模範とするなり。されば夫妻同然に和融する念者と若衆の私語や私行の奥所に至っては二人の外に知るべきにあらねば、知りたしと思うがすなわち邪念に候。笑本淫画に描くところは必竟売買《ひっきょう》姪の外に出でず、真の念契とは大いにかわることとなり。むかしのいわゆる家風正しかりし大名搢紳には、夫妻でいながら交会の時期が定まりしものあり。はなはだしきは一生相別居せしもあり。それより推して、念契にも相敬し相愛するを究竟《くきょう》として、少しも邪念を生ぜず、邪為なかりしも多しと存じ候。

前日中山氏へ贈り、それより貴下へ転致せし状[9]に申し上げたる英国の文豪シモンズ[10]は、自分婦女のことで苦労し物語も多き人なるが、男道は倫理上少しも咎むべきことにあらずと主張し、私費で番号を付けたる二著を出し、小生も現にもちあり。その内にいろいろとその方の名人に問い合わせしに、後庭犯などは真の念契になきこととなり、まずは抱擁ぐらいが感極まったときの所為の頂上なり、とあり。三田村玄竜氏[11]のみずから書いたものに、むかし女郎買いに之《ゆ》きて身ままになるものとは知りながら気の毒で犯す気など出なんだとあり、まずは知言と存じ候。しかして、その実際の内秘を知らんとするは、ちょうど貴公は昨夜貴妻と何番したかとか、妻君がよがったかと聞き合わすようなもので、飄金《ひょうきん》な人はそれ相応にいろいろと返事を合わすべきが、それは一種の狂言綺語で信をおくに足らぬものの多々ならん。

仏在世を去ることおよそ百年のころに編したる『四阿含経』に天子（天童というもの）が夜分諸羅漢の室に下り、法を聴き、また偈を説くことあり。その天子の相好によりて、仏神混成の後、本邦に諸王子（若一王子等）の崇拝大いに起こりしことと存じ候。これがいわゆる一児二山王「われならぬ人にもかくや契るらんと忍ぶに付けて袖ぞぬれける」で、男道の根本となりしことと存じ候。故にこのことをしらべんには、まず例の文殊師利童子から叡山等の諸童子、熊野の諸王子等の画像、彫像からしらべにゃならぬ。

とにかく貴下は浄不浄のことを常に忘れず、なおよくよく御精査ありたし。「仏法の大海は、信《しん》を能入《のうにゅう》と為す」と申し、何ごとをするにも信の一念が大事にて、あたまから茶かして掛かっては深いことは知れず候。

おいおい秋気分になり、菌類の写生ますます忙しくなるから、右のみちょっと申し上げ候。　敬具

小生足が神経痛にて、坐しおらばますます悪くなる。故に、この状などは椽先に紙をおき、立って書きしなり。筆をとるにはなはだ骨が折れる。また足痛むゆえ、いろいろと書籍を引き出すこと成らず、記臆のまま走り書き致し候。

福本日南◆12は小生知人なり。『大毎』へ日南が小生の伝を面白く書きて出せしことあり。また長歌を面白く作りて送り来たせしことあり。まことに鬼才にて、筆力の勁健なりし人なり。しかし、自説をおし通さんため事実を枉《ま》ぐること多かりし人なり。

貴書によって、直江兼続の謙信に愛されしと書きたるを初めて知り及び候。これは大謬りにて、直江はもと柴かりの子なり。それを景勝が見出だし、鍾愛して三十万石まで与えしなり。（当時陪臣にして無類の大禄なり。）謙信の世を去ること遠からずして書きしものに謙信が直江を用いしこと見えず。

（48～52頁）

昭和六年九月七日朝三時半認

南方熊楠再拝

岩田準一様

拝啓。二日出御状◆13は四日午後一時拝受致し候。その翌五日の午後、小生知人◆14にて、郵便配達人をつとめしこと年あり、そのかたわらいろいろと苦学して東京の諸雑誌へ寄書し、また当地方のこと等に付いて著述を東京で出しなどする人が来たり、奇妙な物ありとて出すを見れば、十月号の『犯罪科学』[15]なり。その第八三頁に貴下が『犬菟玖波集』の連句の引きようが、まるで意味をなしおらぬとのことなり。

よって小生自蔵の同集を出し引き合わせみると、まことに意味がつづきおらぬものあり。

　及ばぬ恋をするぞをかしき
われよりも大若衆にだき付きて
　内は赤くて外はまっ黒
しらねども女のもてる物に似て〔これは男色のことにあらず〕
　首をのべたる曙の空
きぬぎぬに大若衆の口吸ひて
　屏風ごしなる恋は届かず
きくやいかにつがひつがひの恨み言〔これも男色のことにあらず〕

上のごとくに引くが正しく、意味もよく分かり候。貴下のごとき引き様では意味をなさぬこと多し。

同集〔『荒木田守武句集』の誤り〕に、
　花のころつまれむしられいかにせん
すみれまじりの野べのほほ髯

雲雀なく声に大ちご打ち出でて
これいわゆる大若衆にて、美童の年増、頰に鬚生えおりしなり。
また八二頁、『狂言記』の「老武者」を「他愛のなき話」とあるが、そのころの人情としては決して他愛のなき咄にあらず。ギリシアの諸聖が集まりし所へ少年カルミニッスが入り来ると、一同その美に感を打たれて談論中止することとあり。また七、八十の老哲学者が臨終に然るべき美童の介抱で死にたしと、一生の一大事のごとくまじめに述ぶることあり。大正初年ごろの『大毎』紙に、そのころに生存せし薩摩武士が、維新のとき明治天皇江戸へ徙《うつ》らせたまいし供奉の輩（薩摩武士）が、「及びないぞえお菊さま」という唄を盛んに唱いしということあり。小生、明治三十年ロンドンにて惣領事の荒川巳治氏を訪いしに、氏の話に、関ヶ原で討死せし島津豊久はなかなかの美少年なりし、朝鮮にて大決戦ありし前に武士を一々その前によび出して盃をやりしに、おのおの一期の思い出なりとて大いに勇み討死を事ともせざりし由。有名なる高遠の城攻めのとき、仁科盛信（このとき十八歳とも十九歳とも二十五歳ともいう。いわゆる大若衆なり）を平生慕いし小山田昌行が、敗死と知りながら城へ加勢に入り、切って出て敵を靡けたので、盛信その志を感じ盃をとりかわせしを、平生の念全く遂げたりと感喜して共に自殺せり。小説ながら『三河雀』にはなかなかうまくかきなしあり（死後鴛鴦となり池に双《なら》び游《およ》ぐなど）。これらはいずれもそのころの風俗でも人情でもあり、西洋にいわゆるガラントリー、チヴァルリーに似たことで（顔をみたこともなき婦人のために敵を伐ちに廻国するなど）、決して「他愛のなき」
ことにあらず。古ローマの半男女帝エラガバルスなどつまらぬ人物ながら、その美貌を仰
いで軍士一斉にその事を挙ぐるに与《くみ》し、旬日にして天下をとらせしなり。
貴下は書籍をしらぶるになるべくその世に近くできたものを見られたく候。戦国ごろの
ことは戦国時代を去ること遠からぬ世の筆に就いて見られたく候。後世儒者などの書いた
ものにはいろいろと儒教の意味をこじつけあるゆえ、あてにならぬこと多し。近ごろの人
の書いたものには矯飾多し。福本日南の書いたものに、もと東京で小生を知り合いなりし
が、一向つまらぬものと思いおりたりしが、大英博物館で訪いしときは大学者となりもて
はやされおりたり、と書きあり。福本は実はロンドンへ来るまでは小生のことは知らざり
しなり。小生は米国へ同航せし小倉松夫という鳥取県人（エール大学卒業して帰朝後数年
ならずして死せり）より福本のことを伝聞し、また杉浦重剛氏が福本に旨を授けてフィリ
ッピン島経略のことを書かせたることあるを知りおれり。ロンドンにて大英博物館へ訪わ
れしときは、孫逸仙のことで用事あり。福本は英語はできぬゆえ、岡部次郎氏（海軍参政
官か何かになり死せり）通弁であいに来たりしなり。そのとき始めて知人となりしにて、
決して小生在東京中よりの知人にあらず。舞文のためには事実の前後をくり合わすほどの
ことは、近来の日本人は何とも思わぬらしく候。そんな根性で古史を論じなどすると辻褄
合わぬこと多し。

細川政元のとき薬師寺（与一とかいいし）という武士、切腹するときの詠に、「冥途にはよき若衆のありければ思ひたちけり死出の旅路に」。死にぎわまで、抽象的に若衆を念ぜしなり。古ギリシアなどに例多きが、日本にこんな例はあまり見ず。（文献に見ざるなり。実際は多々ありしことと存じ候。）またその後、高国等、細川両家の騒ぎのとき、高柳某というもの念友柳本弾正に秘密を打ちあけられながら従わず、引き分かれて主人方の先陣にすすみ、柳本の軍勢と戦うて切死せしことあり。また後年、芦名と佐竹と念契をつづけながら、戦場でしのぎをけずり戦いしことあり。これらは道義学上大きな問題として研究すべきことで、申さば米国などに夫と妻と選挙演説に相攻撃して余力をのこさず、さて家へ帰れば何の滞りなく夫妻和諧しおるようなものなり。（高柳のことは、『史記』列伝の伍子胥がわれ必ず楚を亡ぼさんと言いしに、申包胥はわれ必ず楚を存せんと誓いしごとし。）

この男道とまた女郎の道徳とは特異の発達をなしたるものにて、その当時のその人の身になって十分考察すべきことなり。決して穢らわしき下等なことと一笑し去るべきにあらず。今日の僅《わず》かな金に説をまげる博士とか政客とかいうものは、ために慚死すべきことなり。

お尋ねに付き、ちょっと申し上ぐるは、小生は四十歳で妻を娶るまでは色事ということはなかりし。手淫ぐらいはせしことあるも、元来非常に勝ち気の強き男にて人にまけまじとのみ心がけたるゆえ、舎利弗尊者のごとく一度思いかけたことを止めず、かついろいろのことを学びにかかりしゆえ、多端多岐にて学事の外に何ごとも念頭におかざりし。書籍は金銭に常貧なると反比例に多く貯えあり。いろいろと不幸な目にあい人手に渡せしもの多きも、諸友の助力により書籍にはあまり事かかず、かつ筆が人より速いゆえ、おびただしく写し抄しあり。小生へ教えられたることはいかなる人なりともその人の名を添えて書くゆえ、雑誌などよみてその雑誌へ投書するよりも小生へ通知さるること多し。しかして小生は人の名を出すことを、自分の名を出すよりも悦ぶべきことと心得おるなり。

巻き紙がこれだけで尽きたから右だけ申し上げ候。　敬具

（52〜55頁）

昭和六年九月十六日夜八時半

南方熊楠

岩田準一様

拝復。十四日出御状および十五日出御ハガキ、◆16 今朝八時拝受仕り候。

花のころつまれむしられいかがせん（いかにと大野洒竹はせり）

すみれまじりの野辺の頬髯

ひばり鳴く声に大児打ち出でて

という連句は、明治四十五年五月発行経済雑誌社の『続群書類従』巻四九一なる『荒木田守武句集』一〇三七頁に出であり。小生は前便申し上げたる郵便配達夫から俳句の宗匠になりたる人より、大野氏の校訂本（守武の『俳諧之連歌独吟千句』）を借り、みずから引き合わせ校正しあり。前夜いろいろと書籍や顕微鏡をおきならべ、あれを見これをながめながら、貴下への状を書きたるゆえ、守武の句集ということをかかずに、『犬筑波集』に引きつづき書きて、『犬筑波集』より引きたるごとくなりしまいしことと存じ候。かようのことは毎度あるものゆえ、どんな心がけのよき人の書いたものも吟味せずには受け取られぬもの、また吟味もしないで受け売りははなはだ世人を過つものと恐懼致し候。

大若衆の彩色画ははなはだすぐれたるものを、小生五十円ほどで買い（明治二十六年ごろ、ロンドンにて）持ちありしが、去年二月歿せし（七十四、五歳で）サー・チャーレス・ヘルキュールス・リード男に贈り了れり（この人は久しく大英博物館の人類学および東洋部長）。それにほぼ似たるもの、京伝の『骨董集』上編の上（五）、蝙蝠羽織のところに図出でたり。『守貞漫稿』第八編に、ある書にいわく、むかしは寛永・正保のころまでは、男は大方二十四、五歳までは童姿にてありし、これを大若衆と言いける。二百年前の古画が童姿の夥多《あまた》見ゆるはすなわちこの大若衆なり。これは全く男色の盛んなりしゆえなり。天正ごろの戯作『古今若衆序』にいわく、これより先の人々を集めてなん大若衆と名づけられたりける、云々。右（『骨董集』に出でたる）の二図、面貌おのずから十余歳の者にあらず。すなわちかの大若衆なり。井筒女之助など女装して武勇なりしというも、もとかかる風俗より出来《しゅったい》せしことと存じ候。甫庵の『豊臣記』一八に出でたる和田弥太郎なども同様に存じ候。（二十四、五歳までということは、馬琴の『美少年録』の発端にも出処を出さずに書いてあり。）

『藩翰譜』一一に、福島（これはくしまとよむ）綱成、「幼《いとけ》くして父に後れ相模国に落ち来たり、北条左京大夫氏康に仕う。綱成いまだ童なりしとき、容貌ことに麗しく、またさる者の子なりければ氏康の寵愛浅からず。二十二歳の時、髻取り上げさせ名氏賜わって北条左衛門大夫と召さる（家の系図には、綱成、氏康の舎弟の由見ゆ。覚束なし）」。二十二歳まで童姿でおりしなり。舎弟の由見ゆとは弟分として寵愛せしなり。その後も下々までも大若衆を好みしことは、西鶴の『一代女』四の三に、一代女、屋敷の茶の間女になり、ある日七十二歳になる老下男をつれ外出し、温飩屋の二階に上がり、その老僕にしかかれど一向埒明かず、むかしの剣今の菜刀《ながたな》と嘆ずるうち、下を覗けば、あたま剃り下げたる奴《やっこ》が二十四、五なる前髪の草履取をつれきて、これもぬれとは見えすきて、座敷入用と聞こえて、云々、とあり、これは貞享三年の板なれば、まずそのころの風と見え候。

前日も申し上げしごとく、『一話一言』に引きたる杉山検校の『太閤素生記』とかいうものに、秀次公自殺のとき草履取松若殉死、微者の身分ゆえ名が山田、不破ほどに伝わらぬは残念、とあり。『嬉遊笑覧』付録に、堺の僧死するとき金三百両を草履取にのこせしことあり。『陰徳太平記』にも、主人に殉死せる草履取のこと一、二ヵ所に見ゆ。寛永のころ草履取に美少年をおくこと流行し、よほどの有勢者ならずば草履取を召しつるることならぬほど、いろいろと争闘を生ぜしこと見ゆ。慶安四年正月令、江戸市中に、旧冬相触れ候通り隠し草履取の宿一切仕るまじく、もし脇より聞こえ候わば宿貸し候者急度《きっと》曲事仰せ付けらるべく候こと。これは草履取の自前《じまえ》で出るやつで、昼は傭われて草履持ちに出で、夜は宿所に下りて淫を売りしものと見ゆ。西鶴に、これもぬれとは見えすきて、とあれば、いわば男色の夜鷹のようなものなり。今日とても神戸などには、外国船が着くと売淫に舟へゆく少年、青年多しとのこと、前年(大正七、八年)の『大毎』で見及び候。黴毒を伝うること女よりは少なしとて、これをのみ好むもの多し、とありし。(実は支那で申す楊梅瘡で、男色よりも生ずる黴毒はあるなり。明治十四、五年ごろ、横浜で外人にのみ売色して黴毒で死せし嵐大枝《だいし》という女形役者ありし。)

享保中の作らしき(今日いわゆる新聞小説なり)『雲州松江の鱸《すずき》』中に、池上文蔵、児小姓たり、十余年前江戸に御供し、近ごろようやくと元服仰せ付けられ、中小姓相つとめ候ところ、三年以前親父病に付き帰国、とあり。帰国のとき二十八歳なれば三年前は二十六なり。近ごろとあれば二十四、五まで元服を許されざりしなり。享保といえば徳川氏の中世なり。そのころまでもこんな風俗がありしなり。

大正天皇御幼少のとき、御乳をまいらせたる女の夫は、木沢某とて本県伊都郡九度山《くどやま》生れなり。その某は医者なりし。その弟は啓吉といい、小生と同歳にて倔強なる大男で、しかもことのほか美少年なりし。芝の近藤塾にありしとき、薩摩人がこの男を強姦せんとし逆さまに打ちすえられたることあり。日露戦争ごろ少佐か何かで九州の某連隊にありしがその後のことを聞かず。死亡せしと存じ候。

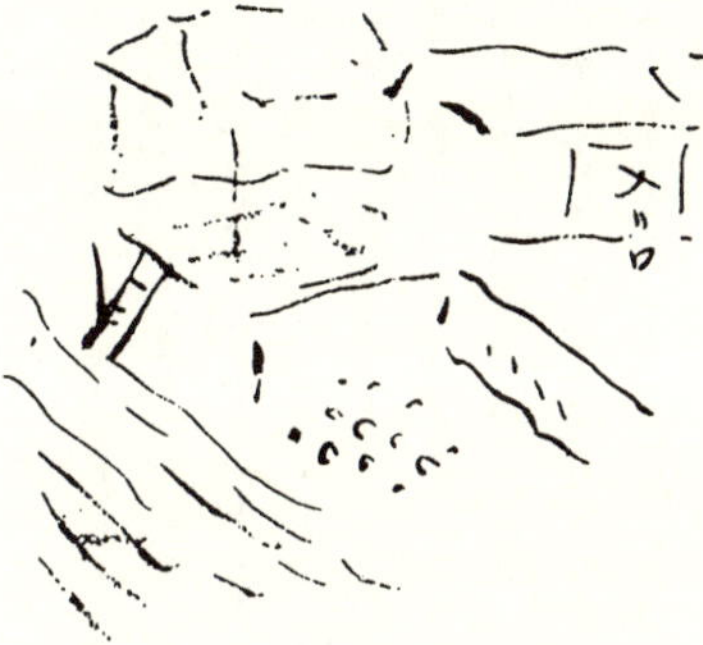

竹のすのこの上に立ちたる娼楼なり。川にのぞむ。川の船また大和より下る筏にのり下り来るものが、この楼に上るなり。川竹の流れの身などいうこと思い合わさる。

この人の話に、その父は若きとき美少年にて高野山の某寺の小姓たりし。高野山の小姓ども、和尚のひまを伺い打ちつれて三里の峻路を履《あしだ》ばきで馳せ下り、九度山の紀の川畔の娼家に通い、事畢りてまた夜の明けぬうちに三里を馳せ上る。

小生十五、六のときまで、そんな娼家この辺にありし。ある小姓、通和散を後庭へつけてさするるときは、男ながらも快味を感ずること多ければ、女郎に施さばいかばかり悦ばんと考え、最良品の通和散を用意して下りゆく。木沢の父、おどけたる者にて、このことを察し知り、九度山に下りてどこかでとうがらしを買い他の粉と合わせ袋に入れ、かの小姓のひまを伺い通和散とすりかえおく。さて、ひそかに伺うに、かの小姓、時分はよしとかのすりかえ品を用い、女郎に試むるに、今夜はどうも一件不調なりとて通夜ことわらる。止むを得ずまんじりともせずに看病して空しく帰り去る。木沢の父は、かのすりかえたる通和散をもって、自分の相方に用いしに、うれしがること大方ならず、いやというほどもて、満足して帰り上りしとて大笑いせしという。通和散は唾でぬらして用うるものゆえ、とうがらしごとき劇しきものを用いなば、たちまち舌に感ずるはずなり。これは一場の笑話として作りしものかとも思うが、何に致せ、児のうちは知らず、若衆といわるるものは大抵女郎ぐらいは知りおりし証拠になる。さて、女郎ぐらい知ったほどのものにあらざれば情緒や技巧が面白からず。故に住職もそんなことは大目に看過して、女郎に習い来たりし技巧をもって、いろいろと自分を満足させるを悦びしことと存じ候。小生只今座右にあるがちょっと引き出し得ぬ深川全盛ごろの江戸の情本に、増正寺の僧がかげまを伴うて深川へ芸妓を買いにゆく咄などすらあり。

敬具

まずは右申し上げ候。

寛永十年松江重頼編『犬子集』巻一一、

山伏は羽黒の方を心かけ

口すひまはる小ちご大ちご

大ちごは歯を染めたる年長のちごなり。寛政ごろ（?）菅茶山か誰かが、四条河原に野郎どもの夕涼みの体を賦したるに、知る涅歯これ君寵、とかいう句ありし。これは高貴の人に買い占められたる野郎は、既嫁の婦人と等しく志の他に移らぬがために歯を染めありしなり。

（65～69頁）

《語注》

◆1　**二十四日出御状**――この岩田書簡は失われているが、内容は前後の事情から推測できる。前節の語注23にも記したように、『犯罪科学』二巻九号の魚大学「女形行状記」の揶揄に憤慨していた岩田は、前書簡の南方の言葉に力を得て、これを転載引用して、田中直相が勤務する雑誌（『文化公論』）に発表しようと、南方の許可を求めたのであろう。南方はこれを拒絶する。

◆2　**直江**――直江兼続（なおえかねつぐ　一五六〇―一六一九）。戦国時代の武将。越後国上田庄の樋口氏の子、のち与坂城主直江家をつぎ山城守を号す。幼少より上杉景勝に仕え家老に進み、関ヶ原役をはさむ困難な時期にも上杉家を支えた。岩田が、直江が謙信に仕えたとしたのは、福本日南

『直江山城守』による誤りだが、昭和初期の当時はもとよりごく最近に至るまで、多くの辞典類が「謙信景勝二人に仕えた」としている。

◆3　**ジオチマ**――プラトンの『饗宴』でソクラテスの談話の中に登場する、マンティネイアの巫女あるいは予言者。ソクラテスは彼女との対話のかたちをかりて、肉体的・心霊的な美と愛について説いている。

◆4　**田中香涯**（たなかこうがい　一八七四―一九四四）――名は祐吉（すけきち）。漢方医の家に生まれ、大阪府立高等医学校卒。日露戦争後母校の教授になり、明治末年にはドイツに留学した。大正十一年以降『変態性慾』誌に同性愛に関する論文をしばしば発表し、『愛と残酷』『明治大正日本医学史』などの著書がある。死後、医学をバックにした奇談集的随筆集『奇・珍・怪』（正続二冊）が出版されている。

◆5　**『続門葉集』**（ぞくもんようしゅう）――『続門葉和歌集』の略称。醍醐寺憲淳編。十巻。嘉元三年（一三〇五）の序。総歌数一千首。うち稚児の歌詠百六十七首、醍醐寺の稚児五十七人の詠である。群書類従収録。その序の一節に、「何ぞ況《いわ》んや、木幡《こわた》里の駅馬を辞し、迷いて童郎の懇志を尋ね、栗《くる》阪《す》野《の》の児店を過《よぎ》り、咽びて行旅の別恨に向かうをや」（原漢文）とある。

◆6　**芳賀矢一**（はがやいち　一八六七―一九二七）――国文学者。号竜江。東大予備門で南方熊楠と同期。国学院大学学長、国語調査委員会委員。『国文学史十講』『日本文献学』『攷証今昔物語集』などの著書がある。

◆7　**八月二十七日午後三時発御状**――八月二十七日付岩田書簡。前状の非礼（南方の書簡の一部転載を企てたこと）を詫び、親友の平井太郎（江戸川乱歩）の勧めで「男色考」を連載しはじめた経緯を語り、八月二十日付長文の南方書簡の羽山兄弟との「友道」について、「再読三読」して「小説を読む以上の感激を覚えた」ことを述べている。

◆8　**宮ということ**――宮（きゅう）とは、中国で五刑の一つで、死罪に次ぐ重罪、男子の生殖器官を除去する刑をいう。

◆9　**貴下へ転致せし書**――昭和六年八月八日付中山太郎宛南方書簡。岩田の「男色史」の綿密さをほめ、男色に「浄と不浄とあり」という持論を展開し、細川政元暗殺の記述に史料調査の未熟から誤りがあることを指摘したもの。末尾に「この状このまま岩田氏へ御転致を願い上げ奉り候」と結んでいる。

◆10　**シモンズ**（John Addington Symonds　一八四〇―一八九二）――イギリスの文学者、詩人。ギリシアの諸詩人の訳者としても知られ、男色を論じた『ギリシア道徳の一問題』『近代道徳の一問題』の著書がある。「私費で番号を付けたる二著」とは、「英国図書館目録」によれば、*A Problem in Greek Ethics*, 1901 および *A Problem in Modern Ethics*, 1896 と思われる。

◆11　**三田村玄竜**（みたむらげんりゅう　一八七〇―一九五二）――号鳶魚。江戸風俗・文学・演劇の考証家。東京出身。新聞記者、僧侶、自由民権運動などをへて、明治末年から江戸文学などの研究に入り、多くの著作のほか、『未刊随筆百種』など資料の刊行にもつとめた。南方熊楠とは各種の「西鶴輪講」などを通じて交際があった。

◆12　**福本日南**（ふくもとにちなん　一八五七―一九二一）――新聞記者、史論家。『直江山城守』『黒田如水』『元禄快挙録』などの著書で知られる。明治三十二年ロンドンで南方熊楠と交遊し、その回想記「出て来た歟《か》」を明治四十三年七月『大阪毎日』に発表した。ここに「貴書によって」とあるのは、八月二十七日の岩田書簡で、日南の『直江山城守』を少年時代に読んだ記憶のために誤ったと述べているからである。

◆13 **二日出御状**——九月二日夕刻付岩田書簡。福本日南の『直江山城守』を読み返してみたが、やはり「謙信は直江を鍾愛す」とあったと述べている。

◆14 **小生知人**（しょうせいちじん）——雑賀貞次郎（さいかていじろう　一八八四—一九六四）のこと。田辺の新聞記者、民俗学者、郷土史家。『牟婁口碑集』『南紀民俗控え帳』『田辺町誌』『田辺市誌』等の著書がある。

◆15 **十月号の『犯罪科学』**（じゅうがつごうのはんざいかがく）——岩田の「室町時代の稚児物語」（室町時代男色史其四）が掲載されている。

◆16 **十四日出御状**——この書簡は失われている。また十五日出というハガキも発見されていない。

カゲロウとカゲマ、御座直し、『弘法大師一巻之書』、その他

南方熊楠

昭和六年九月二十日夜十二時半

岩田準一様

拝復。十九日朝出御状[1]、今朝八時拝受。小生学事研究で太《いた》く疲れ、ほとんど終日臥したるゆえ、ようやく夜に入り拝見、御問合せの条々ほぼ左に返事申し上げ候。倉に入るべき懐中電燈が滅えたるゆえ、参考書など取り出す能わず、多分記憶のまま申し上げ候。

第一に、頼宣卿[2]が女色を嫌われたということ小生は一向承らず。さりとて女色を好みしということも承らず候。ただし、加藤清正の女《むすめ》を妻《めと》られしが、清正は癩病筋なりしゆえ、一生別居されし由、故岡本兵四郎中将の話と、愛宕貫忠なる老僧（三十年ばかり前に七、八十歳ばかり）より承り候。故に継嗣は側室の産みしものにて、むろん蓄妾はされたるこ

とと存じ候。小姓某の華奢を戒めた話が、その言行録に出であり。また『明良洪範』巻二〇に、あるとき頼宣卿、その甥忠輝を招請、忠輝機嫌悪くさまざまに饗せしも酒をも参らず、不興なりし時に、ふと正木小源太という小姓を御覧じて所望ありければさっそく進ぜらる。かくのごときこと忠輝平生の所行なりとぞ。小源太は忠輝不審の条々にて御咎めの節、自殺をすすめしも聞き入れず、命さえあらばまた面白きこともあるべしとて自殺せず、正木は自殺せり、とあり。弟の小姓を兄に譲りしなり。頼宣卿の母は正木氏なれば、この小源太は頼宣の外従弟か外従兄弟の子なるべし。（頼宣卿母の生家は安房の里見の一族なり。紀州に仕えて卿の母の弟が国家老となり三浦長門守為春と申す。今も男爵にて当主名は英太郎、小生知人なり。大正十年五月二十七日、故頼倫侯この書斎に小生を訪われしとき一所に来られたり。）次回に英太郎男にあわば、正木小源太は頼宣卿の何に当たるか尋ね、分からば報知申し上ぐべく候。とにかく、これらにて頼宣卿は男色嫌いでなく、多少の小姓を愛せしことだけは知れ申し候。娼妓をおかざりしは武道を重んぜしよりのことと察し候。

しかし、和歌山という処は歴代ことのほか女色の行なわれし所にて、徳川末期には娼妓とは明言しがたきも遊廓は数ヵ所でき候。（今もそれが北の新地と申しのこりあり。大坂辺よりも遊びにくるほどの女多し。芸妓というものの、実は売芸よりも売色の方なり。）光瑞法主の漢学の師たりし小山憲栄師の話に、若いとき諸国を歩きしに和歌山と金沢くらい女色の乱蕩せし地はなかりしとのことに候。したがって男色の話とては、西鶴の『大鑑』巻四に「待ち兼ねしは三年めの命」の一条あるのみ。その外に何たる話は伝わらず。ただし、市外の貸本屋また旧家に蔵する西川の画本などにらくがきしたる詞などをみるに、士分の輩の内には古く不浄の男色を玩ぶものは多少あったらしく候。また例の撃剣道場に通う武道好きの内に、そんな嗜好の者、時々あったように古い人々より承り候。牧野兵庫◆3がことは、雑賀貞次郎氏が郷土研究社より出せし『牟婁口碑集』一二〇―一二三頁にも出であり。『南方随筆』に載せぬことども多く挙げたり。しかし、これらは県庁の輩の編纂せしところに基づきしもの多く、すべて県庁の役人は他府県の生れの人多く、心底から土地のことに興味を持たず、また土地の古いことを知らず、むやみに虚実混淆を弁別せずに集むるゆえ、えたいの知れぬことのみ多く集まり候。

とにかく頼宣卿が牧野兵庫を登用して大禄を与えしは、そのころ高名なことにて、景勝の直江におけるごとくなりしと見え候。よほどの美男または器量のありし人と察せられ候。(牧野が頼宣に重用されたことは他にも見出だしおけるも、只今その書名を覚えず。)頼宣以後の藩主に男色を好みし者あることを一向聞かず。重倫《しげとも》といいしは、ことのほか兇暴なんなりしが、それすら男色のことはさらに聞かず候。

小生が英国でやってしまいし大若衆絵軸は、実によく出来おりしが、写しにて本物にあらず。とにかく大若衆が娼妓か何かにいい寄らるるような図にて、女の粧いよりははるかに大若衆の方が綺羅を尽し、また濃化粧なりし。（決して俳優などにあらず。貴公子らしく見え候。）これにてそのころの大若衆のどんなものたるを解するに足るものなりし。当時パリで高名なりし骨董肆林忠正氏の手より五十円ばかりで買いしなり。そのころはこんなもの彼方には多々ありし。いつでも手に入ることと思い、やってしまえり。

通和散、ネリギ、同物に候。ネリギは黄蜀葵《とろろ》と申し、よく支那の画に見る葵の類で、花色黄で葉がもみじのような草に候。その根を水でもむとおびただしくねばり出す。それで紙をすくなり。そのねばりを澱粉質のものと混じかわかし、主として麝香を合わせたるものなり。唾で和らぐればはなはだしく粘る。故に後庭にぬり、行なうに痛[4]まざるなり。ただし、足利氏の中世（義尚将軍）以後朝鮮より渡ったものらしく候（今村鞆氏来状を考え合わすに）。この植物が書物に見えしは明徳元年に成りし『本草類篇』にて、カラアオイと和訓しあり。（蜀葵すなわち今いうタチアオイ[5]もカラアオイという。）故に当時実に渡来しありしやを決するに不十分なり、と白井博士の『植物渡来考』四四頁に出で候。林道春の『多識編』には、黄蜀葵、和名とろろ、とあれば、慶長・元和ごろすでに輸入ありしは明らかなり。また熊楠、寛永十五年編成の西武の『鷹筑波』一を見るに、「よそめはいかにぬめる若僧」「児達《ちごたち》へ参らせぬるはねり木にて」。これは慶長十一年来貞徳に師事せし俳人どもの句を集めたるものなれば、大抵慶長ごろより入り来たり行なわれたことと思わる。（ただし、ネリギはノリウツギのことと白井博士よりの来状に見ゆれど、紀州高野等ではもっぱら黄蜀葵をネリギといい、後世の物ながら風来の『根無し草』にも黄蜀葵をネリギと訓ませあり、たといネリギが黄蜀葵にあらずしてノリウツギなりしにせよ、後庭に用うる寛窄剤をネリギといいしことが、慶長十一年より寛永十五年に至る間にたしかにありし確証となり候。すなわちそのころはやたしかにそんな塗抹剤を用いしなり。その剤が黄蜀葵よりとり、またノリウツギよりとりしか否かは今の論点にあらず。）ノリウツギは日本の随所の丘陵山麓に在来のもので、輸入せずともありしものゆえ、黄蜀葵渡らざるうちはこれを用いしことと存じ候。また楡《にれ》の木の皮よりもかようの粘汁はとれるなり。またフノリを紙にひたし乾かしおき用いしもあり。

　貴状に向日葵とあるが、これはヒグルマまたヒマワリと申し、西大陸の原産にて、寛文六年板『訓蒙図彙』◆6に初めて見え候（白井博士説）。これは粘液も何もとれるものにあらず。

　丁字、菊花等は、汚処の臭を消すため、また一つは刺激剤とも催淫剤ともなり、麝香、竜脳、ことに然り。古ローマには蕁麻《いらくさ》の細子を用いしことあり。苛痒《いらかゆ》くするなり。例の紫《し》稍花《しょうか》（淡水生の海綿なり。白井博士談《はなし》に、東京下谷に売りおる店ありとのこと。小生、去る大正十一年日光で採れり）、まず専門の男に後庭へ一物を入れもらい（直腸を広くするため）、ただし洩精はせずに幾晩も養生し寛闊にしもらい、抜き去った跡へ棒薬を入るる。初めは胆礬（硫酸銅）を紙線にひねりこめて入れ、直腸裏膜を腐蝕して感覚を鈍にするな

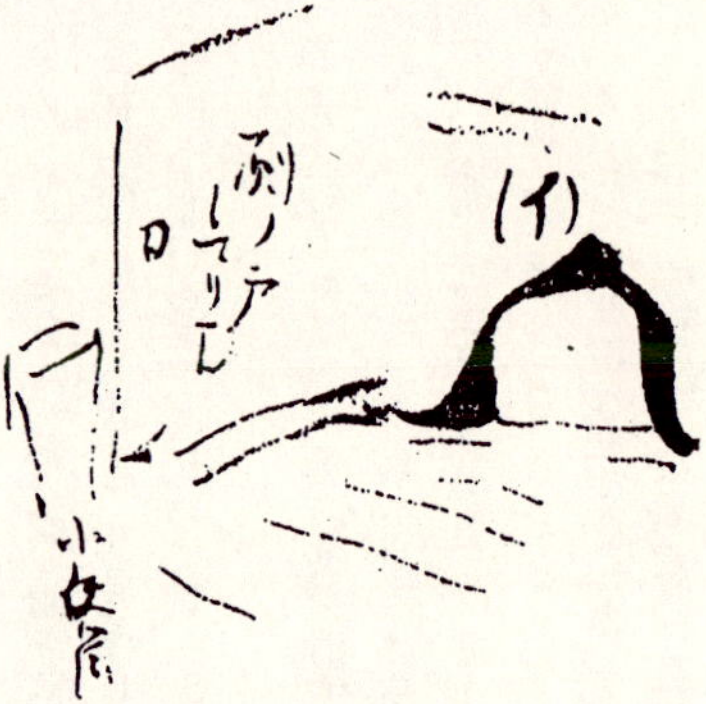

り。次には山椒の粉などを棒薬にして入れる。しかるときは痒くなりて、なにか入れて撫でもらえば快くなるようになる。支那では毛病を起こさしむるとあって、行なうた後に羊毛などを入るるなり。しかるときは常に痒きゆえ、なにか入れてほしく思うようになるなり。かようの腐蝕鈍感剤と起痒剤を棒薬といいしなり。

『児草紙』とは「醍醐男色絵」[7]の詞書のことならん。この絵巻は小生その発端のところを見しことあり。児多くならびたる図なり。その児はいずれも美貌のものにあらず。その道の達者は美貌よりも床の上手なるを貴びしと知る。また老年のものも多くありしよう覚え候。その詞書の一部分は先年尾佐竹猛氏抄しておくり越されしことあり。児みずからなにか太き物を入れ後庭を広げることありしと覚え候。（スペインのジェスイト僧徒が行なう図には、ややもすればみずからガラスびんなどを突っ込む図ありしに似たり。）この詞書、貴下に写しあらば写しを送り下されたく候。小生はいろいろの書より、その注釈を致し進ずべく候。

スバルはカゲマの名にはあらず。男色に用い得ざるたちの後庭を申す名なり。スバル若衆、スワリ若衆などいう。カゲロウはかげ間（かげの間《ま》）における若き郎《おとこ》という意味で、蔭《かげ》郎《ろう》とかきしことと察し候。（古く高野山の寺の建て方を見るに、雪隠にとなりて火洞口《かとうくち》を構え、(イ)のごとき一間あり。これにて雪隠に入り、また出たときの支度（いわゆる更衣）をせしと察す。トルコなどにも例多きことにて、この間にてしばしば一儀を行ないしらしく候。この間《ま》を蔭間といい、その間にしばしばおるゆえ蔭郎といいしかと思う。一儀行ないしのち、若衆は必ず雪隠へ行き、後庭に入りある男精を瀉下す。ピーピーと鵯《ひよどり》の鳴くごとき音す。それにて一儀果てしと知りしなり。また若衆が左様の音を立てて念者を呼びしこともあるなり。またおれを呼んでいるなど言って僧が出かけたるなり。（一儀行ないし後、雪隠にゆかずに眠れば必ず痔を起こすなり。）

さて朝に生まれて夕に死すという蜉蝣《かげろう》、またしばしの間しかつづかぬ陽炎《かげろう》と、姣童の盛りの短きを思い合わせて、何となく哀れをもよおす名ともなれるなり。

『嬉遊笑覧』◆8九に、かげ間は近き名と聞こゆ、もとはかげ子、またはかげろうといえり、そをかげうまの略なりなどいえるは捧腹すべし。

熊楠いわく、延宝六年板、松意編『幕尽し』第三に、

大島の羽織の下に秋の風　林言
影間野郎が移りゆく影　雅計

この影間野郎（すなわち蔭の間における姣童）を略してかげ郎となりしことと存じ候。

貞享三年出でたる『嵐雪拾遺集』初雲雀の巻、

雨もよひ陽炎《かげろふ》消ゆるばかりなり　其角

小姓泣きゆく葬礼の中　嵐雪

もと小姓は士分より出でしものなれども、そのころははや艶色をもっぱらとして蔭間野郎より採用されたる小姓もありしなり。

高野なども、小姓は多く旗本や諸国の武士の二男、三男、また子細あって出家を望むものがなりしなれども、『新著聞集』に見えたごとく、野郎を購うて小姓にし、天狗に罰せられしもあるなり。小生、大正十年末高野山に上り法主に面談せしとき、尾張の田舎出の小僧をよびにやり、法主に謁せしめ名を聞きしに、正しく原籍姓名をなのれり。（この小僧一期の面目なり。）その者の名は熊野良雄《よしお》と申せし。なかなかの美少年、十七歳なりし。名が良雄ゆえ僧籍のものにあらず。むかしならば小僧でなく小姓でおるはずなり。そのときも法主の側には十七歳ばかりの小姓一人ありたり。法主一言するごとに叩頭するなり。

元禄五年板『鹿の巻筆』二に、松本、尾上、もとはかげろうにておわしける、云々、花代も上げつらめ、しかしこれを親方の方へ送りてたべとて、「花代も高砂ならばこちはいや、尾上のかねを持たぬ身なれば」、返し「まつがひや前髪かづら長き夜に暁まではかけてやろふぞ」。これにてカゲロウはカゲマヤロウの略で、カゲロウと野郎と同一ということが判る。

ただ野郎といえば薩摩の野郎組とて、大坂陣の前にどこかの（野田か）藤見の節、大坂城士津田、渡辺等と大喧嘩を行ないし乱暴群などあり。その武勇徒の野郎と別たんため、男色をつとむる治郎をカゲマヤロウと長く言いしが、後に単にヤロウといい、またカゲロウともいいしと存じ候。カルシウム入りのビスケットをカルケットというと同様の略語なり。

西鶴『二代男』三の五、「人は蔭の間を嗜むべきことなり」。蔭の間すなわち右に申すごとき、人多く立ち入らざる陰室をいう（必ずしも高野の雪隠のとなりの火洞口の間に限らざるも）。それを嗜むべしといふは、君子は屋漏に恥じずの意なり。蔭間《かげま》という語は小生の手製にあらざる証に申し上げおくなり。

著者年代不詳の『煙華漫筆』に、戯台子《ぶたいこ》と称する者大ようお姫様役までなり、云々、紫冠なき者を陰児《かげこ》とやいうか。これは芝居で公衆の見る舞台へ出しおくれた見習い子役者《かげこ》をいえる芝居上のことばで、カゲマ、カゲロウとは別の詞と存じ候。

故に小生は、カゲマヤロウ、カゲロウ、カゲマという順に、名の文字が一字でもおいおい減じゆきしことと察し候。まずは右申し上げ候。

細井品弥という人が、むかしの大若衆の面影ある人なりし。そのころ小生為永の『以呂波文庫◆[9]』を読みしに、瀬田主水（義士瀬田又之丞の父）に返り討ちにあいし沼田金弥という少年十五歳のとき、津和野《つわの》入平《いりへい》、太蘭《ふとい》品蔵《しなぞう》（この二名は通和散に近き理由に基づきし虚構）なる二士に恋われ、二士これがために決闘するところへ走り行き和睦せしめ、みずから進んで二士に交《か》わる交《が》わるほらせ、三人兄弟となる。金弥の父子細あって旅行の途上主水に討たれ、仇を探るため金弥は旅に出で立つ。二士もその助太刀に出でしが、三十五年たつも仇を見あて得ず。赤穂在へ来たり主水方へとまる。夜談に右の履歴のぶると、主水、先年金弥が遊女の姦計に落ちて難義するところを救い、つれ帰りて食客とせしに、下女の口より主水の本名を知って、金弥、主水を夜討ちにゆき返り討ちにあいし由を語る。それより翌日、二士が主水を敵として勝負し、また主水に討たれし談あり。品蔵の品と金弥の弥を併せて品弥となるを妙なことと今に記臆しおれり。品弥氏は小生よりは二歳ばかり年上の人なりし。そのころ芝に攻玉塾という塾あり、塾長近藤真琴とかいいしも志摩の人なりし。その塾に薩摩・肥前の者多く、小生と同じく神田共立学校に在塾せし河野通彦なるもの遊びにゆきしに、芋を馳走しょうか少年を馳走しょうかと問うゆえ、少年をと望みしに、一人の幼年生を拉《とら》え来たり、蒲団をかぶせ交《か》わる交《か》わる犯して帰りし、とほこりおりたり。ほむべきことにあらねど、今日の軟弱なる気風とは径庭の差《ちが》いあることに御座候。

早々敬具

この状一度封して後また開き、この付白を記し入れてまた封ずるなり。さて御下問の西洋人が仏僧となりし例は、小生只今よく知らず。ただし、小生ロンドンにありし日しばしば世話になりたりし F.V.Dickins 氏は、幼年にして広東に来たり、それより渡来して品川の東禅寺に小僧たり、剃髪して僧装して役人が来たりしとき茶を運べり、と言いおりたり。詳しきことは聞かざりし。（毎度逢うから、いつでも聞き得ることと思いおりたるによる。）この人はパークス公使として来たる前から日本に来たりおり、のち横浜で弁護士と医師を兼業とし、かのペルー国の船が支那人を奴隷に売るべく積み来たり、日本政府より抑留されて国際裁判となりし前に、ペルー人の代理となりわが政府を訴えペルー船を弁護せし人なり。そののち帰英して『忠臣蔵』、『北斎漫画』、『竹取物語』その他いろいろ著訳を多く出し、一九〇六年にオクスフォード大学より『日本古文』二巻（『万葉集』、『百人一首』、『竹取物語』、『芭蕉句集』等より成る）を出し、その序にサトウ、フロレンツ、ブリンクリー、チャンバレーンおよび小生に礼謝の辞をのべたり。小生四十一歳で妻を初めて娶りしとき、金剛石と真珠の指環をおくり来たり、その後『飛驒匠物語』を出すべくいい来たりしが（明治四十五年ごろ）、それより一向音信なし。もはや死にたることと存じ候。ロンドン大学総長勤務中、小生と合訳にて『方丈記』を出し、『皇立アジア協会雑誌』へ出し、後に小生帰朝後、万国名著文庫の一として出板され候。『万葉集』訳文は一々小生の訂正を求め来たりし。その稿本を蔵しありしが、去年、当湾の神島へ行幸記念碑を建てしとき、小生詠じ書きて彫らせし和歌を佐々木信綱博士に直しもらい礼に、七、八十日前、同博士へ呈し了り候。右の東禅寺で小僧つとめしとは仏僧を修するためなりしか、またなにかの便宜上一時そんなまねをせしか、とくと聞かざりしは遺憾に候。

早々再白

また前状に申し上げし月光殿を吉宗将軍が忝せしということ、『三王外記』続に見えずとは小生の謬りにて、昨日同書巻二より見出だし候。しかし、中山君の書くことに杜撰多きという拙見は依然渝《かわ》らず。

（70～78頁）

昭和六年九月二十七日早朝三時認

南方熊楠

岩田準一様

拝復。二十四日出芳翰[10]および書留小包『児草紙』一冊、昨二十六日朝八時拝受。『児草紙』は通覧し了り候に、脱字誤字多きと見え、分からぬことはなはだ多く候。あまり多字ならぬものゆえ、小生暇あるごとに写し取り候上さっそく御返却申し上ぐべく候。書き入るべきほどのことはなきように御座候。と申す訳はあんまり学識ある人が書いたものと見えず、また項数も五、六に過ぎざるゆえ、別に書き入れ注釈を要するようなことはなきように存ぜられ候。小生見たのは蜂須賀侯の所蔵にて、それが真本と存じ候。醍醐三宝院に古くありしを、いかなる故にや、蜂須賀家の蔵と帰したる由、旧く聞き及び候。その絵巻の発端には、稚児が多人群集してなにか眺むる体なりし。（いずれも白色の装束にて赤き裳を着し涅歯しありし。）顔はことごとく醜しとまではあらざるも、俗に伝うるおかめ（お多福）のごとく目の細き笑いおる体にて、決して美少年というべきにあらず。いわゆる男色の手取りの輩を表わしたるものと察せられ候。年もみな十八、九以上二十に余れるものの様子なりし。後世にも野郎、かげま、いずれも大なるよしと、『風流徒然草』（この本小生見しことなし）に出づる由。そのごとく少年よりも青年を尚びしことと察せられ候。

かようのものの画にかきし人物の年齢は、なかなかちょっと判らぬものなるゆえ、その上四十年も前に見たものゆえ、記臆もたしかならねど、とにかく右絵巻物の発端、姣童群坐の図には美少年と申すべき美貌のものは一人もなかりし。ただし、画はなかなかこみ入ったものなりし。

本物の百鬼夜行の図と鳥山石燕の写本と大いにちがうごとく、貴蔵のものは本物を後世の人気にあうように和らげたるものかと察し候。

『甲陽軍鑑』四三品に、土屋平八郎、信玄公の御座を直し、云々、弟金丸惣蔵、勝頼公御座を直し候などあり。中山太郎氏は、この御座直しを男色の寵愛物に限るよういえり。しかるに西鶴『武道伝来記』二の四に、金内寝間の上げ下ろしせし鞠という女、後文に妾鞠とあり。『武家義理物語』二の三、墨股《すのまた》の川屋敷に、松風という女、近くは召されながら、終《つい》に御枕を直さぬことを恨み、また元禄十五年板、都の錦作『風流源氏物語』五に、世にある人は女房のある上に、手掛け、足かけ、莚直し、腰元、茶の間、中居などとて、花のようなる色狂い、ありたいままに振るまえども、本妻さらに悋気せず。これらによると、莚直しは男色に限れる名にあらず、妾をもいいしことと判り候。

仏経に坐菩薩ということあり。仏に侍座する菩薩なり。何の仏には何の菩薩と定まりあり。御座直しに関係なきことながら、ありそうにいいなす人もあらんかと、前に手を打ち申し上げおく。

題号なしの百人一首体の絵本あり。◆11 宮武外骨氏説に、宝暦ごろのもので、画は北尾辰宣《ときのよ》筆と見ゆ、といえり。百人一首体に色道の男女を画き、その上に狂歌を書けり。なかなか百人もなく、ようやく二十ほどの画像あり。この本にも、妾、御大名方には御部屋などいい、下々には御坐直し、莚敷、囲い者などいうなり、と出でおり候。

この本に次の一条あり。御存知のことかと思えど、棒薬のことも少し見ゆれば全文写し候。（棒薬という名はこれには見えず、他の本に見え候。その本には、前よりするを正式とし、その方法もかきあり。この本とは異なる筋多し。）

若道心得のこと。それ衆道は女色に異なりて意気地ばかりの念頃《ねんごろ》なるゆえ、僧俗とも兄分たる人かり初《そめ》のことに思うべき道にあらず。兄分よりいささかこと悋気がましくせかせかいいえば、若衆の心いっとなく疏略になるなり。男色に徒《いたず》らの密夫のということなし。（これは其磧、自笑などの毎度いいしことなり。しかし西鶴時代には、徒らも密夫もありしことは、『大鑑』その他に見えたり。稲葉正休（堀田正俊を殺せし人）の父を、松永喜内という小姓が家老某と通じ、事露わるるをおそれて二人して弑せしこと、諸書に見え候。）若衆たる人、女に心を掛くることは沙汰の限りなり。これより外には、女のごとくあれにもこれにもと心多く念頃するものにあらず。兄分一人さえ窮屈なるに、何のよきことありて外の者とうしろ闇きことあるべきや。ここをよく弁うべし。また遊山参会などの人多き出会いのとき、わが若衆を他人にひけらかし、顔にびろびろと舞わしたまうべからず（まわすとはもてはやす義）。若衆大いに気の毒がるものなり。また、この道に心なき人もこれみよがしの振舞いにくき仕方と力み出でて貰いかけなどすることあれば、大いに災を招くことなり。よくよく慎み第一なり。

さて床入りの心得は、とかく荒気の振舞いあるべからず。ことに十四、五歳の少人はおいど痛むことをいやがるものなり。このときは、山椒の粉を少し唾気にて穴にさし込みたまうべし。しきりと痒み出づるなり。その時そろそろとあしらいて行なうべし。痒みに引かれてその痛さをこらえるものなり。さてまた若衆の心得あり。欲深く物欲しがりて、女にほれるとなりあうたびごとに何のかのと無心いう若衆は、悋気強き山の神よりはうるさく、三年の恋も寤《さ》むることとなり。よくよく慎み第一なり。また女を尻目に見て下女、腰元などを、人なき所と思い手をにぎり尻をつめるなどのこと、ちらりとみても念者のあいそ尽くるものなり。若衆たる人、前髪取らざるうちは女と一所におらず、女の手より物も取らぬというほどに嗜まざれば風情なし。さてまたずいぶん手まめに湯を使い洗いみがきをもっぱらとし、口中の掃除たびたびしげくあるべし。臭き物の類食うべからず。また外郎万金丹などの匂いはけやけきなり。ただ何の移りもなく息の臭からぬよう専一なり。久しく物いわず、書物などを見、手習いのあげくなど、むつかしくとも必ずうがいするがよし。口中に胃熱を含むゆえ、悪しき臭いするなり。髪は匂いを留むるをよしと心得たまうべし。身は少し伊達なるがよし。治郎若衆ははでなるほどがよかるべし。常に行儀を嗜み、立振舞い静かに、諸芸も少しは心がけ、酒は小盃に二つ三つまではよし、大酒は興のさむることとなれ。その外何にても花車《きゃしゃ》なることは心掛けたまうべし。荒男の所作、下様の者の振舞いかたく遠ざけ、夢にも知らぬがよし。

さて床入り前には雪隠に行き、穴につわをぬり内までよくぬらし、さて出でて手洗い、きる物をふるいて雪隠の移り香せぬようにし、口中をうがいし、懐中の海羅《かいら》丸を取り出しよくかみしたし、念者に見せぬように肛門にも兄分の一物にも塗るべし。さて床の内にて向かい合いて臥し、兄分の顔を把えて口を吸い、その後帯解きて後ろ向きになりたる時、右の丸薬を用うるなり。兄分の鼻息の荒くなりたる時、顔をねじ向けて口を吸わすれば、兄分気を早くやるものなり。さて、とくとしまわせて、片手に揉んだる紙をもち静かに兄分の一物を拭い、その紙をわが肛門にあて、しばらく噺《はなし》などして、その後静かに床を出でて帯をすべし。兄分の側にて前を合わすれば、すそのひらめきにて悪しき香などすれば、愛憎つきるものなり。さて、それより雪隠へ行くべし。兄分のしこみたる淫水を下すべし。無性を構えてそのままにおれば痔を煩うものなり。婬水滞りあれば、若衆のため毒となるなり。必ず必ず早々下すべし。雪隠は近き処へはゆくべからず。婬水を下す音びちびちとなることはなはだおびただしく聞こゆるものなれば、程遠き雪隠に行くべし。

海羅丸の方。ふのりをよく煮て絹漉しにし、杉原紙を引きさき、これにふのりをしたし、大豆ほどに丸じ、日によく干し、よく乾きたる時、印籠または紙入れなどに入れて懐中し、入用の時使い様右に述ぶるごとし。この薬男色ばかりに用うるにあらず、新開をわるにも便りあるなり。(以上)

百人一首の治郎の像の上に、「世の中は色こそはやれおいどする尻の穴でも気をばやるなれ」という歌あり。頭書にいわく、それ男色は血気盛んの法師の婬水の捨て所にて、高野大師の御作とかや。これとても非道のことかなと思うに、それを売り物とすることは非道の非道といきすじばりてそしるはまた非なり。美少人の色あるに品よき芸振り、声よく唱い三絃のねじめよく、どうも言われぬさっぱりとしたる坐振りとて、歌舞伎若衆をもて興ずるなり。さるほどに諸寺の什物を宿替えさせ、親の金箱底抜けとなり、女房を去り子供をうり、騒動日々やむことなし。この故に公儀より若衆前髪を剃り落とさせたまえば野郎とはなりぬ。氏種姓は知らねども、何之丞、何之助など付けて女の姿を写し、家内の者は太夫様とあがむ。たしか見知った子じゃ、近ごろまで長吉、市坊とて子守しありき、買い食いし、硫黄割り、松売り、味噌漉し手にもち、豆腐屋から白いこまかな物（豆腐のからなり）買いて帰りしは昨日きょうなるに、いつしか色子となりて、わざとならぬ勿体《もったい》、生まれ立ちから土ふまず、銭の数知らず、斗り炭たばね木半帖の塵紙そんな物がなんぼするやら、気《け》もない知らぬと言わぬばかりの顔付きでおらるるなり。役者ともならず、色売る一種を陰子陰間といい、旅市田舎の開帖場など出張するを飛子というなり。そもそも野郎の勤めかなしさやる方なし。くいたい物をも存分には得食わず。たまたま打ちとけしてやっても、腹が瀉《くだ》ろうかと気が気でなし。床入してはようもないによい顔し、鼻持ちならぬ口にも吸わせ、なまじい煩悩して客の鼻息荒きとき、それに催され、わが前に帆柱立つるもうるさし。痩せ地道具さえかなしきに、きょうこつな一物に出合いては酣した泪がこぼるる。それのみならず、石垣が崩れて井戸側普請止むときなく、葱をゆでておいどへあつればよいとて蒸し立つること、饅頭屋の甑よりもすさまじ。それにても叶わねば外科殿に結縁にて開帳するもうるさし。

むかし薩摩に伝えし『弘法大師一巻之書』という写本と、故末吉安恭氏よりもらいし琉球の浄愛の歌の序文を、前年写して三田村鳶魚氏におくれり。只今置き処分からず。そのうち見出でたら写し差し上ぐべく候。

早々敬具

（78～82頁）

南方熊楠再拝

昭和六年九月二十八日早朝四時認

岩田準一様

拝啓。昨朝差し上げたる状に申しのこせし件を少々申し上げ候。

延宝八年自悦撰『洛陽集』に、顔みせや十有五にして楽屋入り（千之）、顔見世や初《うい》冠《かうぶり》してかげまども（秋風）とある由、『嬉遊笑覧』九に見え候。この『洛陽集』は小生蔵中にありやなしな只今覚えず。とにかく『嬉遊笑覧』によってこの句あることは存知おり候。しかして先状申し上げしごとく、延宝六年松意編『幕尽し』三に、影ま野郎が移りゆく影（雅計）とあるは、（小生知るところ）影間野郎という名が俳句に見えたる一例に御座候。

影間野郎とは、もと薩摩に野郎組というものあり、ことのほか荒々しき者どもにて、もっぱら男色を行ないしが、影間野郎ごとき優柔なものならず、ややもすれば争闘を事としたるらしく候。延宝三年に成りし『談林十百韻』に、一座をもれて伽羅の香ぞする（松臼）、酒盛はともあれ野郎の袖枕（一朝）、思い乱るるその薩摩ぶし（雪柴）。これは薩摩野郎を吟じたるらしく候。大坂役起こりし前年、薩摩の野郎組が城士どもと大争闘をなせしこと、『明良洪範』等に出でたり。

この影間野郎という名を約《つづ》めて影間という名ができしと小生は思うなり。故に、失敬ながら貴下只今御存知の影間という名詞もっとも早き例は、『洛陽集』の秋風の句で、『幕尽し』に出でたる雅計の句は影間という名詞のもっとも早い例とはならず、影間野郎という名の出でたる一例（もっとも早いか否かは小生知らず）というべし。

かつて小生関係ある（三十五、六年来今に）ロンドンの『随筆問答雑誌』へ、フッカー男（英国でもっとも家柄の植物学者）が、イサベラ色という名詞は何年ごろより見えるかとの問を出し候。

スペインの王が久しく城を囲まれ難戦せしことあり。そのとき王后の内衣がことのほかよごれ古びたるを見て、臣下等新しき品に召しかえよとすすめたるも、后は承諾せず。われはこの囲みを破り解くまでこの内衣を更《か》えじと誓いし。これを聞きて将士一同奮戦し、とうとう敵を追い払い、城の囲みは解けたるにより、后も内衣をきかえたりという。その后の名がイサベラなりしより、植物学等の用語として、古きシャーツの色（日本で申さばかなけ多き水に浸し乾かせし手拭等の色のごとく鼠色にきたなく黄赤き傾きあるを申す）をイサベラ色またイサベリンと申し候。イサベリンはイサベラの（色）という義で、イサベラ色（イサベラ・カラー）とイサベリン（イサベラ之《の》《的》（色））と何の意義は異ならざれども、イサベラ・カラーといえば（仮名で書いても）七字になり、イサベリンは五字になり、長短がちがい候。すなわち別語同義なり。

それを穿鑿して、イサベラ色《カラー》という名詞は千八百何十何年に始めて見えると、その書名を注して出せし者あり。しかるにフッカー男は、懐剣で（すなわちかねてそんな答をまち受けてやりこめてやる趣向で）、さっそくそれよりも早く出た一例があるとて、よほど希覯の書よりその一例を引き出し公示せり。しかるところ、右の答を出せし男またなかなかの剛の者で、「そんなことは知りおれり。しかし、それはイサベリン（イサベラ的《の》（色《略す》））という詞の初見の例で、フッカー男自身の問はイサベリンという詞の初例にあらずして、イサベラ色《カラー》という詞の初見の例を問うたでないか、そもそも問を出す者が、自分が何を問うたかを覚えぬとは不審極まるとやり返したので、フッカー男はまけとなり候。それと等しく（イサベラ色《カラー》がおいおい約《つづ》められてイサベリンとなりしごとく）、影間野郎と影間とは、同意義の語ながら、経歴よりして議するときは、別詞としてその初見の例をしらべざるべからずと存じ候。

しかして延宝八年の『洛陽集』、「顔見世や初からうぶりして影間ども」が決して影間という詞の初見の例にあらざるは、延宝七年成りし『西鶴五百韻』に、

自然の時君に仕へる志　西友
事かきになら采女なりとも　西花
三津寺の影間の子ではまだもあれ　西六

（これも影間という詞ではなく、影間の子という詞なりといわば、なるほど影間とは別の詞に候。しかし（の）なる助詞あるゆえ、ここは鱝魚（えいのうお）というごとく、影間（なるといえる）子という意味にとらば、影間は一つの詞、子はまた別に一つの詞となる。）

とあるが一年古く候。この影間の子が約《つづ》められて影子となりしことと存じ候。その影子なる詞は、寛永十年に成りし『犬子集』五に、色葉を題として読人不知で、「かげ子ども色葉ちりぬる寺の庭」という句あり。

式とか格とかいうことを喋々せし時代には、むやみにモダーンな詞を遣わず、少人、若衆、喝食くらいをもっぱら用うるが常例なりしゆえ、影間野郎、影間の子という語が発生して世に行なわれおりし時にも、俳句には少人、若衆等で通り、さて影間野郎が影間と略され、影間の子が影子と約された後に及んでも、ようやくたまたま丁寧に影間野郎、影間の子と、影子、影間と並び用いられたことと察し候。これは女給、女優と約め呼ばるる今

日でも、なだらかに物を言わんとて給仕女《きゅうじおんな》、女俳優《おんなはいゆう》という場合もあるごとく、俳句には字の数をなるべく十七より不足せしめざる用意より、短い詞を長くいいのばす必要あるより、長短完略共に自在に用いしことと存じ候。

また延宝八年、和気遠舟の『太夫桜』に、

わくらはに飛子上りの太夫桜　　西六

飛子なる詞の早く見えたる一例なり。この西六という人、前出延宝七年の句に、影間の子では云々と吟ぜし人なり。この人はこんなことを遠慮なく吟じて快く思うた人らしく候。すべてかかる詞の書いたものに残るは、これを吟ぜし人の性質にもよることにて、誰なりしか、有名な弁護士で四十年ほどの昔、法廷で法官が「言語を吐くには意味なしということがあるものか」といいし即座に、「しからばノッペラボーノキンライライなる言語の意味は如何《いかん》」とやり返し、法官大いに返事につまりしことあり。この語はそれよりもずっと早く、小児どもが用いし語なるも、まじめな書き物（官報にありしと記臆す）に出でしはこれが初めなるべし。そのごとくかげ子なる語が寛永十年すでにありしより察するに、かげま野郎、かげまの子、かげま等の語は、一層古く世に出でおりしことと察せられ候。

桜子◆12のこと。磯辺寺の住僧を頼む由、「これに渡り候幼き人は、云々、仰せ候ほどに、師弟の契約をなし申して候」とあるにて、桜子は男児と知れ候。女子ならばむやみに僧の弟子とするはずなし。いわんやそれを伴うて桜川へ花見に出づべきか。支那にも後趙の石虎が優僮鄭桜桃を愛し、その譖を聞いて二度まで妻を殺せしことあり（『晋書』に出づ。）その鄭桜桃を女子なりという人あり。はなはだしきは竜陽君も女子なり、男子にあらずという。しかるときは世に姣童というものはなくなる。あるいは薩摩人等の説に、かの平田三五郎は女子なるを吉田大蔵が男装して軍場へ同行せしなりと、鹿つべらしくいいおりたり。かかる異説は何たる所拠なきものに御座候。

小生は、日本書の解題書としては尾崎雅嘉の『群書一覧』の外に一部も持たず。よって伺い上ぐるは、『曾呂利物語』（帝国文庫の『落語全集』にあり）は何年ごろ初めて出板され、大抵いつごろ、誰の著わせしものということに候や。何かの解題書にて御見当りあらば、御知らせ願い上げ奉り候。『曾呂利物語』、その他これに似たる書どもに、美少年が自分をワラワと称すること多し。中には妾《わらわ》と妾の字さえあてたるもあり。『醒睡笑』等には、美少年自分をばアコと称えあり。童を妾と同じくワラワと呼ぶ点より申さば、美少年みずからを（妾ならで）童《わらわ》と称えたこともあるべきも、どうもアコというたが本統らしく候。徳川氏時代より古きものに、美少年がみずからワラワと称せしこと御所見ありや、伺い上げ奉り候。

小生、明治十九年十二月、米国へ出立前、湯島の魚十で送別会をされし。二十七、八名打ちより写真をとりしが、今となりては四十五、六年前のものゆえ、複写もならぬほどぼんやりしたるままのこりあり。それに魚十前の柳が一本さびしくうつりあり。たぶん前日の御状に見えたる昔のかげまが植えたるものなるべし。

馬琴の『美少年録』の初めに、北条義時が急死は男色の嫉妬より起こるということあり。このことなにかたしかなる出処ありや、御教示をまつ。白石先生の『読史余論』二に、深見三郎といえる近侍が所願（父の罪をゆるし、また弟をも召し仕われんと）を聞き届けられざるを憤って刺し殺せし旨見ゆれど、男色の嫉妬とは少しも見えず。馬琴のこじ付けらしく思われ候。

まずは右申し上げ候。　早々敬具

（82～87頁）

昭和六年九月三十日朝十時前

岩田準一様

南方熊楠

拝復。二十九日出御状◆[13]、今朝七時四十五分拝受。「醍醐男色絵巻」は、小生、明治十八、九年ごろ上野帝室博物館で見しとき蜂須賀侯家蔵と札立ちありし外に、そのころ神田御成道（今はなんというか知らず）に鬼頭《きとう》（名は悌次郎といいしと記憶す）氏なる古銭を扱う店あり、そこに日本高名絵巻物番付を出しありし（明治十七年ごろの板）。それにもこの絵巻物が大分よき地位を占めおり、蜂須賀侯家蔵と記しありし。醍醐寺は当地に縁深く、当地第一の大刹高山寺《こうざんじ》が醍醐派にて、拙妻の妹聟の兄が例の熊野別当家の嫡流にて（本宮、新宮、岩田、富田、田辺と五家に別れたるが、富田（氏を中岩と申す。『続群書類従』に「中岩系図」あり）と田辺（氏を安部と申す。当主を湛英という）の二家のみ残る。湛英方は今も儼然たるも（醍醐寺の末寺として中僧都たり）、中岩は衰微はなはだしく小学教師か何かなりしが、その人も近年死に失せたらしく候）、熊野別当家は田辺にのみ旧跡が保存されており候。（家宝も鎌倉または足利時代のものにて、旧文書ははなはだ多し。小生整理を頼まれあるも暇なくて今日に至れり。）三十年ばかり前の醍醐寺管長は長有匡師、小生と多少知縁ありし。ロンドン大学総長フレデリック・ジキンス叙爵のとき、小生知人および子姪の和歌を集め祝いおくりし。その時筆頭に長僧正が詠みくれ候。そんな縁ありて、この絵巻のこともかの寺の人々に聞き合わせしに、一向見たことも（またおそらく聞いたことも）なきような返事なりし。

時世により顔貌の好みも多くかわるゆえに、この絵巻の児童の顔が小生等に向かずとて、必ずしも絵巻の児童を醜なりということはならず候。有名なるアリストギトンとハルモジウス（男色のことより時の虐主を殺し、二人ともまた殺されたるなり）、そのチゴの方のハルモジウスの愛娼（獅子という名なり）を拷問されしも、一向連累者の名をいわずに、せめ殺されたり。二人自由の開祖として像を建てるに及び、この娼を標示するとて舌を切り失われたる（無言でおし通せし）牝獅の像を建てたりと申す。この二人の像を小生見しに、チゴよりも念者アリストギトンの方はるかにましな顔なり。チゴの方の顔は鬼のようなものなりし（忿怒の相）。決してそれほどの美青年とは思われず。これも時世により顔相の好悪の標準がちがうなり。

前出状に引きし『風流源氏物語』五、莚直しは、（女房のある上に、手かけ、足かけ、莚直し、腰元、茶の間、中居など、云々、とあるから）貴下のいわるるござ敷きと同じことかと存じ候。すなわち介抱人に妾をかねたくらいのものらしく候。当国には、小生、ござ敷き、ござ直し等は聞きしことなし。

「後庭花」は六朝の陳の後主が張麗華を寵愛して国を失うまで盤遊せしとき作りて歌わせし曲なり。商女は知らず亡国の恨み、江を隔ててなお聞〔ママ〕く後庭花、という名高き詩あり。それをただ後庭が尻のことに用いらるるに及び、男色のことをも後庭花と後代（支那）の小説などにかきたるに候。

『弘法大師一巻之書』は、飯島花月氏が『彗星』に引きたる『衆道秘伝』というものとほとんど同書と存じ候。こんな物は大抵十の八まで相似たものに御座候。実際のことにさしたる関係あるにあらず。ほんの戯作に候。

金城〔朝永〕という人は、人の書いたことをいろいろとかき集め、自分の見識とてはいっかななき人のように候。また藤沢衛彦というも似た人物にて、よく人の書いたものを盗み、自分が読んだようにとりなし候。かつて小生ジャワの常無垢の女王が他の国の王に望まれたことをかきしに（『続南方随筆』二六二頁〔「『郷土研究』一至三号を読む」所収、鶏鳴のために鬼神が工事を中止した譚〕に出づ）、その女王の名をジャワ語でかかず無月信女王と漢訳して出せり（無月信は月水かってなかりしの義）。しかるに藤沢これを盗み、自分の『ききおき（聞置き）草』とかいうものにあり、と無実の書名を出し、小生が書いたものより引くとかかず、その『ききおき草』とかも『七六八草』とかいう風に怪しき謎《なぞ》的の数字でかきありし。このことの出でたる『印度群島および東亜細亜雑誌』は揃うた売本今日かってなく、極めたる希覯の雑誌なり。（発行の当時はやらざりしものゆえ、多くはつぶして手ふき紙などにしてしまいしなり。）小生大英博物館にありし日、逐号必要な部分を写せり。大英博物館にても、重価を賭して全部そろいしものを求めたれども、とうとう買い得ざりし。小生の書きしものを見て、京都辺の蔵書家が重費を賭してシンガポール辺で求めしに、わずか二号だけはほんが手に入りし由。そんなものをいかにして藤沢などがよみ得べきや。また小生このことを『郷土研究』第一巻に出せしは読んだ人も多きゆえ、藤沢は『郷土研究』の拙文よりとりしということは知った人多し。しかるに、なおかようなことをしてまでも、人の書いたものを自分の発見のごとくいいたきは、実にその人みずから良心に恥ずべきことと思う。

『男色大鑑』の御物はゴモノ（御を音、物を訓でよむゆえ不都合なり）、ゴブツ（ゴを呉音、ブツを漢音でよむゆえ、これもそろわず）とよまず、本書のふりがな通りゴモツとよむが正しと存じ候。『古今著聞集』興言利口第二十五部◆[14]に、坊門院に年ごろ召し使う蒔絵師に急度《きと》参れと仰せられたりければ、あさましき大仮名にて、ただいまこもちをまきかけて候えばまきはて候いて参り候べし。これをよみ解しあてずして、いかにかようなる狼藉の詞をば申すぞ、と叱りやらる。蒔絵師あわてて参る。なぜにかような返事を申し上げたるかと責めらるるに、すべて申し過ごしたること候わず、只今御物《ごもち》をまきかけて候えば、蒔き果て候いて参り候べしと書きて候え、と申しければ、実《げ》にもさにてありけり、仮名はよみなしということ、まことにおかしきことなり、とあり。

同書宿執第二十三に、知足院殿に小物御前と申す御寵物ありけり、云々。御物は御寵物の略ならん。それを御蔵物（御蔵品）の略なる御物と混一して、寵愛の妾や童をも御物といいしことと察し候。

マクとは交会をミトノマグワイスと訓ませ、御送寄の『児草紙』にも児を犯すをマクとかけるところしばしば見ゆ。二十一年前十津川にゆきしに、同地方ではそのときまでも女を犯すをマクと申し候。「あの人つびをまかせという（かの人われにわが陰を犯さんと望む）」などいいし。

「只今御物を蒔き（漆で描き）かけて候えば、蒔き果て候いて参り候べし」と書いたつもりのを、「只今子持ち（孕婦）を犯《ま》きかけて候えば……」とよみそこねたるにて候。その鎌倉時代にはゴモチと訓みしを、西鶴時代にはゴモッとよみしに候。今は御物《ぎょもつ》とよむが習慣となれるらしく候。（ギョは漢音、モッは呉音ながら、これを式正とするなり。）正倉院御物などと申し候。（決してゴブッとは訓まず。またゴモノともいわず。どど一に主《ぬし》の御物《おもの》が有難いなどあって、陽物を御物ということはある。）

本日は県議投票日にて、小生も友人のために一票入れに参るゆえ、これだけで擱筆致し候。前状申し上げたる胆礬を棒薬とすること、また前よりする法等、手近いところでは『女大楽宝開《おんなたいらくたからがい》』にもあり。（貝原先生を開茎《かいまら》先生とし、その述とせり。）この書は貴下御覧になったことと存じ候。ならずばそのところ、また写して差し上ぐべく候。

敬具

（87〜90頁）

昭和六年十月五日朝六時

岩田準一様

南方熊楠

拝啓。三十日と一日出の御状二通、◆15 三日の朝八時拝受仕り候。御下問の難読の文字は「食いたい物をも存分には得食わずたまたま打ち解けしてやっても」に御座候。また『嬉遊笑覧』九に見えたる、白河院は東大寺別当敏覚が児童を召寵したまい、また鳥羽院は宰相中将信道を愛したまう、云々、は、小生は『古事談』、『続古事談』、『古今著聞集』、『十訓抄』、それから楽家の書抄くらいのことに出でおることと存じ候。別段特に調べもなさずに今日に至れり。御来書に右等の書どもを一昨夜より昨朝まで取り調べしが、一向見当たらず候。あるいは『源平盛衰記』あたりのどこかに出でありしことかとも存じ候。果たして然らば各条を隅から隅までしらべ上げざるべからず。これはちょっと時間のかかることにて、只今はなし得ず候。小生は自蔵の書どもへは読み下してなにか必要と思うことのあるごとに、この通りの悪筆もて遠慮なく頭書き見出しを筆しおき候。故に大抵のことはちょっと見ればわかるが、右等の書どもを通覧せしも見当たらず候。小生若きときはことのほか記臆宜しく、一度見たことは忘れざりしも、妻を娶り家を持ちてより大いに記臆劣《おと》ろえ、ことに近年悴が重病となりてよりことのほか記臆は退散致し候。

『玉川心淵集』◆16 は西鶴の出たらめと存じ候。三田村氏か誰かの説に、西鶴よりずっと後の寛政・文政ごろの人々の著書の奥付にいろいろと珍しき著書の予告あり。実はこんな本を作ろうと企てておるくらいのことで、実際そんな書どもが完成されたるにあらず。中には手を付けたこともなきに、作者の名聞のために人を驚かし、著述の多きに誇らんとて、かようの物を出だしたるものの由。故にそんなものを拠《よりどこ》ろとして誰某には何々の著書ありと書き立てた物ありとても、それらの書をことごとく揃えて覧んとするは大いに愚挙なる由いわれたることとあり。ずいぶんそんなことは只今も多きことと存じ候。また『玉川心淵集』のことが『大鑑』に出でおるに付け込んで、後年誰かが書肆とはかり、西鶴その他に托してそんなものを作らぬとも限られず。怪しき限りに御座候。西鶴もずいぶん出たらめをいうた人で、『大鑑』の初めに大門の中将と業平と契りしとかいうことあり。大門はすなわち文殊尻のことを言いしにて、決してそんな人がむかし実在せしにも、また小説物語に出でありしにもあらず。しかるに、西鶴より習うたと明記せずしてこれを剽窃した書物も若干あるゆえ、明和五年飯袋子作『麓の色』巻五にも、また業平、伊勢が弟大門少将といえると好情ありと（ある書に）いえり、しかれどもその虚実安定ならず、とあり。そのつづきに書きたる、弁慶が牛若、妙法院門跡また瓜生義鑑房が昭谷義治、後醍醐帝が日野阿新丸を愛せしなど、いずれもあて推量で、西鶴前の誰かが言い出したりと存じ候。（小生所蔵ながら久しく見ざる、何とかいうまことしやかに書いたる軍物語に、後醍醐天皇が奥州の二階堂氏の祖を愛せしことあるも、早くそんなことを作り出だしたると存じ候。）

小生、一昨日この状を書き始めしが、足ことのほか悪く、疼み忍ぶべからず。よって中止、今朝右だけを書き候。今も痛み多少あり、またいつどうかわるか知れねど、いっそこのついでに前日申し上げし『弘法大師一巻之書』◆17だけ左に写し上げ候。もっとも小生は中途で医師方へ往くかも知れず。然る上はいよいよ医師方へゆく時まで書き得ただけを途中で投函し、残余は疼み快方の上、またまた送り上ぐべく候。

『弘法大師一巻之書』、明治十九年冬（小生渡米の少し前）、薩摩人滝聞《たきぎき》武二氏より古写本を借り写す。この人は明治三十年ごろ大阪市で警部たりしを新聞紙で当時見しことあり。現在や否分からず。

序、唯為人之此学弘法之道猶有工衆人皆山度時間之則為弘法先生之道唯人不可空此道自過生故古之君子者求而者私当衆人不可此道従者印候、此序以教衆士因而記〔読み下し文に改めることがむつかしいので、原文のままとする〕

薩藩鹿府隠士　満尾貞友

そもそも衆道というは、その古え弘法大師、文周（殊なり）に契をこめしより初まりしぞかし。衆生というは、双方より思い初めて親しみ深く、兄弟の約をなせしこと他の書にも見えたり。そのむかし弘法大師の初め給うことなれば、古今共に異朝は言うに及ばずわが朝守（ママ）流行ないしことぞかし。弘法大師一首の歌にいわく、恋といふその源を尋ぬればばりくそ穴の二つなるべし。衆道根本を深く尋ぬるに、三穴楽極たり。たまたま人と生まれ来て衆道の極意を知らざるはまことに口惜しきことかな。われ数年心掛くるといえども、その道を明らめず。ここに薩陽鹿児府の満尾貞友という人あり、大乗院大師堂に一七日参籠して祈り誓いていわく、それ弘法大師は日本衆道の極意を極めたまえりと、一日に三度水にかかり不浄を清め祈りしに、七日に当たる夜、弘法大師若僧の形に現われたまい、汝よくも心掛くるものかな、たまたま人間と生まれて衆道の極意を知らぬはまこと口惜しきことかな、この世に人間の生を受けしかいもなし、山野に住みし猿さえも恋の心は知るぞかし、汝ここに参籠せしこと感ずるに余りあり、汝に一巻の書を授くれば以後他見するなかれ、と言いてかきけすごとくに失せ給う。この書知友のほか他見すまじきものなり。

　児様御手取り様のこと。一、児の人指より小指まで四つ取るは、数ならねどもそなたのことのみ明け暮れ案じくらすという心なり。一、その時児二歳の大指を一つ残してみな取るは、数ならぬ私へ御執心辱く存じ奉り御志のほど承らんという心なり。一、児の人指、中指二つとるは、御咄申し上げたしという心なり。一、その時児扇の上に妻（この字不詳）を返し申すは、御咄承らんという心なり。一、児二才の人指を取るは今晩、中指を取れば明晩、弁指《（ママ）》取るは重ねて叶え申すべしという心なり。一、その時児二才の中指、弁指《（ママ）》二つ取るは、人目を忍び、御咄幾度も叶え申すべしという心なり。一、児の弁指《（ママ）》、小指取るは、御咄申し上げたきことあれどもあまりに人目多きゆえ明晩も参るべしという心なり。一、支《ささ》わりあるときは二才の弁指《（ママ）》をとるなり。一、児の人指、小指二つ取るは明日の晩も参るべしという心なり。一、児二才の袂をひくは、必ず御咄に御出でなされという心なり。

児様見様のこと。一、児の物言いたる跡に心を留めて見るべし。物いうこと静かなる児は情ある者なり。かようの児には、いかにも真実なりをみせて、少しのことに恥じ入る振りをして尋常に膝によりかかり、そのまま気をとり、児の知るように衣裳を剝ぐべき実なり。「白雲のかかれる峰の岩清水終《つひ》には下に落ちにけるかな」。この歌のごとく白雲の掛かれるほど高き山の峰の清水も終には滝となって下に落つるなり。極意に取りてはいかに情なき児なりとも、こなたより仕掛くれば奉《(ママ)》るものなり。一、大体情なき児あり。かようの児にはうけつにこなたより仕掛け、閂など探り懐に手を入れ、次第に尻の辺に手をやり、その後衣裳をはぎ受け御（無?）詞にてするなり。「直なれる杉の梢をながむれば風ふくたびになびきこそする」。この歌の心のごとく心直なる杉なれども風強く吹けば杉靡くという心なり。一、心安き児にはこなたよりも心安く言い、柔らかにして心静かにして突くなり。「静かなる磯辺の月を眺むればわが心さへ静かなりけり」。一、武辺立てをする児なれば、こなたより児の武辺をほめ、ややもすれば武辺咄をし自然と掛け合うべし。「ふるとみば積もらん《(ママ)》先に打ち払へ風ある松に雪折れはなし」。この歌のごとく雪松に積もれども少し積りたる時打ち払えば積もらぬなり。荒き児には、こなたよりなお荒くすること第一なり。一、小鳥ずきの児ならば、われ好まずとも気にあうごとく小鳥咄を致すべく、学文好きの児には学文咄をしてのちするべきものなり、一、情深き児にはいかにも静かにして面白し。一、児の顔即座に見難き者は、その時自然に至鼻の毛をぬきすかして見るなり。

尻突き様のこと。一、揚げ雲雀という仕様あり。これは雲雀のくわげん（管絃?）をいうて、空に揚がるごとく自然と入るる痛まぬ仕様なり。一、尻をするにつづ（唾）なき時は梅を思い出だし、切梅は常に用意持つべし。一、きゃたつ（脚踏とかく。『骨董集』にありしと記憶す）返しという仕様あり。これは児の二足をわが肩の上に引っかけ前よりつくなり。一、逆落という仕様あり。これは亀の尾よりそろそろと落とし入るること第一なり。一、夏ほりという仕様あり。これは堀川に尻をつけてひらひらとする体なり。小児の尻にても痛まぬ仕様なり。一、から込みという仕様あり。これはつづ（唾）を少ししめし、自然と入るるなり。大いに痛むなり（西川流の男色絵に、からこみにする画あり）。一、新はれ《ママ》仕出破穴という仕様あり。これは大なる閂をもち、つづを少しもしめさずふっすとぶっ込むなり。大いに痛むなり。

日本衆道の開山弘法大師より伝受致し、弓矢夢にも他見出外あるまじきものなり。仍《よ》って件《くだん》のごとし。

薩藩鹿府隠士　満尾貞友

一、児の口細きが宜しく候。口広きはことのほか大尻にて御座候こと伝あり。
一、色の少し赤きが宜しく、血なき尻は糞出で申し候。
一、顔のなりふりにて尻は目前にて見、顔を一目見候えばすなわちその処しれ申し候。
右三ヵ条を恐れ憚らず書き置き申し候。謹言敬白

満尾貞友弟　吉寺兼倆

慶長三年三月吉日

高野山服忌令。一、若衆忌十日、服五十日、一、念老忌二十日、服九十日、念老存生中他人へ靡かずして死去の節は服忌を請うべく、存生のうち余人へ靡き候えば服忌を請うるに及ばず。一、痛死忌五十日、服十三ヵ月。ただし閏月を除き、たとえば今年三月より来年三月まで若衆前方より念者あり、舶来《（ママ）》候えば半減服忌を請うべし。一、破穴、服五十日。一、一夜の情、服三十日、ただし尻のすと（盗人）殺するは一日の返《（ママ）》なり。尻という徒《いたず》者《らもの》が世に出でて多くの人をたぶらかすなり。

右一巻は、十五歳以下の御覧御無用なる書物なり。

衆道教訓。貴殿、児の取付様仕様を見るに、はなはだもって粗忽にして、ややもすれば道具を出し、またかの咄を仕かけ、力に任せて勇気を好み（候?）。これ血気の恋にして、喧嘩口論を恐れず、大師の好みたまわざるところなり。事に臨んで恐れ、謀を好んでこそ、満尾貞友伝授せられしところぞかし。この以後□と□が教導するを守らるべく、左あるにおいては尻の果報人となるべきものなり。一、取付様仕様は、弘法大師より貞友授けたまいし一巻の書あれば委細ここに記せずといえども、初心貴殿かの書の奥意を知らず、文に泥《なず》まんことを恐れ、外に三条の両法、駅門当悟を授くるなり。終行積功の上、秘事入穴極意の味感も伝うべきものなり。

三条の両法。春。東よりくる春見えて、足引の山々のどかに霞み立つ柳に梅の匂い、なくうぐいすの面白き、これを児に譬えて言わばいかにも静かなる実儀の児なり。これを取り付くること、いとむつかしく、こなたよりもやはり春の心にて四方山の木の芽も春雨にいつ濡《うるお》うこともしらぬ様に取り付くべし。もし夕立などの様に荒くかかるは、必ず傘の様なる用心あるべし、春の様なる児は春雨の様に掛かるべし。夏。施方（ママ）やさても暑さやしばしとて、涼む蔭さえ夏草の凋れ果つる様なる児は、こなたがただ急にかかるべし。何の防ぎもなきに抱き倒し直に直に夕立の心なり。秋。名にしおう秋も半ばを過ぎにけり、四方の山のはのもみじ葉の様なる涼しさしみじみとしたる児は心定まらざるものなり。掛かりて落つると気（マいそれで至マ）日に幾度も村時雨の降りたる様にかかるべし。（冬を脱せり）

駅門当悟。一、これは取り付きてのち尻に閅の当たる心地にて、大穴、小穴、糞毒穴を知るなり。大小はそろそろと入れれば痛み振りにて知るべし。小尻にて瓶の口に橙のごとくならば入るべからず。中穴はそろそろと入るべし。[作]（ママ）穴にぬくることなかれ。出糞に驚くことなかれ。児をなかすることとなかれ。鼻息を高くすることとなかれ。糞毒に中《あた》ることなかれ。亀の尾の辺竜（ママ）ありて股の方冷えたるは毒穴なり、突くことなかれ、唄うことなかれ。これを背かばたちまちうんころの用立あるか慎んで悟るべし。

九月七日　衆道　九郎勝殿　銘々の従弟殿の従弟殿の錫（ママ）の従弟殿

追って本文の趣き他見を免《ゆる》さず、万一相背く者においては、弘法大師文殊尻菩薩、別して二本松馬場金玉大明神閅罰尻罰、これを罷り蒙るべきものなり。仍って件のごとし。

弘法大師奥の手の心得のこと。一、そもそも尻の仕様、児の見様取付様のことは、わが先師満尾貞友の霊夢を蒙り大師より授かりたまう一巻の書あれば、ここに委しく記すに及ばず。ただ手の心得書き付くるのみ。今は貞友を贈り名とて駁法大仕という。一、尻をするに蒜の匂いあるは糞毒と知るべし。さようなときは仕舞いたる跡にて金玉を小便にて洗うべし。一、車海老《えび》と春菊《しゅんぎく》を煮たる香するは閇のために薬となりて上穴なり、幾日も洗うべからず。一、栗の花の匂いするは驚くべからず、精水の匂いなり。一、仙香穴（細き穴?）は通和散を用うべし。一、大穴の屋形の馬場に棹をふる様にあらば、から込みたるべし。一、出糞尻と兼ねて知りたらば、いかにも静かに腰を遣い、急に押し込むべからず。一、毛尻をするにはふのりを用うべし。毛柔らかになりて毛ずりの首尾の世話なし。一、糞出でて閇親雲《ばいきん》上下城の舌（節《せつ》?）は紙にてよく拭い、その跡を焼酎にて洗うべし。ただし、親雲上下城というは頭に黄冠を戴くゆえなり（琉球の官位の名なり）。一、破穴をしたる時はそてつの葉の黒焼を付くべし。一、つづ（唾）なき時は梅干を思うべし。また常に懐中して置くべし。一、塩魚を食うたるときにうがいせずしてつづを付くることなかれ。尻にしみて痛むなり。一、九尻十二味ということあるとも、これは空説なり。実は十一尻十三味なり。然りといえども大閇は十一には無理なり。ただし尻の穴は格別。

右は御望みに任せて当座の愚老（存?）書き付くるものなり。極意の秘伝は不免のまま行積功の上免《ゆる》し授くべく仍って件のごとし。弘門の弟子空言八百年偽笑先生、豚十三月四十八日猫の剋。

衆道六年に児掛かり。兵士衆、俗に逃ぐる兵士を糞垂れと言う。これは衆道未練（本文には木燃とあり）の二才糞出の節たんな（ふんどしのこと）に糞の外れたるまま引き出して逃げたるにより名づけしなり。かようなことをよくよく心掛くるべし。末代に汚名を残すことなかれ。客あり、聞いていわく、衆道に損徳あらんや。答えていわく、三徳三損あり。いわく、願わくはこれを聞かん。いわく、それ三徳は鼻紙入にあり、三損は弥陀にもあり。三足は灯台あり、灯台の本暗くしてわが身の小を知らず。世俗の衆道を呼び損徳を語らんこと、鼻紙入、弥陀、灯台合わせて三々が九足くさきことなし。言わではいかで山鳥の尾の長月の長物語、聞き済まして聞きたまえ、と。鬱気を開きて心を慰む、これ一徳なり。いかなる愚者も人情を知る、これ二徳なり。三月のころとよ、春に詠《なが》めのさびしきに忍ぶにつたう軒の玉水の音もかすかにくるる日、徒然の折の楽しみには、これにますこともよあらじ。また三損というは、尻臭き手にて仏前に参りて拝をなさば弥陀三尊の罰を蒙り、後世尻地獄に落ち、屭放（攻め?）にあうときく、これ二つ。無情無靡の児を無理に□せば喧嘩事口論となりて公の御咎目を蒙り、□かくや浮目を見ちのくの忍ぶ恋さえでき兼ねて鬱気類（ママ）（頻?）怒の病を生ず、これ三なり。客これを聞きて、尻を叩きて笑いていわく、幸右衛門が焼酎辛くばもって糞毒を洗え、隆盛院の水冷たくばもって潰して閇の熱をさませ。終に去りてまた共に言わず。弘法大師一巻之書終。于時《ときに》薬尻三歳午大閇十三月三十二日。薩隅鹿府隠士、大閇尻之進。薩隅鹿府衆道山人大先生書写。

幸いに写し了り候。時に昭和六年十月五日午前十時四十分なり。　以上
（90〜97頁）

《語注》

◆1　**十九日朝出御状**——この岩田書簡は失われており、内容は南方熊楠の文章から推測するほかはない。

◆2　**頼宣卿**——徳川頼宣（とくがわよりのぶ　一六〇二—一六七一）のこと。紀伊徳川家の祖。家康の第十子。武勇・知略にすぐれ、詩歌・風流も好んだと伝えられる。

◆3　**牧野兵庫**（まきのひょうご）——名は長虎。紀州藩主徳川頼宣の執政。近侍として仕え寵幸を受け大禄を食むに至る（『和歌山県史』は六千石、『南方随筆』は一万五千石と伝える）。のち大科につき（その内容については異説あり）慶安四年（一六五一）新宮に預けられ、翌承応元年田辺へ移され、十一月十日病死。墓は田辺法輪寺にある。

◆4　**今村鞆**（いまむらともえ　一八七〇—没年未詳）——朝鮮総督府専売局に勤め、同地の風俗や植物に精通していた。『朝鮮風俗史』（一九一四）、『人参史』（七巻、一九三四—四〇）によって知ら

れる。

◆5 **白井博士**――白井光太郎（しらいみつたろう　一八六三―一九三二）。東大農学部教授。日本の植物病理学の開祖だが、本草学の大家でもあった。『植物渡来考』は渡来植物の目録と考証で、昭和四年岡書院刊。他に『日本博物学年表』『植物妖異考』『本草学論攷』などの著書がある。

◆6 **『訓蒙図彙』**（きんもうずい）――中村惕斎著。序目二巻、本文二十巻、十四冊。寛文六年（一六六六）刊。一種の図入り啓蒙百科事典で、掲載品目一四八二のうち六八六が動植物で、各図に和漢名のほか短い注解を付す。翌々年第二版が刊行され、その後『（増補頭書）訓蒙図彙』『（増補頭書）訓蒙図彙大成』が刊行され、大いに流布し、少年熊楠の教科書ともなったわけである。

◆7 **『醍醐男色絵』**（だいごなんしょくえ）――一巻。元亨元年（一三二一）、伝鳥羽僧正覚融筆。その詞書は『稚児之草子』と呼ばれる。函の表に稚児之草子と記し、明治二十五年表幀を修覆する由記せるためであろう。尾崎久弥著『江戸軟派襍攷』（大正十年四月六日春陽堂刊）第一章「原始的な稚児物」に全文を紹介。

◆8 **『嬉遊笑覧』**（きゆうしょうらん）――前出（127頁注2参照）。

◆9 **『以呂波文庫』**（いろはぶんこ）――為永春水・同二世春水作の人情本。正史実伝以呂波文庫が正称だが、講談風の赤穂義士外伝で、十八編五十二冊。天保七年（一八三六）から明治五年にかけて刊行。

◆10 **二十四日出芳翰**――「醍醐男色絵」の説明と、その詞書の『児草子』を送る旨を記す。

◆11 **百人一首体の絵本**（ひゃくにんいっしゅたいのえほん）――『南方閑話』の「伝吉お六の話」七節で、『異態の百人一首』（北尾辰宣筆）と述べているものと同一と思われる。

◆12 **桜子**（さくらこ）――謡曲『桜川』の子方。これが女子か男子かの議論である。岩田は昭和六年九月十七日付書簡で、中山太郎『売笑三千年史』に「女児なるべし」とあるが、自分は男少年と考えている旨述べている。それに対する意見である。

◆13　**二十九日出御状**――この書簡は失われている。

◆14　**興言利口第二十五部**（こうげんりこうだいにじゅうごぶ）――『古今著聞集』は二十巻三十部より成るが、第十六巻は第二十五部の「興言利口」である。序言に〈興言利口は、放遊得境の時、談話虚言を成す。当座ことに笑いを取り耳を驚かすことある者なり〉（原漢文）とあり、笑話集である。

◆15　**三十日と一日出の御状二通**――一日出の書簡は失われている。「御下問の難読の文字」云々は、一日出の岩田書簡に述べられた質疑と思われる。

◆16　**『玉川心淵集』**（たまがわしんえんしゅう）――岩田は九月三十日付の書簡で、「未刊随筆百種」の「難迺為可話」に『玉川心淵集』という本からの抄録があるが、引用された句が『男色大鑑』と同じである。「これ一つの問題にて、『男色大鑑』は合成ならずとも、西鶴が誰かの作を合せて成したものと考え得られます」と書いている。

◆17　**『弘法大師一巻之書』**（こうぼうだいしいっかんのしょ）――南方熊楠の日記によると、明治十九年十二月三日親友の中松盛雄を介して借り出し、写している。その写本からさらに岩田のために「写し」を作るのである。

ちご石、北条綱成、稚児の谷落とし、「思いざし」、その他

昭和六年十一月二十七日夜八時四十分より認

岩田準一様

南方熊楠再拝

拝啓。本月二十三日朝八時二十分、書留小包にて兼ねて恩借の『稚児草紙』一冊御返し申し上げおき候ところ、二十六日朝御査収下され候由の御状、今夕四時四十分拝受、安心致し候。右の草紙はずいぶん誤写もあるらしく、また本来あまり妙文にも無之《これなく》、別段これと言って注するほどのことはなかりしゆえ、ただ一、二ヵ処へ書き入れ致し置き候。㝵の字はトウとよみたるとジクとよみたると二様あるよう、なにか二種の別々の書にて見たること有之《これあり》、その一は馬琴の書きたる『燕石雑誌』か『烹雑記《にまぜのき》』か『玄同放言』かと覚え候も、ちょっと調べしところ見当たらず、そのうちちとくと支那書に就き調べて申し上ぐべく

候。また、かの草紙に「毛ぎわまで突き入れた」ということありしよう覚え候。これは女の方には十分できることながら、男の方には必ず不可能のことに御座候。このことに付いて西人の論ぜしものを写しおきしが、只今菌学精査のため室内に書籍を取り出すことはならず。そのうち申し上ぐべく候。これに反し、くじりながら腕まで深く入れたということは、虚譚のごとくなれど、これは絶無のことにあらず。西洋にも太きガラスぴんなど入りたる記事は有之候。医家の証明もあることゆえ虚言にはあらず。

小生、今日岡山市の友人より『岡山伝説集』◆1というものを贈られ候。その内に次の一項あり。いわく、久米郡の岩間《いわま》山本山寺は郡内一の巨刹である。往昔この寺の梅本坊に某と呼ぶ児僧があった。頭顱は円《まる》め身には世を厭う墨染の衣を纏っているけれど、青糸の眉、臙脂の唇、見るからに美しく華やかな僧であった。ことに春知らぬ身の崇高さ、無邪気さ、女人禁制の僧界、それとなく言い寄る大僧小僧が尠《すくな》くなかった。なかにも備前国二国寺の僧何某は、夢幻にも忘れがたく、しばしば艶書を送って切なる心を訴えた。児僧もついに厚い情を拒み兼ね、いつのほどからか慇懃を通じるようになった。一度身をまかせてみれば、また一入《ひとしお》物の哀れを覚えるが人の情である。児僧もみずから進んで危い逢瀬を窃み楽しむようになった。ある日、二国寺の僧から手紙が来た。某の日、備前境の某の山で、絶えて久しい逢瀬を楽しみたいから、某の刻までにぜひ来ていてくれとの意味が認《したた》めてある。児僧には異議のあろうはずがない。定めの日の来るを楽しみまった。やがて約束の日がきた。児僧はいそいそと梅本坊を出で、荆棘に衣の袖をさきながら、山道伝いに全間山《またま》までき た。寺からおよそ二十町ばかりの処である。この時、日がようやく暮れ掛かって冷たい山風が雪をさえ交えて児僧の頬を冷たく打つ。雪は本降りになった。寸二寸みるみるうちに道は真白くなった。翌朝、土地の者がここを通り過ぎるとき、雪の中に冷たく死んでいた児僧の姿をみた。美しかった昨日の顔色は、再び見るに由なかったが、妙な唇には微かに微笑の跡を残して、手には大きな石を抱いていた。村人はこの地に児僧の屍を埋め、抱いていた石をその上においた。それをいつのほどからか、この石を児石《ちごいし》といい初めた。

これはなにかの原書にありしを編輯人が和らげ書いたものと見え候。しかるに、児僧とは妙な詞なり。児ならば僧ならず。僧となりたる上は児にあらず。何のことかさっぱり分からぬ。いわゆる若僧《にゃくそう》のことかと思えど、その石をちご石と呼んだとあれば、僧ではなかったように思わる。とにかく編者へ聞き合わせ状を出しおき候。が、近年古文書や旧事を知らぬ人々が、いきなりざっぱにいろいろの珍詞を作るには驚き入り候。貴下は何かの書で児僧という語を見付けたことありや。沙弥（小僧）のことを児僧とかきたるかとも察し候。

大正九年、小生、高野山に上り、一乗院に宿れり。毎度給仕に出る小僧は熊野義雄《よしお》といい、比類なき美少年、十六歳なりし。十年冬にまた登山して同院に宿せしに、この者依然あり、時に給仕に来たる。一日、小生、金剛峰寺に法主を訪い、人を遣わし、かの小僧を呼び法主に謁せしむ。法主徐《しず》かに貫籍を問うに、美妙の声をはり揚げて、尾張国海東郡——村——院——熊野義熊《（ママ）》と名のる。その体まことに優美なりし。いずれも作法のあることと見え、かかる中学程度の少年僧が法主の面前に出で姓名を問わるるなどは一生の規模とするところと見え、大いに一同に羨まれたらしかりし。いかなる由緒、誰人の子ということを知らぬうちに小生は下山し、その後再び登山せざれば今はどうなったか知らず。とにかく小僧にもなかなかの美僧があるものと感心致し候。

御下問の心中死云々の◆2ことは小生にも分からず。ただ、いささか気付きおりたることは、『見た京物語』に、相対死多くあり、心中なり、別けて聖護院森という所にてたびたびあり、と出づ。また『翁草』一〇四巻に、「相対死、世俗に心中と名づく。古えはあまり沙汰なきこととなり、云々」。いずれも相対死＝心中、二者同一事と言えるがごとくなれども、小生考うるに相対死は合意の自死ということにて、あながち恋情に限らず。よく軍記にある落城の際夫が妻を刺殺して切腹して果て、また貧士が暮し向きにこまり妻子を殺しみずからも死する、（合意の上ならば）相対死なり。（故に、夫婦に限らず、父子の相対死もあるべし。）心中というは恋情の上よりこの世で添い遂げ得ぬゆえ未来で添い遂ぐべしと望みを托し相対死をするやつなり。故に相恋の男女（また男色の場合は念者と少年）に限る。しかして、お千代半兵衛ごとくれっきとした夫婦でも、暮し向きよりは、この世で面白く夫婦として睦み得ぬをはかなみて自殺するは、やはり心中と存じ候。もっとも事情を研討すれば一対の男女が相対死また心中死を兼ねたもの多きより、この二つを混同するはもっともなことなり。（三田村〔鳶魚〕氏説に、有名な心中死は多くは財用に迫れるより起これるものの由。）

『女大楽宝開』の若衆仕立様のことは、その本出で来たれり。そのうち写して差し上ぐべく候。

　まずは右申し上げ候。　　　　敬具

（104〜106頁）

昭和六年十二月六日早朝〔葉書〕◆3

拝復。四日出御ハガキ、昨夕四時四十分着拝見。お——と称することは小生に限らず。小児また少年を愛して呼ぶときの詞らしく候。例せば、信長の幼時（あるいは信孝？　または信雄？）お茶筅と呼びし由、何かで見申し候。『川角太閤記』四に、秀次公の若者三人、おせん様日比野下野守の息女の腹、お百様は山口少雲の息女の腹、お十様は北野松梅院殿息女の腹なり、とあり（いずれも男児なり）。『信長公記』一二に、天正七年四月十八日、塩河伯耆守へ銀子百枚遣わされ候。御使、森乱、中西権兵衛、云々。巻一五、天正十年正月二十六日、森乱御使にて岐阜御土蔵に先年蔵せし鳥目を処分することを信忠へいいやる。二月八日、紀州にて討ち取りし千職坊の頸、安土へ持ち来たりし斎藤六太夫に、森乱使にて小袖と馬を賜わる。これら蘭丸を乱と約《つづ》め呼びしなり。故に信長よりは蘭とよび、側のものどもよりはお蘭と愛敬して呼びしことと察し候。長谷川竹、溝口竹、三浦亀なども、側のものどもよりは愛重してお竹、お竹、お亀と呼んだらしく候。もっとも、のろけ切ったときは主君よりもおを副えて呼びしことと察し候。長谷川は後に東郷侍従秀一と申し、朝鮮陣に卒せし人。溝口には後に伯耆守秀勝とか宣勝とか申し、今もその子孫あり、華族たり。三浦は直次とか申し、家康の嬖童たりし。これも子孫華族にありと記憶致し候。こんな例は外にも多くあり（『武徳編年集成』諸処に見え候）。すべておの字を添うること、貴人の幼息や寵童を愛敬して下々より呼びしことと察し候。やがてはのろけ切った主人も、その通りの称呼を使いしことと察し候。

（109頁）

昭和七年一月十四日午前一時より書く、夜明けて出す

岩田準一様

南方熊楠再拝

新禧申し納め候。元日に貴ハガキ一枚、また八日に御状一拝受、難有《ありがた》く御礼申し述べ候。小生は毎冬脚はなはだ悪きも今年は左もなくして越年し、また毎年家内に病人絶えざるも、今年は（悴のみは今に平治せず入院中なるも）妻と娘健全なるは幸いに御座候。されど、例によって仕事は絶えず、昨年十一月より今に顕微鏡を使いおり、ようやく昨日より休み候も、それも他の用事あってのことにて、その用事をすませ、また明日より顕微鏡にかかる。

ちょうど一昨日倉に入り標品を調べ出すうち、かの『女大楽宝開《おんなたいらくたからがい》』◆4を見出だし候付き、今夜取り出し、これより要処を写して明朝差し出し上ぐべく候。

この書は安永ごろの物らしく候（これは宮武外骨氏説）。小生在英のころ、パリの故林忠正氏店より買えり（五十円ほどに）。元来貝原篤信先生の『女大学』を注釈せる、『女大学宝箱』とかいう本あり（小生只今倉中に蔵せり）。それをどこからどこまでもことごとく細大洩らさず印《じるし》に模倣したのがこの本なり。

原書の初めに麒麟、鳳凰の彩刷色画あり。それを、この書は鳳凰の顔を女陰、麒麟の首を陽物に作りあり。また、この二禽のあいだに原書に仁義礼智信と書きあるを、この本に

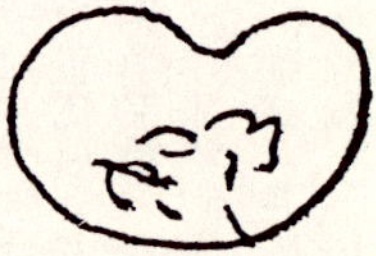

は腎和愛美心とかきかえあり。次には農民男女四季耕収の図あり。それをこの本にはいろいろと農働きをしながら男女相戯れ、また女が犂の柄の端を自分の物に入れおる等の図あり。その次の一枚半は『源氏物語』を毎巻わ印に画き、おかしく作れる和歌をのせたり。それより『女大楽』の本文、「一、それ女子は成長して他人の家へ行き夫に仕うる者なれば色道の心掛け第一なり。一、父母も本よりその道を好みたる故に子孫も尽きざるなり」などとありて、終りに開茎《かいまら》先生述とせり。それより女の体相の図解、また種々の男女の人相図あり、また美女三十二相の条等あり。次に扇で男子の間を卜《うらな》う法の図解あり。次に色道の実語教あり。次に三ヶ津色里直段付けあり。次に艶簡の手本、次に里気色と題し、色里に遊ぶ体を小説体にちょっとかきあり。次に閨中の趣きを助くる道具の図解あり。また女郎にきをやらする術の図説、最後に新開、上中下開の図解にて終わる。小生の蔵本は本来の表紙を失い、題簽もなし、また最後の葉がありやなしやたしかならず。

このところに十五ペイジだけ本文あり。(ただし、上段は男女の人相の図説、下段は美女三十二相のことを説き、その中段にのみゆえ、文はわずかの長さなり。上図の風にして画が十五入りあり。いずれもいろいろに若衆を弄ぶ図なり。)文辞は左の通り。

若衆仕立様の事

一、衆道を仕立つるに、不束《ふつつか》なるはいで《道出》を子がいよりかかえとりて、たとえば、みめよき生れ付きにても、すぐさまつきだしにはならず。あるいは顔に色気あり、また眼本風俗卑しからずとも、そのままにてはしよう《(ママ)》つらず不束なり。これを仕立つるには、幼少より顔手足尋常、きめ美しくすること第一なり。この薬の仕様は、ざくろの皮をなまのあいだに採りて、白水に一夜つけ、明くる日いかきなどにあげ、その日一日かげほしをして、またその夜白水につけ、右の通りにして三日晒し、その跡に随分ほしあげ、細かく粉にして袋にいれ、これにて洗えばきめ美しくして、手足尋常になること妙なり。また歯を磨くには、はっちく（淡竹《はちく》）の笹の葉を、灰にしてみがくべし。多くは消炭にてみがけどもあしし。また鼻筋の低きは十《とお》、十一、二の時分、毎夜ねしなに檜木《ひのき》の二、三寸くらいなるにて（この図は『続南方随筆』「淫書の効用」なる条に正しく廓大して出しあり）このごとく摘み板を拵え、右の通りに紐をつけ、鼻に綿をまき、その上を右の板にて挟み、左右の紐を後にて、仮面《めん》きたるごとく結びてねさせば、いかほど低き鼻にても鼻筋通り高くなるなり。ただし、十二の暮より仕立てんと思わば、初め横にねさし、一分のりを口中にてよくとき、彼処へすり、少し雁だけ入れてその夜はしまうなり。また二日めにも雁まで入れ、三日めには半分も入れ、四日めより今五日ほど、毎日三、四度ほんまに入るなり。ただし、この間に仕立つる人きをやるは悪し。右のごとくすれば後門沾《うるお》いてよし。また、はじめより荒けなくすれば、内しょうを荒らし煩うこと多し。また

十三、四より上は煩うても口ばかりにて深きことなし。これは若衆も色の道覚ゆるゆえ、わが前ができると後門をしめるゆえ、客の方には快く、また客荒く腰を使えば肛門のふちをすらし、上下のとわたりのすじ切るるものなり。これにはすっぽんの頭を黒焼にして、髪の油にてとき付けてよし。右記せし仕様の品は、たとえ町の子供にても、右の伝にて行なうがよし。また新べこには、仕立てたる日より、毎晩棒薬《ぼうくすり》をさしてやるがよし。この棒薬というは、木の端を二寸五ぶほどにきり、綿をまき、太みを大抵のへのこほどにして、胆礬（硫酸銅）をごまの油にてとき、その棒にぬり、ねしなに腰湯さしてさしこみねな（さ？）せば、煩うこと少なし。ただしねさし様は、たとえば野郎、客に行きて、晩く帰りたる時は、その子供の寝所へ誰にても臥し居て、子ども帰ると、その人はのき、すぐさま人肌のぬくもりの跡へねさすべし。かくのごとくして育つれば無病なり。とかく冷《ひえ》のこもるわざなれば、冬などこたつへあたるは悪し。野郎とても晩く帰るときは、右の通りにしてねさすべし。これだい（一？　事？）のことなり。

一、一分のりというは、ふのりをよくたき、きぬのすいのうにてこし、杉原紙に流しほし付け、これを一分なりに切りて、印籠に入れてもつなり。また酒綿とて酒を綿にて浸しもつなり。これはねまにて客の持ち物、あまり太きがあれば、右の酒をわが手にぬり、その手にて向うのへのこをひたものいらえば、自然とできざるものなり。客もあわずにかえる術なり。得あいませぬといえば、客の手前すまざるゆえ、これにて、両方共にたつしほう、それゆえ野郎はねまへ入ると、早速しなだるる体にて客の一物を引き出しいらうなり。ことさら女とちがい、色少なき物ゆえ、ずいぶんとぴったりとゆくがよしとす。

一、若衆の仕様は仰のけにしてするがよし。若衆はいやがるものなり。そのいやがるゆえは、客の案内にて行なうゆえなり。この仕様は初め後より入れ、肛門の湿う時分、一度抜きて、両方共によくふきて、それよりあおのけにして、またつけなおし、いるれば、くっつりとはいるものなり。はじめより仰のけてすれば上へすべり下へすべり、思うようにはいらざるゆえに、ひたもの唾をつけつけ、ひまをいれるゆえ、けつほとびてびりびりとするゆえ、けがすること多し。それゆえ一げんにてはできぬことなり。若衆のねまにも、多くしなありて、ねまへ入る前に裏（厠）へ行くもあり。これ若衆は体の弱きものゆえのことなり。かようの若衆は客の方にその心得すべし。裏へ行きてすぐにさせばよくはいれども沾いなし。また、しばらくまちてすれば肛門よく沾いたる時、初め記せし通りよくはいるものなり。一義しまい跡にて裏へ行くが大法なり。客もしばらくけつにてよくなやし抜くべし、若衆も跡のしまりよし。

（完）

まずは右申し上げ候。

早々敬具

付白。小生、去年十二月上海より『月令広義』二十四巻を買い入れたり。その第二十四巻の次、付録の末の若干枚が不足なり。貴下どこかでこの書を見当たらば、巻末の付録の末の方に「金花猫」という一条をさがし、御写しおき下されたく願い上げ奉り候。ネコマタのことに候。このことのために買い入れしに、その条を脱し、大失望せり。

右に申す『月令広義』(明の馮応京といいし人の輯なり)巻二三に、漢の宮門に禁あり、侍衛の臣にあらざればあえて入らず。董賢、上(漢の哀帝)に幸せらる。休沐といえども出でず。上、賢の妻をして籍を通じ、宮殿中に入り、止宿するを得せしむ。とあって注にいわく、籍を通ずとは、その年貌姓名を紀して宮門に懸くるなり、と。されば哀帝はしばしも側をはなさず董賢を嬖寵しながら、賢の妻を公然と宮中に入れて、時にその夫と密会せしめたるなり。これは大若衆が妻と会うほど閨中の趣きが上達するゆえ、賢を御するに面白みが増せしなり。

(119〜123頁)

昭和七年十月二十九日夜九時

岩田準一様

拝復。二十五日夜出御状◆[5]は二十七日午後五時拝受。小生、今に病後の疲労去らず、手足だるくさっそく御返書を差し上げ得ず。今晩やや軽快に付き、なるべく手短く本状認めさっそく差し出し候。

南方熊楠再拝

　ちご石は男寵の稚児か尋常の小児かということは、どうしても分かるはずなし。たとえば女塚というものを売色の女だろうか白人《しろうと》女だろうかといい論ずるごとし。元禄庚辰（十三年）出板、石橋直之の『泉州府志』三に、「児の松。上野の原、辻堂の辺にあり。（上野の原は和泉郡にあり。）相伝う、むかし奥州の児順礼してこの地を過ぐるとき、にわかに産を致して死す、塚上に植うる松なり、と。余按ずるに、男児豈《あに》子を産まんや。想うに、それ西国三十三所の霊場多く女人を禁ず。故に奥州の弱婦、偽って男児の装をなして順礼するか。またいわく、児亡じて母存し、その児を葬る処か」。

　むかし婦女が稚児の装いして旅行せしことあるは、『義経記』、義経北国落ちのとき、北の方を山伏が伴える稚児として平泉寺に宿る条あるにて知るべく、また稚児が時として出産することありしは、『今昔物語』の異本に見えたり。これは神怪な譚なれども、多くの内には本当に女が稚児の装いして僧房に蓄えられしもあるべし。しかして順礼の子が死して母が埋めたも、名目はやはりチゴなり。いずれもチゴに相違なきも、時代も分からぬ古えにチゴとのみ称えたものを、何の証拠品も掘り出さずに、男寵のチゴか、子が男装せしチゴか、はた親に伴いしチゴかを決するは、全く水かけ論と存じ候。

ヨリマシ童をチゴということは、小生は聞き及ばず。それは大抵ワラワとか童子《どうじ》とかいいしことと存じ候。(『盛衰記』第一一巻に見えたる熊野本宮第一の女巫が妖霊に会いて生みたる双生児、皆石、皆鶴をチゴと書きあるも、この二児がヨリマシ童なりし記文なし。祐金阿闍梨の寵児なりし点よりチゴといえることと見え候。)

児塚などを寺僧と稚児との色情上よりの悲話より生ぜしものとのみいうも不徹底ならん。大抵稚児同宿は後に剃髪受戒して僧となるものなれども、中には僧とならぬうちに死せしものも多く、それらは寺内に葬ることがならぬから、寺外の松蔭や道傍に埋めし。それがすなわち児塚、そのしるしの石が児石と存じ候。心ある人々は行くさ帰るさにそれに向かって回向したることと存じ候。されば稚児の遺跡には相違なきも、必ずしもことごとく色情上の悲話に連なるものならずと存じ候。

寛永より元禄ごろまで全盛を極めし遊君が死んだのち葬られし様子を日本人も欧州人も記したるを見るに、実に牛馬犬猫を葬るごとき無残なものなりしようなり。貧民の子などにて寺にチゴに出でおりしものなどの死んだものは、ずいぶんあわれな扱いを受け、ほんの土饅頭に埋められ、はなはだしきは滝の壺に沈められなどせしことと察し候。それが児塚、児の滝等なるべし。

小生、明治十九年夏、前月死せし川瀬善太郎博士(東大の学長か何かたりし。その子も小生知るが工兵中将か何かなり）と高野山に上りしに、当時山の衰頽はなはだしく、いずれの寺のちごやらん、腰きりの半袖という風の単衣垢じみたるを纏い、所もあろうに弘法大師御廟の傍らの杉木の下に喘々として腰かけ、陰部を捜りおりたり。（なにか湿瘡でも生じたるなるべし。）小生、川瀬氏にオイと注意すると、そのちご頭を上げてこちらを見やりたる顔が、そのころ玄々堂と申す銀座の石板屋より出たる、何とかいいし柳橋の名妓像そのままにて、東京でいえば意気極まる顔にて、その紅顔の美しさ名妓などの及ぶべきにあらざりし。これは便りにせし寺坊衰廃して往き所なく、あの坊この坊とさまよいありき、飲代に代えて婬を呈せしものと察し候。（かかる中には素行宜しからず、女で申さば浮気多くて追い出されしもあるべし。）かかる者が餓死などせば、むろん林下や道傍に仮埋葬され、そのしるしに石を立てたるがすなわち児塚で、最初はその者の名も知れおりしも、久しき間にはその者どころかその者のおりし寺坊も全廃となるから、名も由緒も知れず、ただ児塚で通ることと存じ候。

小生、明治十五年高野へ上りしとき、五十五、六歳の老人、拙家へ出入りせし貸家の集金人せしもの、小生父母の気に入り、かつ久しき知人ゆえ、一世一代の思い出なりとて拙父母に随行せり。その人の話に、登山にいろいろと路ある、その一つの梨の木坂という処に、以前門主の妾が比丘尼となり、庵を営み、昼間は殊勝げに念仏を申し、夜に入ればまた門主が潜行してこの尼に御勤めを申しにゆくをかかさざりし。もとどこかで高名なりし遊君なりしと、その門主と尼の在俗のときの源氏名を咄《はな》されしが、小生一向気に留めざりしゆえたちまち忘失。

さて、この十一年、十二年前、二度登山して百方手を尽し尋ねしも、その女の名も門主の名もそれほどむかし高名なりし美尼の住みし庵室も知ったもの一人もなく、それのみか梨の木坂という所からして、どことも知ったもの一人もなかりし。故に所詮こんな穿鑿は、まずは今日となりては絶望で、強いて求むるといろいろの虚言を提出さるることと存じ候。

次に、稚児七人石となる、云々。これは、むかしの修験道などにて死することを金になるとか石となるとか申し候。『沙石集』にその例あり。その石になるといいしを、真に石になれりと信じて、わざわざ石をすえなどせしことと存じ候。

峰稚児様というは、峰千代とか峰松とか峰丸とかいう名のチゴと存じ候。寺の大黒をお峰様、お峰奥様など田舎人が称えしに同じことと存じ候。

『理尽抄』云々は、しばしば聞くことなるが、あてにならず候。畠山箕山の『色道大鑑』の引用書は、今日存せぬもののみなり。実はその自著を確からしく見せんために、架空の書名を設けしものと存じ候。西鶴などが戯作に引用せし書に虚構多し。そんなことを何とも思わざりしなり。『理尽抄』またこの類と存じ候。

右様のことを穿鑿あらば、何のあてもなきことに時日を費やし、結局何の獲るところもなかるべし。

オイトシボというは『忠臣蔵』の六段目にも見え、可愛い坊ということで、そのころの流行詞と存じ候。坊というは、むかしは西洋と等しく平民の悴はみな七、八歳より寺坊に通い学びし。また小生なども生まれ落つるより八、九歳まで、必ず髪がのびると頭を剃りたり。（今日もシャム、セイロン、みなこの風あり。すなわち幼年より仏の御弟子となるという表識なり。）右に限ることにあらず。

男色事歴の外相や些末な連関事条は、書籍を調べたら分かるべきも、内容は書籍では分からず候。それよりも高野山など今も多少の古老がのこりおるうちに、訪問して親接を重ね聞き取りおくが第一に候。十年ばかり前まで、山の高名な大寺の住職六十八、九歳なるが（俗称比丘尼《びくに》さん）、男子の相好は少しもなく、まるで女性なり、それがまた他の高名の高僧（この人は今もあり、著書も世に伝う）と若きときよりの密契とて名高かりし。こんな人に接近せば、話をきかずとも委細の内情は分かるものに候。また今も高僧には多少少年を侍者におきあり。その者の動作にても、むかしの小姓などいいし者の様子が多少了解され申し候。そんなものを見ずに、ただ書籍を読んだだけでは、芸妓と茶屋女と遊女を混じて一団として見るようなことが多く、ただ、その方に通じたような顔を（何も知らぬ者に対して）ひけらかし得るというばかりで、いわばあたら時間を何の益もなきことにつぶすものとなり了るに候。

小生は先日来はなはだ不快なりしが、昨今また多少恢復せり。本職の菌学の方がことのほか多事なり。室内に未調査の標品充塡して、他のことに関する書籍などはみな倉へ片付けしまえり。若いときとかわり、一々原書を調べねば、思わず識らずいろいろと不実のことを誣らしく述ぶることもあるべし。さりとて不自由なる身体を運んで、一々倉庫より書籍を出し入れすることはならず。また書籍をしばらくも置くべき場処もなし。故に三年、五年後にでも宜しく、なにかまとまった御論説あらば書留にして送来されたく、小生一々原書に拠って増注して差し上ぐべし。年老いては運筆に多くひまをとるから、些末なことを一々書き加えておりては、自分の活計にも差し閊《つか》うるようになるべく候。

まずは右不満足ながら、万一御間に合うこととかとも存じ本状差し上げ候。　敬具

また御示しの雨夜に児石へ霊灯が現ずる話なども、小生はこれを少しも虚誕にあらずして事実と認め候。すなわち今日のインドなどに汎く行なわるるごとく、自分と同じ境涯なりし死人の塚に、ならぬことを工面して燈明を献じ供物をささげなどすれば霊験ありということは、天主教などにも信ずるもの多し。されば家計上より寺へ稚児に出である者、再び故郷に還り父母兄弟にあいたき稚児等が、寺坊の勤め終わらぬうちに空しく死して山辺に埋められ誰弔う者もなき塚に、雨夜を撰んでひそかに燈明を供えなどして、自分の苦界を脱することを禱りしことと存じ候。（歯痛を悩みし人の墓に歯痛き者が夜中に詣で、年季の明けかぬる遊女が無縁の遊女の墓を弔うに同じ。）今の人はやれ十銭奉加したの一円寄進したのと、自慢半分にする善行多けれど、仏教

には、そんなものは成仏も何もせず、わずかに阿修羅や下劣な天部に生まれ得るのみ、と申す。故に、むかし仏教に信念厚きもの多かりし世には、そんな広告半分なことをせず、なるべく人に隠れて修善をつとめしなり。これは日本にははや亡びたようなれども、インドなどには今日も多く見るところに候。無名で飛行機基金を寄付するようなものなり。

（129～134頁）

昭和七年十一月七日早朝五時よりかき始む、夜明けて出す

岩田準一様

南方熊楠再拝

拝啓。本日は当地鉄道開通式[6]とて大いに勇み立ちおる人多し。しかし、昨日来大雨にてどうなることか分からず。小生は相変わらず病患を押して働きつづけおる。それがため、二日の夜出の御状および原稿一[7]は、五日朝八時半と六日午後四時四十五分に安着しながら、只今までとくと拝見せざりし。これより一眠につく前に拝見しながらこの状を差し上げ、

また原稿もこの状と同時に御返し申し上ぐべく候。四日出御ハガキ◆8も右の御稿と同時に拝受、まずこの方より申し上ぐべし。

『沙石集』一巻八章、熊野詣での女、先達に口説かれ愁えしに、下女、主の女に代わりて先達に密会したる条。さて、夜、寄り会いたりけるに、先達はやがて金になりぬ。熊野には死をば金になるといえり。小生、この金になりぬを石になりぬと覚えちがいたるなり。死を石になるということ、なにかにて見しが、只今ちょっと思い出さず。見出だし次第申し上ぐべく候。交会するを寄るとか寄り合うということは、今にこの辺で申し候。

巻六の妻男は、小生の蔵本(『説教学全書』第八編、明治四十一年六月第五板、発行所京の東六条法蔵館、とあり)には、ツマオットと傍訓しあり。夫婦をオトメと訓せずしてメオトと訓するごとく、支那にも牝牡、雌雄とのみ言いて牡牝、雄雌といわぬごとく、女を先に男を後にいうが古風と見え候。(女権を重んずる西洋では、反ってマン・エンド・ウーマン、男と女は男を先にいい候。)何故ということはちょっといい得ざれども、後インドでは、隣同士にすむ安南人は男が女に先に立ちて歩み、ラオス人は女が男に先立ちて歩むなど承る。先に立つものを先駆と見れば後に立つものを重んずる理屈かと存じ候。必ずしも後に立つものが随従者とて賤しまるるわけにもあるまじ。

巻十上の一のカラオリの道行は、ちょっと分かりかね候。(以上御ハガキの返事)

次に御原稿を拝見しながら、ちょっとちょっと書き入れをここに致すべし。

仲算◆9が仙童を慕いしこと。これは恋慕といえば恋慕に相違なきも、それに脳（または心）より来ると、生殖器（支那で申さば腎）より来るとに分かつ。甲は愛情、乙は淫念とも申すべきものなり。当世、日本ではこの二つを混ずるゆえ、はなはだ乱雑致すなり。『品花宝鑑』など支那の書には、この二つをなかなかよくかき分けあり。この仲算はなかなかの学僧にて、安和年中、宮中で天台・法相の大宗論ありしとき、叡山の良源大僧正は、『法華』方便品の「若有聞法者無一不成仏」の句を、もし法を聞くことあらん者は一として成仏せざることなしと訓じたるを、仲算は法相の意として、もし法を聞く者ありとも無の一は成仏せずと解きたるは有名な談で、それほどの哲人が恋慕云々とはうけられず。西哲プラトーンが、美少年の美を天下の最美と仰ぎ、◆10美少年の介抱で死にたしなど老後に言いしというようなことと存じ候。プラトーンの聖哲会に神女ジオチマ現われて美を説く。その美というは只今いうごとき女の美では少しもなく、一に美少年の美に候。こんなことを心得ずして、やれ審美学の純美観のといきまくは、辻芝居のみ見て誰が上手の下手のと高声に芸の巧拙を論ずるようなものに候。

地蔵菩薩は少年というよりも、若僧《にゃくそう》の模範と見て然るべしと思う。小生、高野山の若僧一人と懇意なりしが、実に慈悲の相と弁才を兼ねてすぐれたものなりし。かかる若僧、法衣をきて正坐せるを見れば、そぞろに渇仰恭礼の念を起こすを禁じ得ず。

また、御ハガキに見えたる。妻が離縁さるるとき、家の物を何なり心にまかせとり去るを得ということは（心に欲するものを一つとり去ること、それはいかほど重宝なものでも）、『狂言記』にもあり、イタリア等の俚諺にもあり。先年、『日本及日本人』へ出しおき候〔「狂言『引括』」〕。もっともほしきものを一つとり去るを拒まぬなり。むやみに多くとり去るを許すにあらず。これは「髪きらぬ後家は犯すもかまわぬ」とか「後家は男七人まで許されおる」とかいうような俚民間の不成文律のような俗習と見ゆる。いずれの国にもこんなこと多し。

天童云々は、『阿含』には多く天子とありと記臆致し候。しかし、その記載は天童なり。その出現の仕様がはなはだ高野で女神が僧室に現出せし記事によく似おる。よって天子を天童として申し上げたるなり。（天子というも、支那でいう皇帝とちがい、天神の子という意味ゆえ、すなわち天童に当たる。）回教にも楽土（天）に天童あり、これは天女と均しく淫楽のためらしく候。天童という語は仏経にしばしば見ゆ。例せば、『受十善戒経』に、「長者の女《むすめ》、名を提婆跋提《だいばばつだい》という、一《ひとり》の男児を生むに、端正無双にして、紅き蓮花のごとく、天女も比《たぐい》なし。母ははなはだ憐念《いとし》み、抱いて仏の所に至り、仏に白《もう》していわく、世尊よ、わが児は愛すべくして天童子のごとし、と」。その男児の美に「天女も比《たぐい》なし」といえるにて、美なること知らる。

十禅師の本地は地蔵ということ、『沙石集』にもあり。貴稿中に書き入れおけり。

稚児に王の字を付くることは、支那にその例多し。しかして、これはもと仏教より来たる。蟻王、牛王、薬王、馬王、鵝王、亀王など、物ごとに王（酋長）あるなり。それをまねたるなり。妓名にも祇王、太玉王などあり。支那六朝のころの貴人の幼名にこんなのが多し。思うにそのころの優童などにも多かりしにて、それを日本でまねせしことと存じ候。若は、今若、乙若、牛若（義朝の三子）、亀若、鶴若（為義の子）、駒若（義仲のこと）等、これらは幼名ゆえ若と付けしなるべし（若とは幼稚の義）。秀吉時代にも、黒田孝高の臣下に秦野《はたの》桐若とて有名な勇士ありたり。これなどは成人しても桐若で通りおりしなり。麿は、古えは大人の自称（女もみずからマロと称せしことあり）で、和気清麿、藤原黒麿、文屋綿麿などありしが、後には幼者の名となりしなり。これらみな男寵の少年に限れる名にあらず。ただし男寵の少年に麿（また丸）、若、王が多かりしというまでなり。千代という名も多少あり。時田鶴千代とて、栗田刑部の嬖童で、討死したとき女か男か分からず。眼瞳の所在を見て初めて男子と分かりしという美艶の少年もありし。しかし、武田勝千代（信玄）などもあり。単に幼名というばかりで、嬖童に限りし名にあらず。松を付くることも存外古く、平安朝すでにありし証あり。

北条綱成◆11は有名なる猛将なりしが、二十二歳まで元服を許されず、氏康の嬖童たりし。この人、幼名は今ちょっと覚え出ださず。その弟は弁千代と言いし。また氏康の寵童たり。河越の戦に名誉の使いせし人なり。氏康は綱成と同歳にて念者たりし。しかして妹を綱成の妻とし、生まれた子氏繁に自分の娘を妻とせしなり、戦国の世には、こんな男女色上より二重の縁者の例多し。注意すべきことなり。

熊野九十九王子など申す（この田辺付近だけにも出立《でたち》王子、上野山王子、蟻通し王子、麻呂王子、三栖王子、八上王子、岩田王子など多くある）、この王子も、もと仏経より出でし語にて、神の子をまつりしとの義にあらず。菩薩はもと梵語ボジサットア（菩提薩多と音訳す）を約め音訳せるにて、旧くはこれを法王子と意訳せり。例せば、『大方等陀羅尼経』に、「南無釈迦牟尼仏、南無文殊師利法王子、虚空蔵法王子、観世音法王子、毘沙門法王子、云々、かくのごとき菩薩摩訶薩《まかさつ》は、まさにその名を念ずべし」。両部神道には諸王子をこの法王子すなわち菩薩の現身と見たるゆえ、法を省いて王子とせるなり。すなわち出立《でたち》王子は観世音法王子の現身という風に見立てたるに候。

ヨリマシということも、わが邦に本来似たことはありしなるべし。しかし、中世以降のは、もっぱら仏法より起これることとなり。『大毘盧遮那成仏神変加持経』中巻に、美童を択みてこれに神や魔を降すことあり。

延年の舞ということあり。純《もっぱ》ら童子が舞いしと見ゆ。これも仏経より出でしことにて、『不空羂索神変真言経』一一巻に、竜が真言の法力で童子に化せられ、真言者に延年甘露を与うることあり。こんなことより出でしことと存じ候。（不空羂索は観世音の一身で、奈良の南円堂に奉祀されあるなり。）

稚児を寺におくことひとえに淫慾よりのこととし、全く経儀になきことのようにいうものの多し。これも仏典をよくみぬからのことで、『大方広普賢行願品』六に、善財童子、閻《えん》浮《ぶ》提《だい》畔の無垢聚落《むくじゅらく》に海幢《かいどう》比丘を尋ね見るところに、「すなわちその経行《きんひん》の林側にあって結《けっ》跏趺坐《かふざ》せるを見る。端身正念《たんしんしょうねん》して出入の息を離《さ》り、別の思覚なく、不思議広大三昧《ざんまい》に住み、三昧の力をもって大神通を現じ、云々。両足の下より無数の仏刹と、極微《ごくみ》塵《じん》数の長者、居士、婆羅門衆とを出だし、身雲《しんうん》に相似たり。首《こうべ》に華冠を戴き、身に瓔珞を垂れ、明珠を項《くび》に繋《か》け、被服荘厳にして、無量の童男をもって眷属となす、云々」。こんなことを拠ろとして童男を聚めて荘厳とする風が起こりしと見ゆ。

前に述べたる天童来下のことは、やや詳細に申すと、『雑阿含経』の三六巻に、美貌極まる天子（皇帝を天子というと異なり、天の子ということなり。天とは天、人、修羅、地獄、餓鬼、畜生と六道に別ちし内の天にて、天に住む衆生なり。俗に天人、天女などいうやつなり。天の子ゆえ天童というも可なり）、夜中に天より下りて仏を訪問する例多く出でおり候。一例は、仏、給孤独園にありし時、悉鞞梨と名づくる天子、「容色絶妙、後夜の時において来たって仏の所に詣《いた》り」、自分が天に生まれし因縁を説くことあり。四八巻には、天女が夜分独り仏を訪うことあり。比叡の高僧を夜分王子神が訪うたり、日光の法主を女神が訪うたりする話は、みなこれより出でしと存じ候。天主教にも、聖母マリヤなどが夜分坊室に現ぜし話多し。

また菩薩をも天子ということあり。『須真天子経』に、文殊師利須真天子とあり。ちご文殊などは、この相をとりたるものと存じ候。『方広大荘厳経』三に、釈尊誕生のとき、父王の宮殿中に三十二種の諸瑞相現わる、その第十一は、無量の天のもろもろの嬰孩あって忽然として現われ、婇女懐抱して宛転として遊戯す、とあり。すでに天に嬰孩さえあれば、少年も青年もあるはずなり。小生は只今見出だし得ざるも、たぶん仏の前生が非常な美少年にて、その師にはなはだ（その美貌と才気のゆえに）好愛されたことを説ける経ありし。見出ださば申し上ぐべし。

これより十一月二日の夜出御状を読み、注書す。

「伝説には、女児に比して何故稚児ばかりが多いのでしょう、云々」とは、さらに分からぬ御詞なり。伝説とは何の伝説か知らぬが、これは「男色の伝説には何故稚児ばかりが多くて女児がないか」と聞こえ申し候。児石とか児塚とかいうもの（たとえば）この紀州などには三十もなからん。これに比して、女が身を抛げた井とか女が自害した家とか、この田辺町ごとき狭き地にも多々あるなり。「この塚は柳なくともあはれなり」から真間の手古奈女の歌まで、男女に関する古跡の百の九十九までは女を対象としたもので、男色のことは至って少なく候。ちと話がかわるか知らぬが、松村操の『実事譚』四十篇を通覧しても、徳川時代に流行した戯曲や狂言本の主人公たる、男女関係の趣向が、婦女のみ多くて少年のとては、例の「梅若丸」や「合邦辻」など寥々指を屈するまでに候。支那の『情史』を見ても、男色のことは十の一にも足らず。さればこそ男色のことは一向分からぬなり。

これに加うるに、男色などのことは十分これを秘密にしたもので、これはわが情少年（情婦という詞に比していう）なりとひけらかしたものにあらず。また世間に誇らんとてつれありきしものにもあらざれば、その実話の伝わらぬはもっとも千万なことに候。

むかしの人の子が十の九まで仏弟子として剃髪せしことは、『狂言記』の「比丘貞《びくさだ》」などでも分かり候。すなわち、かな法師という男児が成人して名を付くるに、お寮様（比丘尼の頭領）に名を改めもらう。お寮は自分のことを人々がお庵というにあやかれとて、庵太郎と付けた、とあり。信長の子弟に三法師、吉法師、御坊丸などありたるごとく、今もこの辺で子供を坊とよぶごとく、大抵のものは一生に一度は僧弟子となる心得で頭をそりしなり。

山鹿甚五左衛門の書いたもの（『山鹿義訓』とか申し、松浦伯が出板せり）に、常州の牛久かどこかで、百姓が代官か何かに虐殺さる。その子牛坊というものと庶子（その百姓が下女か何かに生ませた子）沙弥《しゃみ》というものと、成人して謀って代官邸に打ち入り仇を討ちしが、その場で牛坊は殺さる。沙弥逃れ去って隠れおりしが、また打ち入って仇の子弟を討ち、その子細を札にかき立てて立ち退いた話ありし。まことにへんな兄弟の名なるが、そのころはみな現世よりも未来世のことを思い、子供にはこんな名を付くるもの多かりしなり。

あまり古きことにあらず。大正十一年、小生、日光奥へ行きしに、何とかの滝とて、まことに幽邃な谷あり。その滝の下にさびしき茶屋あって、七十近き老婆一人おりたり。日本犬一匹あって、小生を見て吠え立つる。よって餅を買ってやるに尾を掉《ふ》って喜ぶ。この犬の名はと問いしに、地蔵と答えたり。思うに、辺土には今も犬までも仏菩薩の名を付くる所少なからじ。西洋西洋と言って有難がる、その西洋の高名な人士から、横浜辺で乞食するルンペンに至るまで、ジョージとかジョンとかの名多し。これみな天主教の尊者の名をとりしなり。東も西も、以前は宗教のあまねく深く人心に浸潤せしを見るに足る。されば、舎那王の多聞丸のと名を付けしも、その世にあらば、今のジョン、ジョージ、ジェイムスと何も変わったことなかりしなり。（ビルマ、カムボジア、アラカン、シャム、セイロン等では、いずれも小児はみな寺の弟子となり、いわゆる寺子として仏に縁ある名を付け候。）

貴下また男色の発達を考えんという。これは心理学から社会学までやった上でなければならぬことに候。男色というもの、発達ということはなし。どちらかといえば今の方が大いに堕落頽廃したるなり。変遷とか移易とかいわば、そんなことはあるべし。発達というようなことはなしと存じ候。たとい、ありたりとて、前に申すごとく、もともと秘密にしたことなれば、いわゆる密道で、何も今日より証拠にとりて取り調ぶべき手がかりがなきなり。所詮そのことに経験ある古老先達にあいて、その心にとり入り、少しなりとも聞きおくの外に取り調べの方便はなし。書籍などにほんの聞き書きで、実際とは大いに懸絶せるものに候。

　小生は相変わらず多用なり。今日はまた午下、小畔四郎[12]氏来るはずなり。この人は越後長岡の人で、河井継之助の裨将たりしが敗軍して退きおりしが、西南役に募りに応じ出陣し、出水という処で激戦して敵六人斬り戦死せる人の子なり。そのとき、ようやく三、四歳なりし。兄弟三人、姉一人、いずれも苦難して出世し、四郎氏は只今近海郵船の神戸支店長たり。小生、明治三十三年、十四年海外に遊びしのち帰朝せしに、父母すでに下世し、兄は和歌山で第二と謂われし豪富なりしが、万事勝手にふるまいて身代限りし、弟は相応に営業しおりしも、その妻が美人、したがってなかなかの婥婦で、小生を好遇せず。よって熊野に退居して那智に寓し、十二月三十一日の極寒に浴衣一枚縄の帯して、一の滝下に地衣《こけ》をとりおりたり。そのとき、小畔氏、外国船の事務長にて、蘭を捜して来たり合わせしが縁となり、今に助成してくれる。北ウラジオストクより南濠州、東はインド、西はメキシコまで、いわんや、日本は到るところ、また韓地、満州、この人ほど広く粘菌を蒐めたものなし。それを小生毎度取り調べる。昭和四年御臨幸の節、当湾で小生を召し、神戸で小畔を召し、小生は進講、小畔は二百点ばかりの標品を説明の上差し上げたり。いよいよ「日本粘菌図譜」を出すに付き、打ち合わせに来るなり。小生はこの状を差し出したのち二、三時間眠り、さて、いろいろと小面倒な標品を取り出し、小畔氏に渡し、同氏は今夜の汽車で神戸へ帰るはずなり。それゆえ、その方のことをいろいろ考えながら本状を認めたるにより、多少の誤記なきを保せず。しかし、貴稿中に本状により書き改めらるべきこと多し。書き改めらるるには、本状の趣きをなるべく字句のたがわぬように写し入れて、小生の説として出されたく候。しかるときは間違いありても、貴下の不徳とならず、小生の責任となるなり。

『よだれかけ』という本、小生見たことなし。一夜読めば大抵は暗誦するから、御差し支えなくば御貸し下されたく候。またまた、なにか書き副えて返上すべく候。

ちごを稚児とかくを和製の拙作のごとく心得て笑う人多し。これも実は支那より移りたるに御座候。只今原書を身辺に持たぬが、見出だしたら申し上ぐべし。

小生はこんな思い付きがはなはだ多くあり。若いとき思い付いたことは今に忘れざるも、昨日思い付いたことは書き留めおかぬと霧のごとく散佚し了る。しかるに、老いていよいよ多事で、たちまち思い付き、たちまち忘るること多し。なるべく書き留めておき申し上ぐべき間、小生より聞いたと明記してかき込み下されたく候。しかるときは後代までのこり候。（小生は、かかる思い付きを書き集めて世に出すような暇なきゆえなり。）

早々敬具

十一月七日朝六時書き了り、みずから出しにゆく。十禅師の本地は地蔵ということ、

『沙石集』一上の六に見ゆ。『山王知行記』と『沙石集』といずれが古きか。御稿は、今日は小畔氏来たり、その方にかかるから。明八日中に返上申すべく候。

（134～142頁）

昭和七年十一月八日早朝（葉書）

拝呈。別状に申し遺せしことを申し上げ候。「谷行《たにこう》」という謡曲あり、御存知ならん。少年が峰入りの山伏一行に加わり、登る途中で病めば、必ず生きながらこれを谷に陥し、上より土石をなげて埋め了るという厳法ありしなり。このごとく、得度以前に夭折した少年は決して寺域内に埋めず、域外の地に埋め、ただ石をすえおくというような規律あって、その石が児石と存じ候。（回々教には今も碑石を立てず。ただ、石をすえおくなり。）

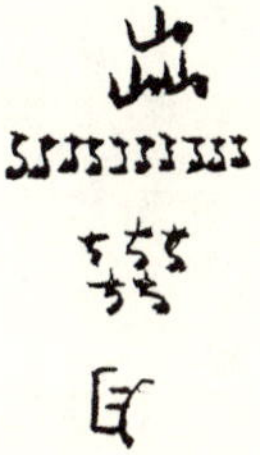

また、小生幼時寺子屋へ通いし折、草紙の上へ上図のごときものを書き、巧拙を争いし。深山《みやま》通る稚児《ちご》の盃《さかずき》とよむなり。京坂にも古くせしことと見え、西沢一鳳の『皇都午睡』か何か

にも見えたと存じ候。何のことか知れぬが、狂言「老武者」に見えた通り、足利氏の世などに上品な稚児が山村を過《よぎ》ると、老若出迎え争うてその盃の滴《しずく》を申し受けて悦ぶこと、高僧の経過するところの男女が出迎えて十念を授かり喜びしようであった。その余韻と存じ候。これらのことは今の人には分からず。（小生幼時すでに何のことやら分からざりしなり。）

以上

（142～143頁）

昭和七年十一月十二日午前十一時半

南方熊楠

岩田準一様

拝啓。九日夜出御状[13]と十日夜出御葉書、今朝八時五十分着。明十三日大演習終了、十四日には夕刻御休息の余暇少しくあらせらるるに付き、町尻侍従武官より、近海郵船神戸支店長小畔四郎氏を大坂行在所へ招かれ、小生小畔と査定命名せる粘菌標品を文武の侍従諸君に示し、小畔より説明、あるいは非公式に不時に拝謁仰せ付けらるることもあるべきに付き、小畔はモーニング着用の上出頭するようとの申し達しあり。よって今日中に、小生は自分命名の最珍の粘菌二種（いずれも小生門人近年発見）を撰定し、今夜までに小畔へ送るはず。只今昼飯前にちょっと休暇あるに付き、この状を差し出し、さて昼飯、それより右の件に取りかかり申し候ゆえに、長く筆を採ることはならず。ちょっとちょっと返書申し上げ候。

「思いざし」◆[14]ということは薩摩にも美童にも限ることにあらず。もっとも有名な思いざしは、例の『曾我物語』巻六に、和田の一党大勢の酒宴に、大磯の長者の宅で虎を召せども出で来たらず。よって虎とともにその情夫祐成を招請す。その座にて「始めたる土器虎が前にぞ置きたりける、取り上げけるを今一度と強いられて受けて持ちけるが、義盛これを見て、いかに御前、その盃何方へも思し召さん方へ思い差ししたまえ、これぞ誠の心ならん、とありければ、七分に受けたる盃に千々に心を使いけり。和田に差したらんは時の賞玩異議なし。されども祐成の心の内恥ずかし。流れを立つる身なればとて、睦びし人を打ちおきながら座敷に出づるは本意ならず。ましてやこの盃義盛にさしなば、さらにめでたりと思いたまわんも口おし。祐成にさすならば座敷に事起こりなん。かくあるべしと知るならば、初めより出でもせで、内にていかにも成るべきを、再び物思う悲しさよ。よしよしこれも前世のこと、思わざることとあらば、和田の前下りにさしたまう刀こそ、妾が物よ、ささゆる体にもてなし奪い取り、一刀《ひとかたな》さし、とにもかくにもと思い定めて、義盛一目《ひとめ》、祐成一目、心を使い案じけり。和田はわれにならではと思うところにさはなくて、許させたまえ、さりとては思いの方を、と打ち笑い、十郎にこそさされけれ。一座の人々目を見合わせ、これはいかにとみるところに、祐成、盃取り上げて某《それがし》賜わらんこそ狼藉ににたり、これをば御前に、という。義盛聞きて、志の横取り無骨なり、いかでかさるべき、はやはや、と色代なり。さのみ辞すべきにあらず、十郎盃取り上げ三度ぞ酌む。義盛居丈高になり、年ほどに物うきことはなし、義盛が齢二十だにも若くば御前には背かれじ、たとい一旦嫌わるるともかようの思い差しよそへは渡さじ、南無阿弥陀仏、と高声なりければ、ことのほか苦々しくぞ見えにける。九十三騎の人々も、義秀の方をみやりて事や出で来なんと色めきたる体さしあらわれたり。十郎もとより騒がぬ男にて、何程のことかあるべき、事出で来なば何十人もあれ義盛と引っ組んで勝負をせんずるまでと思い切り、嘲笑《あざわら》いてぞいたりける」。このころ曾我にありし五郎時致、しきりに胸騒ぎ、何か兄祐成の身の上に急変起これるならんと推して、裸馬にのり駆け付くる。それより義秀（義盛の三男）と大力のくさずり引きあって座敷に入り大盃を傾け、兄と虎とをまとめて曾我へ帰る。小生等幼きとき、諸神社仏閣にこのときの体を額に画きて掲げありし。

また男色の思いざしのもっとも名高きは、高遠落城の日のことで、花翁の戯作にこれをうまく綴りある。「恋慕の化《あだ》一盃のこと」と題していわく、信州高遠のほとりにすすき、刈萱、萩、女郎花など折り知り顔にたばねゆい、片ばかりの庵、引き廻したるあり。貫き桑門山居し侍る。仏前に供うる蕨餅に飯の付きたる鉢の子を洗うて沢岸に休らい侍る。水中を見れば鴛の雄二翅遊べり。僧思うよう、鴛は愛執深き鳥にて番《つが》い番いあるべきに、雄二翅つれ侍るは哀れ阿曾沼の猟師にやとられぬるかと思いしに、たちまち美わしき男子となりて、僧に向かいて言うようは、われはむかし武田信玄の子仁科五郎なり、一人は忠臣小山田備中守なり。われ若冠のころ、高遠の城主に選まれ、織田城之助四、五万騎の勢をもって八重二十重に包まれ、城中の士卒男女共七、八百人籠城せしも、残らず同じ枕に戦死す。某《それがし》、幼年ながら戦場に死を軽んずるは大将の思い出なり。しかし、ただあわれなるは、これなる郎等小山田備中なり。恥かしながらわれらが美麗なるに恋慕して、数万騎の中より高遠の加勢を望み、一所に討死を遂げ侍る。日ごろはさもこそ思うらめど誰かは媒せん。さぞや未来までもつれなく思うらめ。笹の小笹の一節の情もなく、せめて誠ある詞を通わす便りもなく、神ならぬ身の年月打ちすぎし（こそ?）悔しけれ。繋念無量業、愛情の妄執、煩悩の犬となる身に染め付けて輪廻し侍る。娑婆にては父が威を仮り武栄に誇りしが、冥土黄泉にては、三尺の剣をにぎれども獄卒の猛きに挫かれ、一巻の言も閻王の攻めにさく。あわれ御僧、わが跡弔いて修羅道を免れさせたまえ。そのむかしを御目に懸けんと、そのまま幣《さい》振り立つれば、大将の下知に付いてたちまち数千の鴛、水中に飛び込むとみえしが、みな甲冑をよろい敵味方入り乱れて半時ばかり切り結び、双（方?）へさっとひくと見えしが、松風も音閑かに釈迦の岸に庵ばかりぞ残りし。

この時仁科五郎が小山田に思いざしして屠腹せしことを、なにかに詳しく書きありしが、只今思い出さず。『野史』一一六、仁科盛信の伝には、この男色のことを一切かかずにあり。このとき小山田昌行はとても勝ち軍の見込みなきを知りながら、平生慕いし仁科を見届けんとて、わずかの兵を率いて入り授け籠城せしにて、いよいよ共に切腹する場になりて始めて平生の志を述べ、仁科思いざしして共に討死せしなり。盛信は二十五歳とも十九歳ともいろいろにいう。何に致せ非常の美男なりしと言い伝う。藤沢〔衛彦〕氏の『日本伝説叢書』信濃巻、高遠城趾などの条下にあるべしと思う。今は記臆せず。

ロンドンにありし日、故荒川巳治氏（薩摩人にて当時ロンドンの総領事たりし。のち久しくメキシコ駐在公使たり。それより帰国して大正七、八年ごろ死亡）話《はなし》に、島津豊久（関ヶ原で討死）ことのほか美少年なりし。征韓の役に臨み、家中の勇士を一人一人前へ呼んで思いざしせり。それゆえ猛士みなおのれ一人を主君はことに愛せらると思い、みなみな一気に猛戦せしということなりし。また徳川氏の初期、君公より思いざしされた寵童はことごとく追い腹を切りしが常なり。誰なりしか、主公が寵童どもに、われに殉死せんと望む者に思いざしせんと言いしに、一座白けて進み出づるものなかりし。その座にあまり主君に愛されざる一少年ありしが進み出でて、臣その盃を賜わらんと言いしに、主君大いに悦び思いざしせり。さて、その主公死せしに、その少年約を履んで殉死せず。家老がこれを詰《なじ》りしに、われよりも特に寵愛されたもの若干あり、しかるに主君がわれに殉ぜん者に思いざしせんといわれしとき、その輩一人も応ずるものなかりし。主君は一旦言い出して応ずるものなきゆえ、はなはだ力を落とした体なりし。われ見過ごしがたしと思い、進んでその盃を申しうけ、その座を無事にとりなせしばかりなり。そのとき主公最愛の寵童は今も若干あり、その人々が殉死せばわれも殉死すべしと言いしに、もっともなりとてその沙汰已みぬ。この者は、この致し方はなはだ思慮ありしとて、他藩より招かれ重用されしという話、何かにありたり。

　モオズは、当地また和歌山辺ではモウゾウと申す。古えより妄想とかく。八文字屋本などにも出でおり。夢中遺精のことなり。

　北条綱成のことは、『藩翰譜』の「北条譜」と『続群書類従』の「北条（福島）系図」にあり。この福島はクシマとよみフクシマとは読まぬらしく候。もと村上源氏、福島氏なりしが父が今川氏の内乱のとき殺され、綱成七歳にして小田原に亡命し、大いに寵愛せられて北条氏を賜わりしなり。

　国書刊行会の諸書は、小生はほんを数冊もつのみ。他は手当たり次第借り写せり。『よだれかけ』は見しことなし。『男色比翼鳥』、『男色今鑑』なども、不幸にしてまだ見ず。

　稚児落しのことなど、今の人は全く嘘のように思うべきが、小生十八歳のとき、日光の奥に行きし日記、今もあり。それに日光より湯本まで六里の間を馬にて米を運ぶに二斗に付き運賃五十銭、とあり。そのころの物価では非常なものなり。（三円あらば東京より和歌山まで、左まで醜きことなくして帰り得たりしなり。和歌浦第一の芦辺屋という大料亭で半日飲みつづけて四十銭払えばよかりしなり。和歌山の拙弟の宅は、今も安くみても十五、六万円のものならん。明治十一年に二百四十円で亡父が買われたりし。そんな時に比しては、二斗を六里運ぶに五十銭の運賃は大したものなり。）それが平安朝とか鎌倉・足利時代に、日光・湯本間よりずっと峻路多かりし大峰山上とか、出羽の三山とか熊野三山とかの道路を思いやれば如何《いかが》あるべき。いかに寵愛の稚児なりとも、艶容の若衆なりとも、一人病み出されては限りある日数に予定の行法を遂ぐることならず。今のごとき担架もなければ、かんづめの食菜もなし。山伏などみなみな斧を手にして山に分け入るを要するほどの困難な道中に、そんな病人など出来ては、涙に咽んでこれを捨て去るの外なきなり。近く徳川勢が伏見より紀州へ落ち来たりし、小生二歳のときなどすら、江戸旗下《はたもと》の士で創負いたる老父を介抱して立ち退くことならずより、首を打ち落とし腰に付けて来たりしもの一人に止まらざりしと、これを目撃したる亡母の語られし。それに五、六、七百年も八百年もむかしの山伏などが、只今ののんき遊山半分の巡拝団体ごとく、金を落とせば打電さえすれば局待ちの為替が届き、金さえ出せば、日光の山奥で鎌倉えびの生《なま》なやつを食い得るはずと思いしは、大きな時代知らずに御座候。また、なにかヨリマシの童を祀ったとか何とかいえど、最愛の童子さえ行きなりばったり谷行《たにこう》を行なわねば、一同がにっちもさっちもならぬ世に、何の因縁あってヨリマシの童などを祀るべき。ロというものはよくよく重宝なものと存じ候。

栗田刑部の愛童時田鶴千代がことは、最も古く出でおるが、なにかの軍記様のものなりし。今は忘れ候。しかし、『常山紀談』にも『牛馬問』にも（出処は記せずに）載せあり候。栗田は善光寺の僧官が、大和の筒井のごとく、軍をしたものに候。それが何かのことで遠州辺に来たり、高天神城に籠りしときのことと記臆致し候。と書き終わりて座の左のふすまを開くと、棚に『常山紀談』あり、よってさっそく見出だし、左に写し出し候。

東照宮高天神《たかてんじん》の城を囲ませ給い、柵を付けて固く守らせらる。（熊楠いわく、武田勝頼の兵、小笠原長忠の勢と共に籠城し、徳川氏と戦いしときのこと。）城中後詰《ごづめ》を乞えども、勝頼出でず、粮尽きけり。栗田刑部、使をもて幸若が舞を一曲所望し、これを今生の思い出にせんと申しけるを、東照宮聞こし召し、やさしくも言いけるよとて、幸若に「高館《たかだち》」を舞わせらる。栗田が最愛の小姓時田鶴千代といいし者に、絹紙ようの物を持たせ出だして幸若に贈り与う。その後落城のとき、時田討死しけるを首を取りたれども、女の首なるべしと人々疑えり。東照宮聞こし召され、眼を開きみよ、女ならば白眼なるべしと仰せありければ、開いてみるに黒眼あり。また幸若忠四郎も「高館」を舞いけるとき見知りたりければ、時田が首に定まりけり。

ついでに申す。落城とか、自分が追放さるるとかの時に、最愛のものが敵の手に落つるを憂いて、納得させた上、または欺きて、寵愛の男女を谷へ落とし滝壺に沈むるほどのことは、いかほどもあるべし。今日もアフリカやアメリカの土蕃の間にはしばしばきく。つまり殷紂が玉帛を衣《き》てみずから焚死し、平家が宝剣と共に海底に沈み、また松永久秀が自殺する前に、信長が垂涎する平蜘《ひらぐも》の釜を打ち破りしと同じ覚悟なり。君寵を得る童は殉死を覚悟し、僧兵に囲われた若衆は谷に沈むくらいのことを覚悟せねば、戦国などには相応の立身も出世もならざりしことに候。

「茶屋のおかかに末代そはば、云々」の唄は、小生聞いたことなし。これは茶屋のかか衆は気のかわり易きものゆえ、末代まで（すなわち永く）そいとげ得るなら、伊勢へ七度、熊野へ三度、愛宕様へは毎月詣りで礼賽せんということと存じ候。お伊勢七度、熊野へ三度、云々、は、小生幼きころは誰も知りたる、本町《ほんちょ》二丁目の糸屋の娘、姉は二十六、妹は十九、妹ほしさに御立願こめて、お伊勢七度、云々、とて名高き木やり節ありし。これも古きが上に古きがありて、寛文ごろの（あるいはそれよりも古く）伊勢へ七度、云々、という唄あり。それをいろいろと作りかえたると存じ候。例せば、小生十一歳のとき西南戦争あり。九月二十四日城山陥落して、おいおい兵卒が帰郷致し候。その輩みな「りきうとかご島と地つづきならば」の唄をおぼえて盛んに唄いし。しばらくして芸妓など至る処これを三絃に合わせて唄いはやらせし。さて、只今ラジオや蓄音器で串本節とか何節とか唄うを聞くに、多くは節はこのりきう節そのままで、ただ土地に随い、いろいろと勝手な方言などをとり入れ、串本節は串本の風景、新宮節は新宮の自賛を唄うというまでなり。伊勢へ七度、云々、の唄もこの通りと存じ候。

本月十日（一昨日）の『大毎』紙の何ページかに、一九三二（今）年最終の豪奢版『映画之友』の広告出であり。小さき場合を塞げり。その『映画之友』の四字（黒地の長方形に白字で四字）の下なる女の顔が、小生前晩申し上げし亡友そっくりの面貌にて、そのとき（小生その人に別れし）生まれし妹が只今存するが、すなわちこの像の通りの顔の婦人なり。こんな顔を見て、敬愛の念を起こすのみで淫念を生ぜぬを、仏経に姉妹の想をなすと申し候。姉妹いかに端正なりとも淫念を生ぜぬはずなり。こんなものを見て、ありふれたる芸妓女給（魔女の顔）などとごっちゃまぜにするようでは、到底哲理の玄談のということは論じ得ず。

まずは右申し上げ候。早々敬具

（143～149頁）

《語注》

◆1 『岡山伝説集』（おかやまでんせつしゅう）――岡山県立図書館蔵本によると、四六判六十頁の冊子で、発行所は岡山市の文献書房とあるが、刊行年月日も編著者名も記されていない。百十四条の伝説を挙げており、岩間山本山寺の話は「児石」の条にある。編著者は柱又三郎（かつらまたさぶろう　一九〇一―一九八六）である。岡山県の人、やきもの（陶器など）や岡山地方の民俗に関する著書がある。

◆2　**御下問の心中死**（ごかもんのしんじゅうし）――岩田が十一月十九日付書簡で、中山太郎『売笑三千年史』に、「古くは情死は相対死と称し心中とは全く別物とされていた」とあるのは、不審である。享保七年に幕府が心中の称を相対死と改めさせたのを失念しているのではないか、と述べているのに対する意見である。

◆3　**四日出御ハガキ**――この葉書は失われている。人名に「お」を冠することについてであろう。

◆4　**『女大楽宝開』**（おんなたいらくたからがい）――一冊。安永年間。閨花書肆爾悦堂。層軒開茎先生著。寺沢昌二画。衆道の絵図十五面。若衆仕立様の事。（『男色文献書志』による）

◆5　**二十五日夜出御状**――この時期の岩田は稚児伝説の調査にとりかかっていたが、この十月二十五日夜付書簡で、男寵の稚児石の伝説を探りたいとして、種々の質問を試みている。なお岩田の『稚児伝説』は昭和八年に前半を書きあげ、九年一、二月『文化公論』四巻一、二号に発表された。その多くの注に、南方熊楠の来簡からの抜書きが利用されている。のち単行本『本朝男色考』に収録。

◆6　**鉄道開通式**（てつどうかいつうしき）――従来和歌山へ行くにも船便だったが、この時はじめて田辺まで鉄道が開通した。一番電車は昭和七年十一月八日午前五時三〇分田辺駅を発車したという。

◆7　**二日の夜出の御状および原稿一**――原稿の論題と内容は不明で、南方の返事からわずかに一端を窺うだけだが、岩田は十一月二日付書簡で、別便送付のものは、「かつて発表しようと思って思い止まり、そのまま蔵っていた」もので、「こんな考えをもって一度男色発達のあとを考えてみようとしたことがあります」と述べている。

◆8　**四日出御ハガキ**――この葉書は失われている。『沙石集』に関する質問と思われる。

◆9　**仲算**（ちゅうざん　生没年未詳）――平安時代中期の法相宗の僧。論議の名手として知られ、応和三年（九六三）天台宗の良源を論議で屈服させた話は有名。安和二年（九六九）那智の滝で『般若心経』を誦すると、瀑水逆上して千手観音像が現われ、声を遺して姿を消したと伝える。著書『法華音釈』『法華略頌』。なお「仙童琵琶之事」（『源平盛衰記』二十八）、「仲算童」（『元亨釈書』二十九）、「松室童子成仏事」（『発心集』三）等の諸話参照。

◆10　**聖哲会**（せいてつかい）――ギリシア語のシュンポシオン（饗宴）をさす。「神女ジオチマが現われて美を説く」というのはやや誇張した言い方で、実際にプラトン『饗宴』の中では、ソクラテスがマンティネイアの女巫ディオティマとの対話を紹介している。しかし彼女の発言が篇中の白眉であることは論をまたない。「…もし人がこれら地上のものから出発して、少年愛の正しい道を通って上昇しつつ、あの美を観じ始めたならば、彼はもうほとんど最後の目的に手が届いたといってもよい」。（岩波文庫・久保勉訳による）

◆11　**北条綱成**（ほうじょうつななり　一五一五―一五八七）――今川氏の宿老福島正成の子。幼にして父を失い小田原に来たり、北条氏綱の近侍となり、家門に列し北条綱成と称す。両上杉氏、武田氏との戦いに武勇の名が高かった。

◆12　**小畔四郎**（こあぜしろう　一八七五―一九五一）――新潟県に生まれる。横浜商業学校卒。日本郵船に入社、日露戦争に従軍し陸軍中尉。のち近海郵船、内国通運、石原汽船など各社の役職を歴任。粘菌学については南方熊楠の第一の高弟で、その標本は南方のものと共に国立科学博物館に寄贈されている。

◆13　**九日夜出御状**――このほかに、おそらく十日午前十二時付の岩田書簡も受け取っていたものと思われる。稚児落とし伝説についての書簡である。九日付書簡には、モオズ（紀州方言）についての質問がある。

◆14　**「思いざし」**（おもいざし）――岩田は昭和七年十一月十日夜付の葉書で、西村天囚の小説に、薩摩地方の特異風俗として「稚児の杯の思いざし」について書かれていた、と述べている。以下の南方の文章はこのことに対する返事である。

女の後庭犯すこと、トルコ風呂、アナバの猫、その他

昭和七年十一月二十三日午前四時

岩田準一様

南方熊楠再拝

拝啓。十四日出御状[1]は十六日午後一時五分拝受、ちょっと葉書で御受け申し上げ置き候。書留小包一（『花街風俗叢書』[2]第七巻）は二十一日朝九時二十五分拝受。しかるに小生生物学の方に取り込みたる仕事有之《これあり》、ほとんど三昼夜眠らずに働きたるため、昨日大いに熟眠致し、ようやく昨夜七時に起き出で、只今御受け申し上げ候。

『木芽漬』[3]ははなはだ珍しきものに有之、全篇写し取りたく候付き、何とぞ一月ほど御貸し置き下されたく、十二月中旬には御返し申し上ぐべく候。

『いはつつじ』[4]は、小生久しき前より聞き及び、また抜書を見たことあるも、全篇を見る

は今度が始めてなり。これにはまたまた洩れしことが多しと考え候。

前日御下問の花翁[5]云々は、その後いろいろ考えしも憶い出だし致さず。しかるに、昨日熟眠中に夢にて思い出だし候。これは『三河雀』という書の著者の号にて、すなわち『三河雀』に前日抄記して差し上げたる小山田昌行と仁科盛信の霊魂が両鶯に化したる話を出だしおり候。抄記したるものは、その後標品をおびただしく取り出だしたるため、どこかに片付け、只今見えず候。この小山田と仁科一条は、『野史』の武田晴信列伝によく書きあり。しかし、例の漢文ゆえ、あんまり面白からず。本文は『武家閑談』に出である由、夢中に思い出だし候。この書は小生四十年ばかり前、ほとんど暗記するばかりくりかえしくりかえし読みたるも、今はしっかり覚えず。また自分蔵中にもなし。世間には多きものらしきゆえ、御一覧[6]下されたく候。

また御下問の轟きの橋のことは、小生一向存ぜず候。ただ今度の御状に付きこじつけ候は、明治二十三年か二十四年ごろの『風俗画報』に、そのころ崩御の高貴の御方の御葬儀の記ありし。それに八瀬とかより御柩を引く牛車を出だすに、その車の軸とかが車の体ときしりて、非常に悲哀な音を出す。それを聞くと人のみか牛までも悲愴に打ちしずみ御供するという記事なりしと覚え候。轟きの橋もさようの構造にて、ひときわ異なる音響を発する橋にあらずやと存じ候。もっとも『太平記』、駒も轟ろとふみ鳴らす瀬田の長橋打ち渡り、とあれば、轟きの橋は必ずしも喪葬のための構造と限ったものにあらじと存じ候。

稚児論議のことは、しばしば見及びたるようなれども、今記臆致さず。強いて一例を申し上げんには、元禄十三年の自序ある石橋貞之の『泉州志』一に、「高野山の快尊の伝にいわく、尊は泉陽の人なり。年甫《はじ》めて十一にして宥快師の室に入って、巾錫《きんしゃく》に侍す。年十六にして得度し、指を三密に染む。宝性院成雄《じょうゆう》滅して、院席を次補す。終《つい》に院を良雄《りょうゆう》に譲って、心王院に退去す。一夕、両所の大神の霊験を感じて、児童竪議《じゅぎ》の論会《ろんえ》を企つ。すなわち令旨を賜いて、問答講の香燭料は名手《なて》の荘の租税立果をもってす。文正元年七月二十三日寂す」とあり。これが稚児論議と存じ候。僧同士の論議は今も時々行なわれるよう承り及び候。◆[7]

水原堯栄師は小生面識あり。只今五十余歳の人と存じ候。大正九年、小生登山の節、金剛峰寺にて法主に面会せしのち、法主よりこの水原師を使者として、小生の宿坊一乗院へ来たらせ、葡萄酒一びんを贈られ候。この人は、野山のことを十分によくしらべあり。例の立川派の陰陽教に関する著書もあり。よほど学びたる人に御座候。貴下登山あらばこの人に御面会いろいろ聞き合わさるるときは、大いに得るところあらんと存じ候。

前月の『南紀芸術』と申すものへ誰かが書いたものをちょっと見しに、野山には今もいろいろの伝説多く、例せば、千体稚児という怪あり、冬の雨夜古き寺の椽をあるく由、わずかに一、二尺高さの美童がおびただしく行列して足音立てて静かにあるき来たり、障子に穴をあけて室内を覗くとか。また現存の旧記中にも、僧が児童を争うての確執の件がおびただしく見える由に候。

今回拝借の『木芽漬』二の二、媒は去りしむかしの兄分の条に、男猫が男猫を犯して死を致し、死せし猫が人間に生まれて端女郎となり、「悲しいかな因果の引くところとて、大尽の無理所望に遇いて、その後が痔漏となりて程なく身まかる」ことあり。婦女の後庭を犯すことは、これらが小生には日本での最も早き記文に候。(『逸著聞集』に、大江為武の娘が情人に酔いて後を犯されかかることあるも、これは明和ごろ山岡明阿の作なれば、はるか後れたり。)当地の芸妓置き屋に久しく役介《やっかい》になりおりし小生知れる老人(中風にて五、六年前死す)七十余歳なりしが、三十歳前後のとき、流浪して伊予道後温泉辺のある遊廓に遊びしに、当地の士族の娘十八歳とかなるが、芸娼妓の二枚鑑札を受けあり。郷里の人と聞いて一層なつかしく、毎度すきまを見て寛待《かんたい》されしが、ハクサという病気にかかり尋常の情事は成らず、毎度後庭をもってもてなされしに、少しも常法とかわりなかりし由。それには、また、その方訣ありて、彼輩の内に伝授することといいし、と語られし。わずかの金で身受けのできたことなりしも、持ち合わせ乏しくて終《つい》にあかぬ別れとなりし、程なく死に失せつらん、と悵恨致しおりたり。こんなことは今もあるものにや。仏国などにはこのこと盛んに行なわれ、それよりまた黴毒を伝うることもあり、大騒ぎなり。

それから申し上げおくは、貴下も御存知ならんが、『嬉遊笑覧』にもよい加減なことなきにあらず。「三井寺の児は歯白《はじろ》になりぬらん、つくべきかねを山へ取られて」という歌を『太平記』に出でたり、としあり。『太平記』にさらになし。これは慶長年中成れる『寒川入道筆記』に出でたるに候。

当地方にて「玄猪《ゐのこ》の晩には宵からお出で、たなごと済んだらぬれ手でお出で」といいはやし候。この唄全部御存知ならば、御教示下されたく候。ただし、貴地方にはこんな唄はなきかとも存じ候。

以上

（150～152頁）

昭和七年十二月五日午後一時

南方熊楠再拝

岩田準一様

拝復。十一月二十五日出御状は二十六日午後四時拝受。いろいろ用事多くて只今ようやく御受け申し上げ候。

前日申し上げし「高野秘史」（木谷蓬吟氏）の一条は、『南紀芸術』第八号（十一月一日発行）にあり、定価三十銭で和歌山市四番町五番地猪場毅という人へ申しやれば送らるることと存じ候。右の「秘史」は題号は大きいが、わずか三頁で強いて書き成したというほどのものに過ぎず。（この人は何もそんなことに造詣も素養もなき人らしく候。）しかし、かの山にはこれ以上にいろいろと秘史が今ものこりあるということは分かり申し候。小生写して差し上げんと今日まで御受けを延引せしも、今朝写しにかかりしところへ、またまた二里ばかり距たる村より、当方下女の幼弟がおびただしく菌類を持ち来たり、早く写生せぬと腐るから、わずかの時間もその方に向げざるべからず。止むを得ず写して差し上ぐることは止めと致し候。実はわざわざ送金して買わねばならぬほどのものにあらざるゆえ、そのうち間《ひま》を得ば走り書きに写して差し上ぐべし。

「ゐのこの晩には宵からお出で」ということは、紀州到る処いうことなり。しかるに、志州ではいわぬことに候や、志州でも申し候や。このこと御伺い申し上げ候。

女の後庭を犯すことは、『続南方随筆』一二〇頁〔「婦女を姣童に代用せしこと」〕に引きたる『小柴垣』巻二にもあり。この書は元禄九年板なれば、元禄十六年板の『木芽漬』よりは七年早し。しかし、このことのために痔を煩い死せしとあるは、『木芽漬』が一番早いようなり。（欧州にも鶏姦と痔の関係を明記せるものは中世紀以前にはなきようなり。）このことを春本に見るは、はなはだ稀なり。小生はあまり古からざる（アニリン彩色を用いあるから）小本の安価の四十八手図に、搦め手と題して年増女の後庭をする図あるをただ一つ見しことあるのみ。また女の胯間をする画もただ一つ見たり。それは極彩色で歌川家の誰なりしか名手が、為永春水の小説を春本に画きしもので、「秀八義理に迫られて藤兵衛に素胯を振舞う」とか題しありし。

この胯間ということ、また一大事にて、濠州土人は御存知通り婦女少なきものから、なかなか中年以上までは女が中《あた》り来たらず。故に相応の壮夫になれば童妻というものを娵《めと》る。婚式から忌服まで、それから彼輩に厳重なる親縁の禁忌（妻の母と決して言《ものい》わぬとか、妻の姉の行った道を通らぬとか）も、まるで妻女に対するに同じ。しかるに、後庭を犯すことはきわめて忌む。このことをさらに分からぬことのようにいう人あるが、何でもないことで、実は胯間を行なうに候。むかし高野山などにても胯間をふれまうことは、後庭をふれまうほどには重大視せざりしなり。野郎の記事に多少あるが（遊女の方には一層しばしば見及ぶ）、地若衆の方にこの胯間のことを記したるを、古来本邦の文献に見及ばず候。

まずは右のみ申し上げ候。　早々敬具

歌麿か誰かの画いた上品な画本に、三十四、五の後家とそれよりやや若き男が始めかけておるところあり。詞書に、女「私もその当座は一生後家を立て通そうと思うたが、月日のたつにつれておりおりおかしな夢を見るし、それにそなたのようなさっぱりした男があるから、どうもこたえられぬ、云々。」男「それはそのはずだろう。こんなうつくしいものを後家にしておくは、云々、ほんに入れ仏事というものだ」。この入れ仏事ということ、文化・文政ごろの芝居の文句などにおりおり見るが、和歌山辺では、小生一向聞かざりし詞なり。何のことに候や。徒労というほどのことと察するが、入れ仏事の意味分からず。御教示を乞うなり。　再白

（153〜154頁）

昭和七年十二月十一日早朝

南方熊楠再拝

岩田準一様

拝呈。七日出御状◆9は九日朝八時二十分拝受。小生菌学の方多忙、只今まで苦辛、ようやくその方を片付け、この状差し出してのち眠りに就くつもりなり。疲労ことのほかなるゆえ、なるべく（只今知っただけを）簡単に申し上げ候。湯屋若衆は、遠くギリシアのことをいうに及ばず、只今のトルコ浴房に充盈せり。（トルコ浴房とは、トルコ風の浴房の義で、実は諸国の少年青年がつとむるなり。浴板の上に仰臥しおると石鹸を溶かした手で玉茎までも洗いくれるから面白くなり、それに日参する日本人も少なからず。ローマ帝のうちには、魚と称えて美麗の嬰児に一件を吮《す》わしめ楽しみしもあり。またコンスタンチノプ

ルで浴房で婦女の相乗盛んなりしことは誰も知るところなり。

前にしょうか後にしょうかと娼が問うことは、中米のガチマラ国などに一汎の風なり。ただし、これは真の後庭にあらずして、川柳にいわゆるケツモドキなり。

『松屋筆記』は、一々引くところは孫引きたるを免れず。本家本元の原書はやはり仏の律蔵にあるなり。例せば『四分律蔵』五五に、「その時、比丘あり、体軟弱にして、男根をもって口中に内《い》る。彼疑う、われまさに波羅夷《はらい》〔罪名〕を犯せるなからんか、と。仏いわく、犯せり、と。時に比丘あり、藍婆那《らんばな》と字《あざな》す、男根長くして、持って大便道の中に内《い》る。彼疑う、われまさに波羅夷を犯せるにあらんか、と。仏いわく、犯せり、と」。藍婆那という一比丘に限り、さようのことをよくせし希有の例なり。小生只今臆い出せぬが、律蔵中の何かにこの比丘はもとかるわざ師で身体が自在に曲がりしということありしと覚え候。和歌山中学校に木沢啓という美少年ありし。後に陸軍大尉までなりしが、後のことを知らず。（その兄の妻は聖上に乳をまいらせし者なり。乳の質ははなだよかりしなり。これら兄弟の父は若きとき高野で小姓たりしが、後に資金を得て九度山で薬店を営めり。）麁剛なる性質のものなりし。「わが物と思へど覗《のぞ》けぬけつの穴、覗かうとすればとんぼ反り」と自作の唄を大声で唄い罰せられしことあり。かるわざ師など生来身のよく曲がるものには、できぬことはあるまじと思わる。

辛し風呂云々は、男女また男々交接の節いろいろの味覚を感ずる。歯医者に舞わし錐で歯をもみほらせるとき喉内に酸味を感ずるごとし。帯下を煩う女と交わるとき、喉内にアルカリ味（ソーダのごとき）を感ずるごとし。辛し風呂も、それを言いしものと存じ候。もっとも人により感じは多少かわるべし。

姉御の殿御が所望云々は、小生よく知らぬが、妹の詞と存じ候。女が自分をオレということ、むかしの武家などには珍しからぬことで、元禄ごろまでありしと存じ候。例の近松の『堀川波の鼓』という劇曲にも小倉彦九郎の妻お種の妹お藤が彦九郎へ艶書をおくり、事露われて姉と争論する場あり（もっともこれは姉の咎を免れしめん謀より出でしことながら）。捜さば史実としても妹が姉の夫を慕うた例はいくらもあるべし。只今疲れおるから、ちょっと思い出ださず候。

それから十一月十日の『大毎』、『映画之友』今年最終の豪奢版の広告に出でありし婦人は、川崎弘子などとは大違いで、どうも西洋婦人の顔を日本製に作りなしたものと見受け候。小生はこれほど愛敬に富める顔を日本の婦人にはただ一例の外は見たることなし。

三田村氏はたしか転居致し、その後小生へ信書来たらず。故に今の住処分からず。

入れ仏事ということ、◆10当地でも古き人は今もいう由。ただし、入れ仏とのみいい、事の字なし。貴下の方言研究に対する御申し条はもっとも千万な言なり。ただし、小生はまた異なる点より方言研究ということは正確にならぬことと存じおり候。それはせめて浄瑠璃の符号ごときものを作り出して、一語一語の韻《おん》を正確に記さぬうちは方言研究も言語研究もならず候。支那にはわずかな音しかなきが声は実におびただしきものなり。それを心得ずに作るから、日本人の詩は詩に成りおらず。同じ音ながら春《チュン》と椿《チュン》は同じく、蠢《チュン》とは声がちがう。方《ファング》と芳《ファング》と妨《ファング》房《ファング》と声がちがう。口《カウ》と叩《カウ》と紀《キ》と基《キ》と記《キ》と忌《キ》とちがう。皆《カイ》と戒《カイ》と懈《カイ》とちがう。それを別たぬゆえ日本人の作ったものは通ぜず。明治十九年、小生、渡米の前に告別のため和歌山よりこの田辺へ来る途中、岩代という処で人力車にのる。田辺の誰方に行くかと問うゆえ大江方へと答えし。そのころ大坂でも京都でも堺でも和歌山でも、百人一首の大江の千里の大江をオオエ（恩《おん》のオ、往来《おーらい》のオ、縁《えん》のエでオオエ）と必ず発音せり。その通りの声で大江方へ行くといいしに、車夫そんな人は田辺にないという。そのころ小生の兄が和歌山の四十三銀行の頭取で、田辺の大江秋濤という人が副頭取たりし。この小さき田辺町より和歌山第一の銀行の副頭取となるほどなれば、田辺では誰知らぬ者なかるべき豪家なり。それを知らぬというは、この車夫は田辺へ往きしことなきものならんと思いし。さて幾度も幾度もくり返しても、そんな大江などいう家は聞きしことなし、という。そこで小生その大江氏の弟は渡辺鉄心といって県下第一の槍術家なり、さきごろまで和歌山の市長を勤めし人なりと言いしに、「旦那よく分かった、ははあ、ははは、それはオオエでなくてオオエ（往来《おーらい》のオを二度いい役《えん》のエを一ついう）のことだ、といいし。文字を読み得ぬ車夫としてはオオエとオオエを全く別語と心得しももっとも千万なことなり。

喜多村信節の筠庭なんとかいう書（または『画証録』か、今しっかり記憶せず）に、越後とかで女陰をべべというに上方でべべとは衣服のことなり、と書きある。いかにもこの二語、音は同じながら声が全くちがう。和歌山でボボという処を熊野那智辺ではべ、べ（紅《べに》というときのべを二つつづくる）という。越後のも同声なるべし。さて大坂でも京都、堺、和歌山、みな衣服をばべべというなり（弁舌《べんぜつ》のべ）。同音ながらまるで異声ということに、信節の博洽にしてなお気付かざりしなり。いわんや信節ほどの心がけも心得もなき輩においてをや。さて事はこれだけで済まず。鶴《つる》（ツル）、釣《つる》（ツル）、蔓《つる》（ツル）と分かった上に、黒鶴となるとツルが蔓の声にかわる。その蔓がまた蔓桔梗《つるききよう》となるとツルではすまず、必ずツルすなわち釣の声にかわる。肩、型、潟も、一肩《ひとかた》ぬぐというときは依然カタなれども、両肩ぬぐというときはきっとかた（すなわち潟の声）にかわる。さて三肩より十肩までは、またカタで通る。型も紋切《もんき》り型《がた》というときは必ず潟の声にかわる。その潟も大潟というときは依然カタなれど、八郎潟となると肩（カタ）の声にかわる。何のわけでかくかわるかとか、何を本としてかくかわるが正しきか等は、小生には分からず。分からぬながら小生どもはみなかくいろいろ自在にかえていい、かくかえていい得ざるをカタコトをいうとて笑いたるなり。

こんなことは今は上方でも無茶になりたること多し。故に浄瑠璃や諷い狂言の文句を聞いても、どこが面白きか、何が悲しいかわからぬなりに分かったふりをしてすますのみなり。また、これのみならず、上方以外の人には一向通ぜぬ語も少なからず。たとえばスペインなどで近年までしばしば見たるカッキというものあり（被衣とかく）。これが何やら分からず、有名な博士の書いたものにカッギと傍訓しあり。カッギでは被衣の意に合わず。肩でかせぐ男をカセギという例により、物をかつぎになう男をカッギというなら聞こえるかも知れず、女の上身を被う（カヅク）被衣をカッギではさっぱり意味をなさぬ。（この博士は、したがって『鉢かづき』の草紙を『鉢かつぎ』とよませある。つまるところ、この人の生まれた地にはカヅクという語を知らぬ人のみなりしなり。）

さて、只今好んで、やれ雅言の俗言の方言の郷語のと鹿爪らしく論ずる輩には、関東者あり、奥羽人あり、薩摩人あり、近時は琉球人まで、いかにも日本の正しき語は沖縄から産まれたような狂語を大道狭しといいわめく。また大隅とか日向とか種が島とか屋久島とか、われら少《わか》きときは鬼のすむ片土のごとく思うた所の者どもが、そんなことをいいのしる。これでは方言が何やら、どこの語が正しいのやら、何もかもさっぱり無茶苦茶に御座候。（小生過ぐる大正十一年、三十七年ぶりで上京せしとき、そのころ東京で鳴らせし浄瑠璃語りにあえり。この人は浄瑠璃文句の伽羅《きやら》とは何事か何物か知らず。しかし、知らぬを知らぬとして小生に聞きしところが賞むべしで、一知人に頼み横浜にただ一片ありし伽羅の小片を貰い受け、その人に説明して与えしことあり。この人などは知らざるを知らずとして問うだけが感心なり。その他の天狗どもに至りては、西鶴の輪講に大坂の九軒を何のことやら知らず、九軒の家が並んだ所だろうなどとは大笑わせなり。西沢一鳳がいいしごとく、上方の人が上方のことに一向念慮を払わず、手前のことを何も心得ざるより、事ごとに辺土の者に笑わるるも、また困ったものに御座候。

（155～159頁）

昭和七年十二月十四日早朝

南方熊楠再拝

岩田準一様

拝復。十一日夜出御状◆11、昨十三日朝八時十分拝受。いろいろ多事にて夜通し働き、只今（午前三時半）拝読致し候。はなはだ眠たきゆえ手軽く御返事申し上げ候。自分の生支を自分の後門に入るることは、もろもろの律に見え候。『摩訶僧祇律』巻一に見え候を小生控えおき候は、「仏、舎衛城にあり。一《ひとり》の比丘あり、南方より来たる。先にこれ伎児（かるわざ師）にして、支節調柔《しなやか》なり。婬慾熾盛《さかん》にして、すなわちみずから口中において婬を行なう」とあり。自分の後門にあらずして、自分の口中に行淫せしなり。これはずいぶんあり得ることと存じ候。（二、三歳の小児、好んで自分の足のゆびを舐るものを小生見たことあり、猴のごとし。）

『南紀芸術』八号は見るに足らぬ物に候。

糞野郎ということ、いつのころより始まりしかは小生知らず。クソオンナと罵ることも幼時よりしばしば聞き候。また女が男をクソオトコといいしことも聞き候。また力を出すときナニクソということは今も昔も紀州には普通なり。いずれも男色に関係あることと思われず候。糞をはなはだしく忌むことはいずれの国も同じことで、ハヴロック・エリスなどは、人間ことに婦女が陰部を人に見らるるを忌むは、実はその場が後門に密接しあるゆえなり。あながち交会に関することにあらず、もし男根女陰が足の裏とか手の先とかにあったなら、その陰部を左まで恥ずべき部分と思わざるならんとの説を述べあり候。（諸天のうちに抱擁して歓をなすあり、相視て究竟《くきよう》するあり。タコ、イカの類は、一本の足が本体をはなれ游《およ》ぎゆきて雌の一本の足に達し輸精する。蜘蛛も足で精液をとり集め雌の体へすりつけ孕ます。魚類などは、牝が卵を下しおき牡がその卵へ精をぬるなり。こんな場合には猥褻尾籠等の欲念の起こるはずなし。）

年強年弱ということは、学齢や徴兵令が出てよりのことにあらずやと思う。拙宅の長屋における通運業をする人の幼子は去年元日に生まれたり。故に年強なり。大抵四月ごろまで生まれた者が年強で、それより後に生まれたるが年弱なる由、拙妻の説なり。小生は維新前の書に年強年弱ということの有無を知らず。

シモンズ[12]の著書二冊は薄ぺらなもので、あまり高価ならず。また時々売本の広告を見る。小生の蔵書はみな有志の人々の出資をもって買いたるもので（小生、以前金を多少持ちしとき買いたるものも他人出資で買いたるものに編入せり）、死後目録を引き合わせ有志の出資者へ引き渡す約束なり、年に一、二度その人々検閲に来たる、また来たらぬ年もあれども、右の次第にて一切門外不出なり。薄ぺらな本ながら写すということはちょっと困難、かつ写して送ったところが読んで十分わかる人がまずはなかるべしと存じ候。

『アラビアン・ナイツ』に、ある女聖が男色女色の優劣を論ずる長文あり（アラビア文学にこの論はなはだ多し）。『アラビアン・ナイツ』の全訳出たと聞くが、果たしてこの論も出でおるや。出でおるなら貴下等一読されたきことなり。

また御尋ねの二書[13]は、支那人でなく朝鮮人の紀行なるべしと存じ候。今村鞆氏、こんなことに至って委しきゆえ、ついであらば聞き合わせて、返事来たらば転送申し上ぐべく候。

まずは右のみ申し上げ候。

近く大曲省三氏の『末摘花通解』第四編を見るに、三田村氏説とて、男色の子供を仕立つるにヒジキを用うる、まことに残酷なこと、とあり。これは痛まぬよう「ふのり」の粘液を用うるなり。海蘿（フノリ）をヒジキとよみちがえたるなり。今の有名な人にもこんな間違い多きは、露伴博士のカヅキをカツギと読みしと共にちょっと大息致し候。

（160〜161頁）

昭和八年一月三日夜七時

南方熊楠再拝

岩田準一様

謹賀新禧。新年の御ハガキは元旦朝九時二十分に拝受、御礼申し上げ候。今朝、朝鮮今村鞆氏より来信あり、御訊問の件詳報ありたるに付き、左に全文写し出し御覧に供し上げ候。

『海遊録』は、徳川吉宗の将軍襲職を賀すべく粛宗王よりの使。正使洪致中、副使黄璿、従事官李明彦、これを三使と称す。江戸まで行きし一行四百七十五人。一行中の製術官申維翰。右享保四年十月、江戸城にて吉宗に謁す。

『海槎録』は、寛永十三年（朝鮮仁祖十四年丙子）、海内一統太平を賀するため、正使任絖、副使金正濂、従事官黄杘、三使と称す。江戸までの一行三百六十余人。本書は

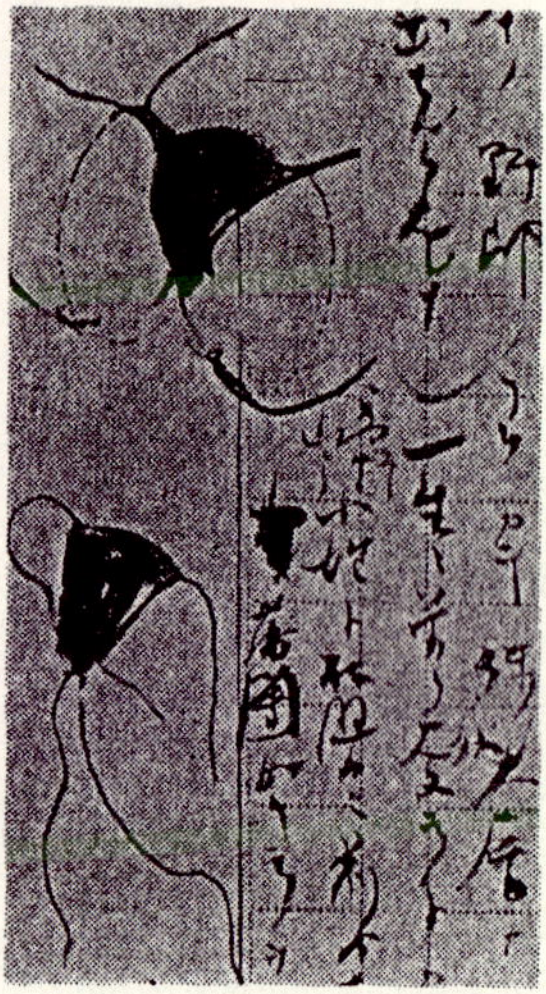

副使金明国（字《あざな》）の日記なり。『海槎録』に、日本に蜂蜜、人参なし、とある。蜂蜜なしとは誤聞なり。また帰途十一月二十日京都に滞在中、正使病気になり岡本玄冶の診を請い、投薬かつ五福延齢丹一合を呈した（呈せらる？　熊楠）。その病を論じ薬を講ずる、みな朱丹渓（震亨）を祖述しておる。その伎倆は朝鮮の医官と比べ物にならぬというようなことを書きある。

すべて朝鮮人の日本紀行は、内心日本に往っておったまげても、帰って書物とする時にあまりほめると都合が悪いから、何かしらん悪く書いたところがある。特に大抵男女の風俗を悪く書いてある。

熊楠いわく、この二書のいずれか、また二書の外の物か忘れたが、朝鮮使に随行したものの日記に、日本の野郎のことをかき、ことのほか大層な美観のように書きあるを見しことあり（誰かの書に抄出せるを見しなり）。一生にかつて見ぬものとかきありしと存じ候。そのうち見当たらば申し上ぐべく候。

高野山にて小姓と取り組むに、前より本式にするに、右図ごとき三角の（ビロウドに綿を入れなどせる）蒲団ごときものをあてて、その男根を倒さまにしておさえ、四つの紐にて両腿に括り付けし。仏国等でも、こんな物を用うるなり。けだし男色第一の用具なり。これを何と呼びしか、所見あらば御示し下されたく候。これなければ自在に前より行なうことならぬなり。

早々敬具

（162〜163頁）

昭和八年一月二十八日早朝出（葉書）

（第一ハガキ）

拝啓。二十一日出御ハガキ、◆14 二十四日午前八時四十五分拝受。石子づめのことは、小生かつてしらべたることあり。高野山等にては寺領内の不逞の徒をこの刑に行ない候（僧徒にしてははなはだしく不如法なりしもの、また寺領の民にして寺法に反抗せしものなど）。小生二十歳のとき、三好《みよし》村という所の紀川《きのかわ》岸に、戸屋新右衛門とかいう人の後裔を尋ねしことあり。これは植木枝盛氏の『東洋義人伝』とかいうものにも出づ。高野領の課税がことのほか苛刻なるを幕府へ訴え、苛法は除かれしも、寺法を行ない石子詰に処せられたりという。貴著書に見える稚児の石子詰はすなわち谷行にて、嗷訴等の罪を犯せしを必とせず、「谷行」の謡曲に見ゆるごとく、途中、病気、負傷等にて一同の迷惑になりしものを、止むを得ず生埋めせしことと存じ候。かかることは、今日では偽説のごとく聞こゆるならんも、現に伏見敗軍の節、幕士が重傷負いたるその父の首を刎ね、腰に帯びて紀州路を下り来たりしを、小生の亡母が目撃して、毎度落涙して咄され申し候。

小生二十二、三のとき、米国ミシガン州アナバという小市の郊外三、四マイルの深林に採集中、大吹雪となり走り帰るうち、生まれて一月にならぬ小猫が道を失い、雪中を小生に随い走る。小生ちょうど国元の妹◆15の訃に接せし数日後で、仏家の転生のことなど思い、もし妹がこの猫に生まれあったら棄つるに忍びずと、上衣のポケットに入れて走りしも、しばしばそれより出て走る。小さいものゆえ小生に追いつき能わず哀しみ鳴く。歩を停めて拾い上ぐ。幾度も幾度もポケットに入れしも、やがてまた落ち出る。漢の高祖が敗走するに、その子恵帝と魯元公主が足手まといになるとて、何度も何度もつき落とせしことを思い出し、終《つい》にその小猫をつかんで、ある牧場の垣の内へ数丈投げ込み、絶念して一生懸命に走り吹雪に埋もるを免れたり。

（172～173頁）

昭和八年一月二十八日早朝出（葉書）

（第二ハガキ）

その猫やがて雪中に埋もれ死せしことと今も惆恨致し候。こんなことは小生一身ずいぶん開け切った米国ですら経歴せしことあり。しからば、幾百年前のむかし峻嶮莽鬱たる山谷を跋渉するには、必ず万一途中で不慮のことにあわば、命はなきものと思い定めて、固く誓約して出かけたことと存じ候。（『古今著聞集』に、西行、峰入りの途中の苦難に耐えかね、はなはだしく先達を怨みしことあり。）

さて、昨夜『古今図書集成』職方典五二五巻を読むに、陝西の汧陽県西三十里にある石魚娘々廟のことあり。「娘々、その里（生処）を知らず。世に伝えて言う、すなわち女子、奮烈して生を捐《す》つ（強姦されかけて自滅して難を免れしなり）。遺骨あって乱石灘（川原なり）にあり。旧廟は雨を祈るに験あり、云々」。一昨年、拙宅の北隣の家（甲府辺の高等か中学の教師なり）の長男が支那巡廻して還りし話に、今諸省に娘々廟という小祠多し。ちょうど本邦田舎街道の石地蔵や庚申像ごとく多くあり。土地土地の人々にきき正すに、誰を祭ったやら何の所由やら分からぬもの多し。ただ女子（棄てられ死んだ女児多かるべし）を祭ったものというだけは別《わか》るとのことなりし。ここにいえる石魚娘々も、なにか石を魚に化して人に食わせ救うたとか、不信心な奴が惜しんで献ぜざりし魚を石に化して懲らしたとか、縁起があったらしきも、それがはや明のころ、すでにその伝を失い、ただもっぱら貞操を重んじて自滅した骨を埋めたと伝えられたるなり。こんなのはまだましなり。北隣の長男が見たのは、多くは何の謂《いわ》れも名号もなく、ただ娘々娘々と崇めらるるばかりなり、とのことなりし。児塚、児石、またほぼこの通りで、一々祀られた謂れもあるはずなれど、それはみな忘却され、ただある児の遺跡とだけ覚えられたので、中には病死、変死、情死、殺害、寵死、いろいろと死に様はかわれど、小児や少年が死して、その処へ埋められた塚と墓標をかく呼ばるるは一なりと存じ候。ただヨリマシ童を崇拝のためにあらざるだけはたしかに明らかに候。

早々敬具

（173～174頁）

昭和八年二月一日午前十時〔葉書〕

拝復。三十日出御葉書◆16、今朝八時十分拝見。前状申し上げたる『東洋義人伝』は、『東洋義民伝』〔『東洋民権百家伝』または『東洋義人百家伝』〕の謬りで、著者は植木枝盛氏でなく小室信介氏と記憶致し候。征韓論で辞職した副島、江藤、後藤、板垣氏と連名で民撰議院設立の建白をした信夫氏の養子で、そのころより明治二十年ごろまで名高かりし人に候。植木氏にも同似の著書ありしが、それは小生見ざりし。高野一件で石子詰になりしは戸谷《とや》とかいいし人で、その伝は小室氏の著に載せありし。石子詰のことは、『郷土研究』に友人寺石正路氏が書いたもの出でありし。右の植木枝盛氏も名高き自由党員で、第一回の衆議院議員なりしが、早く死せり。この人の『西郷隆盛伝』とかいいしものに、西郷、大久保二氏毎々不快の中なりしは、村田信八若きときことのほか美少年にて、西大二氏がこれを争いしより不快が一生つづけり、ということありし。古ギリシア、アテネの二偉人テミストクレスとアリスチデスが美少年の争いより一生不中《ふなか》なりしことなどより作り出したことかとも考えたることあり。まずは右御返事まで。

早々敬具

（174頁）

昭和八年六月二十二日朝九時

南方熊楠再拝

岩田準一様

拝啓。五月二十三日出御状◆[17]は二十五日午前八時半拝受、また六月一日出御葉書◆[18]は二日午后四時半拝受。しかるに拙妻またまた発症、医師を日々呼び迎え注射等の騒ぎ、また小生は五月三十一日限り眼病は全快、薬用を廃止し得たるも、あまり久しく坐して写生図を作るより脚腰および腸肝が悪く、まことに動作不自由、そこへ数十年来心掛けおりし希有の植物が一時に手に入り来たり、打ちやりおくときは今後何十年にしてまた手に入るか分からぬ次第にて、日夜その解剖精究にかかる等、多事のため今日まで御返事大いに後れ申し候。恩借の『花街風俗叢書』若衆篇も写しさしたるまましばらく謄写中止、まことに相済まず、しかし近日一気呵成に写したる上御返し申し上ぐべく候。今日も希代の菌が手に入り、至って腐り易きものにて前月二十四日来これで第三回も手に入り候も、毎度写生半ばに腐り了り候。今日は涼しきを幸い、これより手早く写生するつもりにて、只今絵の具調製中ちょっとこの手紙差し上げ候。

　右の六月一日出御葉書は、多忙にまぎれ只今紛失ちょっと見当たらず。よって五月二十三日出御状にのみ御返事申し上げ候。「いけにえ」云々のこと、これは世界各地に行なわれたることらしきも、わが邦にたしかにこのことのありしという証拠はいまだ十分に挙がらざるように存じ候。存外の野蛮人にも、このこと一向行なわざるものあり。また、至って開化せる人民にも盛んにこれを行ないしもあり。世界の多くの地に行なわれたるゆえ、わが邦にも行なわれたりという論は、全く成立せずと存じ候。さて外国よりいろいろといけにえの話が伝来してより、いろいろとこじつけて、そのこと古く本邦にありしごとくいいなし、書きなし、また行ないもし、今となってはそのこと実にあったごとく思う人多きことと存じ候。

　似たる例をとれば、世の進化するに随い、石器、青銅器、それから鉄器を用うるが一汎の順序という。しかるに南洋諸島など、十九世紀、はなはだしきは今世紀までも石器のみなる処、処々にあり。また遊牧、農業、工業という順序に、社会は世態をかえたりと申す。しかし、インドの多くの部分などには遊牧をせずに始終農業で通した所もあり。どうも世界諸国みな一律にはまいらず候。ヨリマシの一事ごときも日本に神代よりヨリマシを使いしということ一向見えず。これに反し、仏経にはそのこと明らかに見え候。故にヨリマシはインドに始まり、それより中亜を経て（支那でいわゆる西域）、それよりシベリアのシャーマン、日本の両部神道のヨリマシになりしことと察せられ候。例せば、唐朝に中天（竺）三蔵輸波迦羅が弘法大師の遠祖師に当たる一行阿闍梨と共訳せし『蘇婆呼童子経』中巻に、美童を撰み、それに神また魔を降し、童子の相《そう》を見て神が下りしか魔が下りしかを判ずることあり。こんなことが両部神道に入りてヨリマシなどできしことと存じ候。

小生只今眼前に菌が腐り始めおるから、この上いろいろと巨細には述ぶることを得ず。要するに、かようのイケニエとかヨリマシとかいうことを論ぜんとならば、十分本邦のことをもしらべ、また外国のことをも準備した上でなければ、世界中のことは今となっては大抵相似たものとなりたるゆえ、何ごとも外国より入り来たったことと見えもすれば、また平田篤胤同様、外国のことみなみな日本のことを多少まちがえて伝えたようにも聞こえ申すべく候。日本に文字を用い事を記し残すようになりしは、ようやく千六、七百年前のことなり。人間社会がそこここにできし昔に比ぶれば、昨日と五十年前とほどのちがいなり。さて、社会の世相ということを論じ始めしはようやく徳川氏の初世以後のことなれば（それも儒教見識よりつまらぬことで擯斥蔑如されて）それより前のことは一向分かりおらず候。ただ推測をもってかれこれ言ったところが始まらず候。

ついでに申し上げおくは、児達《ちごたち》（児立ちとかく方宜しからん。ただし、児《ちご》よりこの域に達せしという意にもとり得る）という詞、『沙石集』に見え候。後深草上皇なりしか、熊野御幸の節、随従の人足の内に梅の花の名歌を詠ぜしものあり、よくよく身元を正せしに児達なりしとのことなり。これは『沙石集』を読むもの、従前多くは見遁し来たれるところなり。小生、在英中菱川師宣の古画版本を見しに、一人ありて、小男ながらことのほかの大物にて、楯板を七枚ばかり重ねたるを一物もて見事に打ち貫くを一同呆れ驚くところあり。次に、弁慶ごとき大入道を仰けに臥さしめ、公家官人等立ち会いて検査するにはなはだ小物なり。これにも一同今さら吃驚のところなり。そのかたわらに、ちご一人と若衆小姓体のもの二人とこれを見おり、ちごは口に袖をあて艶羞の態を示す。かたわらの詞書きに、「チゴタチはあれを好《す》こう」とありし。少年は一物の大なるを好まぬ意味なり。このチゴタチは稚児連《れん》という意なり。『沙石集』のはそれと異《かわ》り、少年のおり稚児として奉公したりということとなり（稚児仕込《しこみ》なり）。箕山の『色道大鏡』に、たしか、喝食たちの禅僧と、禿《かむろ》立ちの太夫と、それから連歌立ちの俳諧宗匠とが立派な本物だというような言ありしと記臆致し候。（『大鏡』はこの書斎の座右の書棚にあるも、今多事にて繙閲に及ばず。）

　次に小姓達という詞あり。これは小姓としてしこまれて士分になりしということとなり。この詞しばしば見受けたようなれども、たしかに記臆するは、故重野安繹博士の『義士考』とかいうもの（博士の口演を『大阪朝日新聞』の西村天囚が筆記せしなり）（和歌山におき当地に持ち合わさず。明治二十二年ごろの板）に、萱野三平は浅野家の小姓達なりし、とありし。この詞、今度出板の大槻博士の『大言海』には見えず。

　次に若衆達という詞あり。これは近日ようやく見当たり候間注進しおく。『当代記』九、「慶長十九年四月、この近年、大御所近習の女房衆、駿河において金銀を商売せらる」。この使い神子なりけるが、かいがいしく才覚して、本利相調え献上すること毎度なり。去るころ、池田備後（荒木久左衛門子）（熊楠謂う、この人の名は知政とかいいし）も借用のかの銀を神子、催促せしむる間、備後用人（若衆立）銀ある由言い含め、皮袋を渡す。神子たびたびのことなれば、符を切り見るまもなく請け取り、両替町へ出で、商人へ渡す時これをみるに、その内に石をつつみたる多之《これおお》く、神子大いに驚き、すなわち皮袋持ち帰り、備後小姓に申しければ、全く左様のこと知らざるの由申す間、神子と言《い》い事《こと》になる。（熊楠謂う、言い事とは紛議と見ゆ。）そのとき、神子申しけるは、汝は余を媒にて、「備後、妻を犯せる由申し、近ごろ隠謀すでに露顕し、すなわちかの者を押し籠められ、大御所もこのこと聞き給えども、かくのごとき儀は町奉行彦坂九兵衛、相計るべき由いう。この金銀、過分になりければ、備後、返弁なりがたく、その上外聞を失える間、身上いかがあるべき、と、云々。右借銀、千貫目なる間、備後に限らず、歴々の衆、借用せしめ、今速やかには返弁なりがたし、と、云々」。右の文によれば、若衆立は小姓達と同意味の字と存じ候。

まずは右のみ申し上げ候。

貴下、前日『犯罪公論』◆[19]にかきし、小笠原と不破がかご中で通ぜしという話の出でたる書は何というものにて、いつごろのものに候や、伺い上げ奉り候。

早々敬具

（185～189頁）

《語注》

◆1　**十四日出御状**——この岩田書簡は失われている。

◆2　**『花街風俗叢書』**（かがいふうぞくそうしょ）——昭和六年全十巻の予定で発足した叢書。大鳳閣から第一、二、三、五の四巻を刊行、出版元を北文社に変えて第七巻を刊行したが、他は未刊に終った。第七巻は「若衆風俗篇上」で、『男色大鑑』『竹斎』『赤烏帽子』『岩津々志』『男色木芽漬』を収録。

◆3　**『木芽漬』**——『男色木芽漬』（なんしょくきのめづけ）。角書「士農工商」。六巻六冊。漆屋園斎自然坊著。各巻四話、計二十四話の男色譚を収める。元禄十六年（一七〇三）刊。

◆4　**『いはつつじ』**（『岩つゝし』）——北村季吟撰。古来の歌集・物語等より男色に関する文献を摘録して注記したもの。題名は、冒頭の『古今和歌集』巻第十一恋歌一「思ひいづるときはの山のいはつゝじ言はねばこそあれ恋しきものを」による。二巻二冊。延宝四年（一六七六）刊。正徳三年（一七一三）版（絵入）がある。

◆5　**花翁**（かおう）——十一月十二日付書簡で南方は男色の思いざしのもっとも名高い例として、「恋慕の化《あだ》一盃の事」を抄記している（本書466頁）。なお『三河雀』は四巻四冊、林花翁著の地誌。宝永四年（一七〇七）の自序がある。引用は巻三の十九。

◆6　**轟きの橋**（とどろきのはし）——各地に見える「轟橋」の名称の由来と、水原尭栄『神秘の山、高野の山』に見える「稚児論議」についての質問は、十一月十八日付の岩田書簡のものである。

◆7　**水原堯栄**（みずはらぎょうえい　一八九〇―一九六五）――真言宗の学僧。和歌山県那賀郡に生まれる。高野山大学林卒。親王院、清浄心院の住職。土宜法竜に師事し、その紹介で熊楠と文通する。『高野版の研究』『弘法大師御影図説』『邪教立川流の研究』等の著書で知られ、『水原堯栄全集』全十一巻もある。

◆8　**十一月二十五日出御状**――目下元禄前後の「おどり子」について友人たちと研究書信交換中と述べている。また、女の後庭を犯すこと、何かで見たと思うが、書き留めていないと書いている。

◆9　**七日出御状**――十二月七日付書簡で岩田は、日本には湯女はあっても湯若衆はないがギリシアにはあるだろうか、『松屋筆記』巻八十一に「已が陽物で穴をする」ことにつき『谷響続集』を引いているが事実こういうことが可能だろうか、性交に関して「辛し風呂」とはどういう意味かなど、いろいろな質問を重ねている。

◆10　**方言研究**（ほうげんけんきゅう）――岩田は七日付書簡で、「伝染病のように諸国に流行する方言研究もいとわしきものに候。この罪柳田氏の旦那衆芸に帰すべく」云々と述べている。

◆11　**十一日出御状**――岩田は十二月十一日付書簡で、「已がマラで穴をする」ことが『摩訶僧祇律』巻一に見えることを知ったこと、「糞野郎」という罵言は男色と関係ないか、年ゾオ・年ヨワについてなど、いろいろ質問を重ねている。

◆12　**シモンズの著書二冊**――前出（本書387頁注10参照）。岩田がぜひ読みたいが写すことは不可能かときいているのに対する返事である。

◆13　**御尋ねの二書**（おたずねのにしょ）――次の書簡に解説される『海遊録』と『海槎録』。

◆14　**二十一日出御ハガキ**――このハガキは失われている。

◆15　**国元の妹**――南方藤枝（みなかたふじえ　一八七二―一八八七）。南方家の次女。戸籍によれば、明治二十年九月五日死亡。

◆16　**三十日出御葉書**——この葉書は失われている。

◆17　**五月二十三日出御状**——この書簡は失われている。

◆18　**六月一日出御葉書**——この葉書は失われている。

◆19　**前日の『犯罪公論』**（ぜんじつのはんざいこうろん）——昭和八年四月『犯罪公論』三巻四号。岩田の「美少年不破万作の逸話」を掲載。この南方の質問に対する岩田の返簡は発見されていないが、この『犯罪公論』の文章の中で岩田は、不破万作と念者小笠原信濃守との逸話の出典として、承応二年（一六五三）高田弥兵衛板『いぬつれ〴〵』（二巻。作者未詳、衆道随筆集）の下巻を挙げている。

口碑の猥雑さ、化け物譚、腹上死、柳田批判、その他

昭和八年十二月十六日早朝

南方熊楠再拝

岩田準一様

拝復。十三日出貴翰[1]、一昨日午後四時五分拝受。御申し越しの通り、徳川氏初期のものを貴稿に取り入れては、稚児の妖怪などは『曾呂利物語』等に、稚児の逸話等は『醒睡笑』等にいくらもあり。しかし、そんな物を一々収集して入れては、全稿が茫漠たるものとなり了るべく候。ところが伝説というものは、今日の日本にはもはやいかほども残存せず。チゴなどいうものは、常人の思想も及ばざるものと成り下りおり候。和歌山県で普通にチゴと申すは、浄土宗などに、今も時々練《ねり》供養をするに、小生知人の女児が出ることあり。それは女児が（以前はチゴ髷に結いしが今は髪さえ女児のままにて）袴をはき作り花を持ち行列して歩くことにて、その女児をチゴと申し候。むかしの僧徒の侍童などいうこ

とは想像も付かぬもの、したがって真のチゴに関する伝説というものは皆無に御座候。

小姓というものは一層想像の付かぬものと成りおり候。明治十二年ごろまでは、県知事が学校に莅《のぞ》む際など、美少年が洋服など着て付き来たりしことあり。それを和歌山市などでは小姓と申し候。（明治十八年、本郷赤門の加賀屋敷に東京帝大が新築されし落成式か何かに、明治天皇御臨場、伊藤公が演説されたり。その時希有の美少年が金時計を懸下して、聖上に扈従して来たれり。これは公家の壬生鯉若丸という仁なりし由。只今も存生にて基《もと》—何とか称え、皇族の婿になられおる由。当時薩摩出の学生など、これをチゴが来たと言いおりしが、もはやそのころ小姓とは言わざりしようなりし。

故に、只今伝説伝説というは、大抵は伝説にあらず。古書より引き出されたる物に御座候。

◆2リーとかいう米人がイタリアへ毎度行き、いろいろとイタリア国の伝説を集め著書を出せり。その内に、真の俗間に伝うる口碑などいうものは、決して当今学者が持囃《もてはや》すグリムの『伝説集』とか、ケートレイの『精魅譚《フエヤリーテイルス》』とかいう綺麗なものにあらず。十の九まで多少猥褻の意多きものなり。故に伝説の出板されたものは、その実物を去ること遠しといわれあり。小生、諸国諸民の家内に立ち入り聞き伝えたる昔話というものは、ことごとくいわゆる士君子の口にすべきものにあらず。帰朝前後今日まで聞きしところもことごとくそんなことのみに候。高橋勝利君が下野の栗山という至極の僻村で輯めたる伝説をおくり来たれるを見るに（これは発行禁止と察し候）、みなかの方に関するもののみなり。また誰かが陸中で集めしを高橋氏より伝えられしを見るにも、慶長の乱に和賀、稗貫の一族亡滅離散せしとき、和賀か稗貫か忘れたり、その城主の奥方が一家臣に扶けられ民間に潜むうち、ある夜奥方が一儀を催して忍ぶべからず。これも一つの忠義とその家来が考案して、何とかの木の葉を膣にさし込み、それを隔てて奥方の慾を静め奉りしということありし。これは聞いた人が十の十人まで虚伝として嗤うところなるべきも、古く仏律蔵にも僧などが婦女を犯すに隔《かく》を用いしことしばしば見ゆ。われわれも近年まで和歌山辺の大賈の家などに、後室がこの法で手代や出入の男と交わりしことはしばしば承りし。また、それよりいろいろと事を生ぜしこともあれば、十の十ことごとく虚説にもあるまじ。

男色の方でも、小生十八、九まで、むかし高野山で小姓をせし人よりいろいろのことを聞きし。自分より年長の小姓の、年長《た》けて納所《なっしょ》になれる者に口説かれて、江島の白菊同前の究境に立ちしとき、止むを得ずその納所の思いを晴らせ、しかも主僧にも義を立つるべく素股をふるまいしに、どうやら闇中ながら相手がその納所でなく、このことを取り持ちし寺男の様子ゆえ、さてはとさっそくの機転で速やかに股を開き、返す刀で烈しく股を打ち合わせて、寺男の一件を折れるばかり挫きやりしなど、いろいろとそんな咄ばかりなり。また主僧があまり長く人と話すを、小姓が自分の室へ呼び寄せるにはおのおの屁《ひ》を放る。その音をきき分けて主僧が、「またおれを呼びくさる」と呟きながら中坐して入り来たりしとか。それから前年申し上げしと覚ゆる、小姓打ちつれて九度山まで娼妓を買いに下るに、通和散ととうがらしの粉をすりかえ、自分は女郎に大もての代りに、友の小姓の相方妓は大いに悩み出せし等の話。こんなことは、小生十八、九までは、高野近き伊都、那賀、有田三郡の人が寄り合うごとに咄したことながら、今は誰一人覚えたものなし。そのころ聞書を致し置いたなら、種々と珍談もあったはずなれども、今日となっては何とも致し方なし。東京新吉原の咄なども、今二十年も立たば何ものこらぬこととなるべしと存じ候。

小姓の幽霊が歌の下句を付け煩うて毎夜詠み聞こえたという咄なども、『燕石十種』か『新燕石十種』に（なにか徳川下半期に作りし江戸のことを書いたもの）出でおりし。これらも、必ずしも徳川以前にあった説とは思われず。前便申し上げたる、日向の美少年が臼杵家へ歌を修行僧に托しておくりし咄◆[3]、また大和の無理心中の僧と稚児の鬼火の闘いの咄なども、貴下が引かれし近作の二書が「伝説」と題号持ちたるゆえ「伝説」と思わるるようなれど、実は徳川氏の世に書されたるものに候。

『日本伝説集』とか『甲斐昔話集』とかいうもの近時多く出る。大抵は支那書、または西洋書の翻案もしくは直訳なり。伊豆国には、水仙は自分の美貌にほれて水に陥り溺死したものの屍より生えしという由。これは誰も知りたるギリシアのナルキッソスの伝の直訳なり。（故に水仙の渾名をナルキッソスと呼ぶ。）『甲斐昔話集』に出でたる、商人がその同行の商人を水に落とし殺してその妻を娶り、子を生ませてのち安心して雨水に泡がたつを見て笑う。妻が問うと、汝の前夫を殺したとき水に泡が立つを指さして泡に後日証拠に立ってくれと言って沈み死にぬ、今泡が立つも何の証拠とならぬを見て笑うなり、といいし。妻これを聞きて前夫の後夫に殺されたるを知り訴え出て、後夫は所刑《しょけい》され死んだという。これは『琅邪代酔編』[4]等に出である、唐宋ごろの支那譚そのままなり。本邦に泡を引いて証とするなどいう風習なし。『代酔編』はいろいろの珍談を諸書よりかき集め、はなはだ博識ぶりに重宝なる書ゆえ、延宝ごろ本邦でふりがな付きで翻刻されたから、甲州辺の山村でも、法螺に志厚き村夫子はこれを買わぬまでも写し伝えて、いろいろと自分で作ったかに吹聴して俗耳を驚かしたことと察し候。また柳田氏の『昔話集』に、日本中の諸州の伝説を集めたるが、中には近江の大井子が薩摩の氏長を自宅で飯飼い、自分に劣らぬ大力に仕立てて京都へ角力に上らせた咄(『宇治拾遺』か『古今著聞集』にあって、『北斎画譜』にも描かれ、名高いものなり)。

　これも、実は飯を食わせたばかりでなく、毎夜毎夜、夜相撲でもんでやったというような咄だったのを削ったことと存じ候。

　また長崎で外国人が壁の石をかいに来たり、あんまり高価に付けるゆえ主人が売らず。その外人帰国してのちその石を削るに、中より生きたる魚が飛び出し、のちに外人が大金を持っていよいよ買いに来たりしが、魚が去ったのちゆえ大いに惆恨したという。これは安永ごろできた近江山田浦の木内重暁の『雲根志』[5]に書きあり。南宋の世に成った『雲林石譜』に同一の咄がちゃーんと出でおり、長崎の伝説にも何もなく御座候。柳田という人は兄の井上通泰より和歌を伝授して歌はどうやらよいが、気骨の乏しき人で、深く博く事物を研究せず、日本人は日本のことを第一に研究すべしといいはり、日本に行なわれ、また行なわれたとあれば何でもかんでも集めて、和泉式部の足袋とか景清の眼薬とか、獅子舞はむかしはみな鹿踊りなりしとか、日本のことはみな日本特有のごとく説き候。はなはだ手軽で簡便なやり方ながら、『槐記』に日本のことは大抵みな支那より来たれりといい、林子平が日本橋下の水はテイムス河に通ずと論ぜしなどに比して、はなはだ固陋一偏の頑説に候。

まずは右申し上げ候。とにかく小生は、稚児の伝説というもの、徳川氏の世に書されたるものを除きては何ほどもなく、たまたまあったところで、道興准后の「むかしここで稚児が盗賊に殺されたと聞く」くらいに止まり、何の珍しくもなきことが多いと存じ候。

早々敬具

（210～213頁）

昭和八年十二月十八日午後二時

岩田準一様

南方熊楠再拝

拝啓。十五日御状は昨十七日朝九時拝受。昨日より寝ずに菌類写生致しおり、今日は早くより人を傭い、庭の大木（樟《くす》）の大枝を伐り払わせおり、その差図等にていろいろ事多きゆえ、御質問の件、みなまで答え申し上げ得ず。ここには差し当たり只今小生の手に合うべきことのみ申し上げ候。◆6

伝説というものはそうそう多くあるものにあらず。欧州にても、伝説編などにあるもので多少面白味あるは、十の七、八まで中古その国に行なわれたる説経用書（『沙石集』ごとき）の諸話を換骨したものに候。古河辰がいえるごとく、今の人に道理に合わぬと思わるるほど、それが古伝に近し。それと同様に、今の人の道理に合いよく了解さるるものは、多くは偽作に御座候。故に昨今なるほどと思わるるよう書いた伝説はみな虚説が雑りおるなり。

一眼一足のことは、只今疲れてちょっと材料思い当たらぬゆえ、明日でも一眠の上考えあてて申し上ぐべく候。

朝欣上人のことに付き徳川時代に成りしものを引かんよりは、『続群書類従』七九九巻下の『長谷寺霊験記』下第二二「朝欣上人生身観音に遇い奉り、すなわち発心せること」

の条を引かれたく候。永享七年より以前のものなれば、はなはだ御役に立つなり。

例の生半可な輩が伝説伝説と称え、小姓も喝食もごっちゃにしていろいろ書き替えをやったり、また柳田輩に誑かされて「よりまし」などと言い直したり、読んだところが時代相応の用語が変替されあるから、一切その鑑定がつかぬとは困り入り候。『花月随筆』の要処、左に写し差し上げ候。（昭和八年九月発行、著者飯島保作、東京富山房発行、定価四円八十銭）

狸の伝説（六二〇頁、六二四頁）

六二〇頁（すべて十五行のうち十二行。三行は前の題号の条の終りにかかる）より六二一頁（すべて十六行）のうち九行とおよそ三分の一行は諏訪明神の狐使のこと、『摂陽落穂集』に出た川辺郡東多田村鰻縄子の狸火のこと等にて、貴下には興味なきことなり。六二一頁の第十行の三分の二より写し出す。

また狐が主として美女に化けることは既述の通りで、玉藻の前や殷の妲妃以来、その例枚挙し難いが、稀《まれ》には美少年に化けた例もある。『続群書類従』に収められた『若気勧進帳』に、「伊州阿閉郡に一の山寺あり。寺後に深山あり、老狐栖めり。ある夜かの狐妖、窃《ひそ》蟄居の振りをなし、かの寺中を徘徊し、童子を嬲り法師を誑かす。ある坊の小新発意、かにかの妙姿を見て、寤寐《ごび》忘れず、云々。終《つい》に一夜の盟を結ぶ、云々。古えより人畜の孳（これはツルミと訓むべきか）、たちまちその祟りあり。翌日、かの狐、丘を首にして死す、云々。(熊楠いわく、これは『古今著聞集』などに、平安朝に宮庭にて男女に化けた狐が官人に挑まれ、死を覚悟しながら思いを協《かな》えやり、翌朝死しあったという咄に拠るなり。)(文字の詮なき妖畜たりといえども、なお身を失うを顧みず、人の望みを達す、云々」。(文字の錯乱が多い。今「百和香」本と照合し、仮名交り文に書き改め、解し易からしむ。奥書に文明壬寅とある。)(六二二頁)

文明壬寅といえば足利の中ごろだ。逍《さすが》に男風旺盛の時代だけあって、狐が美少年に化けたのは異《あや》しむに足らずだが、やはり足利朝末ごろの作かと思わるる『狸少人状』(一に『狸状』または『狸申状』)によれば、あの黒い毛ムクジャラな痴鈍な動物たる狸までが美少年に化けているのは、時代の風潮とは申せ、滑稽千万で、ことに坊主どもに見顕わされて摺子木で擲られ、ほうほうの体で遁げ出し、その後さんざんに愚痴を述べているのは、狸だけにへまなところが見えて、重ね重ね滑稽感を起こさしむる。この『狸状』は徳川初期に習字手本として広く行なわれたらしく、延宝板の物もあり。また天和から元禄・正徳ごろの書籍目録に、大抵その名が見える。されば珍しくもなけれど、短文物だから、その全文を仮名交りに書き換えて見る。文字の素朴古拙なことは、到底『若気勧進帳』の妙に及ばぬが、古い刻本は滝本流の能筆で、たぶん足利期の末ごろ、比叡山の僧侶などの作った文章と思われ、素《もと》より戯文で事実の有無などは考証すべき限りでないが、そのころこういう伝説があったものと思われる。上州館林の茂林寺では茶釜が狸になったとされているから、江州竹林寺の狸がオカマになったのもまんざら縁故のないことではあるまい。

『狸申状』一名『狸少人状』

それ当山の興りは、桓武天皇の御願所、延暦寺の末寺なり。比叡山のうち竹林寺と申す山寺は、鎮護国家の道場にして、真言止観の霊地なり。しかるに、なお当山においては一《いち》児《こ》二《に》山王《さんのう》と、云々。就中《なかんずく》畜類の態《たい》たりといえども、少人垂髪の顔《かん》ばせを顕わすのところ、左右なく味噌磨木を頭上に当てられ申すの条本意なきところなり。ことにもってかの枝（杖の誤りか）三つの科あり。一には円頓の教法を破り、二には山王七社の諸神の御恵みを失い、三には少人垂髪の礼儀を蔑《ないがし》ろにす。かれといいこれといい、罪科遁れ難きの条、もちろん世上において理不尽の旨、もっとも沙汰するところなり。はなはだもって（以上六二二頁）傍若無人の至り、言語道断なるものか。およそは月氏また震旦日域の童形、みなもって仏法遺跡の方便にして、恵命相続の妙形なり。しかるに、今畜類たりといえどもなおその情《なさけ》あり。夜々《よなよな》枕を並べ、日々又顧（頚を交ゆるの誤りか）のところ、たちまち出仕を妨げらるること、悲しきかな。その身いやしくも人倫におりて報答なきの上、あまつさえ邪見の苛枝（杖か）に当てられ申すの間、恋逆無道の対罰を酬いて、寺中いよいよ少人の威光を照らさんと欲するものなり。よって打擲遺恨の鬱憤申し述ぶるの状、件のごとし。

狐が男に化けた咄は『古今著聞集』あたりにあったはずだが、美少年は『若気勧進帳』

が初めてであろう。『狸少人状』は、たしかにこの『勧進帳』を真似て、狐を狸に置き替えたものと考察する。この『狸状』の絵入本には、坊さんが写経しておるところへ美少年が茶を運ぶ図を絵《えが》き、少年の裾から太い尻尾を出して、狸たることを示してあるのも面白い。そもそも若道は足利期が全盛で、徳川期に入りても、元禄ごろまではかなり盛んに行なわれ、芭蕉翁も桃青時代には、君寵を蒙ったといわれ、井原西鶴などは、ことに斯道の猛者で浮世草子や矢数俳諧の作品を通して、その目覚ましい発展振りが窺われる。しかし、だんだん世が降って、坊さんなどが女を翫ぶ便宜が多くなったゆえか、この非倫の風俗は廃れ行きて、終に江戸は芳町、湯島、神明前、京都は宮川町、大坂では道頓堀辺の蔭間茶屋に余命を保ち、それも半ばは後家や殿女の隠れ遊びする場処となったようである。しかして寺には稚子喝食あり、また樽拾いの小僧が独身男に手込めに遭ったりした例は、川柳、黄表紙、滑稽本を通じて散見すれど、江戸末期にはこの風ははなはだしく衰え、却って世人に不快を感ぜしむるようになったと見えて、天保以来できたおびただしい艶画本にも、これを載せた物はすこぶる稀《まれ》となった。今日では狐狸はもはや美女にも美少年にも化けず、わずかに狸には腹鼓《はらつづみ》や赤小豆《あずき》磨《と》ぎ、狐には狐憑きや狐火の迷信が往々存在する（六二三頁）に過ぎぬ。またもって古今の変を知るべしである。（六二四頁）

右あまり面白くもなき文ながら写して進《まい》らせ候なり。　早々敬具

右の小生注に申せし、狐が化けた美女、人と交わって死せし咄は、『古今著聞集』魚

虫禽獣第三〇篇に見え候。『日本文学全書』第二一篇の本、四二九頁より四三〇頁に至る。「ある男、日暮れてのち、朱雀の大路を通りけるに」という書き出しなり。日が昏くなり筆鋒が分明ならず、御察読を乞う。

（214〜217頁）

南方熊楠再拝

昭和九年一月十九日午後八時半

岩田準一様

拝復。十八日出御状、◆7 今朝九時十分着。本日ははなはだ寒く、また暗く、小生は終日臥し、只今ようやく拝見致し候。石中魚ある話、御写し遣り下され難有《ありがた》く拝承。これは『雲根志』の話のたしかなる出処と存じ候。今日事々しく伝説とか何とかいい囃さるるものの内に、こんな例がたくさんあることと存じ候。

御下問の規模は、小生等幼少の時しばしば和歌山市の古風な（多少学問ある）人士より聞かされたる語に御座候。一昨年十月発行、故大槻文彦博士の『大言海』一巻七九九頁に、規模の三義を釈く。規はぶんまわし、模は型《かた》。㈠物事の広さ、狭さ、構え、かかり、結構、縄張り。㈢ほまれ、面目、名誉、光栄、他の模範となるべき意。この二つは小生いうところの意にあらず。㈡法度《のり》、法式、模範、拠るべき例《ためし》、手本。張衡『帰田賦』、陳二三皇之軌模一（軌は規に通ず）、『徒然草』九十九段、庁屋の唐櫃、見苦しとて、めでたく作り改めらるべき由、仰せられけるに、云々、累代の公物、古弊をもって規模とす、たやすく改められたがたき由、故実の諸官等申しければ、とある。まずは故実という意に小生は承り、また用い来たり候。また正例というにも近きことと存じ候。

『法苑珠林』の文は、「行きて一百余里を経て、張および同伴、夜賊に劫掠せられ、装具並びに尽く。張ついに呪していわく、四郎、豈《あに》（この豈は、こんな時に来たり助けぬということはあるものかという意味なり。ちょっと和訳し難し）相助けずや、と。頃《しばらく》あって四郎車騎畢《ことごと》く至る」。末文、「すでに死して六、七日を経、しかるに蘇るなり。兗州の士人、これを説いていうこと爾《しか》り」。

『獪園』一二の文は、「丙午の歳《とし》、異人に遇いて飛篆《ひてん》もて禳除せられ、ついに跡を絶す」に候。飛篆とは篆《てん》書で符を書き、それを焼きて空中に飛ばすというぐらいのことと存じ候。こんなことは支那人間にも古今いろいろの異説考証あり。なかなかちょっと分かり難し。書いた人が何のことをも分からずに書いたものも多しと察し候。

　飛田のような所で多く彼輩にあい、親しく聞いたら分かろうかと思う一事は、小生壮時、和歌山生れで高野で小姓たりし川島正久という人にあい、いろいろ聞いたることあり。

（この人は明治十九年ほとんど小生と同時に渡米しサンフランシスコにありしが、また二、三年中に帰朝し、どこかの警部たりしと聞く。今はすでに物故せりと存じ候。かつて大浦兼武氏の部下で警部たりしとき、何かのことで大浦氏を弾劾せしことあり。その弾劾文の写しを見せられたことあり。また西南戦争のとき、西郷菊次郎氏を訊問せし、その口供書を小生借り写しあり。紀州ことに和歌山のものはよく啌《うそ》をいう。しかし、この人のいうところは大抵証拠品ありしゆえ、それより推してまるで無根のことはいわざりしことと察し候）。この人咄《はなし》に、内洩れ外洩《そと》れということあり。真実に至誠をもって交歓するときは、小姓が陽具より精を洩らす。これを外洩れという。しかるに、その上の小姓に至っては、興極まるとき直腸内に一種の粘液を洩らす。これを内洩れという。この内洩れする小姓に至っては、情緒全く変じて婦女と異なることとなしとのことなりし。哺乳動物（人もその内）もとは一孔なりしこと、動物系統学で明らかなれば（今もエキドナ、プラチプスという二類の獣は、鳥と同じく一孔にて卵生す）、前後二門に別れて後も多少以前の感じを保留しおり、それが大いに興奮するときは、内洩れぐらいのことはありそうに存ぜられ候。このことはかの飛田輩のある者のごとく、全く性格情緒のかわりたるものにあらざれば正確な答えを得ること難しと存ぜられ候。まずは右申し上げ候。

謹言

（230〜232頁）

昭和九年三月一日早朝

岩田準一様

南方熊楠

拝啓。二十六日出御状◆8は昨二十八日午後二時半拝受。当町も風引き多く、小生一家はまずは無事なるも、長屋にすむものことごとく打ち臥しおり候。

御尋ねの件は、小生只今眼力弱く一々御答え申すことはならず。なにとぞ原書に付いて御調べ下されたく候。『改定史籍集覧』は左まで少なきものに無之候が只今手許になし。内藤〔恥叟〕氏がいいし、幸長男色で精疲れ死せしということは、小生その出処を知らず。この人は娼妓遊君を多く落籍させ、それがため死せしという説も、なにかにて見しことあり。

その遊女の名も知れおりしことと記憶致し候。

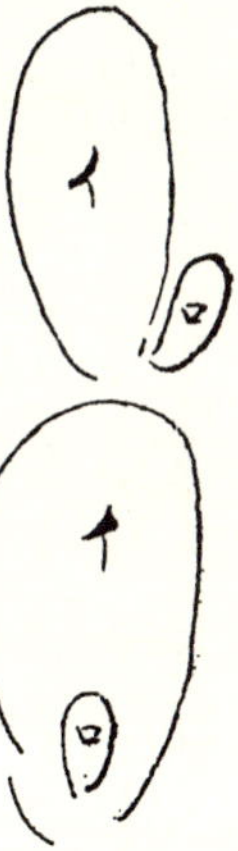

内藤氏の『〔徳川〕十五代史』は和歌山市におき当地にはなく候。『集義外書』は当地図書館にあるも、小生往きて覧ること能わず。ただし、右三事は、『続南方随筆』一一五―一一二

一頁〔「婦女を姣童に代用せしこと」〕に出でおり候。背孕みのことも一二〇―一二一頁〔同前〕に出でおり候。そこには述べざりしも、背孕み稀《まれ》にあることにて、これは胃癌のごとく、双生すべき二人の胎児の一人が小さき胎児のまま他の胎児の体中にまきこまれ、イなる大胎児が成長したるのち、ロなる小胎児がその胎内にあり、それがある機会にイなる人の体外に出づるをみて、男子が子を生みしと驚く。もと畸形学上のことに候（前頁の図参照）。

腹上死のことは支那書にしばしば見る。台湾ではこれをもっとも幸福なことと敬仰する由。これと反対に、『金瓶梅』には、春梅という淫婦が、ある将軍の愛妾となりて、将軍戦死したるのち、おのれより年若き青年と昼夜淫楽するうち頓死し、その青年大いに驚き腹上より下り、有り合わせた金銭を盗みにげ、隠れしところを将軍の旧臣等に見出だされ撲殺さるることとあり。こんなのは例少なく候。聖徳太子のは委細を知らざれども、チベットでむかし喇嘛《ラマ》教の男聖が女聖と互いに顔をみつめながら二人とも往生し、または男のみ往生することとありし。それに似たることと存じ候。

アテガキは『若気勧進帳』にありしと存じ候。笑本どもに、自分が思う婦女（または姣童を）を現在眼前にあるごとく熟想してかくのをいうごとく記したるものあるも、およそ手淫に相手を想像せずに弄するものはまずはなきはずなり（狂人は別として）。小生知るところアテガキは、小生壮時まで、東京蠣殻町の水天宮の祭日とか、また旧幕ごろの芝居場にて、自分の前に立ちたる婦女の顔をみつめながら弄すること多かりし。またおのれの想う女の像を画かせ、また写真をみつめて弄する等、必ず想像のみならず、画とか像とか本人とか、その物体あるにあててかくに限る名と存じ候。故に、仏律蔵にある、托鉢中見初めたる婦女の顔をよくよく見覚えて坊に帰り、さてその顔貌を想起精思して弄するは、アテガキにあらず。眠れる人や、隣室に化粧する女や、わずかにうつった女の顔を見ながら弄する、また死人をみて弄するのがアテガキと存じ候。

玉菊のことは小生聞きしことなし。これは例の碁の手を切れといいしを誤聞して僧の頸を刎ねし支那の話より転出せしと存じ候。

菊の精が少年に化けたことは知らぬが、美女に化けた支那譚は見出だし置きて、写して差し上げんと捜すに見当たらず。見出だし次第申し上ぐべく候。ここまでかき了りて用事起こり中止、以下は三月二日早朝認《したた》む。

前述、浅野幸長、男色に精衰え死せしということ、内藤氏何によって書きしか分からず。浅野が孌童《れんどう》を好みしことは、左の一文にて知れ候。

『当代記』巻五、慶長十四年五月十八日、浅野紀伊守（紀伊国主）悉皆の用人（家政部長なり）松原内記を左内という（年十七）者指し殺す。その故は、かの左内、京都の者なりしが、紀州へ奉公望みによって下すべきの由、伝をもって松原内記方へ言い送り、内記すなわち承引し、小袖以下を遣わし招請せしめしところ、内記恋慕はなはだしくなりける間、紀州へは出ださずして私に抱え置き、懇志ならしむ。六月、丹波国普請あるべしとて、かの内記をも紀州より遣わさるべしとなり。かの左内こと、紀州内々聞き及ぼされ相見ありたく思され、たびたび内記所へ行かれけれども、深く隠す間、終に見らるることなし。このたび丹波国にて露顕あるべしと思いけるか、かの左内を二十日已前に人を付け京都へ上せける。さて跡より状をもって左内方へ申し贈りけるは、向後内記相抱え間鋪《まじく》となり。左内この状を見て大変気色、さて父母親類に隠れ紀州へただ一人下り、かの内記常の居間へ来たる。内記転寝しておりけるところを大脇指をもって三刀に殺害す。すなわちその身も相果つる。かの左内はなはだ美麗と、云々。その後左内介法《かいほう》の伯父坊主、この儀を内々存ずるかとて、紀州より駿府奉行中 幷《ならびに》 城の女房衆へ申し贈られ、叔父坊主を抑留せらる。京大御所御承引なく、所司代板倉伊賀守もこのこと紀州の存分然るべかざる由申しける。京織の者ども何もこれは紀州申さる間鋪《まじき》ことを申されけると批判しける、と、云々。このこと浅野紀州このまま打ち置きなば京都外聞然るべからずとてしきりに駿府へ訴えければ、黙止し難しとてかの叔父坊主を十一月紀州手へ相渡し籠舎せられけるとなり。小生目わるきゆえこれだけ申し上げ候。

以上

車次という苗字、これは何とよみ候や。シャジなりや、クラッグなりや。

（236〜239頁）

昭和九年三月十二日午前十一時半

南方熊楠再拝

岩田準一様

拝呈。今朝九時五十分、十日出貴ハガキ二通拝受。◆[9] 御下問の『医学天正記』か『道三一渓配剤記』のうち、いずれか一つは『改定史籍集覧』に収めありしと覚えるも、たしかならず。古医書を集めたるものあるべければ、それに就いて御捜索あらんことを望む。『大乗集菩薩学論』は法造菩薩の撰という。小生この菩薩につき知るところなし。深草の薄墨の梅のことは、『醒睡笑』を常に座右に置き毎度見しも、貴書により今回始めて気付き候。

夷子町のことは（夷子通にあらず）、前年の貴書は失いたるも、昭和七年二月の『民俗学』四巻二号一五〇頁〔「紙上問答」所収「京都の男色肆」〕に、その貴書の写しを出しあるを見るに、夷子町と宮川町は別町と分かれど、夷子町は宮川町の最も近処にて、すなわち宮川町のすぐ裏通りということ貴書に見えず。小生は田中紅緑に承りて初めてこのことに気付き、宮川町の芸娼妓が今も夷子町の夷子社に肩入れ厚きより、定めてむかしも宮川町の蔭間どもがその夷子社に肩入れ厚かりしゆえ、当時の通人どもが宮川町のことを夷子と呼び、さてこそ馬琴の小説にも夷は男色云々と書いたことと分かれり、と申し上げたるに候。小生初め、貴書に就いて宮川町の外に別に夷子町という町ありしことは分かりたるも、夷子町が姣童どもと何の関係あるやを詳らかにせざりしところ、宮川町の氏神（または産土神）ともいうべき夷子社が、すぐ宮川町の裏通りたる夷子町にありしより、宮川町を夷子と呼びしと判りしと申し上げたるなり。貴書によってこの二つの町の別々なるを知りしのみ、二町の遠近も分からず、宮川町の外に蛭子町または男色肆ありやと疑いおりたるところ、田中氏の話にて蛭子町にはそんな物なかりしも、最も近所ではなく、宮川町界涯の産土神なるゆえ、宮川町を洒落《しやれ》て夷子といいしことと初めて分かりしなり。すなわち貴書はただ書籍の抜き書きに止まり、それ以上は貴下の推測のみ。田中氏のは実際よくその辺のことを見知りおっての上の言ゆえ、もっとも小生に益を与えたり。（田中氏がくれたる自著の小冊子には、その夷子社の祭の写真も出であり。）

肥後の有動氏は、また宇土《うど》とも書く。延元四年、懐良親王《かねなが》九州に下向のとき、故名和義高（長年の長男）の嫡男顕長、一族以下三百余人を率い供奉して肥後八代庄にゆく。それより菊池氏と協力して北朝勢と戦う。顕長のち出家し、弟顕興継ぎ、それより六代目顕武に至り、相良氏《さがら》（人吉城主）と戦い勝ってのち、宇土城に移り居る。顕武の子重行早世し、顕武の弟行興嗣ぎ、宇土氏を称す。宇土または有動と書く。行興、天文二十年、豊後国主大友義鎮とよく戦いしが、終《つい》にその麾下に属す。行興の子行憲また早世し、行興の弟行直嗣ぎ、行直の嫡男顕孝相続いて宇土城守たり。天正六年、島津と和し、これに属す。同八年、顕孝、島津氏と牒し、大友氏の軍を破る。同十五年、秀吉公九州に発向し、佐々成政して宇土城を攻めしむ。顕孝終に降る。秀吉、肥後国を成政に賜い、顕孝に五百町の地を賜い成政に属せしむ。その後成政苛虐の政多かりければ一揆蜂起す。秀吉、島津氏に命じてこれを戒めしむ。顕孝は一揆に与《くみ》せざる趣きを陳述せんため上洛し、弟顕輝をして宇土を守らしむ。顕輝、終に一揆に与して籠城す。秀吉怒り肥後の将士をして顕輝を討たしめ、顕輝、薩摩の出水に遁る。島津氏これを討ち、顕輝、従兵百七十人と奮戦して自殺す。兄顕孝はその後小早川氏や福島正則方に□〔不明〕して終わりしようなり。初め顕輝誅せられし時、その兄弟か何かが小早川氏か何かへ呼ばれおるところで、立花宗茂に嘱して誅せられしことあり。新田善剛云々のことは、そのときのことなり。この始末を書きたるもの、小生方にありしが、只今見当たらず。出で来たらば御知らせ申し上ぐべく候。その時新田善剛の致し方はなはだ奇怪なる由の評は、湯浅元禎の『常山紀談』の凡例にあり。（凡例の終りにいわく、天正年中、肥後の有動を秀吉柳川にて殺されしとき、立花宗茂、有動が臣の供して来たれる新田善良（善剛とは小生が記臆の謬りなりし）が剛の者なりとて、惜しみて告げ知らせられしに、善良そのことを有動に隠して告げ知らせず。運を啓くべき道なきを知りたればとて、わが主君の明日禍にかかるべきことを告げざるを、いかにしてその時は褒めたりしにや。こは非義の義なるべし。さればかかる類はこの書に記さず、とあり。）

右書き終わりて『陰徳太平記』巻七四を見るに、宇土と有動は別氏らし。天正十六年、城佐々成政、肥後に入国し苛政はなはだしかりければ、まず隈府《わいふ》の城主隈部相模守親永、城守して対捍す。その子山鹿の郡主隈部式部大輔親安は、相模守の子ながら父と不和なりしゆえ、士大将有動大隅守兼元に軍卒三千をそえ成政に加勢して、その陣後に備えしむ。相模守より使して子を頼みければ、合戦の節裏切りすべしと父へ申し約す。しかるに、城中反覆の徒あり、相模守を襲いしゆえ、相模守切腹し、親安は山鹿城に籠る。それより久しく戦いしが、秀吉、成政を切腹せしめてのち、（喧嘩両成敗の義により）福島正則等をして肥後の騒動を静めしむ。山鹿の城は扱いになり、籠城するところの隈部親安、有動大隅守兼元、同志摩守、北里三河守四人は、安国寺恵瓊と浅野長政の扱いにて、秀吉に御礼まで小倉城まで召し上らせ、小倉城主森勝信して誅せられ、親安の父親永とその弟親房は柳河の立花宗茂に預けられ、翌年そこにて誅せらる、とあり。『常山紀談』にいえる、有動が立花に誅せられしはその時のことにて、これは有動大隅守兼元の子弟かと存ぜられ候。新田というは、むかし懐良親王九州下向のとき、北島、名和、新田の一族、多く供奉し下れり。その新田氏の末の人にて、おちぶれて陪臣となれるかと存じ候。小生、前年、熊本県人に聞きしに、有動も宇土もウドと訓み候、といえり。しかし、この『陰徳太平記』や『野史』を読むに、どうも別氏のごとくに候。早稲田大学出板の『陰徳太平記』には有動をウトウと傍訓しあり。おのずから宇土《うど》と別なる称なり。そのころ九州の風として兄弟叔姪にても、多くは所居の村里郡囿の名により家名を立つゆえに、史籍を熟読した上ならでは判然せぬこと多し。なかなか卒急にはまいらぬこと多し。

小生ついでに見出だせしゆえ、背孕みのこと、左に抄出御覧に入れ候。

明の徐応秋の『玉芝堂談薈』（この書巻九に、著者崇禎八年乙亥、閩に仕官せし由見ゆ。西暦一六三五年（本邦寛永十二年）なり。そののち作りし書なり）巻二一、男子孕育の条。『（前略）『宣和雑録』に、建炎戊申、鎮江府の民家にて、児生まれて四歳にして、暴《にわ》かに腹《ふく》の脹るる疾《やまい》を得、数月を経て臍裂くるに、児あって裂けたる中より出づ。眉目口鼻ともに全《まった》きも、ただ頭以下と手足は分明《あきらか》ならず。また白汁を出だすこと斗余、三日にして子とともに死す、と。（これは前状申し上げし双生児の一児が他児の体中にまき込まれし顕著の実例らし。）晋の時、曁陽の人任谷、野に耕し、羽衣の人を見て、就《つ》いてこれを淫す。ついに孕む。期に至ってまた至る。刀をもってその臍下を穿《うが》つに、一の蛇子を出だす。ついに宦者となる。『耳談』に、斉門の外なる臨甸《りんてん》寺に僧あり、二十余歳にして蠱疾を患《わずら》う。五年差《い》えずして死す。茶毘《だび》に及び、火まさに熾《さか》んなるとき、たちまち爆響一声して、僧の腹裂く。中に一の胞あり、胞破れて一人を出だす。長《たけ》一寸にして、面目肢髪畢《ことごと》く具《そな》わらざるなく、美鬚鬱然として腹に垂る、と。また宿遷の男子張二、一男を産み、地に落ちて呱々《ここ》たり、閩中の張令、親しくこれを見る、と。『漫筆』に、呉県九都の一鄙人孔方、年五十四歳なり。嘉靖二年十月のうち、晩に曠野を行くに、両次《ふたたび》その名を呼ぶ者あるを聞くも、ともに人を見ず。のち夜ごと睡夢の中にて、一の小児の旁らにあるを覚ゆ。かくのごとくなること数次にして、十一月の間に至り、腹内に肉塊あって、日に漸《しだい》に長大となるを覚ゆ。四年正月のうち、腹内に時に攪痛を加う。二十四日、穀道より出血して止まらず。二十六日巳《み》の時、一の胞を産み下し、当即《ただち》に暈倒す。妻の沈氏、随って磁瓦を将《も》って画《さ》き開くに、一の男子の小軀の内に在るあり。身の長《たけ》一尺あり、髪二寸にして、口耳目鼻ともに全し。隣婦の徐氏、看て怪異と称し、すなわち太湖の中に棄つ、と。また『宋史』に、宣和六年、青果を売る男子あり、孕んで女《むすめ》を生む。蓐母《さんば》、収むる能わず、七人を易《か》えて始めて娩し、しかして逃れ去る、と。『庚巳編』に、嘉定の江東に沈鏜なる者あり、病革《あらた》まる時、尻の後ろより一人の長《たけ》寸ばかりなるを黐《まろ》び出だす。両目手足肢節 畢《ことごと》く具わらざるなし。のち数日にして鏜死す、と。謝在杭いわく、近日、男色は女よりはなはだし、これ必至の勢なり、と。(下略)」

この末文は間違いあり。謝在杭の『五雑組』巻五に、右の「晋の時、曁陽の人」と「青菓を売る男子」のことを引きたるのち、「国朝(明朝)の周文襄、姑蘇にありし日、男子の子を生むことを報ずる者あり。公、答えずして、ただ諸門子に目くばせしていわく、汝輩《なんじら》これを慎め、近来、男色は女よりはなはだし、それ必至の勢なり」とあるを、急いで抄するとて多少意味をとり違えしなり。雑纂の書には毎々原書とちがうたところがあるものに候。

小生去年六月末より係争事◆10にかかりおり、今に結んで解けず、はなはだ多煩なり。右のみ申し上げ候。

早々敬具

中山太郎氏はまことに博覧なり。しかし、いろいろと他人便《たよ》りに雑纂の書を拠ろとすること多きにつれて、原書には全くなきことをありと心得たり、また証拠不十分にしていろいろとまちがうた推測の言ははなはだ多し。貴殿も人を便りにせず、なるべく自身にて捜索し発明されたく候。

（239～244頁）

昭和十年七月十七日午後二時〔葉書〕

拝啓。本日拙宅大勢にて大掃除、◆11小生はみずから働かねども、やはり見張りを要するゆえ、ハガキのみ差し上げる。ハウハンは捧飯？　貴見如何、小生にはよく分からず。根若はコンニャク（蒟蒻）なるべし。梁武帝が禁断した肉の代りに用いたほどゆえ、昔はよほどの珍味としたことと存じ候。（只今当地方には蒟蒻の吸物ということを聞かず。）

柳田氏が喝食文学◆12などということ、いかにも貴見通り物知り顔の一痴半解と存じ候。（小生はただ一眼一足の場合に限り、柳氏が二者を混ぜることと心得おりたり。しかし、貴書のごとくんば、全くいつでも二者を混同しおると見え候。）次回に小生同氏の『一目小僧その他』の批評を出すとき、貴説として、この不当の語を尤《とが》めやらんと存じ候が、貴名を明記して宜しきや。人の文通を公けにするには、その本人の許可を得置くのが肝心なれば、ちょっと伺い上げ奉り候。もし御不同意なら、遠慮なくちょっと御申し越し下されたく、誰と名をいわずに、こんな文通もあるということを出し申すべく候。『片言』に「聖道にては児といい禅林にては喝食」と言を弄したるを見るに、元禄ごろすでにこれを混ぜる人多かりしにや。しかし、禅宗寺が立ったより前の僧の侍童をことごとく児といわばまだ聞こえるが、ことごとく喝食というては、真間の手古奈や檜垣の姫、静御前から亀菊、近江のかね、仏、千寿までを、一斉合斉《いっさいがっさい》「おいらん」文学というようで、はなはだ小《こ》生意《なまい》気《き》な驕りぶりの恥さらしなるべし。　早々以上

『ドルメン』は板本《はんもと》より送り上げしむべし。

（251頁）

昭和十一年十月七日夜十時前

岩田準一様

南方熊楠再拝

拝復。六日出御状、今日午後三時半忝なく拝受。「夷は男色」[13]という語の貴解ははなはだ面白し。支那にも、戦国時代すでに美男は老を破るという諺あり。なにかわけのあったことと存じ候。ただし、貴書に俗信と医説を分かたれたれど、古えは俗信と医説は一にして二ならず、同じものに御座候。しかして川柳に、「脚気のくすりにと玄恵追ひまはし」。すでに追いまわすことができるぐらいなら、足なえにはあるべからず。小生はどうも男色の受け手の腸内がことのほか熱く、それが足なえを温めるなどいうことより薬になると信ぜられたことと存じ候。

古ギリシアのヒッポクラテスの書に、慢性痢病を療するに、患者の肛門を犯してこれを乾かすということあり。委細の方法は伝わらねども、これも腸内を摩擦して発熱せしめ、それを乾かして痢を止めしことと存じ候。

只今足悪くして高き棚より取り下ろし得ぬが、徳川中葉の小説に、若き息子の鬱症を予防せんとて幇間ごとき者をして女郎買いを勧めしめしに、その息子これを好まず、男色ならば用いんという。よって店の小僧と臥さしめんとせしに、地若衆の肛門には毒あり、売り若衆に如《し》かず、というところあり。また『弘法大師一巻之書』という物などにも、毒穴、薬穴ということあり。これらより推すに、どうも男色を補益の法の一つとして養生術に用いしことがあったように察し候。

高野へは御上りなかりしことに候や。小生異父異母の姉（小生の父は南方家へ養嗣に入りしなり。そのとき妻たりし家付きの娘には前夫あり、死亡、前夫との間にできたる女子一人、男子一人ありし。さて家付きの娘は件の二人の前夫との子をのこして死亡、拙父途方にくれ小生等の生母を後添いに迎え、小生等八人ばかり生めり。父の前妻の男子もまもなく死亡、南方の家の血は絶えたり。女子はなにか後妻すなわち小生等の生母に不快にて、泉州へ脱走し、博徒の食客となる。その女は非常な美人なりしゆえ、妾生活でもせしならん。それが拙父大儲けして明治五年小生六歳のとき、博徒に使嗾され小生の父母の宅へゆすりに来たり、博徒は捕縛せられ、その女は久離をきられたり。その後のことは誰も知らず。小生のみ知るも、六のときのことゆえ、ただその光景を幻のごとく覚ゆるのみ、一切事情を知らず。しかるに、近ごろ小生老衰して六十四年前のことをおりおり追懐すると見え、毎夜この書斎へ件の姉が現わるる。そのうち金ができたら、その姉通りの女を招き真言の法を修し、水原堯栄氏を請いて戒名をつけ貰わんと存じおり候。その節頼みおくゆえ、その後貴下登山されたく候。

高野山に福島正則が作りし六時の鐘という名鐘あり。鳴らせば山中にひびき渡る。その鐘を預かりおる穴半《けっはん》という男あり。今は六十四、五歳なるべし。当田辺町の桶屋の子にて、天資女子そのままなりしより、所におるをものうく思い、高野に上り、久しく小姓生活をなし、金を蓄え（右の鐘の番預かりもよき俸給をとる）、利殖してなかなかの金持なり。大正九年、小生登山せしとき、ちょっと面会せり。貴下登山せばこの男に近付きになり、漸をもって聞き正さば、なかなかにこの人亡後は再び聞き得ぬことどもを聞き得べしと存じ候。

小生知人に幼時この者と心易かりし画工あるゆえ、紹介状ごときものを作りもらい進呈しおくべし。このこと前日申し上げんと思いしが、小生病中にて気付かずに打ち過ぎおり候。

早々敬具

昭和十三年六月十四日早朝

（260～262頁）

岩田準一様

南方熊楠再拝

拝啓。八日出貴翰◆[14]、十日午後○時四十分忝なく拝受。御厚礼申し上げ候。本月十日の『大毎』紙和歌山版に、当地生れ浜田半七という人の小伝および写真出であり。和歌山版は当県にのみ配布され貴地には到らぬものゆえ、同封御覧に入れ候。これは幼時より男子の性情を全く失い、女装女行して僧どもに奉仕し来たりたる有名の人物なり。貴下登山せばゆるゆると取り入り、然るべき方便をもって尋ねたら、いろいろの話を聞き得ることと存じ候。かかる人物の常としてなかなか容易に打ちとけて話さぬものに御座候が、今日野山にもこれほどの経験に富める人は少なく候。

今一人何とか院の住職にて、比丘（尼）さんと通称する人あり。これも性情全くの女僧にて、有名なる権田雷斧師と夫婦のごとく多年偕老せる人なり。この人は小生かつて面識なし。（権田は妻を何度も替えたる人にて、北支、満州、蒙古等より来る喇嘛《ラマ》僧も、そのやり方に呆るる由、田中香涯の書きしものに見えたり。）

『新蔵人物語』◆[15]は、横山重氏◆[16]もいまだ一見せざる由なれば、なかなかの希書と存じ候。この物語の主人公は、女子ながら女子をきらい常に男装して蔵人として朝廷に仕えしが、時の帝これを籠愛したまいしことを述べたるものの由ながら、子細少しも詳らかならず。しかるときは、その帝はこの人を初めから女子と知って寵愛せしにあらずして、美少年として寵愛されたることと惟わる。いつごろの作か小生は知らざるも、そのころは帝にして男色を好まるる方が少なからざりしことと証に立つものと存じ候。（田楽役者などを宮中に召したことはしばしば読んだが、官人を寵愛されたることはその例を知らず。ただし徳川氏の世に、時として宮中に侍童を置かれしことは『光台一覧』に見え候。明治天皇の侍童に壬生鯉若丸と申すがありし。よほどの美少年なりし。この人は後に某内親王（または某女王）と婚せし。

幽霊と僧の問答の例、貴書に洩れたるを一つ申し上げ候。それはかつて御恵送に預かりし『未刊随筆百種』の第八冊に収められたる、長谷川元寛の『かくやいかにの記』[17]第一六段に、「柳亭翁読本『奴小万物語』（五冊中形本にもあり、一名『新とりかへばや物語』）の内、武蔵国石浜浄観寺の住僧果円が小万に恋々してこれを挑み、後に小万が浄観寺を立ち退く時に果円に対して、小万が歌の下の句のみ問いかけて、『たちそふ雲の迷ふ心を』、果円この上の句を案ずるうちに立ち去る。果円この句に執着して生きもやらず死にも至らずありけるを、津の国住吉郡津守寺の智識、この上の句を詠じて果円を済度する。この歌の出所は、寛永十九年印本『秋の夜長物語』の内に、比叡山の律師けいかい三井寺の児梅若丸に懸想して贈りし歌、『しらせばやほのみし花の面影に立ちそふ雲の迷ふ心を』とあるを仮用せり。智識が果円を済度の条は、上田秋成が『雨月物語』の内、青頭巾の条を仮用せしものなるべし」とあり候。

また、かつて申し上げしか知らぬが、僧と児との問答にやや縁ある一話は、『百物語』(万治二年板)下巻に、広沢の月見、今の世にも翫ぶといえども、古えはことに人多く聚まりけるとなり。あるとき、沢に萍《うきくさ》茂りて月影水に映らず。人みな空しく帰りしに、宗祇も月見に出られけるが、水の上へ杖を投げて萍のぱっとのきしとき、月の水に映りしをみて、「浮草をかきわけ見れば水に月、ここにありとは誰も知るまじ」と読みて、深く自慢したまいて、この歌をへぎに書き付け池の辺に立てて、また一首の歌を添え置きける、「この歌の心はしらじ、おそらくは定家家隆も釈迦も達磨も」と詠みておかれしかば、云々。その辺に児の宮とて禿祠《ほこら》あり、このほこらより童子一人出でて、われらも添歌をよまんとて読みけるとなり、「釈迦達磨定家家隆も知らせずば歌にはあらで牛の糞かな」。

小生このほど金一円で、神戸より『野郎虫』◆18一冊を購い、始めてこれを読み候に、西鶴始め諸書にかきたる男色の史略ともいうべき概説は、全くみなこの書より襲用したるものと判り候。その内に、歌舞妓若衆に「老若男女腰を抜かし、以作ちょいちょい死にまするると声々に呼ばわる」とあり。春本に多き死にます死にますという詞は、初めは若衆の所作に魂を奪われしとき発せし讃辞にて、それがおいおい閨中究境《くきよう》に達せしときの喊声となりしことと察し候。また、「まず野郎という子細は、金銀をやろうといえばこうたいをこなたへ向けるということにて、やろうとは名づけ初めたり」。また吉田伊織の評に、「いつごろにか、やっこの茶の湯にあいてからだい少しそこねてありしを、黒谷や押小路の焼物師がつくろうとの取沙汰なり、云々」とあり。かうだいは後庭のことに相違なきも、語源は高台などにて茶の湯の詞にあらざるか。やっこの茶の湯とは、やっことはこの書にも見えたるごとく（浅木権之助の評に、随分のやっこなり、よき侍衆の鎗持なるべし、いかなるゆえにや、人よりにくまるること、熊坂の長範がごとし。人はただ心をおむくに持ちたる上はなきに、入らぬ奴の長刀かなと唄う人もあり。されども面体は見事なるところな（あ?）り）荒々しきをいう。茶の湯は廻して呑むものなれば、やっこの茶の湯とは荒男どもに輪姦されて肛門を損ぜしことならんと思うが如何。

　小生このごろ健忘にて弱りおれり。何かありふれたる書をよみたるに、「野郎を買うものはもっぱら自分よりも年上の野郎を好む」ということを言いたるがありし。わずかに五、六日のことなるに、いかに思慮するもその書を思い出でず。貴殿御存知あらば御教示を乞う。

　新聞切抜きに出でたる半七という男は、きわめて醜き男なり。若いときより知ったものの言を聞き合わすに、いずれも少しも取りどころのなき顔なりといいおれり。男色の盛んなるエジプトなどでも、有名なる野郎に醜男多し。かつて明治十六、七年ごろ、上野博物館で「醍醐男色絵」を見しに、巻物の初めのところのみひろげありし。多くの稚児が一斉に左の方に向かい、なにか眺むるところなりし。それらの稚児の顔、いずれも俗にいうおたふくごとく、また老婆のごとく、一人も吉三、権八、牛若、久松ごときはなかりし。これ実際の写生にて、顔貌よりも主として床《とこ》上手を尊びしなり。

小説『金瓶梅』を見るに、西門慶が潘金蓮に美服を買ってやる条件で、その後庭を犯し出血せしむるところあり。その他にも、他の女をその通りに行なうところあり。いずれも硫黄製のつばごときものなどを陽具にはめて行なうことを述べあり。かかることをして何の面白きことありや。一向分からぬことに候。いわゆる女悦の具がその所にあらざるに用いらるれば、一向女悦を起こさず、女大不悦となるはずなり。

『よだれかけ』、『男色今鏡』、この二書小生見しことなし。大体どんな体のものに候や。

早々敬具

（288〜291頁）

昭和十四年十一月八日午後七時半〔葉書〕

（第一ハガキ）

御ハガキ◆19今日拝見。『新斉諧』巻一九に兎児神の一条あり。『夜譚随録』◆20に、一書生、隣家の厠と自分宅の間の煉瓦を除きおき、隣宅主人の女が厠に登るごとにその私処を覗い、楽しみとした罰で眼がつぶれた記事あり。兎児神の一条には、美少に対して同様のことを行ないし記事あり。一九の『膝栗毛』（上野草津辺）に、美婦が上厠せるところを覗きて大いに詈《ののし》られるところあり。（ただし私処でなく、その顔貌を覗きしなり。）米国にありし日、私処を覗き罰せられた牧師ありしが、日本ではあまりその実記なきようなり。いわんや美少の記事においてをや。そんなことをする者を神とするなど、東方支那にはよほどのことが流行すると見え候。

「国初（清朝の）、御史某、年少《わか》くして科第し、福建に巡按たり。胡天保なる者あり、その貌《かお》の美しきを愛し、輿に升《の》り堂に坐るごとに、必ず伺いてこれを睨《み》る。巡按、心にもって疑いとなすも、卒《にわ》かにはその故を解せず。胥吏《しょり》もまたあえて言わず、居《お》ること何《いく》ばくもなくして、巡按、他の邑を巡る。胡竟《つい》に偕《とも》に往き、陰《ひそ》かに厠所に伏し、その臀を窺う。巡按いよいよ疑い、召してこれを問う。初めはなお言わず。加うるに三木《かせ》をもってするに、すなわちいう、実に大人の美貌なるを見て、心に忘るる能わず、明らかに天上の桂と知る、豈《あ》に凡鳥の集《とま》るところならんや、しかれども神魂飄蕩として、覚えず礼なきことここに至る、と。巡按、大いに怒り、その命を枯木の下に斃《たお》す。月を逾《こ》えて、胡、その里人に夢に託していう、われ非礼の心をもって貴人を干犯《おか》したれば、死は固《もと》より当然なり。畢竟これ一片の愛心、一時の癡想にして、尋常の人を害せる者と同じからず。冥間の官吏、倶《とも》にわれを笑い、われを揶揄し、われを怒る者なし。今、陰官われを封じて兎児神となし、もっぱら人間《ひとのよ》の男の男を悦《いっく》しむことを司らしむ、わがために廟を立て香火を招くべし、と。閩の俗もと男子を聘して契弟となすの説あり」。

（307〜308頁）

昭和十四年十一月八日午後七時半〔葉書〕

（第二ハガキ）

「里人の夢中の語を述ぶるを聞き、争って銭を醵して廟を立つ。果たして霊験響くがごとし。およそ偸期密約、求むるところあって得ざる者はみな往って禱る。程魚門いわく、この巡按は、いまだ『晏子春秋』の羽人《うじん》を誅するなかれと勧むるのことを読まざるがごとし。故に手を下《くだ》すこと太《はなは》だ重し。もし狄偉人先生ならば、すこぶる然らざらん。相伝う、先生、編修たりし時、年少《わか》く貌美《きび》し。車夫の某あり、また少年にして長身なり、府に入って先生のために車を推《お》し、はなはだ勤謹《つと》む。僱直銭《やといちん》を与うるも受けず。先生もまたこれを愛す。いまだいくばくならずして病危うく、諸医も効あらず。まさに気《いき》を断たんとして、主人の至るを請いていう、奴《われ》すでに死なんとすれば言わざるを得ず、奴の病んで死に至れる所以は、爺《だんな》の貌の美しきを愛したるがための故なり、と。先生、大いに笑い、その肩を拍《たた》いていう、痴奴子果たしてこの心あらば、何ぞ早く説《い》わざりしや、と。厚くこれを葬る」。

ここに兎児神といえるは、西洋でハイナ獣、支那で類（香狸一名霊猫）という獣が「みずから牝牡となる」（牝にもなり牡にもなりて交接し得る）という。これは、これらの獣、牡は陽具と後門の間にまた一の穴あり、女陰の形に近し。香分（霊猫香という）を排泄する具なり。それを古えは一身に陰陽の両具を備うと見たるなり。牡兎にもそんな穴あり。よって兎を外色守護の神とせしことと存じ候。（欧州で近古まで、兎身両具を兼ね備えたと信じたること、ブラウンの『俗説弁惑』◆21等に見えたり。）

敬具

（308～309頁）

《語注》

◆1　**十三日出貴翰**——この書簡は失われている。

◆2　**リー**（Alfred Colingwood Lee　生没未詳）——イギリスの説話学者。熊楠と文通あり。*The Decameron, its Sources and Analogues*（『デカメロン、原譚と類話』ロンドン、一九〇九）の著書がある。

◆3　**近作の二書**（きんさくのにしょ）――『日向の伝説』と『大和の伝説』。

◆4　**『琅邪代酔編』**（ろうやだいすいへん）――明の張鼎思の撰。四十巻。経史の考証を随録したもの。和刻本は延宝三年（一六七五）刊。

◆5　**『雲根志』**（うんこんし）――木内重暁（石亭）の著書。前編・後編・三編から成る。後編巻二「生動類」第九節の生魚石に、石中に魚（亀も含む）のいる話を五話載せている中に、この長崎の話も含まれている。

◆6　**十五日御状**――この書簡は失われている。

◆7　**十八日出御状**――この書簡は失われているが、「石中魚ある話」については、昭和八年十二月十六日付書簡参照（本書509頁）。

◆8　**二十六日出御状**――この書簡は失われている。

◆9　**十日出責ハガキ二通**――二通とも失われている。

◆10　**係争事**（けいそうじ）――去年（昭和八年）六月末以来というと、行幸記念博物館建設問題と考えられる。無断で南方熊楠を名誉館長ないし発起人代表として、白浜へ建設しようとした運動で、熊楠は地元の新聞に論陣を張って、猛反対をした。年末には一応中止となったが、白浜付近に見物客が激増したため、この年の三月ごろから、熊楠は神島の天然記念物指定申請の運動にとりかかる。

◆11　**ハウハン**――七月十五日付書簡で、岩田が『鹿苑日録』慶長四年十一月七日八日の条を引いて、その中の言葉について質問しているものの一つである。ただしハウハンは、『禅林象器箋』によれば五目飯らしいと、七月十九日付書簡で岩田は述べている。根若は何かというのも岩田の質問だが、蒟蒻だろうという南方説に、後に岩田も同意している。

◆12　**喝食文学**（かっしきぶんがく）――柳田の言葉は喝食文芸。菅江真澄に関する「遊歴文人のこと」という文章（『定本柳田国男集』三巻に収録）で、「夙慧の童子を尊重した風習は、決して通俗に想像せられて居るやうな、卑しむべき只一つの理由からでは無かった」として、喝食文芸という仮称を提唱している。岩田は七月十五日付南方宛書簡で、柳田が児《ちご》と喝食の区別もせず、こんな言葉で一括することを批難している。

◆13　「**夷は男色**」（えびすはなんしょく）――本書にも収録した「婦人の腹中の瘡を治した話」の中に、男色は脚気の薬と言い伝えたとして『正直咄大鑑』と『俳風末摘花』をあげている（本書158頁）。これにつき十月六日付岩田書簡は、「えびすは男色」という語のえびすを夷町でなく足なえの意と解すれば、医説ではなく俗信として、昔から足なえ・脚気に男色がきくという伝えがあったのではないかと述べている。

◆14　**八日出責輸**――昭和十三年六月八日付書簡で、岩田は南方の問合せに対し『新蔵人物語』と『大仏物語』は題名は知っているが読んだことはないと答え、幽霊と僧との問答の話を諸書から数例あげている。

◆15　『**新蔵人物語**』（しんくろうどものがたり）――絵巻・御伽草子。室町時代成立。詞は伝足利義視作、画は伝後柏原院勾当内侍筆。男装の婦人を主人公にしたもの。二巻。ただし『考古画譜』には一巻とあり、また、もと題名がなかったが、当時の所有者が仮に『新蔵人物語』と命名したという。昭和五十三年翻刻本が刊行された。

◆16　**横山重**（よこやましげる　一八九六―一九八〇）――国文学者。長野県に生まれる。慶大文学部卒。室町時代物語や古浄瑠璃について、おびただしい量の諸本を博捜・収集し、正確な校本を刊行し、また西鶴や仮名草子など多くの稀覯書を学界に紹介した。

◆17 **『かくやいかにの記』**(かくやいかにのき)——長谷川元寛の随筆。安永—慶応年間(一七七二—一八六八)出版の読本、滑稽本等につき、先行の書物より翻案、仮用、模倣した実例を、典拠をあげて指摘したもの。全九十一条。

◆18 **『野郎虫』**(やろうむし)——役者評判記。一冊。作者未詳。万治三年(一六六〇)刊。

◆19 **御ハガキ**——この葉書は失われている。

◆20 **『夜譚随録』**(やたんずいろく)——中国、清代の怪異小説集。満州人和邦額撰。乾隆己亥(一七七九)の序をもつ十二巻本と、乾隆辛亥(一七九一)の序をもつ四巻本とがあるが、内容には大差はない。作者の見聞が広く、取材地域は広範囲にわたっている。『聊斎志異』のあとをうけ、『閲微草堂筆記』につながるものとされる。

◆21 **ブラウンの『俗説弁惑』**(ぞくせつべんわく)——トマス・ブラウン(Thomas Browne 一六〇五—一六八二)著 *Pseudodoxia Epidemica,* 1646(疫病的謬見)をさす。南方熊楠の愛読書の一つであった。

河出文庫版《南方熊楠コレクション》は、熊楠の著作をテーマ別に編集して全五巻（『南方マンダラ』『南方民俗学』『浄のセクソロジー』『動と不動のコスモロジー』『森の思想』）にまとめた文庫オリジナルシリーズです。詳細な解題と語注を付すことで、熊楠を身近な存在として読めるように配慮しました。

各収録著作の末尾には、その底本と該当頁数を明記しました。

本巻底本：平凡社版『南方熊楠全集』（一九七一―七五）第二―六・九巻、別巻一

＊

本書は《南方熊楠コレクション》第三巻として、一九九一年に刊行されました。

南方熊楠《みなかたくまぐす》コレクション
浄《じょう》のセクソロジー

一九九一年一〇月 四 日 初版発行
二〇一五年 四 月三〇日 新装版初版発行
二〇二四年 九 月三〇日 新装版2刷発行

著 者 南方熊楠《みなかたくまぐす》
編 者 中沢新一《なかざわしんいち》
発行者 小野寺優
発行所 株式会社河出書房新社
〒一六二-八五四四
東京都新宿区東五軒町二-一三
電話〇三-三四〇四-八六一一（編集）
〇三-三四〇四-一二〇一（営業）
https://www.kawade.co.jp/

ロゴ・表紙デザイン 粟津潔
印刷・製本 大日本印刷株式会社

Printed in Japan ISBN978-4-309-42063-9

南方マンダラ

南方熊楠　中沢新一〔編〕　42061-5

日本人の可能性の極限を拓いた巨人・南方熊楠。中沢新一による詳細な解題を手がかりに、その奥深い森へと分け入る《南方熊楠コレクション》第一弾は、熊楠の中心思想＝南方マンダラを解き明かす。

南方民俗学

南方熊楠　中沢新一〔編〕　42062-2

近代人類学に対抗し、独力で切り拓いた野生の思考の奇蹟。ライバル柳田國男への書簡と「燕石考」などの論文を中心に、現代の構造人類学にも通ずる、地球的規模で輝きを増しはじめた具体の学をまとめる。

動と不動のコスモロジー

南方熊楠　中沢新一〔編〕　42064-6

アメリカ、ロンドン、那智と常に移動してやまない熊楠の人生の軌跡を、若き日の在米書簡やロンドン日記、さらには履歴書などによって浮き彫りにする。熊楠の生き様そのものがまさに彼自身の宇宙論なのだ。

森の思想

南方熊楠　中沢新一〔編〕　42065-3

熊楠の生と思想を育んだ「森」の全貌を、神社合祀反対意見や南方二書、さらには植物学関連書簡や各種の論文、ヴィジュアル資料などで再構成する。本書に表明された思想こそまさに来たるべき自然哲学の核である。

思想をつむぐ人たち　鶴見俊輔コレクション1

鶴見俊輔　黒川創〔編〕　41174-3

みずみずしい文章でつづられてきた数々の伝記作品から、鶴見の哲学の系譜を軸に選びあげたコレクション。オーウェルから花田清輝、ミヤコ蝶々、そしてホワイトヘッドまで。解題＝黒川創、解説＝坪内祐三

道徳は復讐である　ニーチェのルサンチマンの哲学

永井均　40992-4

ニーチェが「道徳上の奴隷一揆」と呼んだルサンチマンとは何か？　それは道徳的に「復讐」を行う装置である。人気哲学者が、通俗的ニーチェ解釈を覆し、その真の価値を明らかにする！

著訳者名の後の数字はISBNコードです。頭に「978-4-309」を付け、お近くの書店にてご注文下さい。